宁波文物考古研究丛书　甲种第一号

鱼山遗址出土石器综合研究

黄建秋　雷少　王结华　著

科学出版社
北京

内 容 简 介

位于宁波市镇海区九龙湖镇境内的鱼山遗址及其附近的乌龟山遗址,在2013~2018年考古发掘中出土了大量石器,本书即为这些出土石器的综合研究成果。全书共分八章,其中第一章主要介绍遗址概况及石器研究方法;第二章至第七章分别对斧与钺、锛、刀、破土器与犁、磨石与砺石,以及戈、镰、镞、镖、饰品、锤等进行观察分析;第八章主要探讨这些石器的制作工艺与产地、石器组合与功能、石器用材的阶段性变化以及石器与社会等相关问题。

本书可供考古学、文物与博物馆学、历史学研究者以及高等院校相关专业师生阅读参考。

图书在版编目（CIP）数据

鱼山遗址出土石器综合研究/黄建秋,雷少,王结华著. —北京:科学出版社,2021.10

（宁波文物考古研究丛书.甲种;第一号）

ISBN 978-7-03-063654-6

Ⅰ.①鱼… Ⅱ.①黄… ②雷… ③王… Ⅲ.①出土文物–石器–研究–宁波 Ⅳ.①K876.2

中国版本图书馆CIP数据核字（2019）第272707号

责任编辑：王琳玮 / 责任校对：邹慧卿
责任印制：肖 兴 / 封面设计：陈 敬

科学出版社 出版
北京东黄城根北街16号
邮政编码：100717
http://www.sciencep.com

中国科学院印刷厂 印刷
科学出版社发行 各地新华书店经销

*

2021年10月第 一 版　开本：787×1092 1/16
2021年10月第一次印刷　印张：19 3/4　插页：118
字数：470 000

定价：228.00元
（如有印装质量问题，我社负责调换）

A Comprehensive Study of Stone Implements Unearthed from Yushan Site

Written by Huang Jianqiu, Lei Shao, Wang Jiehua

Science Press

Beijing

宁波文物考古研究丛书编著委员会

主　　任　马荧波

副 主 任　韩小寅　李怿人　王结华（执行）

编　　委　（按姓氏笔画排序）

丁风雅　王光远　许　超　李永宁　张华琴

林国聪　罗　鹏　金　涛　梅术文

总　序

　　南部的天台山，西部的会稽、四明两山以及北部的海岸线，在浙江的最东面围合成一个相对封闭的独立平原水系，余姚江和奉化江穿过各自狭长的山谷，在这一广袤的水网平原腹地交汇成甬江，流入茫茫东海。这一特殊的地理骨架，设定了宁波地域发展富有个性的方向。

　　距今7000年前，这里有了择水而栖、农耕渔猎的河姆渡人，产生了"饭稻羹鱼"的物质生活和"双鸟舁日"的精神家园[1]。河姆渡人最终在浙东形成了于越民族。公元前473年（周元王三年），于越人建造了宁波历史上第一座城市句章。公元前221年（秦始皇二十六年），全国一统后开始在这里设县建置，秦汉人和他们的后裔在这片土地上繁衍生息并烙下了生存印记。公元621年（唐武德四年）设置鄞州，这是宁波历史上建州的开始。公元738年（唐开元二十六年）设置明州，至公元821年（唐长庆元年）因港口对外开放和海防军事要塞的需要，而将明州治所迁至三江口并营建子城，至唐末完成了周长18千米的罗城，由此在东海之滨奠定了古代宁波城市的空间形态。在明州城建于三江口之后的一千余年间，以上林湖贡瓷为代表的越窑青瓷的繁盛与运输，以它山堰为重点的一大批水利工程的疏浚与修筑，以与高句丽和日本为主要交往航向的"海上丝绸之路"的开辟与拓展，以象山县学为开端的教育制度的确立与兴盛，以保国寺为典型的建筑技术的隆兴，以天一阁为翘首的藏书文化的兴起与地方文献的修撰，以黄宗羲为宗师的清代浙东学派的开创，生动凸现出宁波地域文化的脉络架构。近代因鸦片战争而被迫开埠，宁波城市又印上了中西文化碰撞与融合的历史痕迹。众多丰厚的文物古迹、历史遗存伴随着宁波的发展走到了今天。1986年12月，宁波荣膺

---

[1] 著者按：2006年，时任宁波市人民政府副市长成岳冲先生应邀亲自为"宁波文物考古研究丛书"撰写总序。因彼时改写宁波历史的井头山遗址等重要考古遗存尚未发现，关于宁波港城发展演变的相关学术研究亦不深入，故本序中的一些观点，如宁波境域人文历史开端于距今8000多年前而非距今7000年、宁波第一座城市句章是否肇建于公元前473年、公元738年明州设立之初已治于今宁波城区三江口而非公元821年迁治于此等问题，在今天看来皆需重写或重作考量。为尊重原文，此处不作修订，敬请诸君自辨之。

国家级历史文化名城称号。

　　历史虽然已经过去，但文化灵魂犹在，遗风依然。作为历史物化载体的文物和对文献拾遗补正的考古，承载着重新发现历史和诠释文化的新的使命。1932年宁波地域第一个专门化的官方文物机构——宁波古物陈列所的成立，标示着现代文物考古学科在宁波这块古老土地上的滥觞，但这一时期的主要工作还仅仅停留在金石收藏与展陈的初始阶段，具有真正现代科学意味的文物考古工作的拓荒，还要迟至20世纪50年代以后。实质性的突破来自20世纪70年代河姆渡遗址的两次发掘，得以正式命名的"河姆渡文化"以其久远的历史和独特的内蕴，证明这里同样也是华夏文明的一处源头。嗣后30余年间，伴随着改革开放的强劲号角，宁波文物考古工作一如经济建设的快速推进，开始在这片民风绵长、物色丰饶的沃壤上悄然勃兴、开花结果：大批富于特色的历史建筑与街区、村镇的保护，成就了宁波古代文明的薪火传承；门类丰富的博物馆、陈列馆建设与藏品研究，搭建了现代文化与古代文明的互动平台；起讫千年、长盛不衰的海上交通的拓展和海交史迹的确认，不仅展示出宁波先民"铺桥为路""以舟作楫"的生活特质，同时也勾画出昔日港城与海外文化交流、商旅往来的历史图卷。继河姆渡遗址发掘之后，诸多史前时期聚落遗址的发掘与不同历史时期文物遗存的清理，清晰地揭示着宁波地域人地消长关系、生存能力和生产力水平；大量瓷窑遗址的发现与发掘，既佐证着东汉以来越窑青瓷的发轫与发展，更为宁波赢得了"海上陶瓷之路东方起点"的美誉；城市考古的揭幕与站在学科前沿的水下考古的启动，则让今人有幸阅读昔日宁波城市与港口的沧桑繁华。所有这些都是曾经生活在这块沃土上的先人慷慨赐予我们的厚重礼品。

　　江山秀丽，乃有学人宴集之典；才俊辈出，遂有文章极盛之会。对宁波地域历史文化的保护、发掘与课题的系统研究，无疑有着富于魅力的广阔前景。兹由宁波市文物考古研究所（文物保护管理所）[1]推出的这套"宁波文物考古研究丛书"，荟历年文物考古之经络，总各代典章器物之精华，既有域内学者之耕耘，也不乏各地同仁之奉献，立意悠远，脉目清晰，图文并茂，博专共存。相信丛书的推出，必将厚德于历史之宁波，亦将裨益于宁波之今日。

　　是为序。

成岳冲

2006年9月于甬上

---

[1] 著者按：现为宁波市文化遗产管理研究院。

目　　录

总序	(i)
第一章　导论	(1)
第一节　遗址概况	(1)
一、发掘经过	(2)
二、主要收获	(3)
三、初步认识	(15)
第二节　研究方法	(16)
一、研究步骤	(17)
二、文化信息	(18)
三、物质信息	(21)
第二章　石斧、石钺	(23)
第一节　观察方法	(23)
一、细部名称	(23)
二、观察要点	(23)
第二节　观察与分析	(25)
一、石斧观察与分析	(25)
二、石钺观察与分析	(32)
第三节　石斧和石钺的特点	(34)
一、石斧的特点	(34)
二、石钺的特点	(36)
第三章　石锛	(37)
第一节　观察方法	(37)
一、石锛类型	(37)
二、观察要点	(38)
第二节　观察与分析	(39)
一、脊背石锛观察与分析	(39)
二、弧背石锛观察与分析	(49)

三、段背石锛观察与分析 …………………………………………………（70）
　　四、缺刃石锛观察与分析 …………………………………………………（83）
　　五、缺顶石锛观察与分析 …………………………………………………（90）
　　六、刃部石锛观察与分析 …………………………………………………（98）
　　七、石锛坯观察与分析 ……………………………………………………（104）
第三节　石锛的特点 …………………………………………………………（112）
　　一、脊背石锛的特点 ………………………………………………………（112）
　　二、弧背石锛的特点 ………………………………………………………（113）
　　三、段背石锛的特点 ………………………………………………………（115）
　　四、残锛的特点 ……………………………………………………………（117）
　　五、石锛坯的特点 …………………………………………………………（117）
　　六、小结 ……………………………………………………………………（118）

第四章　石刀 ……………………………………………………………………（122）
第一节　观察方法 ……………………………………………………………（122）
　　一、细部名称 ………………………………………………………………（122）
　　二、观察要点 ………………………………………………………………（123）
第二节　观察与分析 …………………………………………………………（124）
　　一、双孔石刀观察与分析 …………………………………………………（124）
　　二、双孔石刀左片观察与分析 ……………………………………………（130）
　　三、双孔石刀右片观察与分析 ……………………………………………（141）
　　四、异形石刀观察与分析 …………………………………………………（150）
第三节　石刀的特点 …………………………………………………………（155）
　　一、文化属性 ………………………………………………………………（155）
　　二、物质属性 ………………………………………………………………（158）

第五章　破土器、石犁 …………………………………………………………（159）
第一节　破土器观察与分析 …………………………………………………（159）
　　一、细部名称 ………………………………………………………………（159）
　　二、观察要点 ………………………………………………………………（159）
　　三、破土器观察与分析 ……………………………………………………（160）
　　四、破土器把观察与分析 …………………………………………………（163）
　　五、破土器前角观察与分析 ………………………………………………（167）
　　六、破土器后角观察与分析 ………………………………………………（170）
　　七、破土器中片观察与分析 ………………………………………………（176）

八、破土器的特点 …………………………………………………（189）
　第二节　石犁观察与分析 ……………………………………………（191）
　　一、细部名称 ………………………………………………………（191）
　　二、观察要点 ………………………………………………………（191）
　　三、穿孔石犁观察与分析 …………………………………………（191）
　　四、石犁片观察与分析 ……………………………………………（197）
　第三节　石犁和破土器的特点 ………………………………………（203）
　　一、石犁分析 ………………………………………………………（203）
　　二、石犁与破土器的关系 …………………………………………（204）
第六章　磨石、砺石 ……………………………………………………（205）
　第一节　观察方法 ……………………………………………………（205）
　　一、细部名称 ………………………………………………………（205）
　　二、观察要点 ………………………………………………………（206）
　第二节　砺石观察与分析 ……………………………………………（206）
　　一、砥石观察与分析 ………………………………………………（206）
　　二、厝石观察与分析 ………………………………………………（212）
　第三节　磨石观察与分析 ……………………………………………（215）
　　一、单面磨石观察与分析 …………………………………………（215）
　　二、多面磨石观察与分析 …………………………………………（223）
　　三、石磨棒观察与分析 ……………………………………………（229）
　第四节　磨石和砺石的特点 …………………………………………（230）
　　一、磨石的特点 ……………………………………………………（230）
　　二、砺石的特点 ……………………………………………………（232）
第七章　其他石器 ………………………………………………………（233）
　第一节　石戈观察与分析 ……………………………………………（233）
　　一、观察方法 ………………………………………………………（233）
　　二、观察与分析 ……………………………………………………（233）
　　三、石戈的特点 ……………………………………………………（234）
　第二节　石镰观察与分析 ……………………………………………（234）
　　一、观察方法 ………………………………………………………（235）
　　二、观察与分析 ……………………………………………………（236）
　　三、石镰的特点 ……………………………………………………（247）

第三节 石镞、石镖观察与分析 …………………………………………（247）
    一、观察方法 ……………………………………………………………（248）
    二、石镞观察与分析 ……………………………………………………（248）
    三、石镞的特点 …………………………………………………………（253）
    四、石镖观察与分析 ……………………………………………………（254）
    五、石镖的特点 …………………………………………………………（258）
第四节 石饰品观察与分析 ……………………………………………（258）
    一、观察方法 ……………………………………………………………（258）
    二、观察与分析 …………………………………………………………（259）
    三、石饰品的特点 ………………………………………………………（263）
第五节 耘田器观察与分析 ……………………………………………（263）
    一、观察方法 ……………………………………………………………（263）
    二、观察要点 ……………………………………………………………（264）
    三、观察与分析 …………………………………………………………（264）
    四、耘田器的特点 ………………………………………………………（267）
第六节 石锤观察与分析 …………………………………………………（267）
    一、观察方法 ……………………………………………………………（267）
    二、观察与分析 …………………………………………………………（268）
    三、石锤的特点 …………………………………………………………（270）
第七节 其他石器观察与分析 ……………………………………………（271）

第八章 结语 ………………………………………………………………（277）
    一、部分石器制作工艺及石器产地 ……………………………………（277）
    二、石器组合及其功能 …………………………………………………（278）
    三、石器用材的阶段性变化 ……………………………………………（283）
    四、石器与社会 …………………………………………………………（283）

后记 …………………………………………………………………………（287）

插图目录

图一　鱼山遗址、乌龟山遗址地理位置示意图 …………………（1）
图二　鱼山遗址Ⅱ期考古发掘场景 ………………………………（2）
图三　T0411东壁地层剖面图 ……………………………………（3）
图四　H228平面图 …………………………………………………（5）
图五　H249平面图（左）与底部出土橡子（右）…………………（5）
图六　H256平面图 …………………………………………………（6）
图七　H263平面图 …………………………………………………（6）
图八　H250平面图 …………………………………………………（7）
图九　G23平面图 ……………………………………………………（7）
图一〇　H64平面图 …………………………………………………（7）
图一一　H79平面图 …………………………………………………（8）
图一二　H90平面图 …………………………………………………（8）
图一三　H189（左）及底部出土原始瓷豆（右）…………………（8）
图一四　G7平面图 ……………………………………………………（9）
图一五　TD1活动面平、剖面图 ……………………………………（9）
图一六　木桩群平面复原图 ………………………………………（10）
图一七　木桩剖面图 ………………………………………………（10）
图一八　河姆渡文化二期遗物 ……………………………………（11）
图一九　河姆渡文化三期遗物 ……………………………………（12）
图二〇　良渚文化时期遗物 ………………………………………（12）
图二一　商周时期遗物 ……………………………………………（13）
图二二　2014ZWT02木构道路 ……………………………………（15）
图二三　2014ZWT01木柱和垫板 …………………………………（15）
图二四　石斧2014ZYT0513⑥b：3 ………………………………（25）
图二五　石斧2014ZYT0412⑥a：1 ………………………………（27）
图二六　石斧2014ZYH56：2 ………………………………………（28）

图二七	石斧2014ZYT0509①:2	(30)
图二八	石斧2014ZYT0613⑨a:1	(31)
图二九	石钺2018ZWT05⑤b:1	(32)
图三〇	石钺2014ZWT01④a:1	(33)
图三一	脊背石锛2017ZWT03⑩:2	(39)
图三二	脊背石锛2014ZYT0613⑨a:2	(41)
图三三	脊背石锛2014ZYT0412⑨a:1	(42)
图三四	脊背石锛2014ZYT0410⑥b:1	(43)
图三五	脊背石锛2013ZYT0409⑨b:1	(44)
图三六	脊背石锛2014ZYT0707⑦e:2	(46)
图三七	脊背石锛2014ZYT0705⑥b:1	(47)
图三八	脊背石锛2014ZYT0510③b:1	(48)
图三九	弧背石锛2014ZYT0607⑨b:1	(50)
图四〇	弧背石锛2014ZYT0707⑨b:1	(51)
图四一	弧背石锛2014ZYT0508⑦e:1	(52)
图四二	弧背石锛2014ZYT0707⑦e:1	(54)
图四三	弧背石锛2014ZYT0411⑦b:1	(55)
图四四	弧背石锛2014ZYT0613⑦c:3	(56)
图四五	弧背石锛2014ZYT0513⑥b:2	(58)
图四六	弧背石锛2017ZWT03⑥a:1	(59)
图四七	弧背石锛2014ZYT0508③a:12	(59)
图四八	弧背石锛2014ZYT0508③a:11	(61)
图四九	弧背石锛2014ZWT02②:1	(62)
图五〇	弧背石锛2014ZYH62:2	(63)
图五一	弧背石锛2014ZYT0510①:1	(64)
图五二	弧背石锛2014ZYT0707③b:9	(65)
图五三	弧背石锛2014ZYT0509③b:18	(66)
图五四	弧背石锛2014ZY采:1	(67)
图五五	弧背石锛2014ZYT0412③a:3	(68)
图五六	弧背石锛2014ZYT0613⑥b:2	(70)
图五七	段背石锛2014ZYT0413⑤a:2	(71)
图五八	段背石锛2014ZYT0608⑤b:12	(72)

图五九	段背石锛2014ZYH209：1	（73）
图六〇	段背石锛2014ZYT0612⑤b：1	（74）
图六一	段背石锛2014ZYT0512⑤b：12	（76）
图六二	段背石锛2014ZYT0607③b：3	（77）
图六三	段背石锛2014ZYH101：1	（78）
图六四	段背石锛2014ZYT0509③b：3	（79）
图六五	段背石锛2014ZYH56：1	（81）
图六六	段背石锛2014ZYT0608③a：3	（82）
图六七	缺刃石锛2014ZYT0608⑦c：2	（83）
图六八	缺刃石锛2017ZWT01⑦：1	（85）
图六九	缺刃石锛2014ZWT02⑥b：7	（86）
图七〇	缺刃石锛2014ZYT0413⑥b：1	（87）
图七一	缺刃石锛2014ZYT0509③b：10	（88）
图七二	缺刃石锛2018ZWT04⑤a：2	（89）
图七三	缺顶石锛2013ZYT0507⑨b：2	（90）
图七四	缺顶石锛2013ZYT0307⑦e：1	（91）
图七五	缺顶石锛2014ZYT0706⑥a：1	（92）
图七六	缺顶石锛2014ZYT0513⑤b：3	（93）
图七七	缺顶石锛2014ZYT0513⑤b：1	（95）
图七八	缺顶石锛2014ZYT0512⑤b：11	（96）
图七九	缺顶石锛2014ZY采：3	（97）
图八〇	刃部石锛2017ZWT03⑩：3	（98）
图八一	刃部石锛2014ZWT01⑤：5	（99）
图八二	刃部石锛2014ZYT0508⑦e：2	（100）
图八三	刃部石锛2014ZWT02⑥b：5	（101）
图八四	刃部石锛2014ZYH84：1	（102）
图八五	刃部石锛2013ZYH11：13	（103）
图八六	刃部石锛2014ZY采：2	（104）
图八七	石锛坯2014ZYT0314③a：4	（105）
图八八	石锛坯2014ZYT0509③a：14	（106）
图八九	石锛坯2014ZWT01⑩：2	（107）
图九〇	石锛坯2014ZYT0409⑨b：2	（107）

图九一	石锛坯2014ZYT0512⑤b：9	（108）
图九二	石锛坯2014ZYT0512⑤b：3	（109）
图九三	石锛坯2014ZYH98：2	（110）
图九四	石凿坯2014ZYH213：1	（111）
图九五	鱼山遗址和乌龟山遗址弧背石锛体量散点分布图	（114）
图九六	鱼山遗址和乌龟山遗址各阶段石锛种类与数量统计图	（119）
图九七	鱼山遗址和乌龟山遗址各阶段石锛种类与数量变化趋势图	（119）
图九八	双孔石刀2014ZYT0707③a：5	（124）
图九九	双孔石刀2014ZYTD1③：47	（126）
图一〇〇	双孔石刀2014ZYT0508③a：3	（127）
图一〇一	双孔石刀2014ZYT0508③b：1	（128）
图一〇二	双孔石刀2014ZYT0415③a：2	（129）
图一〇三	双孔石刀左片2014ZYH158：1	（131）
图一〇四	双孔石刀左片2014ZYT0508③a：10	（132）
图一〇五	双孔石刀左片2014ZYT0509③a：18	（133）
图一〇六	双孔石刀左片2014ZYG5：3	（134）
图一〇七	双孔石刀左片2014ZYT0706③b：5	（135）
图一〇八	双孔石刀左片2014ZYT0613③：12	（136）
图一〇九	双孔石刀左片2014ZYG18：1	（137）
图一一〇	双孔石刀左片2014ZYH135：1	（138）
图一一一	双孔石刀左片2014ZYT0612③：12	（140）
图一一二	双孔石刀左片2014ZYT0509③a：12	（141）
图一一三	双孔石刀右片2014ZYT0414②：1	（142）
图一一四	双孔石刀右片2014ZYT0509③a：13	（143）
图一一五	双孔石刀右片2014ZYT0707③a：2	（144）
图一一六	双孔石刀右片2014ZYT0613③：4	（145）
图一一七	双孔石刀右片2013ZYT0606③：2	（147）
图一一八	双孔石刀右片2014ZYT0513③：3	（148）
图一一九	双孔石刀右片2014ZYT0509③b：6	（149）
图一二〇	异形石刀2014ZYT0706⑥b：1	（151）
图一二一	异形石刀2014ZYT0706③b：6	（151）
图一二二	异形石刀2014ZYH184：1	（152）

图一二三	异形石刀2014ZYH62：1	（153）
图一二四	异形石刀2014ZYT0508③a：14	（154）
图一二五	鱼山遗址和乌龟山遗址双孔石刀分类统计图	（157）
图一二六	破土器2013ZYT0507③：1	（160）
图一二七	破土器2014ZYT0414③a：2	（161）
图一二八	破土器2014ZYT0513③：4	（162）
图一二九	破土器把2013ZYT0407③：3	（163）
图一三〇	破土器把2014ZYT0509③：13	（164）
图一三一	破土器把2014ZYH168：1	（165）
图一三二	破土器把2014ZYT0508②：1	（166）
图一三三	破土器前角2014ZYT0608③a：5	（167）
图一三四	破土器前角2014ZYT0508③a：9	（168）
图一三五	破土器前角2014ZYT0410③a：6	（169）
图一三六	破土器后角2014ZYT0512⑤b：2	（171）
图一三七	破土器后角2014ZYG17：1	（172）
图一三八	破土器后角2014ZYT0613③：3	（173）
图一三九	破土器后角2014ZYT0607③a：1	（174）
图一四〇	破土器后角2014ZYT0508③a：8	（175）
图一四一	破土器后角2014ZYT0707③a：3	（176）
图一四二	破土器中片2014ZYT0508⑤b：1	（177）
图一四三	破土器中片2014ZYT0607③a：2	（178）
图一四四	破土器中片2014ZYT0511④：1	（179）
图一四五	破土器中片2014ZYT0509③b：11	（180）
图一四六	破土器中片2014ZYT0509③a：20	（181）
图一四七	破土器中片2014ZYH209：2	（182）
图一四八	破土器中片2014ZYT0513⑤b：2	（183）
图一四九	破土器中片2014ZYT0415③a：7	（184）
图一五〇	破土器中片2014ZYT0414③b：2	（185）
图一五一	破土器中片2014ZYT0509③a：10	（186）
图一五二	破土器中片2014ZYT0508③a：4	（187）
图一五三	破土器中片2014ZYTD①：2	（188）
图一五四	破土器中片2013ZYT0606③：1	（189）

图号	名称	页码
图一五五	穿孔石犁2014ZWT02⑥b：2	（192）
图一五六	穿孔石犁2014ZYT0511⑤b：1	（193）
图一五七	穿孔石犁2014ZYT0511④：1	（194）
图一五八	穿孔石犁2014ZYT0509③b：9	（194）
图一五九	穿孔石犁2014ZYT0508③b：1	（196）
图一六〇	穿孔石犁2014ZYT0414②：2	（197）
图一六一	石犁片2014ZYT0613⑤b：1	（198）
图一六二	石犁片2014ZYT0509③b：14	（199）
图一六三	石犁片2014ZYT0706③a：1	（200）
图一六四	石犁片2014ZYT0509③：15	（201）
图一六五	石犁片2014ZYT0509③a：17	（201）
图一六六	砥石2014ZYT0311③a：8	（207）
图一六七	砥石2014ZYT0707③b：8	（208）
图一六八	砥石2014ZYT0509②：19	（209）
图一六九	砥石2014ZYH198：1	（210）
图一七〇	砥石2013ZYK2：8	（211）
图一七一	砥石2013ZYK2：9	（212）
图一七二	厉石2014ZYT0512⑤b：7	（213）
图一七三	厉石2014ZYT0512⑤b：10	（213）
图一七四	厉石2014ZY采：4	（214）
图一七五	厉石2014ZYG21：2	（214）
图一七六	单面磨石2014ZYT0514⑨a：1	（215）
图一七七	单面磨石2014ZYT0613⑥a：1	（216）
图一七八	单面磨石2014ZWT03⑥a：3	（217）
图一七九	单面磨石2014ZWT02⑥b：3	（218）
图一八〇	单面磨石2014ZYT0608③a：4	（218）
图一八一	单面磨石2014ZYT0707③a：8	（219）
图一八二	单面磨石2014ZYT0707③b：7	（219）
图一八三	单面磨石2014ZYT0414③a：1	（220）
图一八四	单面磨石2014ZYH189：7	（221）
图一八五	单面磨石2014ZYT0509③a：9	（222）
图一八六	单面磨石2014ZYT0707③a：7	（222）

图一八七	单面磨石2014ZYT0414③a：2	（223）
图一八八	多面磨石2017ZWT03⑦B：1	（224）
图一八九	多面磨石2014ZWT02⑥b：1	（225）
图一九〇	多面磨石2014ZYT0707③a：1	（225）
图一九一	多面磨石2014ZYG23：1	（226）
图一九二	多面磨石2014ZYT0509③b：5	（227）
图一九三	多面磨石2014ZYT0508③a：5	（228）
图一九四	多面磨石2014ZYT0707③a：6	（229）
图一九五	石磨棒2014ZYT0311③a：12	（230）
图一九六	石戈2014ZYH107：3	（234）
图一九七	石镰2014ZYT0413⑤：1	（236）
图一九八	石镰2014ZYT0510③a：1	（237）
图一九九	石镰2014ZYT0706③b：1	（238）
图二〇〇	石镰中片2014ZWT01⑩：1	（239）
图二〇一	石镰中片2014ZYT0509③b：4	（240）
图二〇二	石镰中片2014ZYT0512⑤b：4	（241）
图二〇三	石镰中片2014ZYH107：1	（243）
图二〇四	石镰中片2014ZYT0707③a：4	（244）
图二〇五	石镰中片2014ZYT0607③a：5	（245）
图二〇六	石镰中片2014ZYT0415③a：5	（245）
图二〇七	石镰中片2014ZYH83：2	（246）
图二〇八	石镞2013ZYT0606⑥：1	（249）
图二〇九	石镞2014ZYT0613⑤b：2	（250）
图二一〇	石镞2014ZYT0705③b：5	（251）
图二一一	石镞2014ZY采：5	（252）
图二一二	石镞2014ZYG21：3	（253）
图二一三	石镖2014ZYT0410③a：1	（254）
图二一四	石镖2014ZYT0315③a：1	（255）
图二一五	石镖2014ZYH210：1	（256）
图二一六	石镖2014ZYT0607③b：4	（257）
图二一七	石镖2014ZY采：6	（257）
图二一八	石管2014ZWT01⑤：7	（259）

图二一九	石璧2014ZWT02⑥b：6	（260）
图二二〇	石璧素材2014ZYT0514⑥b：3	（260）
图二二一	石玦2014ZYT0706③b：3	（261）
图二二二	石玦2014ZYT0414③a：3	（262）
图二二三	石玦2014ZYT0508③：2	（262）
图二二四	耘田器2014ZYT0512⑤b：1	（265）
图二二五	耘田器2014ZY采：7	（265）
图二二六	耘田器2014ZYT0509①：1	（266）
图二二七	石锤2014ZWT02⑥b：8	（268）
图二二八	石锤2014ZYT0512⑤b：5	（269）
图二二九	石锤2014ZYT0510②：1	（270）
图二三〇	鹰头饰2014ZYT0613⑤b：18	（271）
图二三一	石纺轮2014ZYT0705③b：2	（272）
图二三二	弹头形石器2014ZYT0707③a：9	（273）
图二三三	砺石2014ZY采：8	（273）
图二三四	石片2014ZYT0513③：1	（274）
图二三五	石片2014ZYT0513③：2	（274）
图二三六	石片2014ZYG21：1	（275）
图二三七	石片2014ZYH83：1	（276）
图二三八	鱼山遗址和乌龟山遗址各阶段石器数量与种类关系图	（281）

图 版 目 录

图版一　　石斧2014ZYT0513⑥b：3

图版二　　石斧2014ZYT0412⑥a：1

图版三　　石斧2014ZYH56：2

图版四　　石斧2014ZYT0509①：2

图版五　　石斧2014ZYT0613⑨a：1

图版六　　石钺2018ZWT05⑤b：1

图版七　　石钺2014ZWT01④a：1

图版八　　脊背石锛2017ZWT03⑩：2

图版九　　脊背石锛2014ZYT0613⑨a：2

图版一〇　脊背石锛2014ZYT0412⑨a：1

图版一一　脊背石锛2014ZYT0410⑥b：1

图版一二　脊背石锛2013ZYT0409⑨b：1

图版一三　脊背石锛2014ZYT0707⑦e：2

图版一四　脊背石锛2014ZYT0707⑦e：2

图版一五　脊背石锛2014ZYT0705⑥b：1

图版一六　脊背石锛2014ZYT0510③b：1

图版一七　弧背石锛2014ZYT0607⑨b：1

图版一八　弧背石锛2014ZYT0607⑨b：1

图版一九　弧背石锛2014ZYT0707⑨b：1

图版二〇　弧背石锛2014ZYT0508⑦e：1

图版二一　弧背石锛2014ZYT0707⑦e：1

图版二二　弧背石锛2014ZYT0411⑦b：1

图版二三　弧背石锛2014ZYT0613⑦c：3

图版二四　弧背石锛2014ZYT0513⑥b：2

图版二五　弧背石锛2014ZYT0513⑥b：2副刃面刃缘显微照片

图版二六　弧背石锛2017ZWT03⑥a：1

图版二七　弧背石锛2014ZYT0508③a：12
图版二八　弧背石锛2014ZYT0508③a：11
图版二九　弧背石锛2014ZWT02②：1
图版三〇　弧背石锛2014ZYH62：2
图版三一　弧背石锛2014ZYT0510①：1
图版三二　弧背石锛2014ZYT0707③b：9
图版三三　弧背石锛2014ZYT0509③b：18
图版三四　弧背石锛2014ZY采：1
图版三五　弧背石锛2014ZYT0412③a：3
图版三六　弧背石锛2014ZYT0613⑥b：2
图版三七　段背石锛2014ZYT0413⑤a：2
图版三八　段背石锛2014ZYT0608⑤b：12
图版三九　段背石锛2014ZYT0608⑤b：12顶面和各个面上部
图版四〇　段背石锛2014ZYH209：1
图版四一　段背石锛2014ZYH209：1
图版四二　段背石锛2014ZYT0612⑤b：1
图版四三　段背石锛2014ZYT0512⑤b：12
图版四四　段背石锛2014ZYT0512⑤b：12
图版四五　段背石锛2014ZYT0607③b：3
图版四六　段背石锛2014ZYH101：1
图版四七　石锛平木实验
图版四八　段背石锛2014ZYT0509③b：3
图版四九　段背石锛2014ZYH56：1
图版五〇　段背石锛2014ZYT0608③a：3
图版五一　缺刃石锛2014ZYT0608⑦c：2
图版五二　缺刃石锛2017ZWT01⑦：1
图版五三　缺刃石锛2014ZWT02⑥b：7
图版五四　缺刃石锛2014ZYT0413⑥b：1
图版五五　缺刃石锛2014ZYT0509③b：10
图版五六　缺刃石锛2018ZWT04⑤a：2
图版五七　缺顶石锛2013ZYT0507⑨b：2
图版五八　缺顶石锛2013ZYT0307⑦e：1

图版五九　缺顶石锛2014ZYT0706⑥a：1

图版六〇　缺顶石锛2014ZYT0513⑤b：3

图版六一　缺顶石锛2014ZYT0513⑤b：1

图版六二　缺顶石锛2014ZYT0512⑤b：11

图版六三　缺顶石锛2014ZY采：3

图版六四　刃部石锛2017ZWT03⑩：3

图版六五　刃部石锛2014ZWT01⑤：5

图版六六　刃部石锛2014ZWT01⑤：5

图版六七　刃部石锛2014ZYT0508⑦e：2

图版六八　刃部石锛2014ZWT02⑥b：5

图版六九　刃部石锛2014ZYH84：1

图版七〇　刃部石锛2013ZYH11：13

图版七一　刃部石锛2014ZY采：2

图版七二　石锛坯2014ZYT0314③a：4

图版七三　石锛坯2014ZYT0314③a：4

图版七四　石锛坯2014ZYT0509③a：14

图版七五　石锛坯2014ZWT01⑩：2

图版七六　石锛坯2014ZYT0409⑨b：2

图版七七　石锛坯2014ZYT0512⑤b：9

图版七八　石锛坯2014ZYT0512⑤b：3

图版七九　石锛坯2014ZYH98：2

图版八〇　石凿坯2014ZYH213：1

图版八一　双孔石刀2014ZYT0707③a：5

图版八二　双孔石刀2014ZYTD1③：47

图版八三　双孔石刀2014ZYTD1③：47右孔四边100倍

图版八四　双孔石刀2014ZYT0508③a：3

图版八五　双孔石刀2014ZYT0508③b：1

图版八六　双孔石刀2014ZYT0415③a：2

图版八七　双孔石刀左片2014ZYH158：1

图版八八　双孔石刀左片2014ZYT0508③a：10

图版八九　双孔石刀左片2014ZYT0509③a：18

图版九〇　双孔石刀左片2014ZYG5：3

图版九一　双孔石刀左片2014ZYT0706③b：5
图版九二　双孔石刀左片2014ZYT0613③：12
图版九三　双孔石刀左片2014ZYG18：1
图版九四　双孔石刀左片2014ZYH135：1
图版九五　双孔石刀左片2014ZYT0612③：12
图版九六　双孔石刀左片2014ZYT0509③a：12
图版九七　双孔石刀右片2014ZYT0414②：1
图版九八　双孔石刀右片2014ZYT0509③a：13
图版九九　双孔石刀右片2014ZYT0707③a：2
图版一〇〇　双孔石刀右片2014ZYT0707③a：2钻孔细部图
图版一〇一　双孔石刀右片2014ZYT0613③：4
图版一〇二　双孔石刀右片2013ZYT0606③：2
图版一〇三　双孔石刀右片2014ZYT0513③：3
图版一〇四　双孔石刀右片2014ZYT0509③b：6
图版一〇五　异形石刀2014ZYT0706⑥b：1
图版一〇六　异形石刀2014ZYT0706③b：6
图版一〇七　异形石刀2014ZYH184：1
图版一〇八　异形石刀2014ZYH62：1
图版一〇九　异形石刀2014ZYT0508③a：14
图版一一〇　破土器2013ZYT0507③：1
图版一一一　破土器2014ZYT0414③a：2
图版一一二　破土器2014ZYT0513③：4
图版一一三　破土器把2013ZYT0407③：3
图版一一四　破土器把2014ZYT0509③：13
图版一一五　破土器把2014ZYH168：1
图版一一六　破土器把2014ZYT0508②：1
图版一一七　破土器前角2014ZYT0608③a：5
图版一一八　破土器前角2014ZYT0508③a：9
图版一一九　破土器前角2014ZYT0410③a：6
图版一二〇　破土器后角2014ZYT0512⑤b：2
图版一二一　破土器后角2014ZYG17：1
图版一二二　破土器后角2014ZYT0613③：3

图版一二三　破土器后角2014ZYT0607③a：1
图版一二四　破土器后角2014ZYT0508③a：8
图版一二五　破土器后角2014ZYT0707③a：3
图版一二六　破土器中片2014ZYT0508⑤b：1
图版一二七　破土器中片2014ZYT0607③a：2
图版一二八　破土器中片2014ZYT0511④：1
图版一二九　破土器中片2014ZYT0509③b：11
图版一三〇　破土器中片2014ZYT0509③a：20
图版一三一　破土器中片2014ZYH209：2
图版一三二　破土器中片2014ZYT0513⑤b：2
图版一三三　破土器中片2014ZYT0415③a：7
图版一三四　破土器中片2014ZYT0414③b：2
图版一三五　破土器中片2014ZYT0509③a：10
图版一三六　破土器中片2014ZYT0508③a：4
图版一三七　破土器中片2014ZYTD①：2
图版一三八　破土器中片2013ZYT0606③：1
图版一三九　穿孔石犁2014ZWT02⑥b：2
图版一四〇　穿孔石犁2014ZYT0511⑤b：1
图版一四一　穿孔石犁2014ZYT0511④：1
图版一四二　穿孔石犁2014ZYT0509③b：9
图版一四三　穿孔石犁2014ZYT0508③b：1
图版一四四　穿孔石犁2014ZYT0414②：2
图版一四五　石犁片2014ZYT0613⑤b：1
图版一四六　石犁片2014ZYT0509③b：14
图版一四七　石犁片2014ZYT0706③a：1
图版一四八　石犁片2014ZYT0509③：15
图版一四九　石犁片2014ZYT0509③a：17
图版一五〇　砥石2014ZYT0311③a：8
图版一五一　砥石2014ZYT0707③b：8
图版一五二　砥石2014ZYT0509②：19
图版一五三　砥石2014ZYT0509②：19
图版一五四　砥石2014ZYH198：1

图版一五五　砥石2013ZYK2：8

图版一五六　砥石2013ZYK2：9

图版一五七　厝石2014ZYT0512⑤b：7

图版一五八　厝石2014ZYT0512⑤b：10

图版一五九　厝石2014ZY采：4

图版一六〇　厝石2014ZYG21：2

图版一六一　单面磨石2014ZYT0514⑨a：1

图版一六二　单面磨石2014ZYT0613⑥a：1

图版一六三　单面磨石2014ZWT03⑥a：3

图版一六四　单面磨石2014ZWT02⑥b：3

图版一六五　单面磨石2014ZYT0608③a：4

图版一六六　单面磨石2014ZYT0707③a：8

图版一六七　单面磨石2014ZYT0707③b：7

图版一六八　单面磨石2014ZYT0414③a：1

图版一六九　单面磨石2014ZYH189：7

图版一七〇　单面磨石2014ZYT0509③a：9

图版一七一　单面磨石2014ZYT0707③a：7

图版一七二　单面磨石2014ZYT0414③a：2

图版一七三　多面磨石2017ZWT03⑦B：1

图版一七四　多面磨石2014ZWT02⑥b：1

图版一七五　多面磨石2014ZYT0707③a：1

图版一七六　多面磨石2014ZYG23：1

图版一七七　多面磨石2014ZYT0509③b：5

图版一七八　多面磨石2014ZYT0508③a：5

图版一七九　多面磨石2014ZYT0707③a：6

图版一八〇　石磨棒2014ZYT0311③a：12

图版一八一　石戈2014ZYH107：3

图版一八二　石镰2014ZYT0413⑤：1

图版一八三　石镰2014ZYT0510③a：1

图版一八四　石镰2014ZYT0706③b：1

图版一八五　石镰中片2014ZWT01⑩：1

图版一八六　石镰中片2014ZYT0509③b：4

图版一八七　石镰中片2014ZYT0512⑤b：4

图版一八八　石镰中片2014ZYH107：1

图版一八九　石镰中片2014ZYT0707③a：4

图版一九〇　石镰中片2014ZYT0607③a：5

图版一九一　石镰中片2014ZYT0415③a：5

图版一九二　石镰中片2014ZYH83：2

图版一九三　石镞2013ZYT0606⑥：1

图版一九四　石镞2014ZYT0613⑤b：2

图版一九五　石镞2014ZYT0705③b：5

图版一九六　石镞2014ZY采：5

图版一九七　石镞2014ZYG21：3

图版一九八　石镖2014ZYT0410③a：1

图版一九九　石镖2014ZYT0315③a：1

图版二〇〇　石镖2014ZYH210：1

图版二〇一　石镖2014ZYT0607③b：4

图版二〇二　石镖2014ZY采：6

图版二〇三　石管2014ZWT01⑤：7

图版二〇四　石璧2014ZWT02⑥b：6

图版二〇五　石璧素材2014ZYT0514⑥b：3

图版二〇六　石玦2014ZYT0706③b：3

图版二〇七　石玦2014ZYT0414③a：3

图版二〇八　石玦2014ZYT0508③：2

图版二〇九　耘田器2014ZYT0512⑤b：1

图版二一〇　耘田器2014ZY采：7

图版二一一　耘田器2014ZYT0509①：1

图版二一二　石锤2014ZWT02⑥b：8

图版二一三　石锤2014ZYT0512⑤b：5

图版二一四　石锤2014ZYT0510②：1

图版二一五　鹰头饰2014ZYT0613⑤b：18

图版二一六　石纺轮2014ZYT0705③b：2

图版二一七　弹头形石器2014ZYT0707③a：9

图版二一八　砾石2014ZY采：8

图版二一九　石片
图版二二〇　石片2014ZYG21∶1
图版二二一　段背锛两种段的制法
图版二二二　石锛坯、残石锛、残石镞、石锤和砥石
图版二二三　河姆渡文化二期石器基本组合
图版二二四　河姆渡文化三期石器基本组合
图版二二五　河姆渡文化四期—良渚文化石器基本组合
图版二二六　河姆渡文化四期—良渚文化石器基本组合
图版二二七　良渚文化晚期—钱山漾文化石器基本组合
图版二二八　良渚文化晚期—钱山漾文化石器基本组合
图版二二九　商周时期石器基本组合
图版二三〇　商周时期石器基本组合
图版二三一　商周时期石器基本组合
图版二三二　三种常见岩石标本
图版二三三　加工类石器组合
图版二三四　农具类石器组合
图版二三五　武器类石器组合
图版二三六　石饰品组合

第一章 导 论

第一节 遗址概况

鱼山遗址和乌龟山遗址分别位于浙江省宁波市镇海区九龙湖镇河头村和路下徐村，两者相距不足200米，东距现今海岸线直线距离约7.3千米。其中，鱼山遗址具体坐落在当地居民俗称为鱼山的山脚东南麓，地理坐标为东经121.559°、北纬30.034°；乌龟山遗址具体坐落在当地居民俗称为乌龟山的山脚东南麓，地理坐标为东经121.558°、北纬30.034°（图一）。

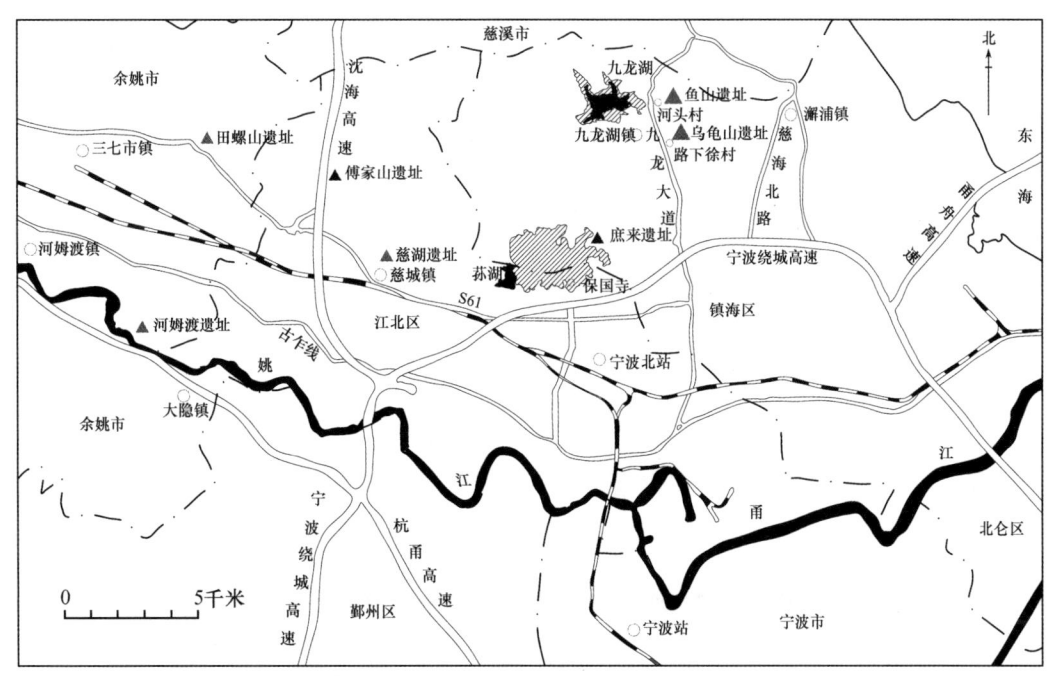

图一 鱼山遗址、乌龟山遗址地理位置示意图

一、发掘经过

2013年夏，为配合镇海区九龙湖镇御水龙都二期项目地块开发建设，宁波市文物考古研究所（现宁波市文化遗产管理研究院）组织队伍对该遗址进行了先期考古勘探，不仅确认了鱼山遗址的分布面积约为16500平方米，并探明该遗址存在有史前时期的文化遗存，突破了第三次全国文物普查时认为该遗址仅有商周以后文化遗存的认知，同时还新发现了乌龟山遗址。经与建设方协商，决定对鱼山遗址约四分之三面积予以原址保护，其余因建设项目无法避让部分实施发掘；乌龟山遗址则尽可能全部实行原址保护。

2013年12月至2014年5月、2014年9月至2015年2月，经国家文物局批准，宁波市文物考古研究所（现宁波市文化遗产管理研究院）与镇海区文物保护管理所、吉林大学、南京大学联合组建考古工作队，分别对建设地块所占压的鱼山遗址西南部进行了Ⅰ、Ⅱ两期考古发掘，总发掘面积4300平方米，编号分别为2013ZY和2014ZY（图二）。两次发掘共发现河姆渡文化二、三期，河姆渡文化四期—良渚文化时期，良渚文化晚期—钱山漾文化时期，商周至唐宋时期等四个不同时期的文化堆积，以及灰坑、灰沟、水井、池塘、砂土台、木桩群等不同类型的遗迹单位约300处[①]。

图二　鱼山遗址Ⅱ期考古发掘场景

2014年11月至2015年1月、2017年10～11月，为了确认乌龟山遗址的分布范围、堆积时代和文化性质，宁波市文物考古研究所（现宁波市文化遗产管理研究院）和镇海区文物保护管理所分两次对该遗址实施了全面勘探和局部解剖试掘，

---

① 雷少：《宁波发现距海岸线最近的河姆渡文化遗址——鱼山遗址Ⅰ期发掘的阶段性成果》，《中国文物报》2014年8月1日第8版；雷少：《揭开宁绍地区考古学文化序列的新图卷——宁波镇海九龙湖鱼山遗址Ⅱ期发掘与乌龟山遗址试掘的主要收获》，《中国文物报》2015年3月13日第8版；雷少、段天璟、王结华：《构建宁绍地区考古学文化序列的新坐标——宁波镇海九龙湖鱼山、乌龟山遗址考古发掘专家论证会综述》，《中国文物报》2015年3月13日第7版；雷少、王结华：《镇海鱼山·乌龟山遗址考古发掘——来自浙东滨海的远古回声》，《大众考古》2016年第2期；宁波市文物考古研究所、镇海区文物保护管理所、吉林大学文化遗产保护研究中心：《浙江宁波镇海鱼山遗址Ⅰ期发掘简报》，《东南文化》2016年第4期。

确认该遗址分布面积约为13500平方米。2018年7~8月，为配合九龙湖镇龙都路建设，经国家文物局批准，宁波市文物考古研究所（现宁波市文化遗产管理研究院）与镇海区文物保护管理所、南京大学联合组建考古工作队，对乌龟山遗址实施了发掘，发掘面积175平方米。两次解剖试掘和发掘过程中共发现河姆渡文化三期和河姆渡文化四期—良渚文化两个时期的文化堆积，以及灰坑、柱坑等少量遗迹。

二、主要收获

（一）鱼山遗址

1. 地层堆积

发掘情况表明，鱼山遗址所在区域的地势自北侧山坡向南侧平地逐渐降低，地层堆积深1~2.5米，可分为九个大层。根据土质、土色和出土遗物，可将其大体分为河姆渡文化二、三期，河姆渡文化四期—良渚文化时期，良渚文化晚期—钱山漾文化时期，商周至唐宋时期等四大阶段。现以T0411东壁为例作一简要说明（图三）：

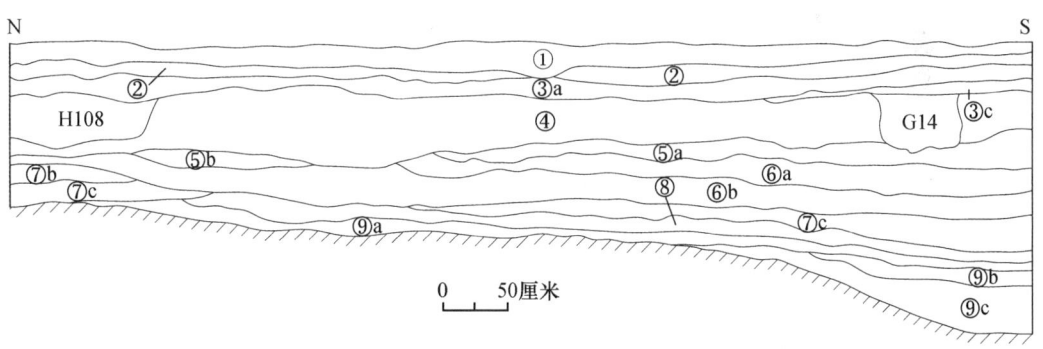

图三　T0411东壁地层剖面图

第1层：浅灰褐色土，土质较疏松，包含较多的砾石和植物根茎。出土物有商周陶片、唐宋瓷片和现代垃圾。

第2层：黄褐色土，土质致密，较坚硬。出土物有商周陶瓷片和唐宋青瓷片，属于唐宋时期堆积。

第3层：可细分为三亚层，本剖面缺失3b层。该层出土物主要为商周陶片和原始瓷片，属于商周时期堆积，但遗物时代跨度较大，从商代末期延续至战国时期。

第3a层：黑褐色土，土质较疏松，包含较多红褐色水锈斑。

第3c层：浅灰褐色土，土质较致密。

第4层：黄褐色土，土质质密，包含较多红褐色水锈斑。基本无出土物，属于自然堆积。

第5层可细分为二亚层。其中5a层中基本无出土物，属于自然堆积[①]；5b层主要分布在地势较高的探方，包含大量黄褐色粗砂粒，出土物较少且破碎，主要为史前陶片，属于良渚文化晚期—钱山漾文化时期堆积，推测该层可能系人工铺垫形成。

第5a层：青灰色淤泥，土质致密。

第5b层：黄褐色砂土，土质较致密，坚硬。

第6层：可细分为二亚层。该层出土物主要为史前陶片。

第6a层：黑色土，土质松软，包含较多腐殖质。属于河姆渡四期—良渚文化时期。

第6b层：浅黑色土，土质较致密。属于河姆渡四期—良渚文化时期。

第7层：可细分为五亚层，本剖面缺失7a、7d和7e层。该层出土物主要为史前陶片，属于河姆渡文化三期堆积。

第7b层：黄褐色砂土，较坚硬。

第7c层：黑褐色砂土，较松软。

第8层：青灰色淤泥，土质致密。基本无出土物，属于自然堆积。

第9层：可细分为三亚层。该层出土物主要为史前陶片，属于河姆渡文化二期堆积。

第9a层：灰黑色土，土质较疏松。

第9b层：黄褐色土，土质较致密。

第9c层：灰褐色土，土质较致密。

第9层以下是生土，为青灰色淤泥。

2. 发现遗迹

（1）河姆渡文化二期遗迹

本期遗迹类型包括灰坑和灰沟。举例如下：

[①] 关于鱼山遗址⑤a层的形成原因，目前认为与沿海风暴潮有关，鱼山遗址中也发现了与该自然事件相关的遗迹。详细内容可参见：Wang Z, Ryves D B, Lei S, et al. Middle Holocene marine flooding and human response in the south Yangtze coastal plain, East China. Quaternary Science Reviews, 2018, 187: 80-93.

H228　位于T0411的东北部,开口于第9a层下,打破H232和H233。该坑平面呈椭圆形,坑口距地表112、坑口直径80、坑底直径60、坑深67厘米。坑壁较斜直,未见工具痕迹,平底。坑内填土为灰黑色砂土。坑底发现炭化植物种子(图四)。

H249　位于T0410的东北部,开口于第9a层下。该坑平面近方形,坑口距地表148、坑口长60、宽50、坑深48厘米。直壁,壁面光滑,平底。在接近底

图四　H228平面图

部的壁面上和底部均有一层褐色土,可能系人为有意涂抹。坑内填土为黑色泥质土,夹杂少量砂粒,坑底发现大量植物果核。出土遗物以夹砂红陶和夹砂黑陶片为主(图五)。

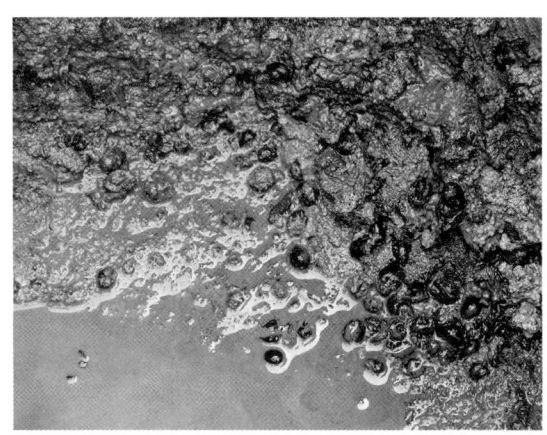

图五　H249平面图(左)与底部出土橡子(右)

(2)河姆渡文化三期遗迹

本期遗迹类型有灰坑。举例如下:

H256　位于T0512的南部,开口于第7c层下。该坑平面近方形,坑口距地表117、坑口长64、宽58、坑底长61、宽55、坑深32厘米。四壁较直,壁面光滑,未见工具痕迹,平底。坑内填土为灰黑色土,土质较软,包含少量炭屑。出土遗物主要为夹砂红陶片(图六)。

H263　位于T0512的西南部,开口于第7c层下。该坑平面近圆形,坑口距地

表112、坑口直径71~76、坑底直径67~72、坑深48~52厘米。四壁较直，壁面光滑，未见工具痕迹，平底微斜。坑内填土为灰黑色土，土质较软。出土遗物有少量夹砂红陶片（图七）。

图六　H256平面图

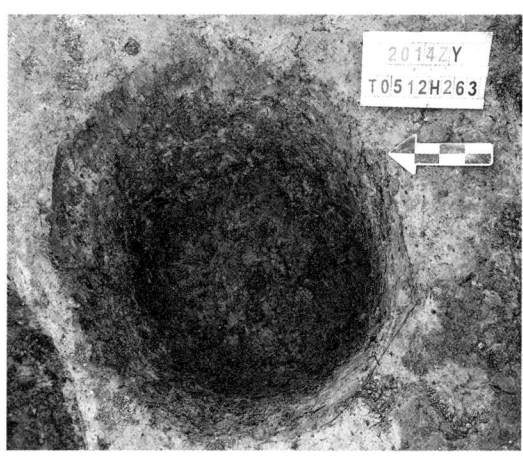

图七　H263平面图

（3）河姆渡文化四期—良渚文化时期遗迹

本期遗迹数量少，类型有灰坑和灰沟。举例如下：

H250　位于T0512的中部偏东，开口于第6b层下。该坑平面为椭圆形，坑口距地表101、坑口长128、宽68、坑底长122、宽62、坑深35厘米。四壁较直，壁面光滑，未见工具痕迹，平底。坑内填土为灰黑色土，土质较软。出土遗物主要为泥质红陶和夹炭黑陶片（图八）。

G23　位于T0412的西北部，开口于第6b层下。该沟平面呈长条形，东北至西南走向，沟口距地表115、沟长192、沟宽108、沟深64~66厘米。四壁较直，壁面光滑，未见工具痕迹，平底。沟内填土为黑灰色砂土，土质松软，包含植物碎屑。出土遗物有泥质灰陶、夹炭黑陶、夹砂黑陶和砺石，可辨器形有豆、罐和支脚（图九）。

（4）商周时期遗迹

本期遗迹数量最多，类型有灰坑、灰沟、砂土台和木桩群等，其中以灰坑为主。这些遗迹多数开口于第4层表面，年代应不晚于西周早期。举例如下。

H64　位于T0514的中南部，开口于第3a层下。该坑平面呈弧角长方形，坑口距地表40、坑口长120、宽90、坑底长110、宽80、坑深48厘米。四壁较直，壁面光滑，未见工具痕迹，平底。坑内填土为灰黄色，土质较硬，含水锈斑。出土遗物仅有极少泥质陶片（图一〇）。

图八 H250平面图

图九 G23平面图

图一〇 H64平面图

H79 位于T0315的中部偏西，开口于第3a层下。该坑平面不规则，坑口距地表48、坑口最长460、宽455、坑底最长452、宽443、坑深70厘米。四壁斜直，壁面光滑，未见工具痕迹。坑内堆积分两层，上层为灰褐色土，土质较硬，厚约20厘米；下层为灰色土，土质较软，厚约50厘米。在坑底还出土7根木桩，横置于坑内，北侧的两根木桩叠压在一起，其余均单独排列。出土遗物主要有印纹硬陶和泥质灰陶片（图一一）。

H90 位于T0414的北部偏东，开口于第3b层下。该坑平面近圆形，坑口距地表60、坑口直径90~98、坑底长径80、短径60、坑深60厘米。弧壁微内收，壁面光滑，未见工具痕迹，平底。坑内填土为灰褐色，土质较硬，包含红烧土颗粒。出土遗物仅有泥质灰陶和夹砂红陶片（图一二）。

H189 位于T0413的东北部，被H43打破。该坑平面呈椭圆形，坑口距地表32、坑口长径84、短径73、坑底长径102、短径43、坑深65~75厘米。袋状坑，壁面光滑，未见工具痕迹，圜底。坑内堆积分两层：上层为褐色土，土质

图一一　H79平面图　　　　　　　图一二　H90平面图

较硬，包含大量红烧土颗粒和少量炭粒，厚20～30厘米；下层为黑灰色淤泥，土质松软，包含红烧土颗粒和植物碎屑，厚38～55厘米。上层无出土遗物；下层出土遗物有印纹硬陶、泥质灰陶和夹砂红陶片。坑底出土了12件原始瓷豆，均较完整（图一三）。

图一三　H189（左）及底部出土原始瓷豆（右）

G7　位于T0413北部和T0412东北部，开口于第3a层下，被H39、H46、H49、H54打破。该沟平面呈长条形，沟口距地表46、残长1100、宽85～120、沟深30厘米。直壁，壁面光滑，未见工具痕迹，平底。沟内填土为灰褐色，土质较硬，包含少量炭粒及烧土颗粒。出土遗物有原始瓷，印纹硬陶，泥质灰、红陶和夹砂红陶片等，可辨器形有罐、鼎、豆等（图一四）。

图一四　G7平面图

TD1　砂土台，叠压第4层，平面略呈椭圆形，平地起堆，堆积中包含大量黄褐色粗砂粒，表面硬度较高，出土少量破碎陶片（图一五）。

图一五　TD1活动面平、剖面图

木桩群　跨越6座探方，东西延续长度超过50米。由密集的小型木桩构成，数量约在500个以上，木桩绝大多数较细小，个别比较粗大。推测其用途可能为木栅栏性质的设施，应起防御作用（图一六、图一七）。

此外，还发现有少量唐宋时期的池塘、水井等遗迹，此处不做介绍。

图一六　木桩群平面复原图

图一七　木桩剖面图

3. 出土遗物

（1）河姆渡文化二期遗物

包括陶、石、骨、木器等（图一八）。陶器数量最多，以夹砂和夹炭灰黑陶为主，复原器不多，可辨器形有釜、盆、罐、钵、盘和器座等。陶釜口沿外多饰蚶齿纹，下腹部常饰绳纹，其余器形多以素面为主。石器仅有少量斧和锛。骨器极少，有锥和管等。木器不多，有锥、凿形器和构件等。

（2）河姆渡文化三期遗物

包括陶、石、玉器等（图一九）。陶器数量最多，以泥质红陶和夹砂灰褐陶为主，可辨器形有釜、鼎、豆、罐、盆、灶和支脚等，极少能复原，盛行在泥质陶器表面戳印或刻划几何形纹饰。泥质红陶常为外壁红色、内壁黑色，胎质粗疏，其中豆盘、豆柄和牛鼻形器耳常见。石器有少量斧、锛和砺石。玉器仅有几件玦、璜。

（3）良渚文化时期遗物

包括陶、石、木器（图二〇）。陶器数量最多，以夹砂红陶和泥质黑皮陶为主，可辨器形有鼎、罐、豆、盆和壶等，极少能复原，素面较多，纹饰常见绳弦纹和刻划纹。石器较少，有斧、锛、镞、耘田器和犁等。木器仅见履形器和构件。

（4）商周时期遗物

包括陶、瓷、石、铜、木器（图二一）。陶器以泥质软陶和印纹硬陶为大宗，夹砂陶次之，复原器不多。印纹硬陶以灰陶和红褐陶为主，可辨器形有豆、罐、尊、盆、钵和壶等，多数器表压印有一种或多种纹饰组合，主要有席纹、梯格纹、方格纹、弦纹、叶脉纹、折线纹、云雷纹、"回"字纹、"米"字纹和米筛纹等。泥质软陶以灰、红陶为主，可辨器形有罐、盆、盘、钵、杯、勺、豆、纺轮和陶垫等，纹饰与印纹硬陶相近。夹砂陶以红褐陶为主，可辨器形有鼎和釜。原始瓷器可复原的较多，可辨器形有豆、碗、钵、盂、罐和器盖等，多数器表饰有弦纹、水波

图一八 河姆渡文化二期遗物
1. 骨管 2. 骨锥 3、4. 石锛 5. 陶单耳釜 6. 陶敞口釜

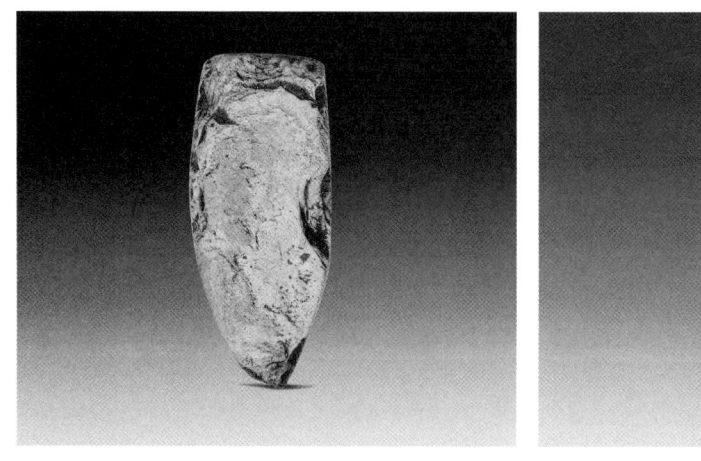

图一九　河姆渡文化三期遗物

1. 石凿　2. 石锛

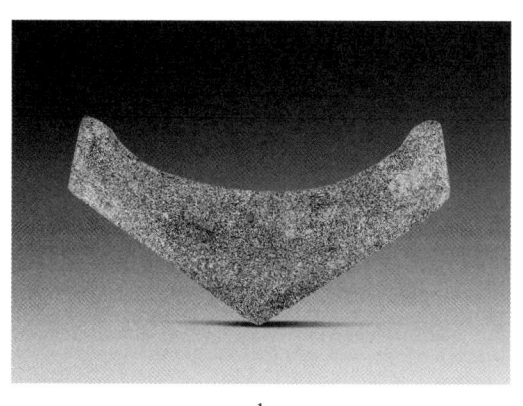

图二○　良渚文化时期遗物

1. 石耘田器　2. 石镰　3. 陶双鼻壶　4. 有段石锛

图二一 商周时期遗物
1. 铜斧 2. 铜镞 3. 印纹硬陶提梁壶 4. 印纹硬陶罐 5. 原始瓷盂 6. 原始瓷豆

纹、篦点纹和"S"形泥条贴塑，施纹手法以刻划、贴塑和戳印为主。石器数量较多，有斧、锛、凿、刀、镞、矛、戈和玦等。铜器不多，有斧、匕、镞、凿、镯、锸和镦等。木器罕见，仅有陀螺。

商周时期遗物的时代跨度较大，时间上限不早于商代末期，下限则可至战国时期。

此外，还出土有大量唐宋时期的青瓷器物，此处不做介绍。

（二）乌龟山遗址

1. 地层堆积

试掘和发掘情况表明，乌龟山遗址所在区域的地势自北侧山坡向东、南侧平地逐渐降低，地层堆积深1～3.4米。根据土质、土色和出土遗物，可将其大体分为河姆渡文化三期、河姆渡文化四期—良渚文化时期两个阶段。与鱼山遗址相比，乌龟山遗址缺失河姆渡文化二期、商周和唐宋时期遗存，但是河姆渡文化三、四期遗存较丰富。

乌龟山遗址史前时期文化堆积丰厚，遗存丰富，特别是河姆渡文化三期堆积之中，以及河姆渡文化三期与河姆渡文化四期—良渚文化时期之间均间隔有青灰色淤泥层，这种文化层中间隔自然层的现象与鱼山遗址类似。

2. 发现遗迹

囿于试掘和发掘面积有限，仅发现少量遗迹，类型有灰坑、柱坑和木构道路等（图二二、图二三）。其中灰坑体量普遍较小，包含物与出土物均不多，分属河姆渡文化三期、河姆渡文化四期—良渚文化时期。柱坑保存较差，发现有圆形和方形木柱，底部均有垫板，多属河姆渡文化三期。木构道路遗迹以往少见，揭示出的部分呈带状，系由圆木、树枝、芦苇秆、残损或半成品的木构件、木器等集中堆砌而成，应属于河姆渡文化四期至良渚文化时期。

图二二　2014ZWT02木构道路

图二三　2014ZWT01木柱和垫板

3.出土遗物

（1）河姆渡文化三期遗物

包括陶、石、玉、木和骨角器。陶器数量最多，面貌与鱼山遗址同时期遗存基本相同。石器有少量斧、锛、凿和钺等。玉器仅有管。木器仅见器柄。骨角器不多，有锥、凿、柄和匕等。

（2）河姆渡文化四期—良渚文化时期遗物

包括陶、石器。陶器数量最多，以夹砂灰褐陶和泥质灰陶为主，可辨器形有鼎、釜、豆、盘和罐等，复原器极少。石器很少，有锛和纺轮等。

三、初步认识

鱼山遗址、乌龟山遗址的发掘是首次对宁波地区翠屏山丘陵东南缘的史前遗址进行考古发掘，通过较大规模的发掘和重点试掘，我们对这个区域的文化面貌有了初步的认识。总结如下：

第一，鱼山遗址发现的河姆渡文化二期遗存，系首次将该文化早期的空间分布范围扩展至近海区域。同时，它也是目前所知距离现今海岸线最近、年代最早的河姆渡文化遗存。这为研究河姆渡文化在沿海地区的分布、发展和演变问题提供了十分重要的基础性资料。

第二，鱼山遗址发现的商周时期遗存，出土遗迹和遗物虽然较为丰富，但是由于该时期地层堆积距地表较浅，相对较薄，且人类活动连续不断，特别是春秋晚期至战国早期古人的活动对商代末期至西周初期的遗存扰动较大，因此出土遗物的时代跨度也较大。宁波地区历年来较大规模发掘的商周时期遗址极少，该时期文化面貌尚不清晰。从这个角度来讲，鱼山遗址商周时期遗存的发现，对进一步厘清本地区该时期文化面貌具有重要意义，特别是其处于滨海地带，对探索越文化在沿海地区的起源和传播具有重要价值。

第三，乌龟山遗址的试掘和发掘，初步揭示出该史前遗址的文化面貌。遗憾的是，因发掘面积所限，虽然发现了灰坑、柱坑等遗迹，但是对其聚落布局和结构尚不清楚。该遗址的突出特点就是河姆渡文化三期和河姆渡文化四期—良渚文化时期堆积深厚，保存完好，出土遗物也较丰富，显示其具有十分重要的学术价值。相信随着对乌龟山遗址的进一步发掘与研究，必将推动河姆渡文化中、晚期到良渚文化时期的环境变迁、聚落布局、生产革新和社会结构演进等方面的研究走向深入。

第四，鱼山遗址的河姆渡文化二、三期堆积之间，良渚文化晚期-钱山漾文化时期和商周时期堆积之间，乌龟山遗址河姆渡文化三期堆积之中，以及河姆渡文化三期与河姆渡文化四期—良渚文化时期堆积之间均存在较厚的淤泥层。这种文化层多次间隔自然层的堆积特点，在宁波地区史前至商周遗址中较少见，可能与这两处遗址分布于滨海地带有密切关系。这为研究宁波沿海地区史前至商周时期社会的人地关系演变问题提供了绝佳案例。

第二节　研究方法

石器是史前时期最主要的生产工具和生活用具，它满载物质信息和文化信息。这些信息是我们研究过去社会生产和生活的重要依据。我们采取以观察为主的方式，从个案分析入手，采集并辨识石器表面的各类痕迹，结合器形分析石器制作和使用方法，对石器进行形态分类，分析不同阶段石器组合及其功用，阐述石器所反映的生产状况和社会面貌。

一、研究步骤

具体而言，石器研究分以下五个步骤。

1. 形状观察

采用肉眼观察与显微镜观察相结合的方法，把握石器整体造型、细部特征和细微痕迹。整体造型是指反映石器体量的长、宽、高三要素及其重量。细部特征是指石器表面不易觉察到的磨面和破损痕迹等。细微痕迹是指立体显微镜下所观察未风化或轻度风化石器的形貌特点。本课题组所用显微镜是日本产基恩士VHX-2000C型超景深三维立体显微镜。

2. 测绘称重

按原大绘制石器形状的实测图。利用电子游标卡尺测量石器长、宽、厚和穿孔直径等，数据精确到十分之一毫米。利用电子秤称石器重量，数据精确到十分之一克。

3. 岩性鉴定

邀请浙江大学地质学家董传万教授目鉴了所有石制品的岩性。

4. 个案分析

逐件观察和分析鱼山遗址和乌龟山遗址的石器，记述每件石器的岩性和形状，辨识制作痕迹及其特点、使用痕迹及其特点，结合仿制石器及使用石器的实验结果，推断石器制作方法和使用方法。

5. 综合研究

在个案分析基础上，对石器组合进行综合分析，阐释石器组合所反映的生计方式和生产力状况。

二、文化信息

石器身上所包含的文化信息至少有以下几项。

1. 造型

造型是通过观察就能够获得的信息。它是指石器的立体造型和平面造型。石器是由石工按照功能需求和文化传统以及素材的物理特点所创造出来的造型。石器造型具有一定的时代特点和地域特征，是构成考古学文化内涵的主要因素之一，也是研究石器功用的主要依据。

2. 肌理

肌理是通过观察和分析才能提取到的信息。我们借用肌理一词来表述我们观察石器表面效果的感受。肌理分两类，一类是由物体表面的组织构造所引起的视觉触感即视觉肌理，另一类是由物体的表面组织构造所引起的触觉质感即触觉肌理[①]。从视觉和触觉两个角度把握石器制作精细程度。为此我们把石器肌理即磨面分成四个等级，由粗到细依次为粗糙、平坦、平滑、滑腻。我们把表面有疤痕即石片阴面的石器表面称为浅磨面，浅磨面上隐约可见波纹或裂痕等，把表面没有疤痕的石器表面称为深磨面。需要注意的是，解读肌理成因时不仅要考虑它与制作工艺水平高低有关，还要考虑到它与石材主要矿物折光率高低密切相关。

3. 体量和重量

体量和重量是反映石器造型和重量的信息。利用度量衡可以获得这些信息。体量和重量大小与石材大小、使用者的身份有一定关系。大型石器多由成年男性使用，小型石器既可以供成年男性使用也可供女性或青少年使用。

4. 破损

破损是通过观察能够获得的信息。分析石器破损成因是解决石器用法甚至用途

---

① 辛华泉：《形态构成学》，中国美术学院出版社，1999年，第189、190页。

的线索。破损痕迹大致分为条痕、断口、崩缺、石片阴面、圆钝和麻点等六种，各种破损成因各不相同。分析破损成因的第一步是记录破损部位、损伤形状，以此推断石器作用时的运动轨迹。赫兹原理表明，打击方向不变时，打击点位于石料中轴面之上即打击力与石料中轴面之间的夹角小于90°时，被剥离的石片比较短而宽；打击点位于中轴面之下即打击力与石料中轴面之间的夹角大于90°时，被剥离的石片比较长而窄；打击点位于中轴面上即打击力与石料中轴夹角为90°时，被剥离的石片的长度介于上述两者之间[①]。根据这个原理，我们通过石片疤等损伤痕迹能够推断出导致石器损伤的破坏力来自何方，这种破坏力实际上就是来自客体的反作用力。为了方便记录破坏力方向，建议采用时钟表示方位角来描述，具体做法是以表心为作用力起点、指针所指数字来表示力作用方向，如石斧刃缘中部有左右对称的浅弧形崩缺，可以表述为石斧被12点钟方向的力剥片。根据石片疤形状所判断的反作用力方向与石斧实际所受反作用力方向未必完全一致，不过这种误差不会影响我们误判石器作业方式。

条痕是分析石器研磨方式和石器使用方式的线索之一。条痕是石器表面常见的线形凹痕。石器上的条痕有两种，一种是被客体作用后产生的线形伤痕，另一种是研磨石坯时产生的线形磨痕。辨识条痕类型后要注意观察条痕粗细，不同客体会造成粗细不同的条形伤痕。磨痕走向反映了石器的运动轨迹，是判断石器研磨方式的主要依据。建议采用时钟方位角记述条痕方向，条痕与石器纵轴呈30°夹角的，可称为1点钟方向条痕。从石器上测量得到线痕走向与我们据此判断的石器实际运动轨迹未必完全吻合，但是这种误差不会导致我们对石器运动方向做出误判。条痕与纵轴一致时，表明石器运动方向与石器纵轴一致。条痕与纵轴交叉，表明石器运动方向与纵轴是交叉的。

崩缺，是石器刃部缺口，它的形成与客体的形状、硬度以及石器使用方式密切相关。用长度、宽度和深度来描述崩缺的伤情。长度是指刃缘上缺口的横向距离，宽度是指刃缘上缺口的纵深距离，深度是指缺口的厚度。当平直刃口遇到平坦表面时崩缺长而窄，当平直刃口遇到细圆形表面时，崩缺短而宽。

石片阴面，是石器成品上遗留的被剥片的痕迹。按其成因，石片阴面分为疤痕与石片疤两类。疤痕是指表面有隐约可见的边界模糊石片阴面的石器，这类石器可称为精磨石器。表面有清晰裂痕或波纹的石器可称为粗磨石器。表面完全看不到石片阴面的石器可称为抛光石器。石片疤是指石器在使用中刃口等部位被剥片后留下石片阴面，它是判断石器使用方法和推断客体的重要依据。

---

① 冷键：《石器制作技术的模拟考古》，《东南文化》1991年第3、4合期。

断口，是指石器某个面折断后出现的石片阴面。断口的成因与石器使用方式和客体坚硬程度密切相关。

圆钝，是指石器刃口等作业部位因为长期使用而失去效用的现象。

麻点，是石器表面的细小浅坑，也是微型石片阴面。根据成因不同，它分为两类：一类是制作石器时留下的痕迹，即采用琢击制坯时在石器表面留下的密集点状疤痕。另一类是指楔和凿等石器在使用中侧面和顶面被击打而产生的打击点。

5. 制法

制法是分析石器上制作痕迹所获得的信息。它是指石器成形方法。磨制石器制作由制坯和研磨两大工序构成。制坯分锤击制坯和锯磨制坯两种。锤击制坯是指采用锤击等方法把石材上的余量剥离掉从而塑造出石器基本形状的制坯方法。锯磨制坯是指采用片状工具如石片等把石材裁开或把石材上的余量去掉从而塑造出石器基本形状的制坯方法，研磨不充分的石器边缘会有锯槽痕迹。

研磨是指去除石器大部分表面余量的工序。研磨分砥石磨（简称砥磨）和厝石磨（简称厝磨）两类。砥磨是指手持石坯在研具上来回推拉使石器表面变得平整的研磨方法。厝磨是指手持研具在石坯表面摩擦使石器表面变得平整的研磨方法。无论采用哪种方法研磨石器，研磨过程中都需要不断地加水，水的作用是把分散的砂粒聚集起来，同时给因为摩擦而产生高温的坯件降温。

6. 用法

用法是分析石器上使用痕迹所获得的信息。首先要解决石器是徒手把握使用的还是装柄使用的问题。徒手把握使用的石器，其把握部位会有手摩擦痕迹。装柄使用的石器，其端部会有柄摩擦痕迹。其次要解决石器直接使用部位所遗留的伤痕成因。石器一经使用，其作业部位就会留下伤痕。能否识别石器上的使用痕迹是探讨石器使用方法的关键。分析石器上使用痕迹时还要注意石器更新后产生的使用痕迹，以及改制石器上的使用痕迹。同时分析石器用法时要注意有些石器存在一器多用的情况。

7. 客体

客体即石器作业对象。这是试图通过石器上使用痕迹成因分析时所获得的间接信息，希望凭借石器表面伤痕成因推断出来的造痕体即作业对象。探讨石器作业客体时应该结合与石器共存的带石器加工痕迹的遗物进行综合分析，比如骨角器和木器上常有被砍斫的痕迹，可以通过分析砍斫痕迹形状，推断造痕体的刃部造型，然后把砍斫痕迹与共存石器刃部造型进行比对，据此推断出在木器上造痕体的石器类型。

三、物质信息

为了更好地认识和理解石器的文化信息，我们需要了解石器蕴含的物质信息。

1. 岩性

通过目鉴确定石材的类型，为判断先民们制作石器时的选材方法以及石材来源提供依据。条件许可时也可以选择石器残片做切片观察。

2. 硬度

石器的硬度是判断其客体的依据之一。判断石器软硬的依据是其主要矿物的硬度。

3. 折光率

石材主要矿物的折光率决定了石器表面光泽类型和强度，它是判断研磨工艺水平时必须考虑的重要因素。

4. 颜色

石材的颜色有时与石器类型有一定关系。有些鲜艳的岩石虽然不属于矿物学上的玉，但是仍然被制作成非实用器。这里需要注意的是，岩石学上把岩石的颜色分为表色、自色和假色，在讨论石器选材时切不可混淆三种不同颜色。

5. 断口

石材中主要矿物的断口类型决定了石器加工和使用中出现的断口形状，断口类型的确认有助于判断石器制作技法或作业客体类型。

此外，还有一些物质信息需要记述。比如不少石锛的侧面与沉积岩的层理面是平行的，其中有些石器会顺着层理面破裂，这是我们判断石匠选材的依据。目前石器物质信息的提取主要委托岩石矿物学家来完成，大多数学者还不太重视石器岩性的重要性，因此石材岩性鉴定表常常被作为附表收录在书末，正文中很少把岩性与石器制作和使用综合起来分析。为了避免岩石学与石器研究"两张皮"现象，我们把目鉴岩性鉴定意见放在正文当中，便于分析和读者阅读。

第二章　石斧、石钺

石斧是侧装使用的重型两面刃石器，石钺是侧装使用的中型两面刃穿孔石器。鱼山遗址和乌龟山遗址共出土了5件石斧和2件石钺。

第一节　观察方法

一、细部名称

斧、钺的细部名称包括顶面、正面、背面、左面、右面和刃部六个部分。这些名称，本书前言中已经做了介绍，这里增加一个术语——棱线。我们把斧、钺各个平面之间的转角称为棱，如正面与顶面分界线称为正顶棱，正面与左面分界线称为正左棱，正面与右面分界线称为正右棱；背面与顶面分界线称为背顶棱，背面与左面分界线称为背左棱，背面与右面分界线称为背右棱。需要补充说明的是，遇到斧等石器难以判断其正背面时，为了方便记述，可以人为指定石斧正背面，然后据此确定石斧各个部位的名称。

二、观察要点

1. 顶面

主要观察顶面是否为完整磨面，顶面是完整磨面则表示研磨深，该石器未必采用嵌入式装柄法装柄使用。如果顶面不是完整磨面且有疤痕则说明研磨浅，如果顶面有麻点则要分析麻点成因，如果是制坯麻点则说明研磨浅，如果是使用麻点则表明该石器顶部被击打过，可能是凿或楔。所以观察顶面现状有助于判断石斧是否装柄以及使用方式。

2. 正背面

主要观察以下几个项目。正顶棱和背顶棱下方是否比其他部位更为光滑，如果是，则要分析它是否因为长期使用而被柄内壁摩擦所致。正背面与左右面之间的转角是直角还是圆角，如果是圆角则说明该石斧是以扁圆体砾石为素材制作而成的。磨面中是否含疤痕，如果有疤痕则说明研磨浅。

3. 左右面

主要考察以下两个项目：一是左右面上部是否存在凹缺，如果有，要考虑它是否因为采用捆绑方式给石斧装柄所致；二是下部两侧是否同时向内弧收为棱线并与刃缘连成一体，如果是，那么该石斧整体造型就是扁圆体。

4. 刃部

主要考察项目有以下几项：①刃面中的哪些部位有光泽。光泽是刃部直接接触到客体并与之摩擦的反映，它是判断石斧深入客体深浅的依据。②刃面破损部位及其大小。正面下方的刃部出现石片疤，表明石斧背面下方的副刃面被来自客体反作用力作用后剥片所致，即石斧被从右上方向左下方砍削客体。③刃面和副刃面的刃缘都出现崩缺，表明石斧是基本垂直向下作用于客体的，即石斧被用于直劈客体。④刃角完残情况，刃角崩缺意味着该刃角率先接触到客体并因此受损，据此确定石斧的正背面。⑤楔角的角度与作业客体有关，楔角较小的刃部容易进入客体，但是刃缘受损概率增大。楔角较大的刃部难以进入客体，刃缘受损概率较低。

5. 石钺观察要点

石钺与石斧最大的不同在于前者有穿孔，多数石钺是面体而石斧是块体。石斧是依靠较大的楔角刃口切断客体的，而石钺是利用较小楔角的刃口去切断客体的。研究石钺，不仅需要观察上述六个部分，还需要仔细地观察钺孔的制法和钺孔上有无系绳痕迹。

第二节 观察与分析

一、石斧观察与分析

1. 石斧2014ZYT0513⑥b：3

（1）目鉴岩性

深灰色，半自形粒状结构，主要由斜长石、少量暗色矿物和石英组成；斜长石受绢云母化，呈浅绿色调，板柱状，见有一组一个方向的中等到完全节理，含量65%～70%；暗色矿物针柱状，可能为角闪石，但受蚀变，变质为绿泥石，含量10%～15%；可见少量石英，具油脂光泽，含量10%～15%，呈粒状，粒径0.5毫米，定名石英闪长岩，受绿泥石化和绿帘石化。

（2）造型描述

扁圆柱体，平面略似梯形。长114.6、宽85.8、厚41.4毫米，重747克（图二四；图版一）。表面轻度风化，右面和背面颜色比其他平面稍浅。以墨书标记所在面为正面。

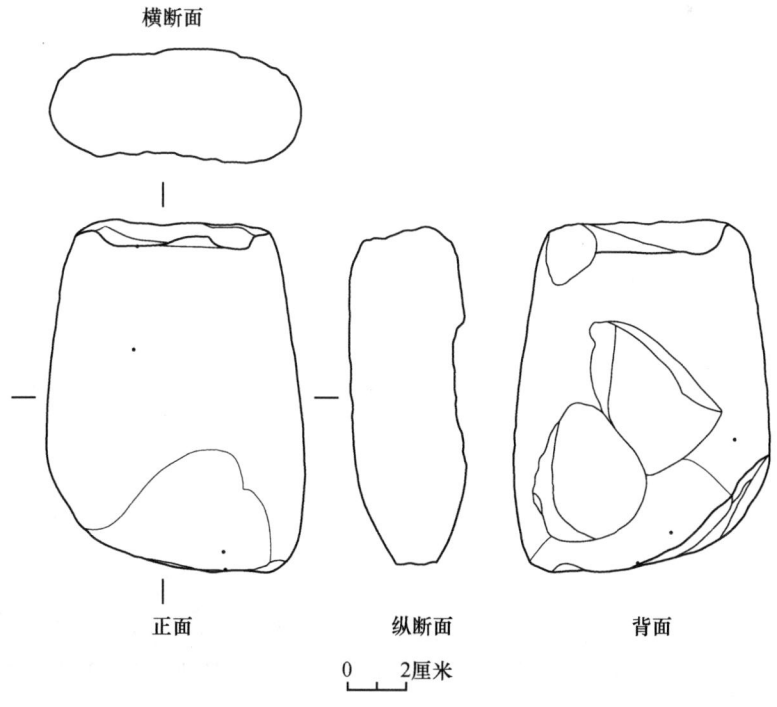

图二四 石斧2014ZYT0513⑥b：3

顶面：近似圆角长方形，中间稍凹，布满制坯麻点。左下角是一个较深的石片疤，它是以左下角为台面向下剥片后留下的石片阴面。

正面：正顶棱下方凸起部位有光面。左上角与侧面右上角同被顶面上的石片疤破坏。右上角近似圆角。中部有多个石片阴面。左下角被至少两个石片疤破坏，它们都是副刃面被约2点钟方向的力作用后剥片留下的石片阴面。下部渐弧收至刃缘，形成弧面刃，刃面长约6厘米。

背面：中部有两个不明显的疤痕。下部渐弧收至刃缘，形成弧凸副刃面。副刃面凸起部位比较光滑，隆起越高越光滑，副刃面长约5厘米。右下角被一个长而深的石片疤打破，它是被约11点钟方向的力作用后剥片的。

左面：弧凸面，下部是石片疤。中上部凸面最高处可见反光。

右面：微凸弧面，密布麻点，表面经过简易研磨。

刃部：刃缘和刃口缺失。根据现状推测刃面与副刃面会合形成不对称双面刃。刃口被一个大石片疤破坏，石片疤内波纹清晰，该石片疤是从左面下部向右面击打导致刃部被剥片后留下的石片阴面，是刻意修整刃部的痕迹。与其他部位相比，隆起的刃面特别是中部比较光滑。

（3）功用分析

该石斧正背左右面上部表面微微凸起可见反光，而石斧上部整体比其中下部稍细。据此推测，该石斧是采用嵌入式侧装使用的重型工具。残存刃面和副刃面反光强于石斧其他部位，应该是刃面和副刃面同时进入客体并与客体产生摩擦而产生光泽，正背面相同部位都出现石片疤。这个现象表明，该石斧垂直向下砍劈，导致刃口特别是左刃角被客体剥掉大而深的石片，这说明客体内部非常坚硬，推测石斧是在肢解或者屠宰大型动物时受损致残。

2. 石斧2014ZYT0412⑥a：1

（1）目鉴岩性

深灰色，半自形粒状结构，块状构造，主要由长石和辉石组成，长石含量60%～65%，呈板条状，白色，具一个方向的解理；辉石含量30%～35%，黑色，见柱状解理，绿泥石化，定名辉长辉绿岩。

（2）造型描述

扁圆柱体，平面近似长方形。长100.4、宽68.3、厚44.4毫米，重509.8克（图二五；图版二）。石材中度风化，表面凹凸不平，有许多大小不等的孔隙，除了刃部局部手感光滑外，其余部位手感粗糙。以墨书标记所在面为正面。石斧各个

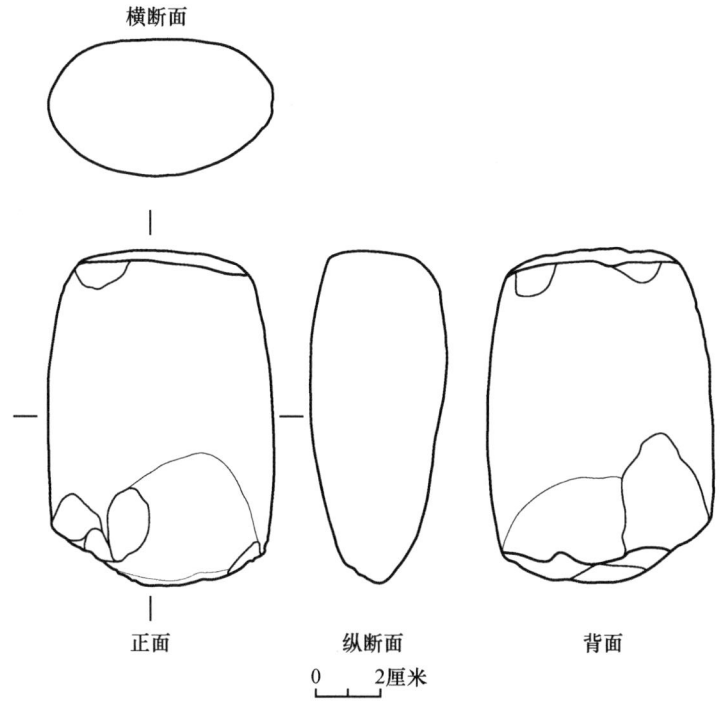

图二五 石斧2014ZYT0412⑥a∶1

面之间的转角都是不见棱角的圆角。

顶面：中间有大片低凹面的椭圆形磨面。

正面：长轴、短轴中央隆起的弧凸面，中心部位稍凹。正顶棱下方弧凸部位可见明显反光。中下部弧凸部位可见成片反光面。下部弧收为弧凸刃面，左刃角被两个浅而大的石片疤破坏，它们都是被1点钟方向的力剥片后留下的石片阴面。右刃角可见一个较深的石片疤，它是被11点钟方向的力剥片后出现的石片阴面。

背面：长轴、短轴中央隆起的弧凸面。左上角被一个疤痕打破，背左棱被一个疤痕打破。上部凸起部位可见小的弧凸磨面。中部及左下部有多个大的疤痕，疤痕内部可见研磨痕迹。下部弧收至刃缘形成弧凸副刃面，右刃角残缺。残存的副刃面中部为反光面，手感光滑。

左面：弧凸磨面。

右面：弧凸磨面。

刃部：刃面与副刃面会集为两面刃，推测楔角为53°，刃部造型似文蛤形，可称为蛤形刃。刃面凸起部位可见明显反光，手感光滑。副刃面的弧凸面同样也可见明显反光，手感光滑。

（3）功用分析

根据石斧正背面上部弧凸部分为光滑磨面推测该石斧是采用嵌入式方法安装

横柄使用的。正副刃面的凸起处皆为反光面的事实表明，刃部整体同时进入客体并与客体发生摩擦，从而使弧凸形刃部成为光滑面。刃缘残，刃角被多个大石片疤破坏。从刃部光滑面长度看，石斧刃部进入客体的长度约5厘米。刃部在进入客体后碰到坚硬的客体并被来自它的反作用力剥片，推测石斧是在肢解大型动物时受损致残。

3. 石斧2014ZYH56：2

（1）目鉴岩性

灰绿色，表面有黄褐色锈斑，砂状结构，主要由砂级碎屑石英及一些长石组成，碎屑有一定磨圆度及较好的分选性，胶结物为泥质，孔隙式胶结，定名凝灰质砂岩。

（2）造型描述

扁圆柱体，平面近似圆角方形。长79.3、宽55.6、厚29.2毫米，重216.2克（图二六；图版三）。石材轻度风化，器表可见麻点和孔隙。正背左右面和顶面之间的转角都是圆角。以墨书标记所在面为左面。

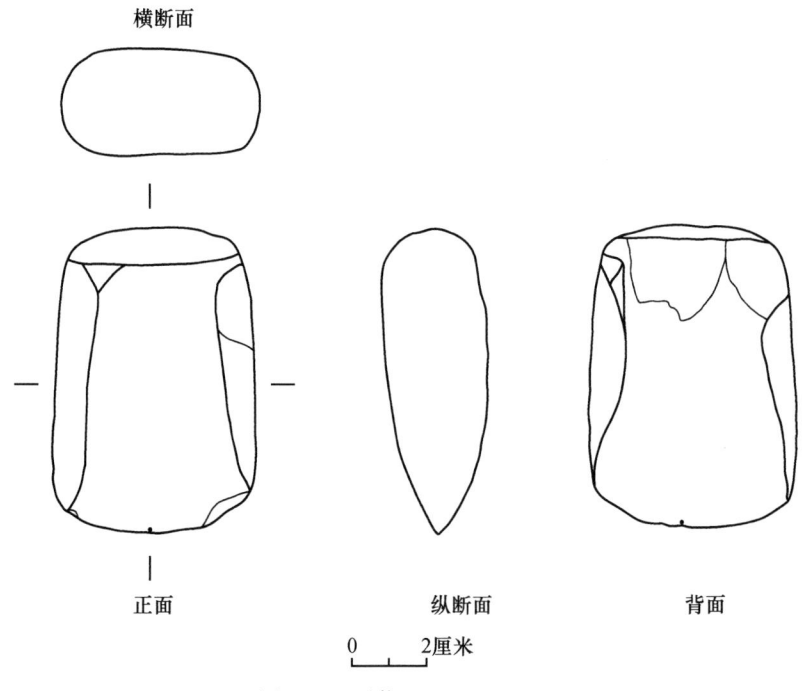

图二六　石斧2014ZYH56：2

顶面：中部微微隆起的圆角长方形，可见较大孔隙。

正面：纵轴方向中间微微弧凸，下方弧收至刃缘，形成弧凸刃面。

背面：背顶棱有一大一小两个疤痕。中下部弧收至刃缘，形成弧凸副刃面。

左面：横轴方向中间微弧凸磨面。

右面：横轴方向中间微弧凸磨面。

刃部：刃面和副刃面会合而成双面刃，楔角65°。刃缘中部微弧凸，右刃角有一个石片疤，是自副刃面被11点钟方向的力剥片后留下的。刃口基本为直线形，可见细小崩缺。

（3）功用分析

该石斧风化严重，无法根据使用痕迹做深入分析。从石斧楔角大而且刃缘只有细小崩缺可以推测，它主要用于砍斫。

4. 石斧2014ZYT0509①：2

（1）目鉴岩性

半自形粒状结构，主要由斜长石、少量暗色矿物和石英组成；长石呈灰白色，板柱状，见有一组一个方向的中等到完全节理，含量65%～70%；暗色矿物针柱状，可能为角闪石，但受蚀变，变质为绿泥石，含量10%～15%；可见少量石英，具油脂光泽，含量10%～15%，呈粒状，粒径0.5毫米，定名石英闪长岩。

（2）造型描述

椭圆柱体。长152.1、宽66.1、厚43毫米，重824.8克（图二七；图版四）。石材轻度风化，手感粗糙。石斧的各个面之间圆滑过渡，不见棱角。以器表中下部有浅凹面为正面。

顶面：圆角长方形微凸磨面，可见密集的粗麻点坑。

正面：横轴中部微凸，中部有圆形浅小凹面。中上部两侧有收分。下部渐收成至刃缘，形成平刃面。刃面形似凸字。

背面：横轴中部微凸，中下部有浅凹面。下部渐收至刃缘，形成平副刃面。刃面形似半圆形。

左面：中部弧凸磨面。

右面：中部弧凸磨面。

刃面：正面弧凸刃与背面弧凸副刃面会合为不对称双面刃，楔角67°。刃面和副刃面都比左右侧面相同部位平滑，而刃面又比副刃面光滑。刃面长约6厘米，副

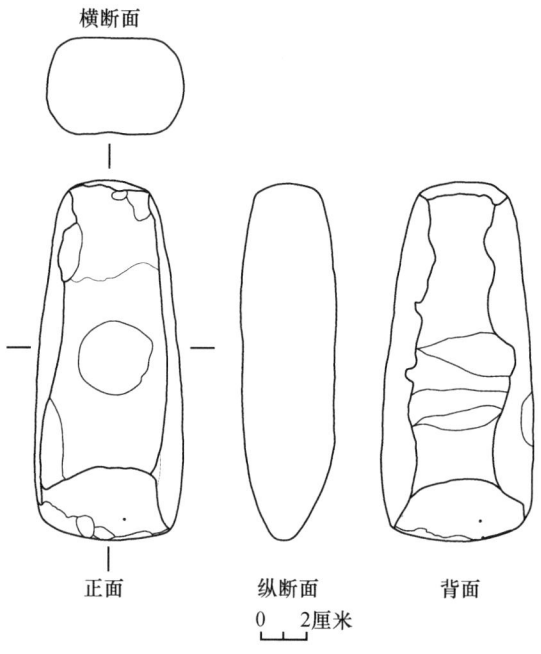

图二七　石斧2014ZYT0509①：2

刃面长4厘米。刃缘残，中部微凸。刃口无锋，被连续分布的密集麻点构成的不规整弧凸面取代。

（3）功用分析

石斧上端明显收分，表明它是嵌入式侧装使用的重型工具。从刃面和副刃面平滑程度不同可知，砍斫时刃面进入客体时与客体摩擦，副刃面进入客体的深度小于刃面并且与客体摩擦不多。石材中含少量石英颗粒，刃缘被外力作用后受损，形成了麻面状断口，说明客体硬度不高，推测该石斧被当作石锤用于砸击客体。

5. 石斧2014ZYT0613⑨a：1

（1）目鉴岩性

中灰色，砂状结构，块状构造，砂级碎屑主要由长石、石英组成，粒径约0.5毫米，个别砂粒达到1.5毫米，分选性中等，次棱角状，泥质胶结，定名细粒长石石英砂岩。

（2）造型描述

扁圆柱体，石器中部折断，仅存舌形刃部。长66.6、宽79.4、厚44毫米，重247.8克（图二八；图版五）。以墨书标记所在面为正面。

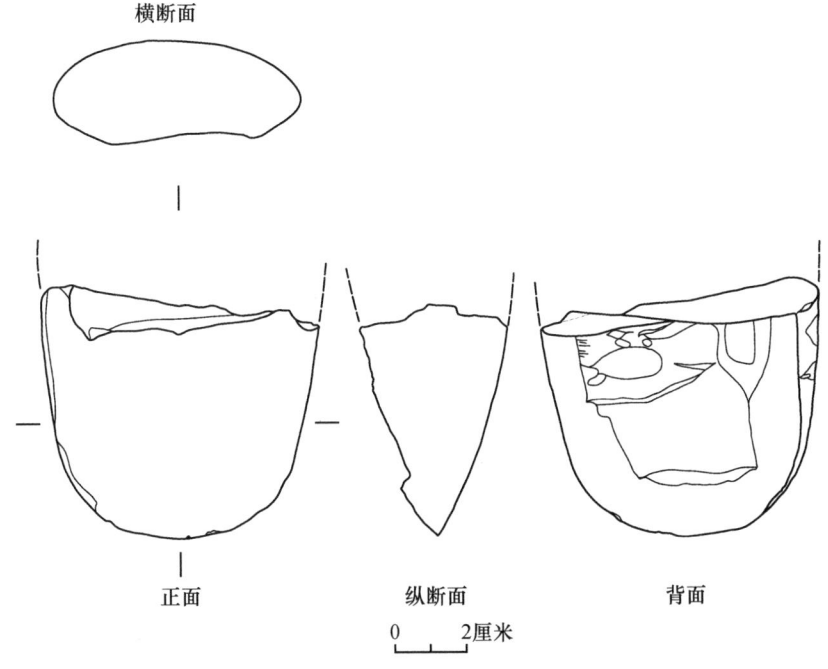

图二八 石斧2014ZYT0613⑨a：1

断面：原顶面缺失，现为由三个石片疤构成的断面，它们分别是从左面向右面、从右面向左面剥片后留下的石片疤。

残左面：上宽下窄，表面粗糙，有被击打的痕迹，最后收成细线与刃缘融为一体。

残右面：上宽下窄，表面粗糙，有被击打的痕迹，最后收成细线与刃缘融为一体。

刃部：正面下方弧收至刃缘，形成弧凸刃面。背面下方弧收至刃缘，形成弧凸副刃面。副刃面上至少有五个石片疤，它们都是以断面为台面向下击打导致正背面被剥片后留下的石片疤。刃面和副刃面会合而成对称双面刃，楔角60°。刃缘弧凸。刃口直而锋利，可见许多细小崩缺和多个稍大的崩缺。

（3）功用分析

这件石器是石斧拦腰折断后残存的石斧中下部。原始石斧曾被当作楔使用，使用中被侧击而折断。断面显示折断后的石斧的断口被修理过，先后被从右面向左面、从左面向右面击打断口，使之变成便于击打的台面。其背面的大量石片疤表明，改制后的石器被当作楔使用，使用中其左右面多次被击打。刃面和副刃面上的细小崩缺的事实佐证了该石器垂直作用于客体而且客体不甚坚硬，这件改制石斧很可能被当作裂木的楔使用过。

二、石钺观察与分析

1. 石钺2018ZWT05⑤b：1

（1）目鉴岩性

主体棕灰色，但含白色色斑，凝灰结构，由晶屑、岩屑和玻屑等火山碎屑物质组成，岩屑黑色，呈棱角状，含量10%～15%，主要为泥质岩岩屑；晶屑主要由石英和长石组成，石英无色透明，呈棱角状，个别因受溶蚀而呈浑圆状，长石呈棱角状，肉红色，晶屑粒径不等，为0.1～2毫米，晶屑含量20%左右，以石英为主。定名凝灰岩。石材轻度风化，表面有大量大小不等的孔隙。

（2）造型描述

平面略呈梯形。长99.3、宽81.2、厚15.6毫米，重186.1克（图二九；图版六）。石钺各个面之间的转角为圆角。器表手感平滑。以左上角残缺的面为正面。

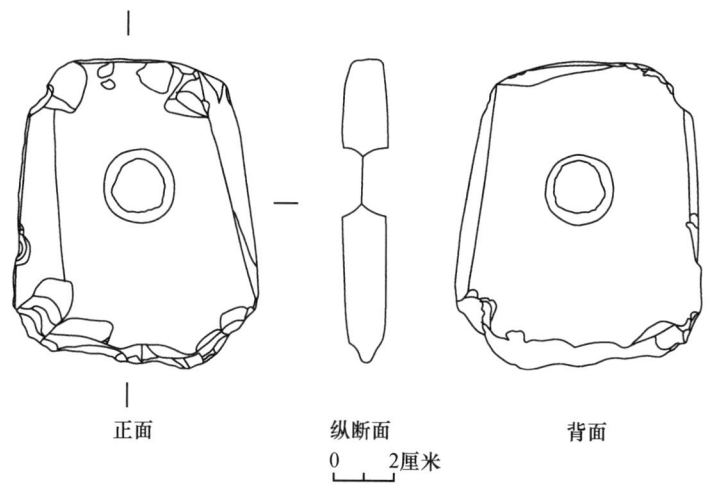

图二九 石钺2018ZWT05⑤b：1

顶面：长轴中部弧凸的狭长磨面，两端都有未经研磨的疤痕。

正面：左上角和右上角稍残。正顶棱中部弧凸。中部分布向左右面弧收。中部偏上部位有一个两面对钻的管钻孔，孔壁中间有较宽的对接错位痕。外孔直径23.2、内孔直径16.8毫米。穿孔上方边缘磨圆痕迹明显，穿孔下方边缘棱角分明，不见磨圆痕迹。下方刃部全部被石片疤破坏。左下角有一个长而浅的石片疤，它是被2点钟方向的力剥片的。右下角的石片疤显示它是被11点钟方向的力剥片的。中部的三个石片疤是被1点钟方向的力剥片的。实体显微镜下观察正面穿孔，孔角上有磨损痕迹。

左面：正背面会集而成的尖圆凸脊。

右面：狭长条形磨面，中下部被较深疤痕破坏。

背面：左刃角、背顶棱中部偏右处和右刃角都被疤痕破坏，它们都是从顶面向下剥片而出现的石片阴面。左下角的石片疤是被2点钟方向的力剥片的，右下角是被11点钟方向的力剥片的，中间三个石片疤是被1点钟方向的力剥片的。

刃部：缺失。

（3）功用分析

显微观察发现，穿孔的孔角上有明显磨圆痕迹即绳摩擦痕迹，它表明钺是嵌入式侧装使用的工具。石钺刃面和副刃面上的石片疤长、窄、浅，石片疤之间有打破，这个现象说明石钺刃口受损后仍然继续使用。石钺被用于垂直砍劈坚硬客体最终受损致残。

2. 石钺2014ZWT01④a：1

（1）目鉴岩性

中灰色，砂状结构，主要由砂级碎屑石英及一些长石组成，碎屑有一定磨圆度及较好的分选性，胶结物为泥质，孔隙式胶结，定名中细粒长石砂岩。

（2）造型描述

平面为不规则三角形。长74.3、宽68、厚17.4毫米，重94克（图三〇；图版七）。表面可见细线条和反光。

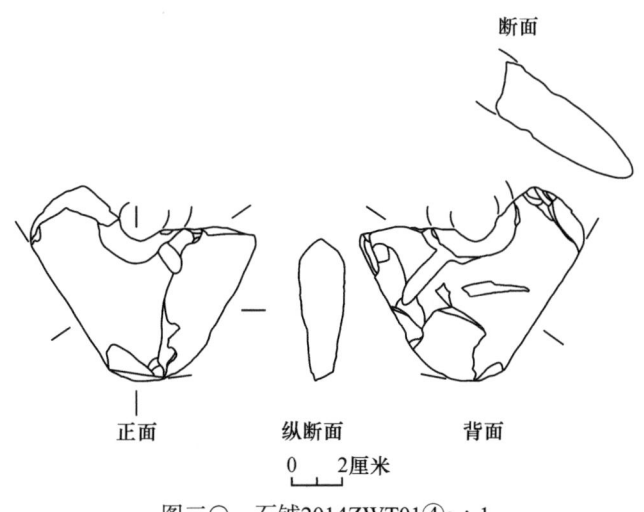

图三〇　石钺2014ZWT01④a：1

正面：左上部为断口，是从正面向背面剥片后出现的石片阴面，它打破了孔壁旁的凹槽。中部是残孔壁，两面对钻的桯钻孔，孔径14.1毫米。孔壁左侧有一道残横向凹槽，宽5.9、深0.4毫米。孔壁风化程度低于正面。右边是断口，是从正面向背面剥片后出现的石片阴面。左下方是从背面向正面剥片后留下的石片疤。中部向下弧收至刃缘，形成弧面刃。

左面：被从正面向背面、从背面向正面剥片所破坏。

右面：被从正面向背面、从背面向正面剥片所破坏。

背面：左上角是从正面向背面剥片后留下的石片疤。右上角是从正面向背面剥片后留下的石片阴面。残孔的右边有一道残浅槽，槽的位置与正面的浅槽相对，它也被石片阴面打破。中部向下弧收至刃缘，形成了作为副刃面的弧面刃。

刃部：刃面与副刃面会合成双面刃。

（3）功用分析

该石器的母体石器应该是石钺，或称扁平穿孔石斧。该石器破损后，曾用片锯法裁切残石器，未切断时放弃片锯。后采用锤击法改制残石器，剥片的目的不详，目标器形不详。

第三节 石斧和石钺的特点

一、石斧的特点

5件石斧中，4件是完整的、1件是残的。下面从文化属性和物质属性两个方面来分析斧的特点。

（一）文化属性

1. 石斧分类

从斧身长度和宽度看，4件完整石斧可以分为两组，一组是扁圆柱体斧，共同特征是斧身较短，共3件。另一组是椭圆柱体斧，斧身较长，1件（表一）。

第二章 石斧、石钺

表一 石斧分类表

编号	长/毫米	宽/毫米	厚/毫米	重量/克	长宽比	规格	类型
2014ZYT0509①：2	152.1	66.1	43.0	824.8	2.3	大号	椭圆柱体
2014ZYH56：2	79.3	55.6	29.2	216.2	1.4	小号	扁圆柱体
2014ZYT0412⑥a：1	100.4	68.3	44.4	509.8	1.5	大号	扁圆柱体
2014ZYT0513⑥b：3	114.6	85.8	41.4	747.0	1.3	大号	扁圆柱体
2014ZYT0613⑨a：1残	66.6	79.4	44.0	247.8	?	大号？	扁圆柱体

扁圆柱体斧，平面都是圆角长方形，长宽比在1.4左右。按长度来看，3件石斧可以分为大小两个规格，小的长约80毫米，大的长100~114.6毫米。从重量来看，3件石斧同样可以分为两个规格，小的重约216克，大的重500~750克。3件扁圆柱体斧中短身石斧最轻，长身石斧最重。综合起来看，石斧分两种规格，大号2件、小号1件。

椭圆柱体斧2014ZYT0509①：2，长宽比在2.3，从长度和重量来看，属于大号石斧。

还有1件残石斧，刃部呈舌形。推测残石斧长度不足原始石斧一半，据此推算原始石斧应该属于大号石斧。

2.石斧功用

扁圆柱体石斧中，小号石斧2014ZYH56：2仅右刃角受损，表明该斧使用中施加给客体的力度小，结合其体量小、重量轻分析，小号石斧适合于身体单薄者比如女性或者青少年使用。

2件大号石斧2014ZYT0412⑥a：1和2014ZYT0513⑥b：3刃部严重受损，表明使用者给客体施加的力量非常大，结合其体量大、重量大分析，大号石斧适合于身体强壮者比如成年男性使用。

椭圆柱体斧2014ZYT0509①：2，刃部受损严重，表明使用者施加给客体的力量很大，斧身体量大并且很重，它适合于身体强壮者如成年男性使用。

残扁圆柱体石斧使用中折断后被改制成为楔继续使用，就现有体量看，它也是适合于身体强壮的男性使用的重型工具。

3. 石斧的社会意义

鱼山遗址的扁圆柱体石斧属于河姆渡文化第二期，是实用的重型工具，因为受损而被改作石楔。2件大号石斧属于河姆渡文化四期—良渚文化，是实用的重型工具。1件小号石斧属于商周时期，是实用的轻型工具。还有1件长身石斧是表土层出土的，它也是实用的重型工具，虽然是唐宋时期地层出土的，但是从器形看应该是商周时期的遗物，在唐宋时期被扰动而出现在唐宋地层当中。

以上5件石斧是实用工具，它们坚硬耐用，数量不多却也能满足日常需要。

（二）物质属性

以上5件石斧的岩性比较分散，2件用石英闪长岩制作，其他3件分别用细粒长石石英砂岩、辉长辉绿岩和凝灰质砂岩制作而成。无疑这些岩石满足了石斧必须坚硬的基本要求。不过石斧用岩石不固定，可能是石斧制作分散所致。

5件石斧都以砾石为素材，以砾石为素材制作石斧比较方便，只需把砾石长轴的一端加工成平头形，另一端加工成扁平状，最后稍加研磨即可。

二、石钺的特点

2件石钺都是乌龟山遗址出土的河姆渡文化四期—良渚文化的石器。其中残石钺201ZWT01④a：1尚在改制中。而河姆渡文化四期—良渚文化的石钺2018ZWT05⑤b：1制作精致。

石钺在河姆渡文化四期—良渚文化中被当作象征地位和身份的"权杖"，而这两件石钺破损严重，尚未脱离实用范畴，它们的社会角色似乎停留在实用器的阶段。

第三章 石 锛

第一节 观察方法

一、石锛类型

1. 锛与凿分类

鱼山遗址和乌龟山遗址出土了大量扁方柱体单面刃石器。其中部分石器的宽远远大于厚，部分石器的宽等于或接近于厚，前者通常被称为锛，后者通常被称为凿。仅仅从石器宽厚比看，有些石锛比较厚，有些石凿比较薄，因此出现了厚锛薄凿的情况。现有考古论著中很少讨论锛和凿的分类标准。之所以出现这种情况，原因在于出土的锛与凿的宽厚比呈连续分布的情况，难以设定区分锛和凿的定量标准。

既然锛和凿在造型上难以分开，那么它们的用途也未必能够截然分开。这里暂时把宽等于和小于厚的方柱体单面刃石器称为凿，把其余宽大于厚的方柱体单面刃石器称为锛。这种划分只是为突出锛和凿的造型差异，不涉及它们功能上的差异。

鱼山遗址和乌龟山遗址共有64件锛，其中完整的石锛36件、石锛坯7件，其余是残石锛，无法按照完整石锛分类，这里只能根据它们的现状，分别称为刃部锛、缺刃锛和缺顶锛。刃部锛是指仅存部分刃部的残石锛。缺刃锛是指刃部残缺的石锛。缺顶锛是指顶部残缺的石锛。

2. 石锛分类

石锛背面造型多样，按背面形状差异，可以分为段背锛、弧背锛和脊背锛三类。

段背锛，是指背面有一个台阶状构造，段上部低而下部高的石锛。弧背锛，是指背面为纵向中部弧凸的石锛。有少数残石锛背面看似平直，实际上纵向中部或多或少凸起，与弧背锛没有本质差异，这里暂把这类石锛归入弧背锛当中。脊背锛，是指背面有一道横向凸起的石锛。

以上三类石锛的重量不尽相同，重量大小与体量大小关系密切，也与作业对象等有关。参考现代工具分类，我们按照重量差异把同类石器划分为不同规格。

二、观察要点

石锛观察要点有四。

首先，方柱体中上部正背左右面的转角上有无摩擦痕迹。装柄使用的石锛，其转角与卯孔摩擦会导致棱角被磨圆的情况，这种石锛是装柄使用的工具。如果中上部转角没有摩擦痕迹，那么这种石锛很可能是手握使用的工具。手握使用的锛可能是被当作凿使用，这样的凿表面可能会留下手与石器表面摩擦形成光斑等痕迹。

其次，刃部伤情。根据刃缘伤情及其成因来反推石器使用方式。侧装石锛，砍削时石锛的运动轨迹是以肘圆心的从右上向左下的弧线，刃缘与客体接触时的夹角小于90°，左刃角率先接触到客体而被剥片。直劈时，石锛刃面和副刃面都会被剥片，刃缘左中部受损更严重。正装石锛，砍斫时副刃面中部会被剥片而产生石片疤，刃面与切屑摩擦也可能在刃面上留下光斑。

再次，顶面有无被击打的打击点痕迹。一般而言，用于砍劈、砍削的锛，其顶面不会出现麻点。所以顶面有麻点状锛可能兼作凿或楔。至于它是凿还是楔，需要结合刃缘造型和刃口伤情分析。凿孔是利用锋利的刃口切断客体，刃部进入客体深度有限，均不超过刃部高度，因此刃面和副刃面上的摩擦痕迹很短。而楔是利用切入客体使之绽裂的工具，楔的刃面和副刃面一直与客体摩擦直至客体被绽开，因此刃面和副刃面会有大片摩擦痕迹。因此当遇到顶部都有打击点的石锛时，可以通过比较刃面和副刃面上的摩擦痕迹的长度来区分凿和楔。理论上说楔刃面和副刃面上的摩擦痕迹长度相同，凿刃面上的摩擦痕迹长而副刃面上的摩擦痕迹短。另外，刃口受损后不更新刃面也能继续使用，而凿刃口受损后如不更新刃面则无法继续使用。

最后，要特别注意观察锛的侧面有无被击打痕迹。楔使用时有时会被夹在客体内，击打其侧面能够使之松动，有些楔的侧面会有打击点痕迹，而凿则没有这类痕迹。

鱼山遗址和乌龟山遗址有部分典型石锛的顶部和刃部伤情严重。痕迹分析表明这些石锛是被当作裂木工具即楔使用的石器。由于这类石锛没有固定形状，所以在石器分类中不设楔这个类别。

第二节 观察与分析

一、脊背石锛观察与分析

1. 脊背石锛2017ZWT03⑩：2

（1）目鉴岩性

深灰色，表面光滑，细密的平行层理构造，由硅质层和泥质层组成，其中泥质层灰白色，硬度较低，深色层硬度较高，主要由硅质组成，以深色层为主，含泥质硅质岩。侧面与层理面呈10°斜交。

（2）造型描述

平面近似梯形。长67.5、宽48、厚23毫米，重148.3克（图三一；图版八）。研磨浅，表面滑腻，反光明显。

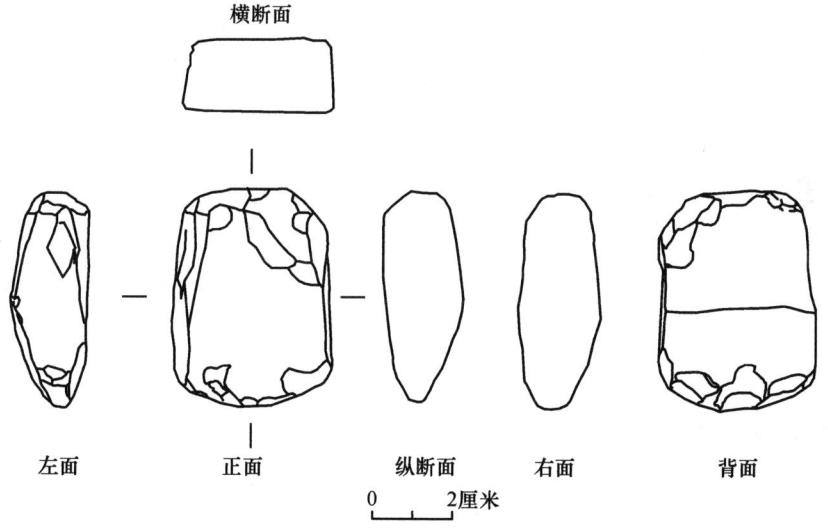

图三一 脊背石锛2017ZWT03⑩：2

顶面：由多个大小不等的石片阴面构成的不规则形凹凸面，它们是从顶面向下击打导致剥片后出现的石片阴面。

正面：正左棱上部是经过简单研磨的倒三角形磨面，左上角、正顶棱、右上角被大小不等、长度不一和宽窄有异的浅石片疤破坏，它们都是从顶面向下击打导致正面上方剥片后出现的石片阴面。下部弧收至刃缘，形成了弧面刃。左刃角和右刃角被大小不等、宽窄不一、浅而长的石片疤破坏，刃缘则被短而宽的大小不一石片疤破坏，它们都是被12点钟方向的力剥片后留下的石片疤。

左面：稍向正面倾斜的磨面，左顶棱和下方刃角被疤痕和石片疤破坏。

右面：稍向正面倾斜的磨面，右顶棱和下方刃角被石片疤破坏。

背面：左上角被长短不一、宽窄不等的浅而大的石片疤破坏，背顶棱和右上角被长短不一、宽窄不等的浅石片疤破坏。中部偏下部位有一道横脊，左高右低。刃部被宽窄不等、大小不等的浅而长的石片疤破坏。它们都是被12点钟方向的力作用导致剥片后出现的石片阴面。下部渐收至刃缘，形成作为副刃面的平面刃。

刃部：刃面和副刃面会合成弧直单面刃。刃缘弧凸，刃面和副刃面皆有多层比较长而窄的石片疤，石片疤较浅。

（3）功用分析

该石器体量很小，难以装柄使用，它应该是手持使用的小型工具。顶面的石片疤表明该石器顶面被多次击打，用于锛木的石器顶部不会被击打，所以该石器不是正装使用的石锛。左右刃角残损表明石器使用中刃口左右受损比较严重，它与凿刃口损伤不符，因此该石器不是凿。

刃面和副刃面都有多层次并且比较浅的石片疤，石片疤浅表明刃面和副刃面与反作用力之间的夹角很大，即石器刃口基本上垂直于客体。端部特别是顶面和正面有很多比较短而宽的石片疤，这意味着作用力与客体之间夹角很大，即两者基本垂直。刃面和副刃面存在多层次石片疤，这个现象表明，刃口初次受损后并没有更新刃面而是继续使用。刃缘上的石片疤长而窄表明它们是被来自平坦而且比较坚硬物体的反作用力剥片所致。这样看来，顶面被击打并且刃口崩缺后能够继续使用的石器应该是劈裂工具——楔。刃口是否完整锋利与其功能没有必然关系，刃部嵌入客体后依靠其较大的楔角扩大裂缝，在顶面向下击打力作用下使得客体绽裂。

2. 脊背石锛2014ZYT0613⑨a：2

（1）目鉴岩性

浅灰色，水平层理构造，含泥质硅质岩。

（2）造型描述

平面近似方形。长63.1、宽34.9、厚12.2毫米，重28.4克（图三二；图版九）。石器平面与层理面平行，正面被侧向剥离。磨面手感光滑，可见微弱反光。

顶面：长轴方向中央弧凸，左侧有偏向背面和正面的两个石片疤群。

正面：磨面剥蚀后露出的石材层理面，右上角是一个石片疤，它是顶面右下角

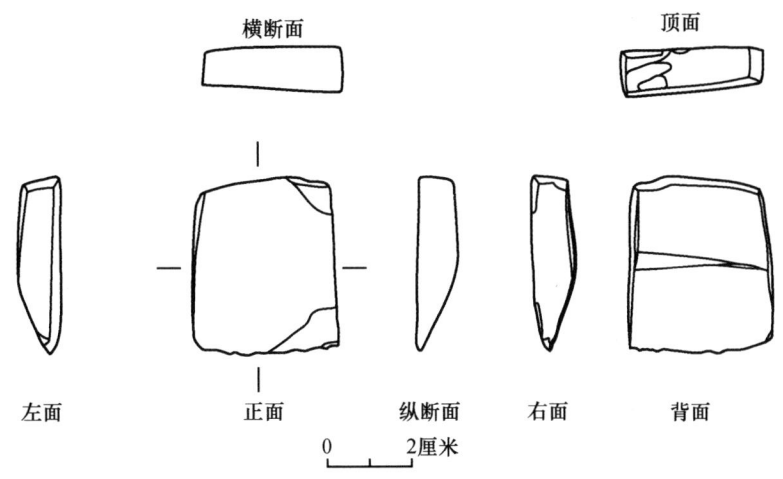

图三二　脊背石锛2014ZYT0613⑨a：2

被击打后产生的石片疤。右刃角被来自11点钟方向的反作用力剥片后产生的石片疤破坏。

背面：中部有微弧凸的不明显脊，脊下方出现两个磨面。脊上和脊下表面可见细密线条和微弱反光，手感光滑。脊下方渐弧至刃缘，形成副弧面刃。

左面：近左上角为磨面，中下部有密集的未经研磨的石片疤。

右面：长轴方向中部弧凸。

刃部：刃面与副刃面会合成弧直单面刃。刃缘仅存局部，左高右低，残刃面上似乎等距离分布着长而窄的小石片疤。刃口是起伏较大的次圆形断面。

（3）功用分析

该石器平面与层理面平行，所以当其顶面被大力击打后石锛就沿着层理面破裂。顶面左边的石片疤说明该石器顶面右下角被击打，导致正面岩层顺着层理剥落。左面研磨不充分，疑似更新面。残刃面上的石片疤表明，正面破裂后该石器仍然被当作楔使用，刃口因此再度受损。

3. 脊背石锛2014ZYT0412⑨a：1

（1）目鉴岩性

灰白色，隐晶致密，块状构造，硬度6～6.5，主要由硅质和少量泥质组成，硅质岩。

（2）造型描述

平面为长方形。各个面之间的转角基本为直角。长47.6、宽43.3、厚21.4毫米，重81.2克（图三三；图版一〇）。

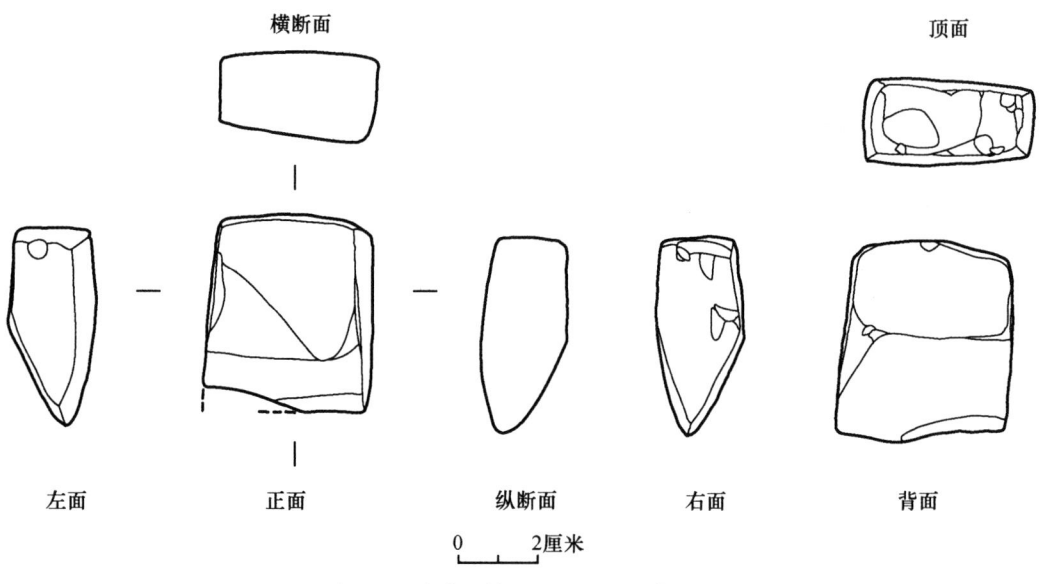

图三三　脊背石锛2014ZYT0412⑨a∶1

顶面：中央弧凸的不平整磨面，局部磨面粗糙。顶左棱和顶右棱旁被密集麻点破坏，它们是从顶面向下打击时留下的打击点。

正面：表面滑腻，可见微弱反光。正顶棱中部有1个疤痕。中间是该石器最厚处，并由此向两边逐渐微微减薄。下方弧收至刃缘，形成微弧凸刃面。

左面：中间略弧凸，左顶棱被麻点破坏，还有1个疤痕。下方刃角尖缺失，其上方有疤痕。

右面：表面凹凸起伏，手感粗糙。中下部略弧凸而上部平直。右顶棱被麻点破坏。

背面：表面平整，手感滑腻。中部有一道微凹脊，这是制作石锛正面时先研磨石锛上部，导致脊两端向上起翘所致。背顶棱被密集麻点和疤痕破坏。脊右上方有1个疤痕，是制坯时留下的。脊下方左侧有一个倒三角形磨面，其中还有更小的磨面。脊下方微微弧收至刃缘，形成斜直副刃面。左刃角残，刃缘仅存右半边。

刃部：刃面与副刃面会合成为不对称的双面刃。刃缘为弧凸形。刃口3/5崩缺，崩缺部位长而窄，其余部位也有很多小崩缺。

（3）功用分析

右面上方内收而且比其他平面粗糙，推测是更新面，估计该石器原先更宽。该石器体量太小而无法装柄使用，应该是手握使用的小型石器。其副刃面上的石片疤显示它是被来自客体约12点钟方向的反作用力剥片，也就是说作业时刃口垂直于客体。左顶棱上方顶面上的麻点应该是顶面被击打造成的损伤。这样看来，该石器要么是凿要么是楔。凿的刃口必须是平直的，否则无法切断客体。这件石器的刃缘微弧凸，不适于凿孔，用于裂木则无妨。

4. 脊背石锛2014ZYT0410⑥b：1

（1）目鉴岩性

灰白色，隐晶致密，块状构造，硬度6~6.5，主要由硅质和少量泥质组成，硅质岩。

（2）造型描述

平面近似方形。表面手感滑腻，有微弱反光。长46、宽43.6、厚13.7毫米，重51.9克（图三四；图版一一）。各个面之间的转折清晰，近似直角。

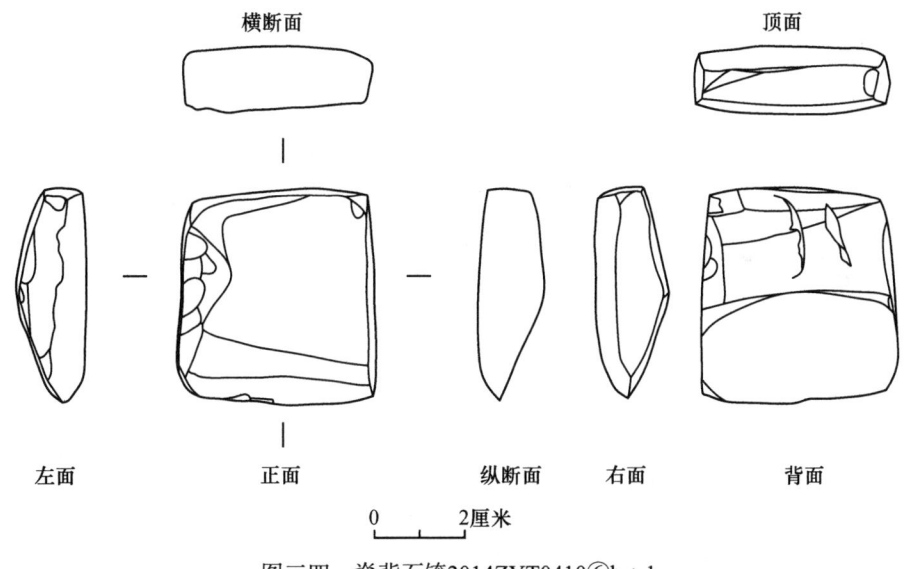

图三四　脊背石锛2014ZYT0410⑥b：1

顶面：横轴中央弧凸面，左上角和右上角都是疤痕。

正面：背右棱被一连串疤痕破坏，这些疤痕都是从右面向正面剥片后留下的。下方急收为弧凸刃面。刃面左高右低，上部是原磨面，中下部是两个更新面。

背面：中部偏上有一道微微向上的凸脊。脊上是横轴微微弧凸，背左棱中下部被疤痕破坏。脊是相连的两个微弧脊，每个脊下各有一个小磨面。脊下表面微微内收直至刃缘，形成副刃面，副刃面经过多次更新。

左面：平滑，纵轴中部微微弧凸。左正棱被一连串石片阴面打破。

右面：平滑，纵轴中部微微弧凸，横轴中部也微微弧凸。右背棱上部被一个疤痕破坏。

刃部：刃面与副刃面会合而成不对称双面刃。刃缘中部弧凸。刃口中部微微向背面弧凸，多个石片疤和密集细微崩缺，手感锋利。

（3）功用分析

该石器体量偏小不适合装柄而适合手持使用。副刃面左右上方仅保留线形原刃面，其余部位皆为更新刃面，原刃面与更新刃面之间转折显著，可见原刃面比较长。刃口小而密集的崩缺表明，刃口全体接触客体，推测它被作为平木工具的刨使用时，刃口被来自客体的反作用力作用后出现崩缺。

5. 脊背石锛2013ZYT0409⑨b：1

（1）目鉴岩性

浅灰色，表面光洁，具细密层理构造，在含泥质的细层中颜色较浅，层中硬度较低，含泥质硅质岩。

（2）造型描述

平面近似梯形。长53.7、宽28.5、厚15.7毫米，重51.1克（图三五；图版一二）。侧面与岩石层理平行。左面与右面不平行，左面上部稍向右面倾斜。器表研磨浅，保留少量浅疤痕，手感光滑，可见反光。

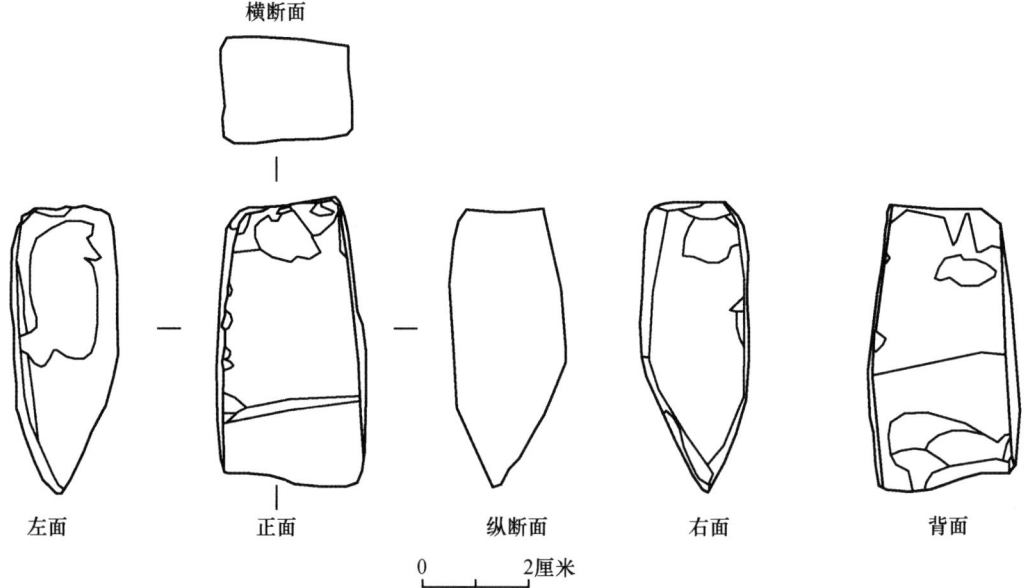

图三五 脊背石锛2013ZYT0409⑨b：1

顶面：稍向右面倾斜的磨面，中部是浅疤痕。

正面：平面上窄下宽。正顶棱中部和右上角上及中上部可见简单研磨过的疤痕。中部有微凸横脊，左低右高。脊下为斜面刃。除左刃角完整外，其余部位有三个层次的石片疤，最早出现的石片疤的受力点在刃口中后部，石片疤长、宽并且比较浅，说明石锛背面与客体表面的夹角比较小。右刃角旁有一个更新面，说明刃口这次受损后曾更新过刃面。随后出现的石片疤的受力点在右刃角附近，石片疤稍短、稍窄但是较深，石锛背面与客体表面的夹角稍大。最后出现的石片疤的受力点在刃口后部，石片疤长而窄，直接导致刃部折断，可见石锛背面与客体表面的夹角比较大。从石片疤形状看，这些石片疤都是被约11点钟方向的反作用力剥片所致。下部渐收至刃缘，形成了弧面刃。

背面：背顶棱大部是疤痕，凸起部位被研磨过，该磨面是更新磨面。下方弧收直至刃缘，形成了作为副刃面的弧面刃。

左面：正左棱为抹角。上方中部为浅疤痕，下部磨面不甚平滑。

右面：长轴中部微凸。右顶棱大部是石片疤，它们是从顶面向下击打导致剥片后留下的较浅的石片阴面，其余部位是磨面。

刃部：刃面与副刃面会合成为基本对称的两面刃。刃缘大部分缺失。刃口残，刃口残部可见细小崩缺。

（3）功用分析

该石器梯形平面暗示它适合采用嵌入式侧装。副刃面上的三个层次的石片疤是三次运动轨迹相同的砍削造成的损伤，石器从右上方向左下方做弧形运动，刃口与客体斜交，客体比较坚硬，导致副刃面被剥片，可见该石器是砍削工具。而其右顶棱的石片疤显示它曾兼作劈裂工具。

6. 脊背石锛2014ZYT0707⑦e：2

（1）目鉴岩性

深灰色，表面光滑，细密的平行层理构造，由硅质层和泥质层组成，其中泥质层灰白色，硬度较低，深色层硬度较高，主要由硅质组成，以深色层为主，含泥质硅质岩。

（2）造型描述

平面为长条形。长84.9、宽17.8、厚37.1毫米，重118.9克（图三六；图版一三、图版一四）。表面风化严重，磨面部分剥落。石锛侧面与层理平行。

顶面：近似长方形，长轴中部微凸。

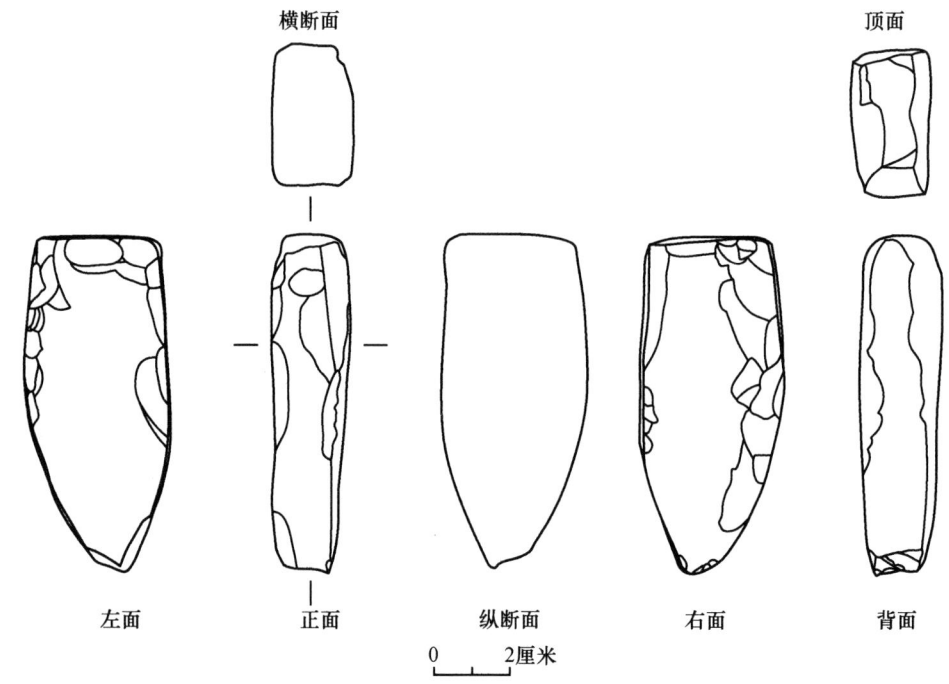

图三六 脊背石锛2014ZYT0707⑦e：2

正面：左上角缺失，右上角为圆角。正顶棱下有多个以顶面为台面向下剥片后留下的石片疤，左背棱旁至少有5个石片疤，都是以背面为台面向左面剥片后留下的石片阴面。下部急收至刃缘，形成平面刃。

背面：长轴中部弧凸，上部风化严重，磨面表层大部剥片。下部磨面手感滑腻。下部弧收至刃缘，形成了作为副刃面的弧面刃。弧面刃上有密集的短而深的石片阴面，它们是刃面被12点钟方向的力剥片后出现的石片疤。

左面：石材层理面，经过研磨，磨面手感粗糙。左正棱旁至少有3个石片阴面，都是从正面向左面剥片后留下的。表面经过简单研磨，但是不平坦。

右面：石材层理面，经过研磨，磨面手感粗糙。右顶棱下有若干石片阴面，它们是从顶面向下剥片后出现的石片阴面。右背棱旁有多个石片疤，它们都是从背面向右面剥片后留下的石片阴面。表面经过简单研磨，但是依然不平坦。

刃部：刃面和副刃面会合成为弧直单面刃。刃缘缺失，刃口缺失。

（3）功用分析

该石器刃部石片疤成因分析结果表明刃部的崩缺不是使用中造成的损伤而是有意识地剥片的结果，剥片的目的可能是增加楔角的角度，增加楔角的角度能够提高刃部强度。正背左右面上部被剥片是顶面被击打后造成的损伤。以上痕迹分析表明该石器是用于劈裂的楔。其原始石器造型及功用不详。

7. 脊背石锛2014ZYT0705⑥b：1

（1）目鉴岩性

浅灰色，水平层理构造，表面光滑，断口不明显，贝壳状，由浅灰色和灰白色细层相间排列，灰白色层主要由泥质组成，浅灰色主要由硅质组成，泥质硅质岩。

（2）造型描述

平面近似梯形。长48.1、宽32、厚20.3毫米，重42.8克（图三七；图版一五）。石材中度风化，部分表面剥蚀。侧面与层理面平行。面与面之间的转角有的磨圆有的棱角分明。表面可见微弱反光。

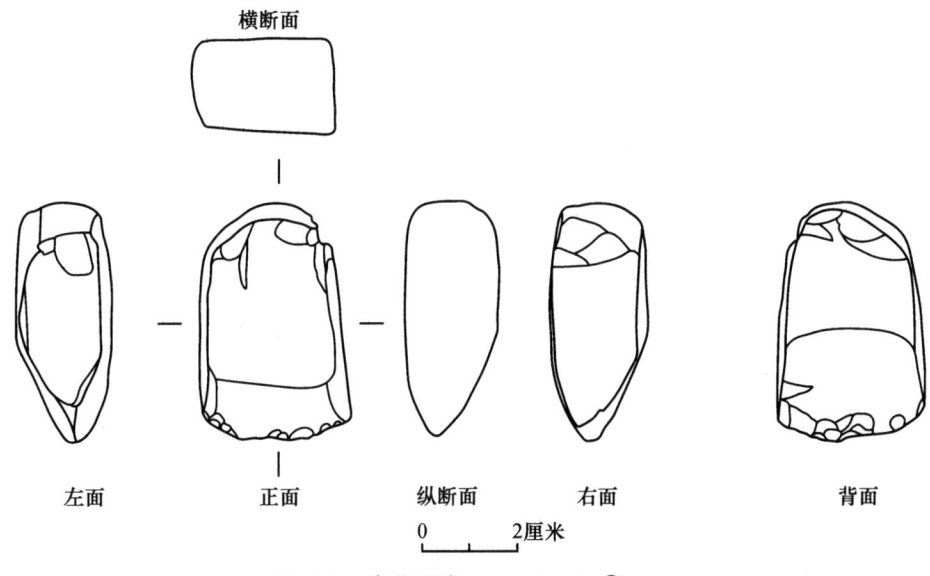

图三七 脊背石锛2014ZYT0705⑥b：1

顶面：不规整凸起，凸起偏向右侧。四个边都被当作台面向下击打，导致部分顶部边缘缺失。包括凸起在内的其他部位布满麻点，是打击点痕迹。

正面：左上角、右上角和正顶棱被多个石片疤破坏，这些石片疤是从顶面向下击打时出现的。下方弧收至刃缘，形成弧面刃，刃缘弧凸。左刃角被纵长而浅石片疤破坏，刃面布满浅而短的小型石片疤和崩缺。

左面：横轴中部微微弧凸。上部与顶面连成一体，布满麻点。

右面：上下两端被石片疤破坏，露出白色层理面。中部为浅黑色层理面。这个面不像原始磨面。

背面：背顶棱被多个石片疤破坏，它们都是从顶面向下击打后出现的石片阴面。

中部偏下部位有弧凸脊。脊下渐收至刃缘，形成作为副刃面的平面刃。副刃面上的左刃角被多个石片疤破坏，石片疤较深，是被来自客体的1点钟方向的反作用力剥片所致。中部也有多层次的浅石片疤，是被来自客体的约12点钟方向的反作用力剥片所致。右刃角布满小石片疤，大部分是被来自客体的12点钟方向的反作用力剥片所致。

刃部：刃面和副刃面会合为近似双面刃。副刃面受损比刃面严重。刃缘弧凸。刃口布满石片疤。

（3）功用分析

该石器顶面中部凸起并且布满打击点，正背面上部的石片疤是顶面被击打导致正背面端部被剥片，刃缘上的石片疤是刃部被来自客体的反作用力作用后剥片所致。从顶面被频频击打、刃口被来自客体12点钟方向的反作用力剥片看，该石器是用于劈裂的楔。

8. 脊背石锛2014ZYT0510③b：1

（1）目鉴岩性

中灰色，隐晶致密，块状构造，由泥质和硅质组成，含泥质硅质岩。

（2）造型描述

平面似圆角长方形。长74、宽45.2、厚24.3毫米，重123.2克（图三八；图版一六）。各个面之间的转角为圆角。

顶面：不规则的圆角三角形，疤痕多，凹凸不平，研磨手感粗糙。

正面：左上角残缺，右上角是斜面。中部弧凸，凸起两边分别向左右面倾斜，正左棱被大疤痕破坏。下部急收为弧凸形刃面，左右刃角皆残。

背面：中上部有一道向上弧凸的横脊。背顶棱上有多个疤痕，左上角为圆角。右上角残，是从顶面向右面击打导致剥片后出现的石

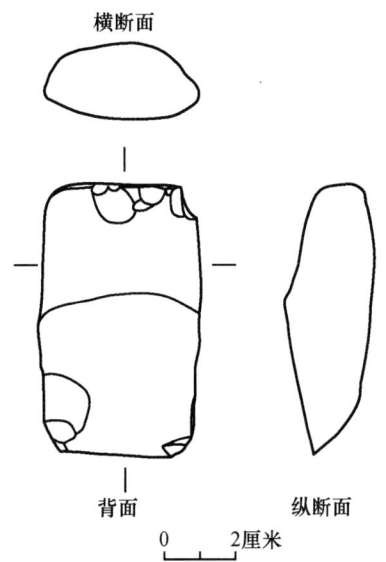

图三八　脊背石锛2014ZYT0510③b：1

片疤。脊上横轴中部弧凸，离顶面越近越薄。表面有密集的横向短条痕，当是用厝石研磨器表留下的。脊下渐收直至刃缘，形成副平面刃。左刃角被1点钟方向的反作用力剥片而崩缺。右刃角被1点钟方向的反作用力剥片而缺失。刃缘中间有多层次石片疤，石片疤不长而且较窄、较浅，这些特征说明刃口与客体基本垂

直相交，作用力不大。

左面：多个疤痕构成的斜凹面，这些疤痕都是从背面向正面剥片后留下的石片阴面。

右面：向背面倾斜的微凹面。

刃部：刃面与副刃面会集成单面刃。刃缘微凹，刃口直而不锋利。

（3）功用分析

脊上部的两道不明显凹痕是该石器捆绑装柄时遗留的绳摩擦痕迹。其刃口平直适合锛木，刃口的石片疤表明该石器垂直作用于客体时受损致残，据此推测该石器是正装使用的锛木工具。

二、弧背石锛观察与分析

1. 弧背石锛2014ZYT0607⑨b：1

（1）目鉴岩性

浅灰色，表面光洁，表面有一些白色小斑点，可能为硅质重结晶造成。硬度6.5~7，断口呈贝壳状，隐晶致密，具不明显水平层理构造，由硅质组成，硅质岩。

（2）造型描述

扁方柱体，平面为长方形。长61.6、宽28、厚18.3毫米，重61.6克（图三九；图版一七、图版一八）。端部的四个转角被加工成次圆。

顶面：中央微隆起的不规整长方形。磨面手感光滑，反光。

正面：左上角被一个石片疤打破，该石片疤是以顶面为台面向下击打导致剥片后出现的石片阴面。正左棱下部被一个石片疤打破，该石片疤是以左面为台面向正面击打导致剥片后出现的石片阴面。正右棱上部看似粗糙，实际上是一连串细小石片疤，它们是以右面为台面向正面击打导致剥片后出现的石片阴面。下方急收至刃缘，形成了宽大的平面刃。右刃角被至少两个石片疤破坏，是被0点钟方向的力剥片后出现的石片阴面。

背面：背顶棱中部被以顶面为台面向下击打导致剥片后出现的石片疤破坏。右上角缺失，被弧面取代。其下方的棱角被类似抹角的斜面取代。背右棱中、下部各有一个被以右面为台面向背面击打导致剥片后出现的石片疤。中下部右侧是一个疤痕，是被0点方向的力剥片后留下的石片阴面。下部弧收至刃缘，形成了作为副刃面的弧面刃。左刃角被0点钟方向的力剥片，出现了至少两个宽而短且深的石片

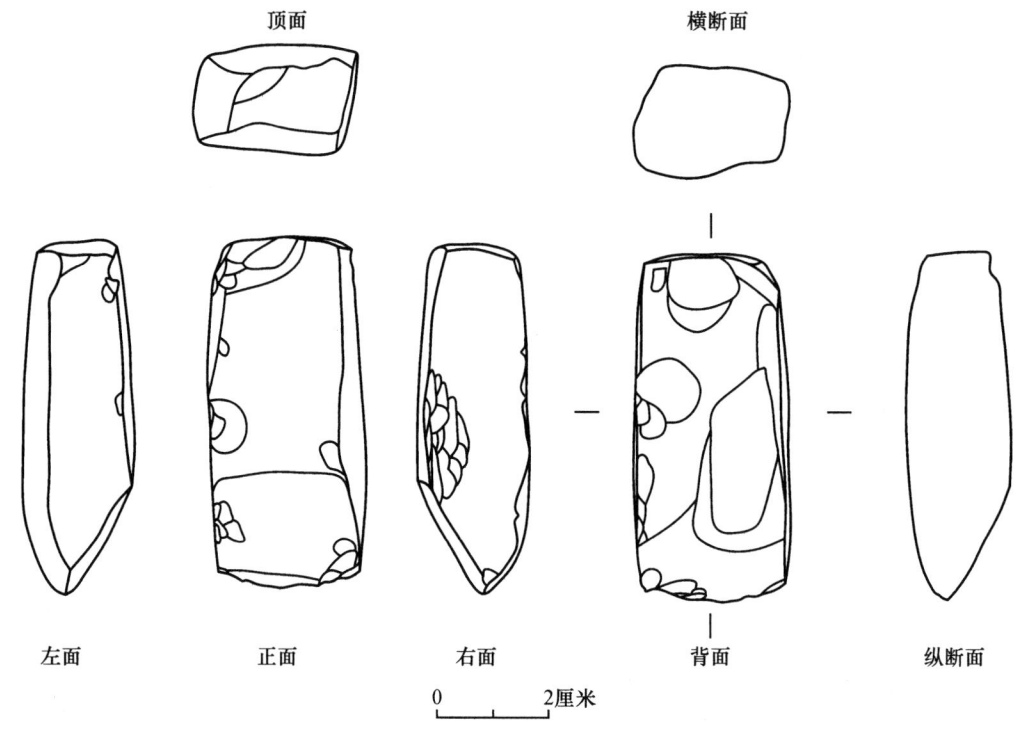

图三九　弧背石锛2014ZYT0607⑨b：1

疤。右刃角被0点钟方向的力剥片，出现了短而深的石片疤。

左面：中央微微隆起的磨面。左正棱上、中部各有一个小的石片疤，它们都是以正面被台面向左面击打导致剥片后出现的石片阴面。

右面：中央微微隆起的磨面。右正棱下方有疤痕。

刃部：刃面和副刃面会合形成了单面刃。刃缘稍弧凸。右刃角被石片疤破坏。原始刃口为斜直线形，这说明该刃口是更新过的。

（3）功用分析

该石器端部为次圆的特点暗示了它是侧装使用的工具，根据刃部破损集中在右刃角（副刃面相同位置也有较深的石片疤）所复原的运动轨迹是从左上向右下运动的弧线，这个分析也支持该石器是砍削工具的判断。

然而其主体部位宽厚比为0.65，顶面被多次击打，刃缘被12点钟方向的力剥片，其正左棱、背右棱、背左棱的石片疤是被侧击造成的损伤，这种损伤与砍削工具的损伤不符，反而与楔的伤情相符，这样看来，这件石器曾被当作劈裂工具的楔使用过。

综上所述，我们认为该石器最初是用于砍劈的工具，后来兼作裂木的楔，是一件典型的一器多用的石锛。

2. 弧背石锛2014ZYT0707⑨b：1

（1）目鉴岩性

浅灰色，表面光洁，表面有一些白色小斑点，可能为硅质重结晶造成。硬度6.5～7，断口呈贝壳状，隐晶致密，具不明显水平层理构造，由硅质组成，硅质岩。

（2）造型描述

平面似梯形。最大厚度在背面与刃面交界处中央。长49.2、宽31.2、厚14.7毫米，重35克（图四〇；图版一九）。

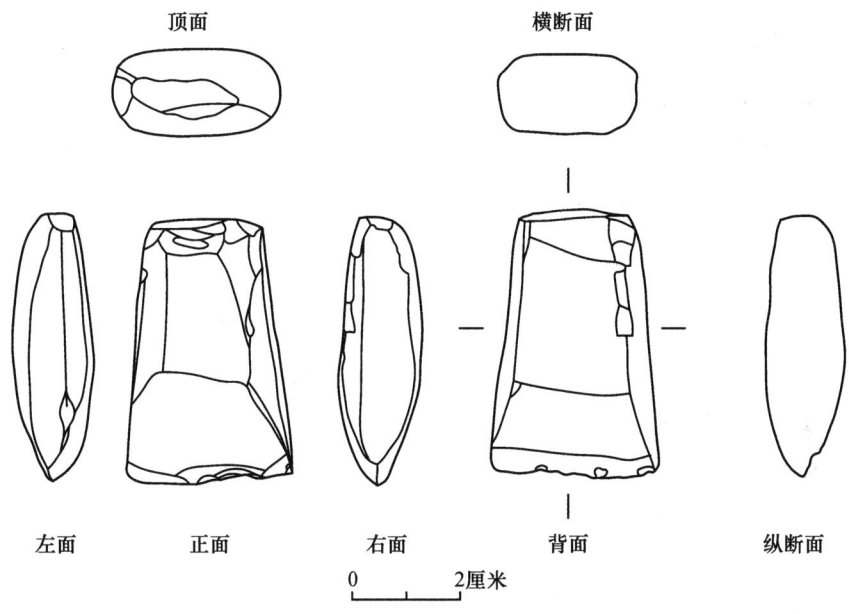

图四〇　弧背石锛2014ZYT0707⑨b：1

顶面：两个磨面构成的弧凸面，左上角残缺。

正面：左上角旁有1个疤痕，右上角和正右棱各有多个疤痕。表面由三个磨面构成。上部磨面近似三角形，中部磨面的中部稍凹。下部磨面即刃面。下部渐收为弧面刃。刃面局部经过更新，中部有3个层次的石片疤，第一层次至少有两个石片疤，它们是被11点钟方向的反作用力剥片。第二层次至少也有两个石片疤，也是被11点钟方向的反作用力剥片。第三层次有一个石片疤，也是被11点钟方向的反作用力剥片。

背面：左上角、右上角和背右棱上都有多个小疤痕。表面上部有一个小磨面，中部磨面手感平滑。下部急收至刃缘，形成副刃面。副刃面是在扁薄圆台体上研磨出来的斜坡状刃面，形似台形，刃面上缘左高右低。刃缘旁有1个更新刃面。

左面：横向微微弧凸面。

右面：横向微微弧凸面。

刃部：刃面与副刃面会合成不对称双面刃。刃缘中部弧凸，刃口为直线。刃口锋利。

（3）功用分析

该石器端部四个次圆转角表明它是嵌入式侧装使用的工具。刃面上的三层石片疤都是长而窄并且很浅的特征表明石器刃口是垂直于客体的。副刃面上的更新面说明刃口曾多次受损。三层石片疤共存于刃面表明该时期作用于客体时刃口锋利与否不重要，换言之该石器不是依靠锋利的刃口去切客体，而是依靠冲击力去砍削客体，刃面伤情表明石器作业客体是坚硬的圆柱体如长骨等，这件石器用途之一是肢解动物和剔骨取肉。

3. 弧背石锛2014ZYT0508⑦e∶1

（1）目鉴岩性

灰白色，隐晶致密，具明显层状构造，层厚15毫米，由硅质组成，硅质岩。

（2）造型描述

平面近似倒梯形。长81.6、宽44、厚18.8毫米，重105.9克（图四一；图版二〇）。

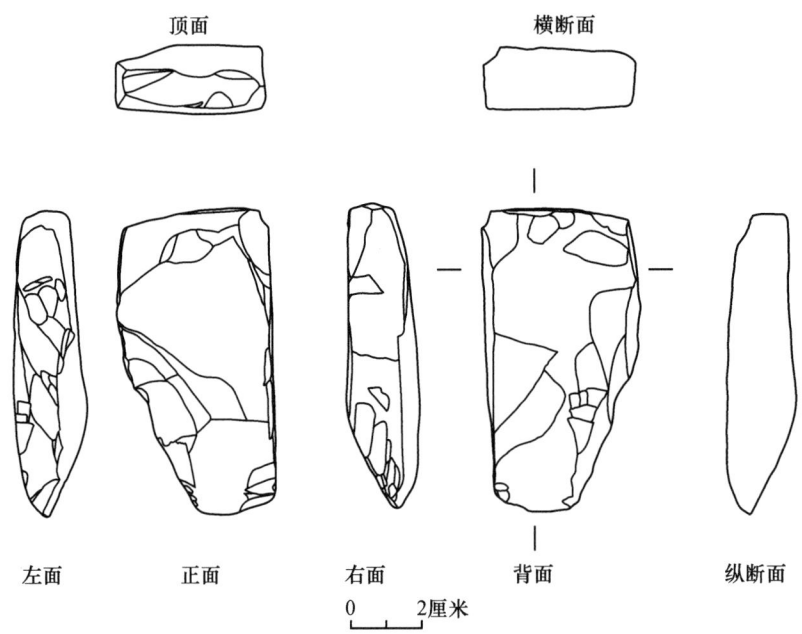

图四一　弧背石锛2014ZYT0508⑦e∶1

顶面：略有起伏的不规则长方形磨面。

正面：正顶棱中部微凸，右上角被石片疤打破，它是从顶面向下剥片后出现的石片阴面。正顶棱下部有一片光滑磨面。其下部是大片疤痕，其中凸起部位被研磨平滑。正左棱中下部及左刃角缺失，随后从受损的左面向正面剥片。从残存磨面看，下方弧收至刃缘，形成平面刃。右刃角被石片疤打破，此处石片疤至少有三层，第一层石片疤受力点在右刃角附近，石片疤不长，但是很宽也很浅。第二层至少有两个石片疤，长度与第一层的石片疤相同，但比较窄而且稍深。第三层至少有两个石片疤，比较宽，但是很短，刃缘被折断。这三层石片疤总起来看，都是因为副刃面被来自客体的12点钟方向的反作用力剥片后出现的。

背面：背顶棱大部分被疤痕打破，它们都是从顶面向背面剥片后出现的石片阴面。背右棱中下部是疤痕，是左刃角被1点钟方向的反作用力剥片后出现的石片阴面。背左棱中部被疤痕打破，是从左面向背面剥片后出现的石片阴面，这个石片阴面随后被以它为台面向正面击打导致剥片后出现的石片疤破坏。右刃角缺失，与正面左刃角情况相同，从左面向背面剥片，从而在背面右下方留下多个疤痕。

左面：上部是磨面，中下部是断口。

右面：低凹略有起伏的磨面。

刃部：刃面与副刃面会合成不对称的双面刃，楔角39°。刃缘和刃口损伤严重。

（3）功用分析

该石器左刃角严重破损后通过更新左面继续使用，使用中左刃角再度严重受损，遂成现状。从左右刃角伤情看，石器与客体的接触角不大，刃口与客体的夹角很大，这两个特征表明该石器是从上向下垂直砍削客体的石器。石器正面端部凸起处比较光滑，表明它是嵌入式装柄使用的工具，即该石器曾经是侧装使用砍削工具。

正面右上角被击打痕迹分析表明，左刃角更新过的石锛被改作楔，用于劈裂客体。

4. 弧背石锛2014ZYT0707⑦e：1

（1）目鉴岩性

浅灰色，隐晶致密，具细密的水平层理构造，硅质岩。

（2）造型描述

平面近似倒梯形，纵剖面似弓形。长112.6、宽41.2、厚26.9毫米，重201.1克（图四二；图版二一）。侧面与层理呈12°左右的夹角。研磨浅。

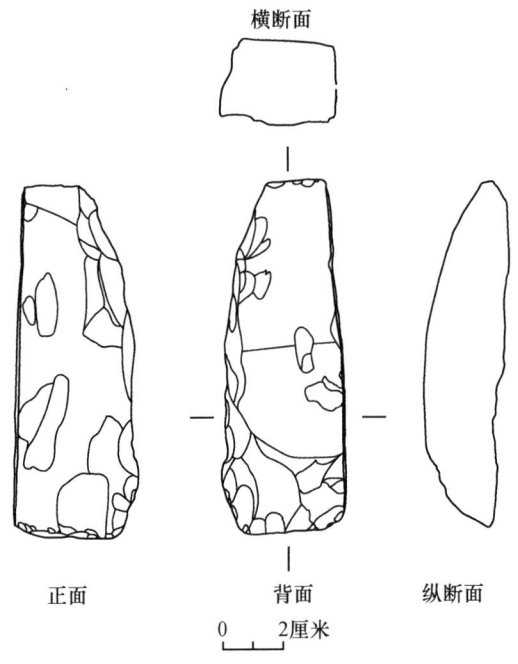

图四二 弧背石锛2014ZYT0707⑦e:1

顶面:由多个石片阴面构成斜面,斜面高处有小磨面。

正面:正右棱近似直线,正左棱为折线。器表有多个疤痕,其中疤痕低凹处的裂痕和波纹清晰可见。下方有一个斜的磨面,它与正面分界明显,磨面微微凸起,表面光滑,其风化程度略低于正面。下方弧收至刃缘,形成弧面刃。刃面中部偏上部位特别光滑。左刃角缺失。

背面:端部有疤痕,磨面手感滑腻。下部渐收至刃缘,形成了弧形副刃面。副刃面上有被11点钟方向的力作用导致剥片留下的小石片疤。

左面:断面,打破背顶棱的石片阴面是被来自正面向背面击打的力作用后导致剥片后留下的。打破背左棱的石片阴面是被以右面为台面向背面击打导致剥片后留下的,打破背右棱的石片阴面是以正面为台面向背面击打导致剥片后留下的——刻意通过打击使得该石器变窄。表面凸起处是磨面,磨面不如正面的磨面光滑。部分石片阴面内裂痕和波纹清晰可见,部分石片阴面内部裂痕和波纹模糊。

右面:比较平整,除少数低凹部位外,都是磨面,磨面手感光滑。

刃部:刃面与副刃面会合而成不对称双面刃。刃缘大部分崩缺,仅存右侧刃面。刃口上有连续小崩缺。

(3)功用分析

该石器左面是被修理过的断面,局部经过研磨。从刃面被更新过、副刃面上有连续分布的石片疤看,该石器改制后被当作侧装使用的砍削工具。该石器改制前的器形不详。

5. 弧背石锛2014ZYT0411⑦b:1

(1)目鉴岩性

黑色,表面粗糙,砂状结构,平行层理构造,碎屑成分主要为石英,含少量长石,泥质胶结,泥质砂岩。

（2）造型描述

平面呈长方形。长100、宽40.1、厚30毫米，重215.9克（图四三；图版二二）。石材中度风化，表面几乎不见磨面，手感粗糙，局部附着锈斑。面与面之间的转折不明显。

顶面：带有凹坑的不平整面。

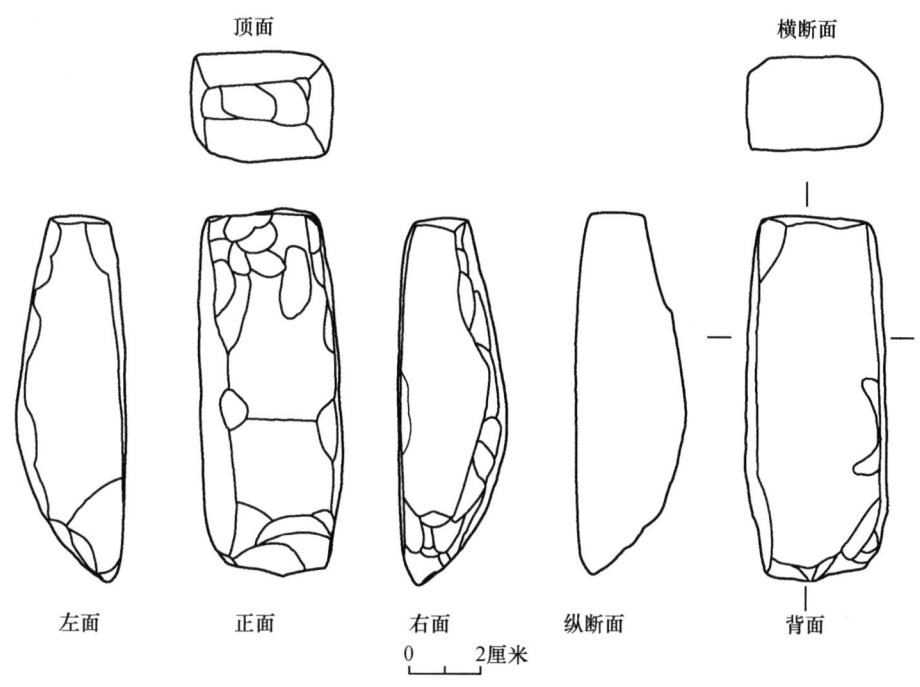

图四三　弧背石锛2014ZYT0411⑦b∶1

正面：右下方有疤痕。下方弧收至刃缘，形成弧凸刃面。左刃角稍残，刃面似有石片疤。

背面：上部有多个疤痕，它是为减薄石器而剥片后留下的石片阴面。下方弧收至刃缘，形成平刃面。

左面：弓背形，表面起伏较大。

右面：弓背形，表面起伏较大。

刃部：刃面与副刃面会合而成弧凸刃。刃缘起伏。刃口弯曲，刃缘中部被石片疤破坏。

（3）功用分析

从该石器左刃角被客体剥片看，它是侧装柄使用的小型砍斫工具。

6. 弧背石锛2014ZYT0613⑦c：3

（1）目鉴岩性

浅灰色，隐晶致密，具细密的水平层理构造，层厚0.1～1毫米，硅质岩。

（2）造型描述

平面近似长方形。长62.8、宽35.2、厚22.8毫米，重89.9克（图四四；图版二三）。侧面与解理面平行。

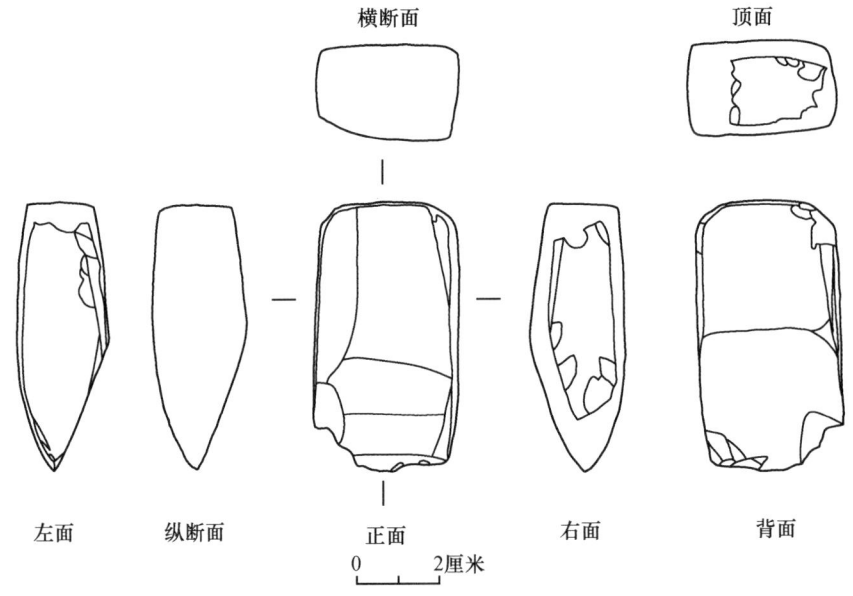

图四四　弧背石锛2014ZYT0613⑦c：3

顶面：微拱顶，顶面被击打导致端部出现多个小石片疤。

正面：长轴方向的中部弧凸，左上角有多个从顶面向下打击导致剥片而留下的石片阴面。正左棱旁有条形磨面，凹处略显粗糙，似乎与其他部位磨面不是同期研磨而成的而是后来研磨而成的。正顶棱下方和正左棱边缘上方有一片形状不规则的光滑面。中部偏下有1个弧凸磨面。下部弧收至刃缘，出现弧面刃。刃面上有1个不规整圆形光滑面。左下角残缺，是多次被12点钟方向的力剥片所致。残缺左刃面上有两层石片疤，第一层至少有2个石片疤分别是被来自12点和1点钟方向的反作用力剥片所致，石片疤浅，表明石锛与客体的接触角很小。第二层也有2个石片疤，它们是被来自客体的12点钟方向的反作用力折断刃口后留下的石片疤。右刃角也有两层石片疤。第一层是纵深很长的石片疤，它是受到客体的12点钟方向的反作用力后被剥片所致，表明石锛作业面与客体的接触角稍大。第二层的石片疤也是被12点钟的反作用力剥片后留下的。

背面：中部稍偏下是微弧凸脊。左上角、背顶棱和右上角都有小石片疤，都是从顶面向下击打造成剥片所致。背右棱旁有疤痕。背左棱、背右棱、背顶棱旁有范围不清晰的光滑面。凸脊开始渐收至刃缘，形成斜直面副刃面。左右刃角都被石片疤破坏，左刃角是被1点钟方向的力剥片所致。刃缘中部有多个小石片疤，它们都是被来自客体的约12点钟方向的反作用力剥片所致。

左面：横轴方向微弧凸。左正棱被多个石片阴面破坏。器表隐约可见大小、形状不等的光滑面。

右面：右背棱旁有疤痕。右顶棱被石片疤破坏。表面可见与左面所见相同的光滑面。下方刃角也被石片疤破坏。

刃部：刃面与副刃面会合而成弧直单面刃。刃缘破损严重。刃口非直线，比较锋利。

（3）功用分析

这件石器是典型的弧背锛，其刃部石片疤成因分析结果表明它是垂直向下接触客体的工具，其顶面的石片疤是被垂直击打所致。其端部隐约可见的光滑面是长期手握该石器作业时摩擦所致。据此推测，该石器是凿孔工具。

7. 弧背石锛2014ZYT0513⑥b：2

（1）目鉴岩性

浅灰色，隐晶质结构，水平层理构造，坚硬致密，硬度6.5~7，由硅质组成，硅质岩。正面与岩石层理平行。石材轻度风化。

（2）造型描述

平面为长方形，端部有收分。长41.6、宽28.5、厚14毫米，重32.3克（图四五；图版二四）。面与面的转角近似圆角。磨面手感光滑。

顶面：研磨浅，有两个疤痕的微凸磨面。

正面：正顶棱微凸，上部保留两个疤痕。下方弧收至刃缘，形成弧面刃。

背面：背顶棱右上角被疤痕破坏。长轴中部弧凸。下部弧收至刃缘，形成副弧刃面。

左面：上部被疤痕破坏。横轴中部弧凸。

右面：上部保留一个弧背。横轴中部弧凸。

刃部：刃面与副刃面会合成单面弧刃，楔角57°。刃缘微弧凸。刃口中部微向背面弧凸而锋利，可见细微崩缺。

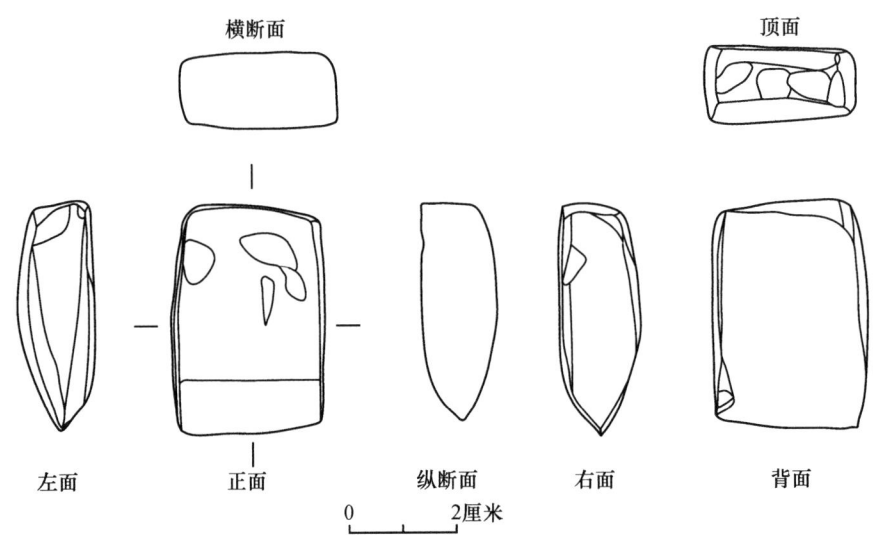

图四五　弧背石锛2014ZYT0513⑥b：2

（3）功用分析

该石器体量小而上部斜收，适合手持和侧装小柄使用，其楔角大，显微观察发现其刃口磨圆（图版二五），顶面无打击痕迹，据此推测它是刮削质软客体的刮削工具。

8. 弧背石锛2017ZWT03⑥a：1

（1）目鉴岩性

深灰色，水平层理构造，石器主面平行层理面，硅质岩。

（2）造型描述

平面为端部有收分的长条形。长80.1、宽33.7、厚18.9毫米，重99克（图四六；图版二六）。平面与石材层理面平行。研磨浅，手感光滑，反光明显。

顶面：由多个石片疤构成。先从背面向正面剥片，随后从这个石片阴面向背面剥片。表面还有从左面向右面剥片后出现的小石片疤。

正面：左上角有一个疤痕。下方弧收至刃缘，成为弧面刃。右刃角崩缺，是被12点钟方向的力剥片后出现的石片阴面。

背面：端部被两个石片疤覆盖，都是顶面被击打后导致端部被剥片所致。背右棱下部有2个小疤痕。下部弧收至刃缘，形成弧面形副刃面。右刃角有1个小石片疤，是被12点钟方向的力剥片后出现的石片疤。

左面：有多个浅疤痕。

右面：右上角缺失，有多个浅疤痕。

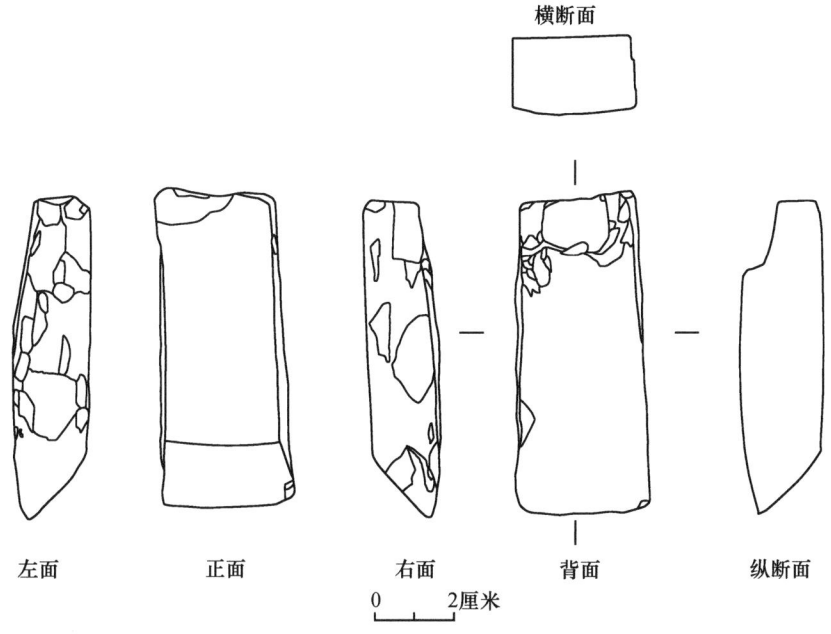

图四六　弧背石锛2017ZWT03⑥a：1

刃部：刃面和副刃面会合成弧直单面刃。刃缘微凸。刃口直而锋利，可见细小崩缺。

（3）功用分析

该石器顶面破损情况表明它曾被当作凿或楔使用，不过该石器楔角小难以起到绽裂原木的作用，同时刃口锋利适合切割客体，因此该石器是凿孔的石凿。

9. 弧背石锛2014ZYT0508③a：12

（1）目鉴岩性

深灰色，断口灰黑色，细粒砂状结构，块状构造，石器表面有两条裂痕，受沁较强，具平行层理构造，主要由石英碎屑和泥质组成，石器表面垂直层理，泥质石英砂岩。

（2）造型描述

平面为长方形。长88.8、宽54、厚28毫米，重238.6克（图四七；图版二七）。各个面之间的转角近似圆角。石材中度风化，表层剥落，磨面基本无存。

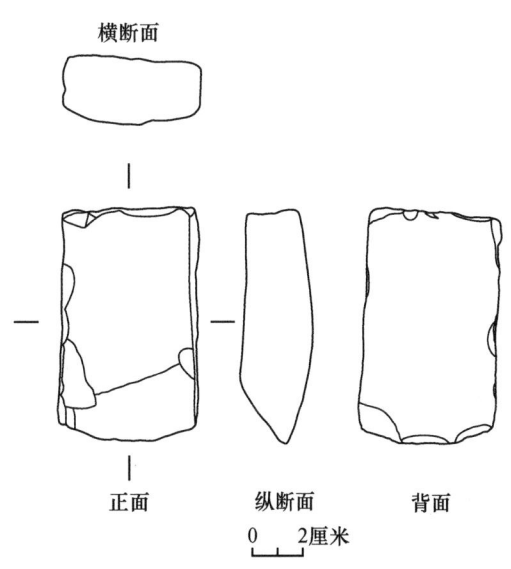

图四七　弧背石锛2014ZYT0508③a：12

顶面：由多个深浅不一的疤痕构成的平面。

正面：正左棱下部被疤痕破坏。下部急收至刃缘，形成平面刃。左刃角和右刃角皆崩缺，是副刃面被剥片后造成的崩缺。刃缘中部微凹，也是副刃面被剥片后造成的崩缺。

背面：左上角有1个浅疤痕，长轴和短轴中央弧凸。背顶棱至中上部表面比其他部位光滑。下部渐弧收至刃缘，形成弧凸形副刃面。左刃角崩缺并留下长而宽的薄石片疤，是被1点钟方向的力剥片所致。中部有2个长而窄的石片疤，是被来自客体12点钟方向的反作用力折断后出现的断口。右刃角的崩缺是被来自11点钟方向的反作用力折断后出现的断口。

左面：由多个深浅不一的疤痕构成的平面。

右面：有少量浅疤痕的平面。

刃部：刃面与副刃面会合成为单面刃。刃缘凹凸不平。刃口中部向背面弧凸，崩缺严重。

（3）功用分析

该石器刃口伤情表明作业面与客体的接触角较大，是侧装使用的小型砍劈工具。

10. 弧背石锛2014ZYT0508③a：11

（1）目鉴岩性

灰白色，表面光滑，具水平层理构造，由浅灰色和深灰色层构成，前者细层较厚，1~2毫米，由硅质和泥质组成，深色层较薄且断续排列，硬度大，主要由硅质组成，石器主面斜切层理，泥质硅质岩。

（2）造型描述

平面为近似梯形。长45.8、宽27.9、厚11.8毫米，重27.4克（图四八；图版二八）。侧面与层理呈50°斜交。研磨浅，磨面手感平滑。

顶面：由未经研磨的两个疤痕构成的不规整长方形面。一个疤痕是从正面向背面剥片后留下的石片阴面，另一个疤痕是从背面向正面剥片后留下的石片阴面。

正面：左上角稍残，是顶面被击打导致正面端部被剥片所致。右上角被疤痕破坏。正顶棱中部有1个小石片疤。正左棱下部有多个疤痕，都是从左面向正面剥片后留下的。正右棱上部和中下部各有一个疤痕，都是从右面向正面剥片

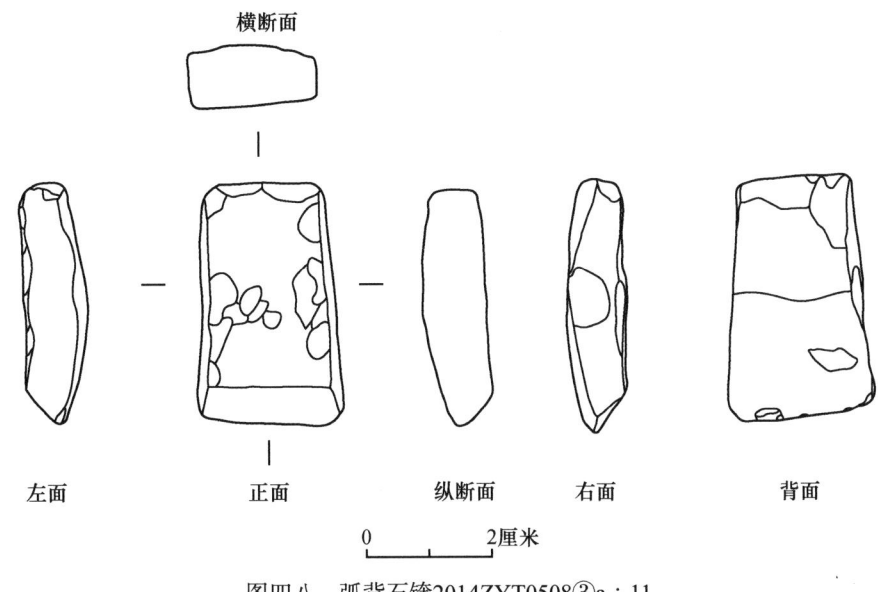

图四八　弧背石锛2014ZYT0508③a∶11

后留下的。中下部可见小疤痕。表面光泽明显。下部急收为微弧凸刃面，中后部可见小而浅的石片疤，是被12点钟方向的力剥片后留下的，石片疤短而窄并且很薄。

背面：中部有不明显的横脊。正顶棱大部被石片疤破坏，是顶面被击打导致背面端部被剥片所致。中部向下渐收直至刃缘，形成微凸的副刃面。左刃角旁有两个石片疤，右侧的小石片疤打破了左侧的大石片疤，它是被11点钟方向的力剥片所致，小石片疤是被12点钟方向的反作用力剥片所致。右刃角上有一个很薄的石片疤，是受到11点钟方向的力剥片后留下的。以上石片疤都比较薄，这个现象表明刃面与客体的接触角比较小。

左面：上部是疤痕，中下部可见较深疤痕，是从正面向左面剥片时留下的。

右面：上部可见浅疤痕。

刃部：刃面与副刃面会合而成弧直单面刃。刃缘左高右低，左刃角圆尖，右刃角圆角。刃口微微向背面弧凸，锋利。

（3）功用分析

该石锛端部右面收分明显，适于侧装使用。刃面和副刃面的石片疤显示，有时该石器垂直向下砍削，有时从右上向左下砍削。顶部被多次击打并导致背面端部被剥片，加上刃口向左上倾斜，以上使用痕迹分析表明该石器是具有砍削兼劈裂功能的工具。

11. 弧背石锛2014ZWT02②：1

（1）目鉴岩性

中灰色，断口灰黑色，受沁较强，具平行层理构造，主要由石英碎屑和泥质组成，石器表面垂直层理，泥质石英砂岩。

（2）造型描述

平面为长方形。长52.5、宽30、厚13.9毫米，重44.3克（图四九；图版二九）。面与面之间转角为直角。侧面与解理面平行。器表风化严重，表层剥落，不见磨面。

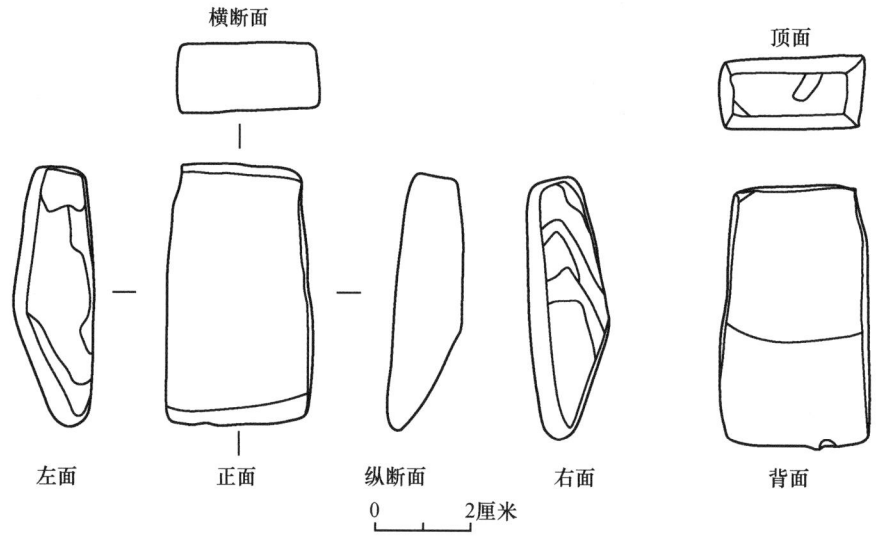

图四九　弧背石锛2014ZWT02②：1

顶面：平坦。

正面：平坦，下方弧收至刃缘，形成微弧凸刃面。

背面：中部有凹弧凸脊，上部平坦。下方微弧收为副刃面。

左面：平坦。

右面：平坦。

刃部：刃面与副刃面会合形成不对称两面刃。刃缘平坦，刃口为直线形。

（3）功用分析

该石器风化严重，无法根据使用痕迹判断其用途，从造型和体量看，它适于刮削硬度不高的客体。

12. 弧背石锛2014ZYH62∶2

（1）目鉴岩性

浅灰色粉砂状结构，主要由粉砂级长石、石英及一些泥质组成，定名粉砂岩。

（2）造型描述

扁薄体，平面为长方形。长50、宽32.2、厚12.6毫米，重36.1克（图五〇；图版三〇）。石材严重风化，表层剥落殆尽，不见磨面。表色为浅灰白色。

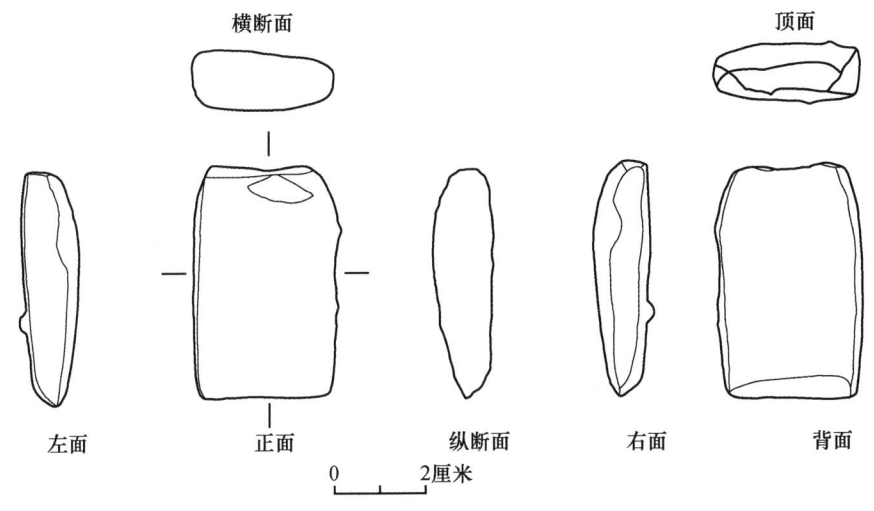

图五〇 弧背石锛2014ZYH62∶2

顶面：近似长方形。

正面：平坦，下方急收至刃缘，形成弧面刃。

背面：纵轴上部弧凸，下部渐收至刃缘，形成作为副刃面的平面刃。

左面：基本平坦。

右面：基本平坦。

刃部：刃面与副刃面会合成为弧直单面刃。刃缘平直，刃口平直。

（3）功用分析

从整体造型看，该石器是适于嵌入侧装使用的砍削工具。

13. 弧背石锛2014ZYT0510①∶1

（1）目鉴岩性

浅灰色，水平层理构造，受沁较弱，表面光滑，贝壳状断口，石器表面垂直层理，主要由泥质、硅质组成，含泥质硅质岩。

（2）造型描述

平面为长方形，面与面之间的转角都不规整而且被磨圆。长82.2、宽36.8、厚16.1毫米，重102.1克（图五一；图版三一）。石材风化严重，表层剥蚀殆尽。

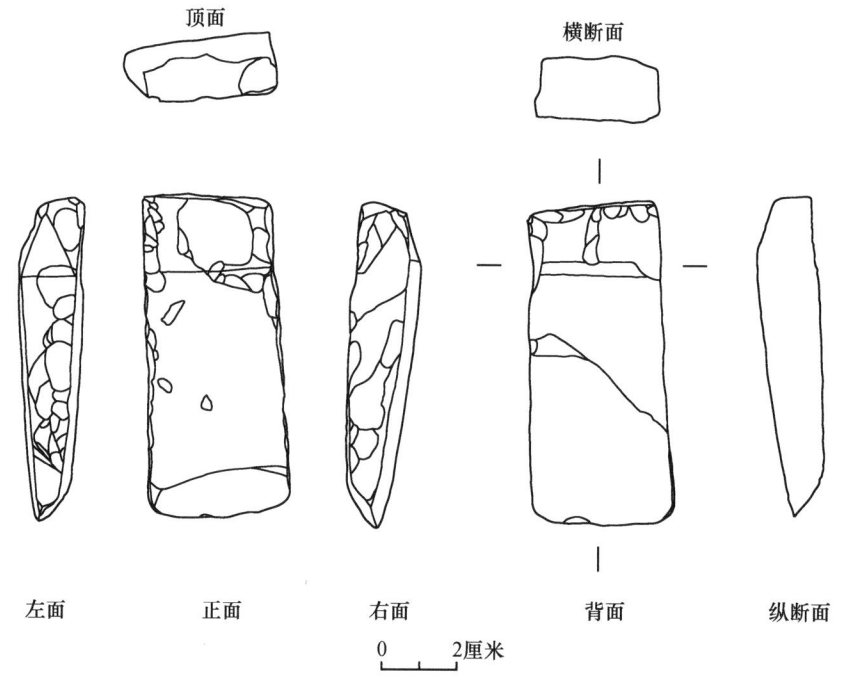

图五一　弧背石锛2014ZYT0510①：1

顶面：凹凸不平，凸起部位可见磨面，低凹处似未被研磨过。

正面：不甚平整。下方弧收至刃缘，形成微凸弧形刃面。

背面：上部有一个低于表面向顶面倾斜的磨面，研磨浅。下方渐收至刃缘，形成微弧副刃面。刃面偏左有一个崩缺，是被来自客体的12点钟方向的反作用力剥片所致，石片疤长而窄并且比较浅，这表明刃面与客体的接触角不大。

左面：布满疤痕，表面经过研磨。

右面：上部是一个从台面向下剥片后留下的疤痕，其他部位也是大小各异的疤痕。

刃部：刃面与副刃面会合成单面刃。刃缘中部缺失，其右侧还有若干细小石片疤，左、右刃角为圆角，右刃角稍高。刃口为凸向背面的弧线。

（3）功用分析

从背面左刃角稍高及背面端部减薄来看，该石器是采用嵌入侧装使用的砍削工具。

14. 弧背石锛2014ZYT0707③b∶9

（1）目鉴岩性

浅灰色，表面光滑，隐晶致密，块状构造，主要由硅质组成，硅质岩。

（2）造型描述

平面呈长方形。长49.3、宽28、厚11.6毫米，重24.9克（图五二；图版三二）。表面可见多道波纹痕迹，是用石片制作而成的。制作粗糙，研磨浅。

顶面：由两个向正面倾斜的石片阴面构成，它们是从顶面向正面剥片后留下的石片疤。

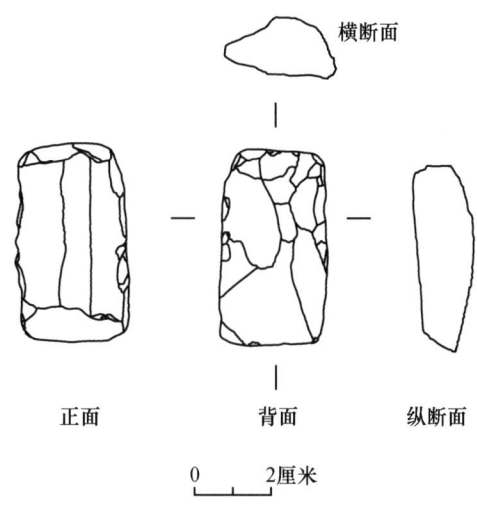

图五二　弧背石锛2014ZYT0707③b∶9

正面：正顶棱和正左棱以及正右棱下部都被石片阴面破坏。下部渐收至刃缘，形成弧面刃，刃面手感滑腻。

背面：背顶棱被多个石片阴面破坏，背右棱和背左棱被疤痕破坏。表面中下方凸起处为磨面。下方渐收直至刃缘，形成斜直副刃面。

左面：除下方有小块磨面外，其余部位皆是疤痕，它们都是从正面向背面剥片后留下的石片阴面。

右面：宽窄不一的磨面，多处被疤痕破坏。

刃部：刃面与副刃面会合而成弧直单面刃。刃缘微弧凸。刃口中部向背面弧凸，刃口锋利。

（3）功用分析

该石器顶面的两个石片疤不是修整顶面留下的痕迹，而是顶面被击打造成的破损，刃缘微弧凸，左右面不平整，它不适于凿孔，因此是用于劈裂的楔。

15. 弧背石锛2014ZYT0509③b∶18

（1）目鉴岩性

浅灰色，隐晶质结构，水平层理构造，坚硬致密，硬度6.5～7，由硅质组成，硅质岩。

（2）造型描述

上大下小的方柱体，典型的石凿。长57.9、宽15、厚17.5毫米，重27.7克（图五三；图版三三）。石材风化严重，表层脱落严重。未风化部分手感平滑。面与面之间的转角为直角。

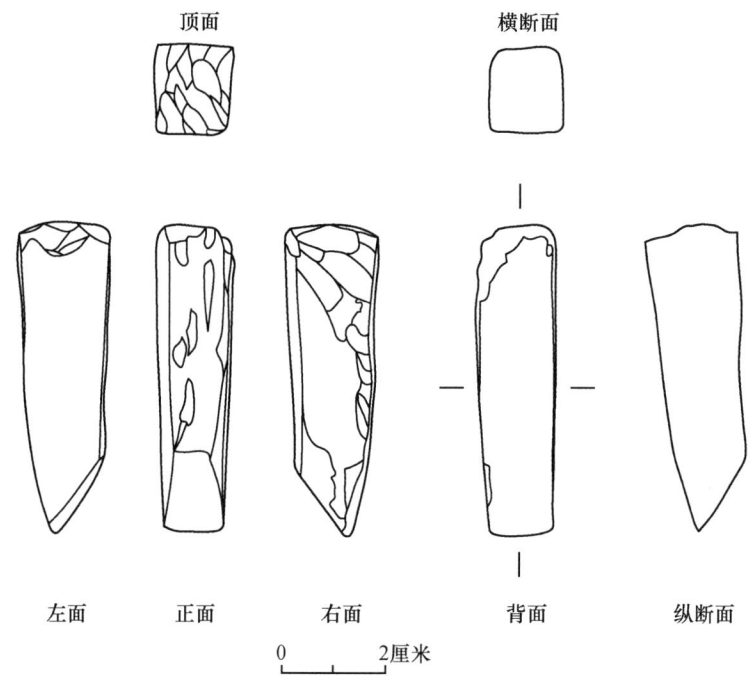

图五三　弧背石锛2014ZYT0509③b∶18

顶面：中央微凸起。左下角缺失，无法确认是否因为该部位被击打导致背面剥片所致。

正面：中下部纵向微弧凸，向下弧收至刃缘，形成平面刃。

背面：基本平整，左上角缺失，很可能是顶部被击打导致左上角被剥片所致。中部有打制石坯时产生的疤痕。下方弧收至刃缘，形成弧凸面刃。

左面：表面起伏，手感粗糙。

右面：上部风化而显得粗糙，下部平滑。

刃部：刃面与副刃面会合成单面刃。左右刃角稍磨圆。刃缘基本平坦。刃口平且锋利。

（3）功用分析

这件石器无论是整体造型、细部造型还是顶面的击打痕迹都显示它是典型的适合凿孔的石凿。

16. 弧背石锛2014ZY采：1

（1）目鉴岩性

深灰，变余泥质结构，斑点构造，斑点黑色，定名斑点角岩。

（2）造型描述

平面近似梯形。长39.2、宽29.6、厚15.3毫米，重31.8克（图五四；图版三四）。顶面和刃部残缺。表面经过研磨，手感光滑。

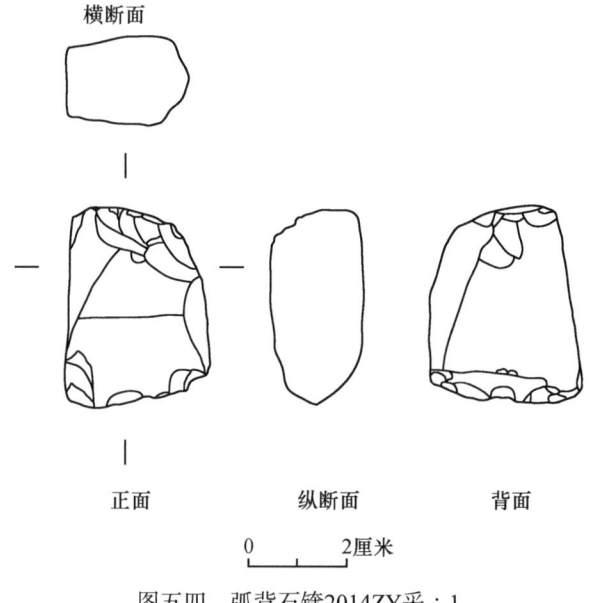

图五四　弧背石锛2014ZY采：1

顶面：仅见一个小磨面，其余皆为石片疤，石片疤是顶面被打击导致正背面和右面端部被剥片后留下的石片阴面。

正面：纵轴方向中间隆起。正顶棱大部分崩缺，崩缺旁的石片疤显示它们是顶面被6点钟方向的力击打导致正面端部被剥片所致。下方弧收至刃缘，形成弧凸刃。左刃角和刃部大部残损，左刃角上的石片疤不长但是比较宽而且很薄，这个现象表明正面与客体的接触角很大接近垂直。刃面中部的石片疤短而窄也不深，是刃口被折断后留下的石片阴面。右刃角崩缺，崩缺旁的石片疤显示它是被来自客体的12点钟方向的力剥片后留下的。

背面：上部和右上角残缺，是顶面被击打导致背面剥片所致。中下部有一道不明显横脊。下部渐收为弧凸的副刃面。

左面：仅见小磨面，上部石片疤是从顶面向下剥片后留下的，左下角和右下角石片疤是刃角部位被客体反作用力剥片后留下的。

右面：上部有小石片疤，是从顶面向下剥片后留下的。

刃部：刃面与副刃面会合而成不对称双面刃。刃缘残缺。刃口破损严重，表面布满石片疤。

（3）功用分析

这件石器顶面被多次击打，不仅导致正背面和右面端部被剥片，而且造成刃口被来自客体的12点钟方向的反作用力折断或剥片，以上特征表明该石器是劈裂的石楔，客体非常坚硬。

17. 弧背石锛2014ZYT0412③a：3

（1）目鉴岩性

灰白色，隐晶致密，块状构造，硬度6～6.5，主要由硅质和少量泥质组成，硅质岩。

（2）造型描述

平面近似长方形，长90.4、宽43.5、厚27.1毫米，重180.6克（图五五；图版三五）。面与面之间的转角不规整而且多处磨圆。表面严重风化，表层粉化。

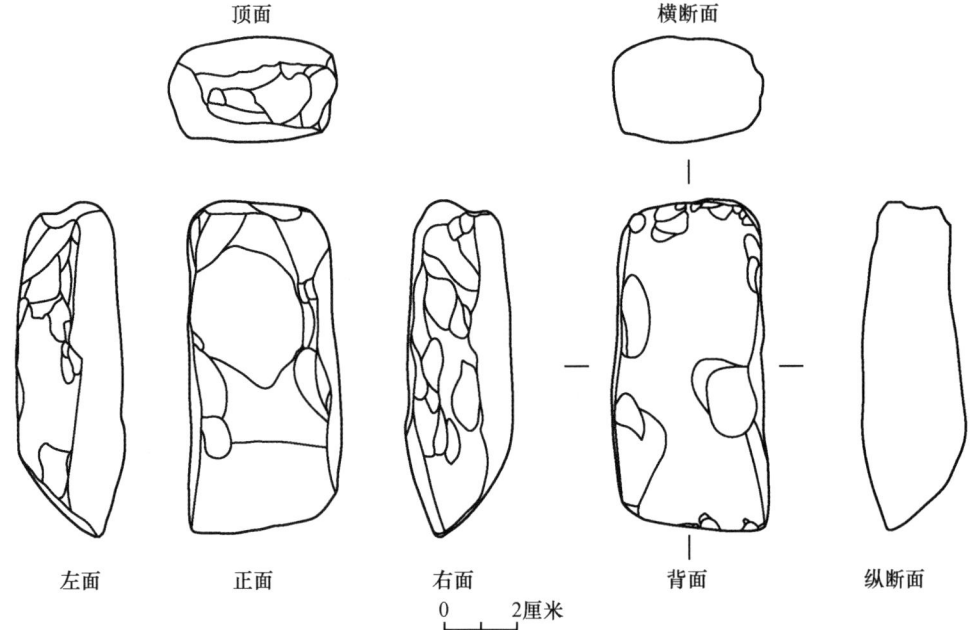

图五五　弧背石锛2014ZYT0412③a：3

顶面：断口，由多个疤痕构成，凸起处有小磨面。

正面：表面凸起处局部有光面。左上角是疤痕。右上角是石片疤，它是右面上方被剥片后所产生的连带破损。中部的凹面是制坯时从左面剥片后留下的疤痕。正左棱下方旁还有1个小凹面，是被从左面剥片后留下的石片阴面。正右棱下方旁也有一个小凹面，是被从右面剥片后留下的石片疤。正面中上部位手感粗糙，下部手感光滑。下方弧收至刃缘，形成弧凸刃面，刃面左高右低。

背面：端部中间凸起并向两侧弧收。背顶棱下有多个石片疤，背右棱旁有3个横向石片疤，它们都是右面被击打导致左面剥片后留下的。背右棱下方旁的石片疤是右面被击打导致剥片所留下的。下方弧收至刃缘，形成了弧凸副刃面。左下角起翘，被1点钟方向的力剥片后出现1个石片疤。刃面手感滑腻。

左面：凹凸起伏。上部有从背面剥片后留下的疤痕，下部左侧有从背面剥片留下的两个疤痕，右侧的疤痕是正面被击打导致正面被剥片所致。左上方局部有光面。

右面：凹凸起伏。端部有顶面被击打导致右面被剥片后留下的石片疤，下部有背面被击打导致右面被剥片后留下的石片疤。

刃部：刃面和副刃面会合成不对称的双面刃。左刃角起翘。刃口弯曲。

（3）功用分析

整体造型和刃部都表明该石器是刮削用石器。正面下方直至刃面的刃缘以及左面上方局部手感滑腻，而其他部位手感粗糙，这是长期手持石器导致手指把握部位被摩擦的缘故。

18. 弧背石锛2014ZYT0613⑥b：2

（1）目鉴岩性

深灰，变余泥质结构，斑点构造，斑点黑色，表面见丝绢光泽，可能为泥质组分重结晶为绢云母所致，定名绢云母斑点角岩。

（2）造型描述

平面略呈梯形。长50.3、宽42.2、厚16.9毫米，重60克（图五六；图版三六）。面与面之间的转角都是圆角。石材中度风化，表层局部出现剥蚀现象，研磨浅。该石器未剥蚀部位有微弱反光。

顶面：稍向背面倾斜。平坦的麻点面，手感粗糙。

正面：表面平坦而略有起伏，下部急收至刃缘，形成弧刃面，刃面上有1个更新刃面。左刃角旁的石片疤不长，但是比较宽，也比较浅，这些特点表明该石器作

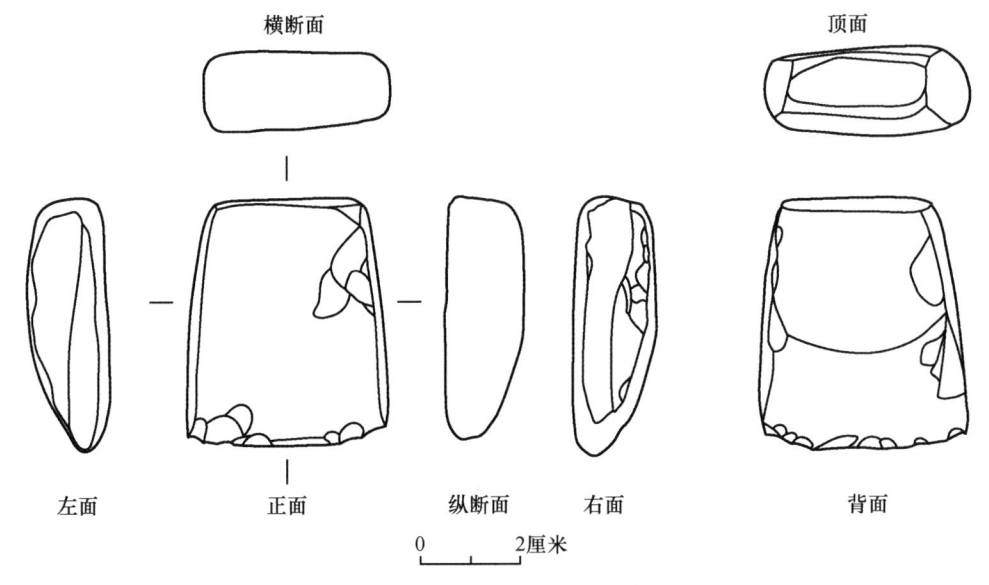

图五六　弧背石锛2014ZYT0613⑥b：2

业面与客体的接触角很大，即石器基本垂直于客体。

背面：表面略有起伏。下部渐收至刃缘，形成弧凸形副刃面。副刃面都有小石片疤，它们多是被来自客体的12点钟方向的反作用力剥片所致。

左面：纵轴中部微弧凸。

右面：右背棱中部盘有疤痕。

刃部：刃面与副刃面会合而成不对称弧直刃面。刃缘凹凸不平。刃口被密集的石片疤覆盖。

（3）功用分析

刃部石片疤成因分析表明该石器垂直于客体，从刃部造型看不适于凿孔，因此推测它是用于劈裂客体的小型楔。

三、段背石锛观察与分析

1. 段背石锛2014ZYT0413⑤a：2

（1）目鉴岩性

灰绿色，表面光洁，硬度6.5~7，断口呈贝壳状，隐晶致密，具不明显水平层理构造，由硅质组成，硅质岩。

（2）造型描述

平面呈长方形。长86.1、宽51.5、厚25.6毫米，重207.5克（图五七；图版三七）。有段石锛，刃部严重损伤。面与面之间的转角都经过抹角处理。除顶面外，其他各个面研磨深，磨面手感非常光滑，可见较为强烈的反光。

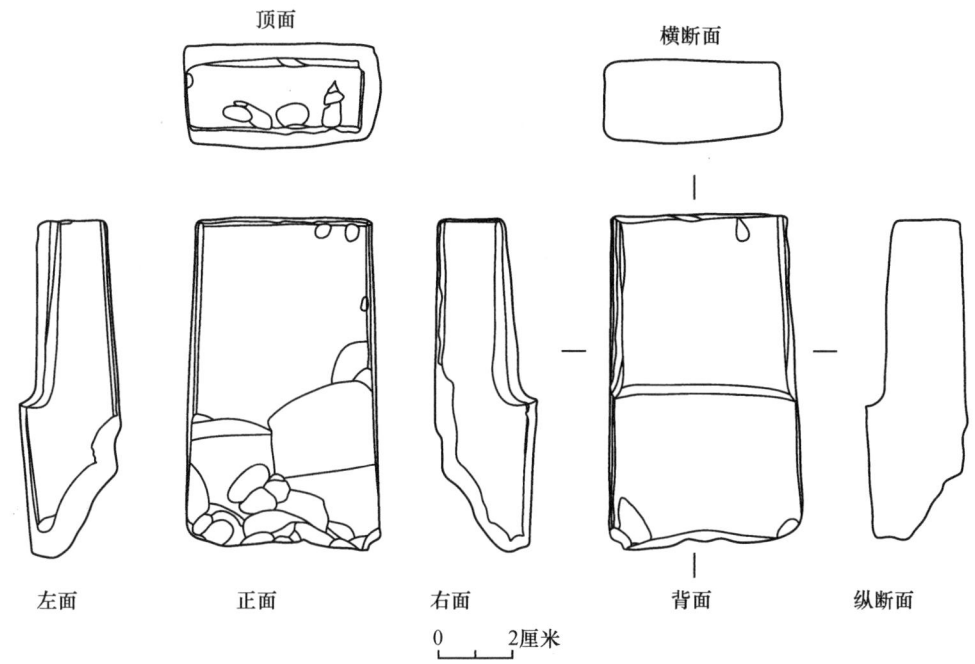

图五七　段背石锛2014ZYT0413⑤a：2

顶面：长方形，保留两个疤痕。表面研磨浅，磨面手感较滑。

正面：靠近右上角的正顶棱旁有两个小疤痕。中央微微隆起。中下部被多层次的石片疤破坏，这些石片疤都是改制破损刃部留下的。

背面：上部保留一个小疤痕。下部有一个很明显的段，段高约2.9毫米。段微微向上弧凸，段底边亦微微向上弧凸。段上部中央微微隆起。段下部基本为平面。下方刃部折断。

左面：上部略窄而下部略宽。

右面：上部略窄而下部略宽。

刃部：现状是一个断口，由多层次的多个石片疤构成。

（3）功用分析

这件残段背锛的平面平整而光滑，转角全部做了抹角处理。刃部破损后以正面为台面向背面剥片，留下大量石片疤，接着以这些石片疤为台面向正面剥片，改制尚未完成，目标器形不详。

2. 段背石锛2014ZYT0608⑤b：12

（1）目鉴岩性

浅灰色，隐晶致密，具明显层状构造，层厚15毫米，由硅质组成，硅质岩。

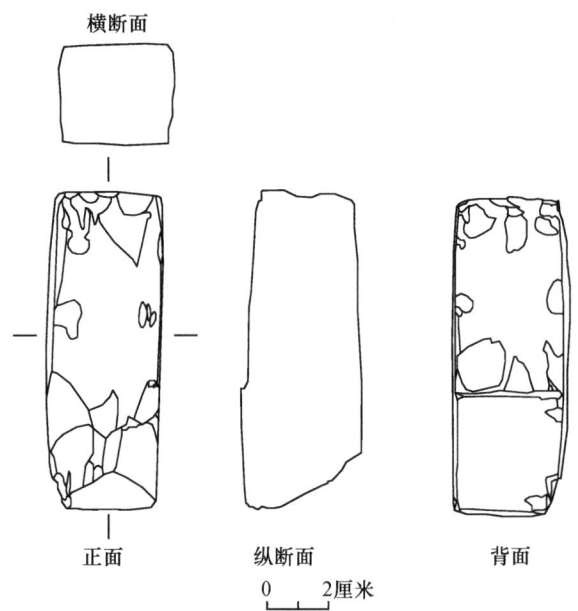

图五八　段背石锛2014ZYT0608⑤b：12

（2）造型描述

平面为长方形。各个面之间的转折为直角。长101、宽37.2、厚40.4毫米，重297.8克（图五八；图版三八、图版三九）。

顶面：由疤痕构成，凸起部位经过研磨。

正面：正顶棱上部是大片石片阴面。中部为比较平滑的磨面。下方的刃面有两个大的石片阴面，左下角和右下角都是石片阴面。

背面：背顶棱中部和右上角都是石片阴面。下部有段，段上部有多个疤痕，表面研磨浅，磨面手感光滑。段是从左右两侧向中央锯磨而成的，段下部为光滑磨面。下方刃面不完整。

左面：左顶棱上有石片阴面，中部为横轴微弧凸的磨面。左下角有多个小的石片阴面，右下角有大的石片阴面。

右面：右顶棱上是大片石片阴面，中部为光滑磨面。左下角有1个大的石片阴面。

（3）功用分析

这是一件制作中的石器，刃面尚未形成，其他各个面只经过初步研磨。

3. 段背石锛2014ZYH209：1

（1）目鉴岩性

灰白色，隐晶致密，块状构造，硬度6～6.5，主要由硅质和少量泥质组成，硅质岩。

（2）造型描述

平面为长方形，刃部残缺的段背锛。长50、宽31、厚14毫米，重131.8克（图五九；图版四〇、图版四一）。表面轻度风化，手感滑腻。

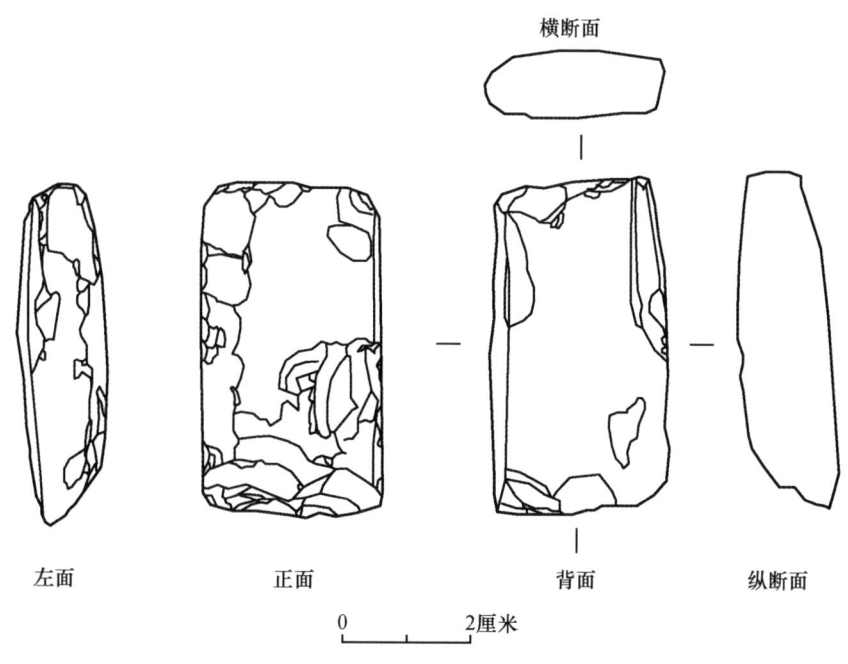

图五九　段背石锛2014ZYH209∶1

顶面：多个疤痕构成的凹凸面。

正面：中上部凸起处研磨光滑，周边都是疤痕。正顶棱中部被从顶面向正面剥片时生产的石片疤破坏。左上角被从左面向正面剥片时产生的石片疤破坏。正左棱中下部被从左面向正面剥片时产生的石片疤破坏。正右棱中部以下被从右面向正面剥片产生的石片疤破坏。刃面所在部位被多组石片疤覆盖。这些石片疤中，左刃角部位的石片疤是被来自客体1点钟方向的反作用力剥片时产生的石片阴面，有的是被来自客体的12点钟方向的反作用力剥片时产生的石片阴面。还有的是被来自客体11点钟方向的反作用力剥片时产生的石片阴面。以上石片疤的共同特点是不长但是很宽而且比较浅，这些特点表明石锛作业面与客体的接触角比较大。

背面：表面经过粗磨，留下了密集条痕。背顶棱被石片疤覆盖，有的是从背面向顶面剥片时产生的石片阴面，有的是从左面向顶面剥片时产生的石片疤，还有的是从顶面向正面剥片时产生的石片疤。中部有不明显横脊，横脊上方中间隆起，正左棱和正右棱的转角被有意识地加工成圆角。横脊下方中部微微隆起。左下角被两组石片疤覆盖，左侧石片疤组至少有2个石片疤，它们都是被来自客体的1点钟方向的反作用力剥片所致，石片疤短但是比较宽而浅。可见石锛作业面与客体的接触角比较大，右侧石片疤是被来自客体的12点钟方向的反作用力剥片所致，该石片疤不长，但是比较宽也比较深，可见石锛作业面与客体的接触角稍大。

左面：表面平滑，可见多组横向密集细密线条。

右面：表面平整，不如左面光滑，可见多组横向细密线条。

刃部：刃面和副刃面会合成未经研磨的斜面。

（3）功用分析

该石器左右面非常光滑，正背面中上部位和凸起部位也研磨光滑，其余部位是石片疤，这个现象表明该石器是刃部尚未研磨的改制石器。

4. 段背石锛2014ZYT0612⑤b：1

（1）目鉴岩性

浅灰色，隐晶致密，具细密的水平层理构造，硅质岩。

（2）造型描述

平面为梯形。长89.2、宽70、厚14.6毫米，重191克（图六〇；图版四二）。面与面的转角为直角，棱线挺括。表面平坦，研磨浅，磨面手感平滑。

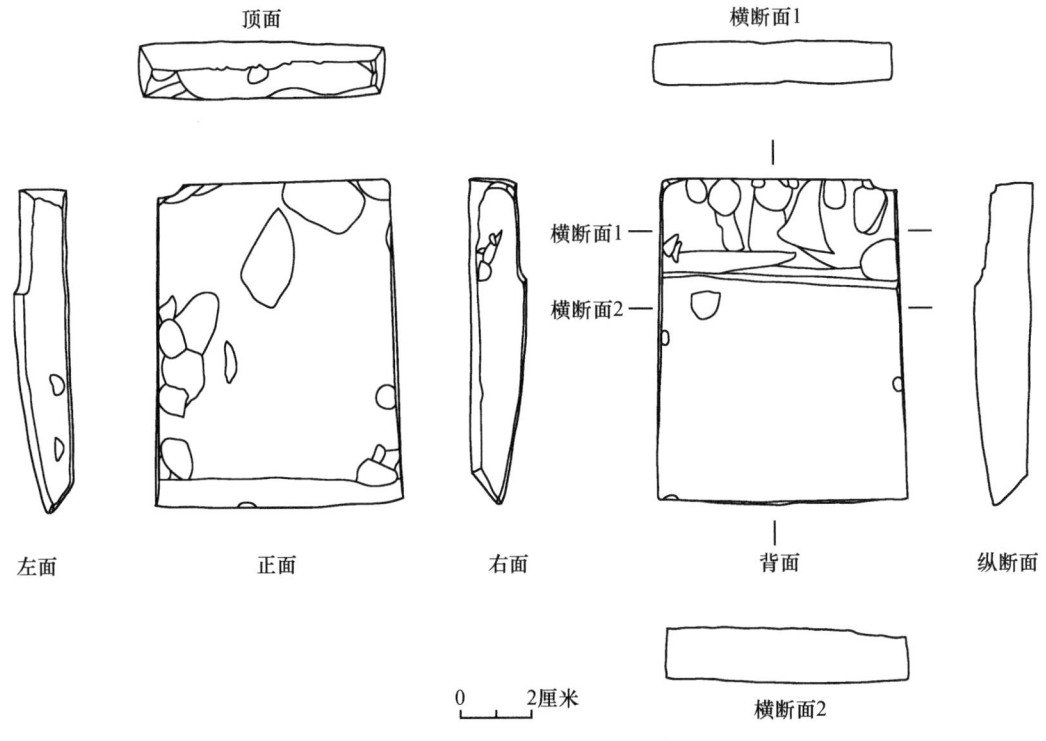

图六〇　段背石锛2014ZYT0612⑤b：1

顶面：宽窄不一的平直磨面，左边有被从背面向正面剥片后出现的石片阴面，右角有被从顶面向正面剥片所产生的石片阴面。

正面：左上角是顶面的石片阴面造成的连带破损，正顶棱中偏右处和右上角各有1个石片阴面，它们都是从顶面向正面剥片后出现的石片阴面。正左棱中下部有5个石片疤，都是从左面向正面剥片后留下的石片阴面。正右棱下方有两个石片疤，都是以右面为台面向正面剥片时留下的石片阴面。下部急收至刃缘，形成弧面刃面。

背面：背顶棱被一连串石片阴面破坏，它们都是从顶面向背面剥片时留下的石片阴面。中部偏上部位有段，段高2.4毫米，段左高右低而且中部微凸，段是采用片锯法从两侧向中心锯磨而成的。段下渐收至刃缘，形成弧凸副刃面。

左面：中下部有1个疤痕。

右面：中上部有1个疤痕。

刃面：刃面与副刃面会合成为弧直单面刃。刃缘微弧凸。刃口为窄条平面，微向背面弧凸。

（3）功用分析

这是一件有待开刃的段背锛，是研究段背锛制作工艺的重要资料。

5. 段背石锛2014ZYT0512⑤b：12

（1）目鉴岩性

中灰色，细密的水平层理构造，以灰黑色为主夹灰白色细层。以硅质为主，定名硅质岩。

（2）造型描述

平面呈长方形。长73.9、宽28.3、厚19毫米，重73.1克（图六一；图版四三、图版四四）。侧面与石材层理面基本平行。器表经过精细研磨，反光强烈，手感滑腻。左面断口含岩石中的裂隙。

顶面：仅存左边一块磨面，中右部残缺。

正面：长轴中下部微隆起。正顶棱被石片阴面破坏。右上角残缺，是从正面向背面击打导致剥片后造成的缺口。正左棱为抹角，中部被小石片阴面破坏。正右棱中下部被石片阴面破坏。下部弧收至刃缘，形成弧面刃。刃面左边有两个疤痕，右边有一个疤痕。刃面下部有一个细条形更新面。

背面：左上角和背右棱残缺。右上角被石片疤破坏。中部偏上有个段，段上部分的背左棱为抹角。段下部分的背左棱变为抹角，其余部分长轴中部弧凸。下部弧收直至刃缘，形成弧面形副刃面。刃缘上方可见短而浅的石片疤。左刃角及其上方

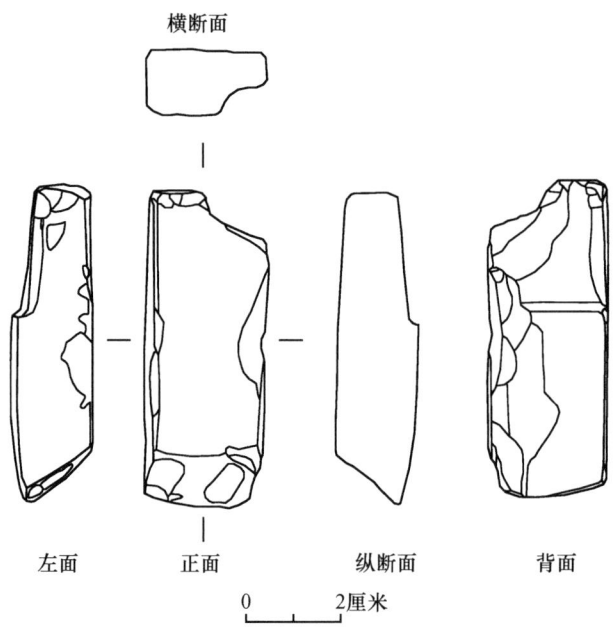

图六一　段背石锛2014ZYT0512⑤b：12

皆残。从左面断口看，左刃角是被来自客体的12点钟方向的反作用力剥片所致。

左面：左上角残，左正棱中部有一个从正面向左面剥片后留下的石片阴面。

右面：靠近正面的边缘为磨面，其余部位皆为石片疤痕，是从右面向背面剥片后留下的石片阴面。

刃部：刃面和副刃面会合成为单面刃，楔角60°。刃缘弧凸。刃口弯曲。

（3）功用分析

这件段背锛因为顶面受损严重而在改制中。左面破损是因为该石器侧装使用时被来自客体的反作用力剥片所致。按刃部楔角推算，受损前的刃面比现刃面长1毫米左右。背面断口中有与石锛正背面平行的裂隙，据此推测背面左上角破损与岩石中的裂隙有关。背面左上角缺失和右上角被石片疤破坏，这些石片疤是因为顶面被击打导致剥片所致，由此推测该石锛破损前曾被当作楔，在使用中受损。

6. 段背石锛2014ZYT0607③b：3

（1）目鉴岩性

中灰色，隐晶致密，块状构造，由泥质和硅质组成，含泥质硅质岩。

（2）造型描述

平面呈长方形。长138.5、宽53.7、厚32.9厘米，重464.4克（图六二；图版四五）。石材中度风化，器表磨面多剥蚀掉，手感光滑。

顶面：近似梯形，背顶棱比正顶棱略长。表面布满疤痕，有两个极小磨面，是为了去掉疤痕之间的凸脊而研磨出来的。

正面：纵轴中部微微下凹。仅中部可见小磨面，端部布满的疤痕是顶面被击打导致左面剥片所致，左边布满被9点钟方向的力剥片后留下的石片疤，右边布满被3点钟方向的力剥片后留下的疤痕。下方弧收至刃缘，形成似半圆形的刃面。

背面：比正面稍宽。中部稍偏下处最高，是不明显的横脊，形似段。背顶棱上有5个疤痕，是顶面被击打导致背面剥片所致。脊的上部，高度缓慢下降直至背顶棱。脊的下部，向下稍隆起后又开始弧收

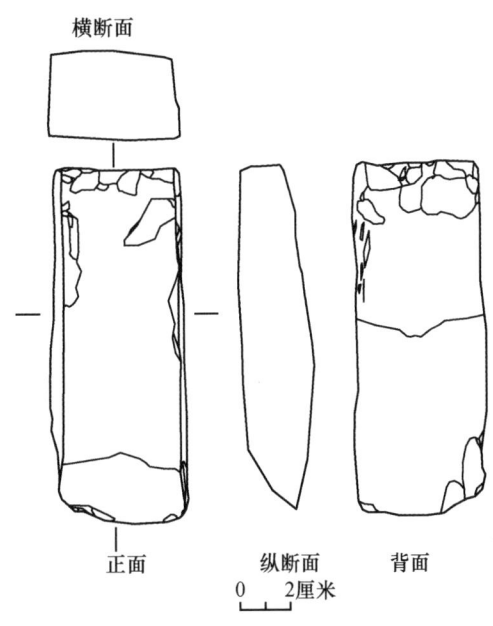

图六二　段背石锛2014ZYT0607③b：3

至刃缘，形成了弧凸的副刃面。左刃角被一个小石片疤破坏，该石片疤很浅，是被来自客体的约1点钟的反作用力剥片后留下的石片阴面，表明石锛作业面与客体的接触角很小。右刃角崩缺，至少可以看到4个石片疤，都是被来自客体的12点钟方向的反作用力剥片所致。

左面：布满疤痕，多是受到3点钟方向和9点钟方向的力剥片留下的疤痕。下部为与正面相同的石片阴面。

右面：布满疤痕，是被3点钟方向和9点钟方向的力剥片后留下的石片阴面。

刃部：刃面与背面会合成弧凸刃。刃缘凸弧，左刃角崩缺。刃口直。

（3）功用分析

这件段背锛刃缘弧凸，不适合正面砍斫掏挖作业，是侧装使用的砍削工具。使用中右刃角被客体反作用力作用后致残。从左刃角受损情况推测该石锛是左利手使用的砍削工具。

7. 段背石锛2014ZYH101：1

（1）目鉴岩性

灰白色，表面光滑，具水平层理构造，由浅灰色和深灰色层构成，前者细层较厚，1～2毫米，由硅质和泥质组成，深色层较薄且断续排列，硬度大，主要由硅质组成，石器主面斜切层理，泥质硅质岩。

（2）造型描述

平面为长方形。长83、宽38.1、厚9.7毫米，重64.6克（图六三；图版四六）。侧面与石材层理面约呈14°夹角。表面风化严重，研磨浅，表面手感粗糙。

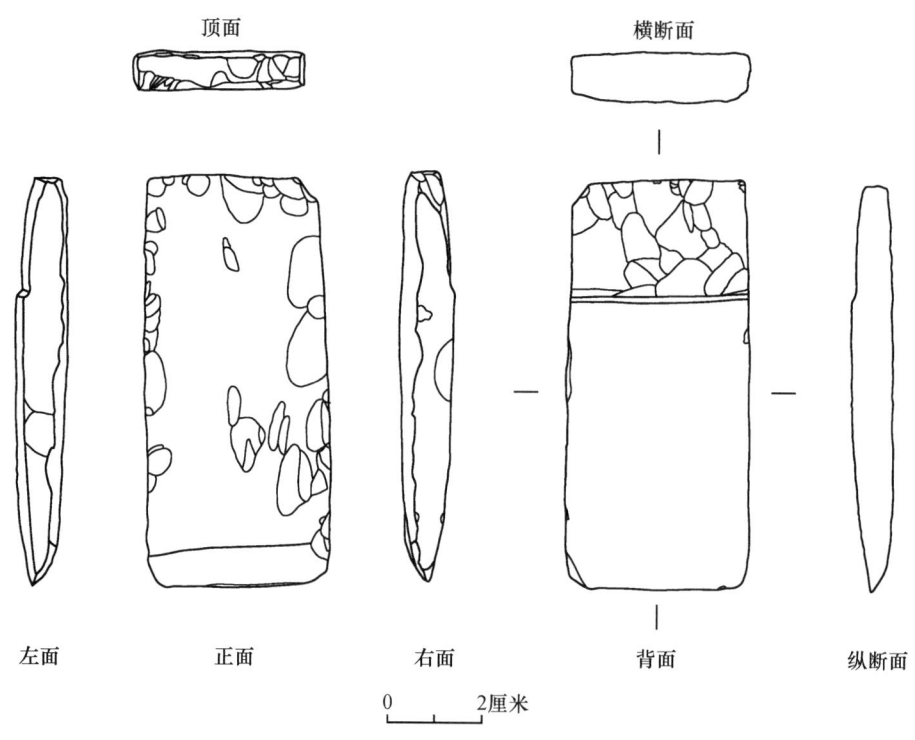

图六三　段背石锛2014ZYH101∶1

顶面：可见多个疤痕的不规则长方形磨面。

正面：正顶棱和正左棱、正右棱都被疤痕打破。下方急收至刃缘，形成微弧刃面，刃面上有更新磨面。刃角为圆角。

背面：左上角缺失，背顶棱中偏右处被两个石片阴面破坏。在顶面向下1/4处有一个段。段中间微微凸起，段的制作过程如下：先用锯磨法在背面两侧相关位置分别向内锯磨，锯磨时石锯似乎稍稍偏向顶面，当左右端下切到一定深度后再锯磨中间部分，段口完全锯磨出来后——分段而非一次性锯磨出段口，开始用厝石磨段口至顶面的表面，由于厝石的磨面不大，这个面积不大的平面也没有研磨平整。下方渐收至刃缘，形成作为副刃面的平面刃。

左面：可见疤痕的磨面。

右面：可见疤痕的磨面。

刃部：刃面和副刃面会合而成弧直单面刃。刃缘不平。刃口直而锋利，有锯齿形崩缺。

（3）功用分析

该石锛左右刃角为圆形，形似刨刀。平直的刃口上基本布满了大小相似的崩缺，与刨刀受损情况相同，据此推测该石锛是采用"T"字形装柄法装柄使用的刨刀，段以上部位嵌入柄中部的卯孔内，手执横柄两端向前推进，刃口依靠向前推的推力把前方凸起切削掉，达到平木的目的。我们曾用仿制的锛进行过平木实验（图版四七），获得成功。

8. 段背石锛2014ZYT0509③b：3

（1）目鉴岩性

灰白色，具水平层理构造，受沁较强，硬度较低，主要由泥质和硅质组成，主面垂直层理，硅质泥质岩。

（2）造型描述

平面为长方形。长126.1、宽63.2、厚32.4毫米，重509克（图六四；图版四八）。表面中度风化，磨面大部剥落，研磨状况不详。

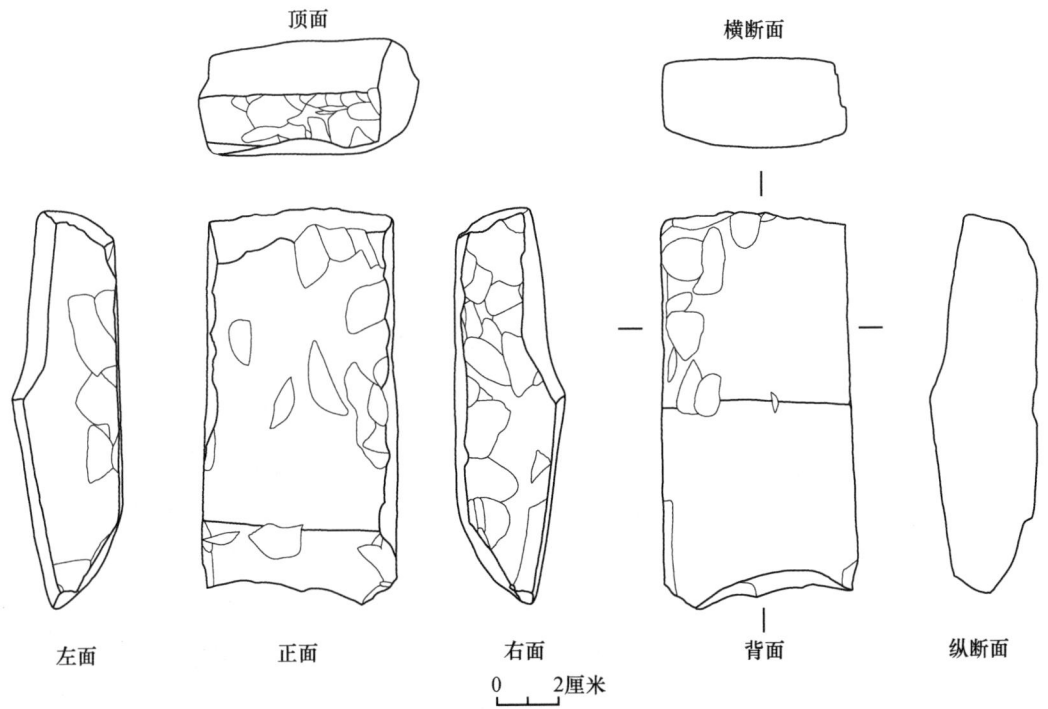

图六四　段背石锛2014ZYT0509③b：3

顶面：由石片疤群构成，不见磨面。

正面：基本平整，保留大量疤痕，有的疤痕是以正面为台面向背面剥片后出现的石片阴面，有的是从背面向正面剥片后留下的石片阴面。下部弧收至刃缘，形成弧凸刃面，刃口折断。从断口形状看，至少有三个石片疤，它们都是被来自客体的11点钟或12点钟方向的反作用力剥片所致。右刃角残，是被来自客体的11点钟方向的反作用力剥片所致。

背面：中部偏上有一道微凸段，段阶为斜面，其上方是横向弧凸，可见多个浅疤痕。段下为纵向微弧至刃缘，形成弧凸形副刃面，刃口折断。从断口看，至少有两个大石片疤，是受到来自客体的11点钟方向的反作用力剥片所致。

左面：基本平整，可见大量疤痕。

右面：基本平整，可见大量疤痕。多数疤痕是以正面为台面向背面剥片后留下的石片阴面，少数疤痕是从右面向背面剥片后留下的石片阴面。

刃部：刃面与副刃面会合而成单面刃。刃缘残。刃口被两个大石片疤破坏，都是被1点钟方向的力剥片后留下的石片疤。

（3）功用分析

这件石锛是嵌入侧装使用的砍削工具，该石锛在砍削作业时刃部被客体反作用力剥片致残。从刃部石片疤位置和形状看，该石锛是左利手使用的砍削工具。

9. 段背石锛2014ZYH56：1

（1）目鉴岩性

浅灰色，表面光洁，层状结构，块状构造，具不明显层理结构，主要由硅质组成，硅质岩。

（2）造型描述

平面为长方形。长71.2、宽33、厚21.4毫米，重95.1克（图六五；图版四九）。表面光滑，有微弱反光。面与面之间的转角基本为圆角。研磨浅。

顶面：由背面向正面方向微微倾斜，保留大量疤痕，凸起部位经过研磨。

正面：纵轴方向中部微微弧凸。左上角为圆角，旁边有疤痕。右上角被一个大的浅疤痕破坏，疤痕内裂痕可见。正左棱旁有多个疤痕，正右棱被右面的石片阴面而成不规则弯曲线。下部呈渐收趋势，刃部折断，断口上至少有两层石片疤。第一层至少有两个大石片疤。左下角的石片疤，不长但是很宽，而且很浅，是被1点钟方向的反作用力剥片所致，剥片时石器作业面与客体的夹角很大。另一个大石片疤是很长但是不宽，也很浅，是被12点半方向的反作用力剥片所致。第二层至少有4个石片疤。左下角的石片疤很小，是被不到1点钟方向的反作用力剥片所致。第二

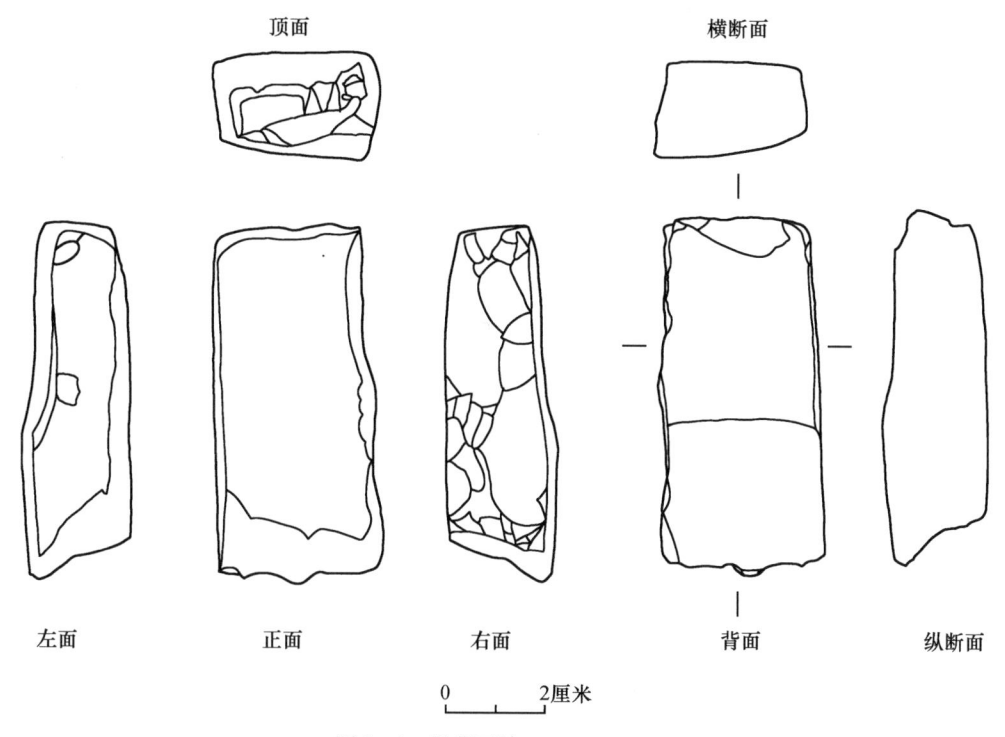

图六五　段背石锛2014ZYH56∶1

个石片疤比较长而且比较深，破坏了左下角的石片疤，是被12点钟方向的反作用力剥片所致。中间的石片疤很短但是比较宽，是被来自不到1点钟方向的反作用力剥片所致。右下角是一个大石片疤，很长而且比较深，是被来自12点钟方向的反作用力剥片所致。

背面：左上角被石片阴面破坏，右上角是圆角，背顶棱中部被多个从顶面向下击打后留下的石片阴面破坏。中下部有段，段的转角皆为软角。段以上部位的横轴中间弧凸。段以下纵轴中部微弧凸，下部渐收，刃面不完整，刃口折断。

左面：左正棱被多个疤痕破坏，中部有小的疤痕面。

右面：断口，由多个石片阴面构成，左上角偏下处的大疤痕是从背面向右面剥片后留下的石片阴面。中下部有多层石片疤，都是从正面向背面剥片所致。

刃部：斜坡状断口，应该是为了制作新刃面而特意剥片后留下的。

（3）功用分析

这是一件改制中的段背锛。改制前的段背锛右刃角受损，推测段背锛原来是砍削工具。改制作业从修整右面和刃面开始，改制尚未完成，目标器形大概还是段背锛。

10. 段背石锛2014ZYT0608③a：3

（1）目鉴岩性

灰白色，具水平层理构造，受沁较强，硬度较低，主要由泥质和硅质组成，主面垂直层理，硅质泥质岩。

（2）造型描述

平面略似梯形。长62.1、宽46.5、厚4.6毫米，重79.6克（图六六；图版五〇）。侧面与层理面平行。石材严重风化，表层粉化，磨面情况不详。

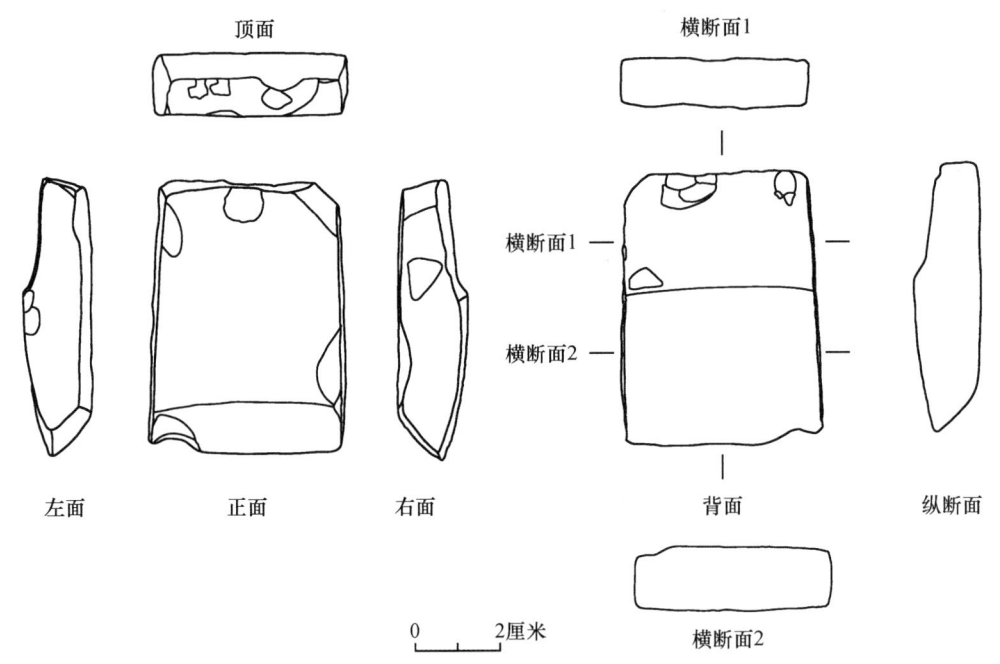

图六六　段背石锛2014ZYT0608③a：3

顶面：基本平坦，可见疤痕。

正面：右上角缺失，刃面上方有疤痕。下部急收至刃缘，形成弧面刃。左刃角旁有3个连成片的崩缺，都是副刃面被12点钟方向的力剥片所致。

背面：背顶棱中部有多个疤痕，段上部是顶面被击打导致背面端部剥片后产生的疤痕。左上角为圆角。中部偏上有不高的段，段微凸。从段开始向下渐收至刃缘，形成弧形副刃面。

左面：基本平整的磨面。

右面：基本平整的磨面。

刃部：刃面与副刃面会合成弧直单面刃。左刃角残。刃缘左上角崩缺。刃口为直线，似乎锋利。

（3）功用分析

这件段背锛是采用"T"字形装柄法装柄使用的平木工具，平直而锋利便于刃口切削掉前方凸起。

四、缺刃石锛观察与分析

1. 缺刃石锛2014ZYT0608⑦c∶2

（1）目鉴岩性

浅灰色，具细密平行层理构造，表面光洁，断口较粗糙，表面可见一些小斑点，主要由硅质和泥质组成，泥质硅质岩。

（2）造型描述

平面近似长方形，长90.7、宽42.9、厚25.3毫米，重185.1克（图六七；图版五一）。面与面之间的转角为直角，棱线挺括。器表研磨深，手感光滑，可见反光。侧面与石材层理面基本平行。

顶面：主体是向正面稍倾斜的长轴方向弧凸面。右上角残，是因为从顶面向下击打导致背面上部被剥片所致。

正面：上部与顶面构成钝角。上部渐收直至正顶棱，这种情况不多见。下部弧收至刃缘而形成刃面。刃面折断，断口呈尖凸形，断口中仅尖凸右侧有1个小石片疤，它比较短而窄，比较浅，是被11点钟方向的反作用力剥片所致。

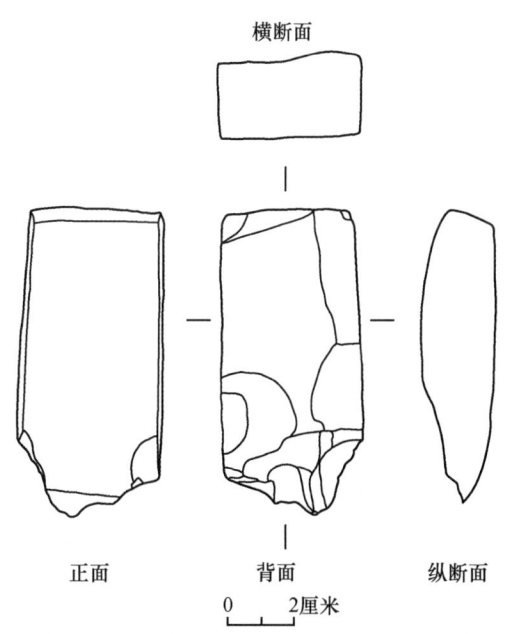

图六七　缺刃石锛2014ZYT0608⑦c∶2

背面：仅右侧保留原磨面，其余部位都是石片疤，是顶面被击打导致背面端部被剥片后出现的石片阴面。中下部有横脊，脊下部渐收至刃缘，形成弧形副刃面。副刃面被折断，断面由三个相连的断口组成，左边断口对应的是第一层石片疤，导致该石片疤出现的受力点位于断口左下角，该石片疤很宽也很浅。第二个断口对应两个石片疤，第一层石片疤很宽也很浅，第二层石片疤打破了第一层石片疤。第三个断口对应的石片疤很宽也很浅。以上石片疤都是该石器刃部严重损伤后所做的修理，与使用痕迹无关。

左面：斜面，微微向正面倾斜。

右面：平坦，色泽比其他磨面稍鲜亮。

刃部：仅存部分刃面，其余不详。

（3）功用分析

该石器原形不详，背面下部是修理刃部时产生的石片疤群，石器尚在改制中，目标器形是弧背锛。

2. 缺刃石锛2017ZWT01⑦：1

（1）目鉴岩性

隐晶质结构，块状构造，表面光滑，硬度较大，主要由硅质组成，含泥质，定名泥质硅质岩。

（2）造型描述

平面为长方形。长77.5、宽40.9、厚33.2毫米，重200.4克（图六八；图版五二）。研磨浅，表面光滑，反光比较强。4个平面中部微凸，造成4个平面之间的转角角度都稍大于90°。侧面与石材层理面呈20°斜交。

顶面：带有多个研磨过的凹面的磨面。右侧有1个石片疤，是从左面向右面剥片后留下的石片阴面。

正面：长轴中部微凸，横轴中部微凸。器表保留多个疤痕。下方刃部缺失，变成了由4个断口构成的断面。左边断口对应的石片疤是不完整的，其前部后来被折断。中间偏左的断口对应的石片疤短而窄，又很浅。中间偏右的断口对应的石片疤很小。右边断口对应两个石片疤，左侧石片疤又短又窄还很浅，右边石片疤不长但是很宽，也很浅。以上石片疤都是修理刃部时产生的痕迹。

背面：左上角被一个窄而长的小石片疤破坏，它是顶面被击打导致背面上部被剥片后出现的石片阴面。右上角下方有两个石片疤，是左面边缘被击打导致背面边缘剥片后出现的石片阴面。左下方有一个深而大的石片疤，是以下方断口为台面向

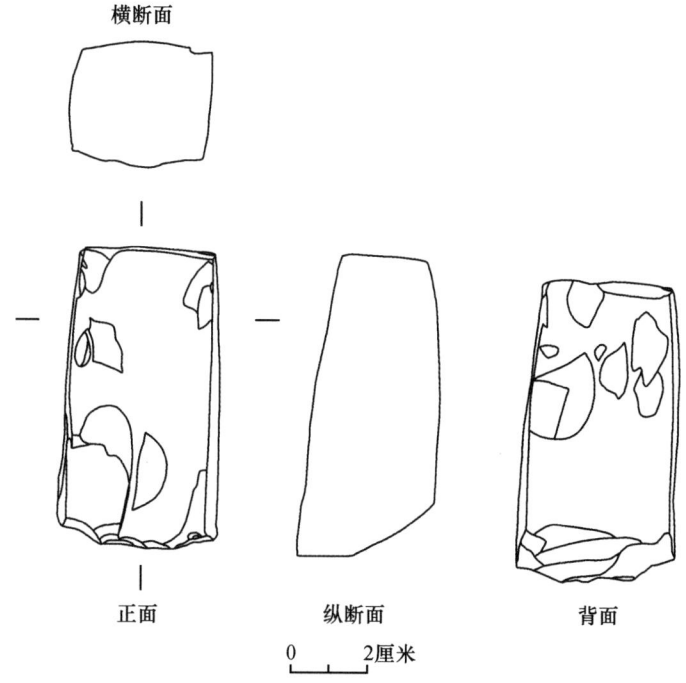

图六八　缺刃石锛2017ZWT01⑦∶1

顶面方向剥片后出现的石片阴面。右下方有3个浅而长的石片疤，也是以下方断口为台面向顶面方向击打导致剥片后出现的石片阴面。下方刃部缺失。

左面：折断处比正左棱稍宽，器表有多个疤痕。

右面：右下方有一个大而深的石片疤，器表有多个疤痕。

刃部：由多个石片疤构成的断口面。多数石片疤都是从背面向正面击打导致断口剥片后出现的石片阴面，其左上方被当作台面向背面击打导致背面左下方出现一个大的石片疤。右侧也有多个石片疤，它们是以左面边缘为台面向右面击打导致断口被剥片后出现的石片阴面。

（3）功用分析

该石锛右面上部被横向击打，是否因此导致该石器横向折断则不详。折断后的石器被当作素材使用，改制作业尚未结束，当前完成了从正面向背面剥片，获得可以当作刃面的斜面，目标器形依然是石锛。

3. 缺刃石锛2014ZWT02⑥b∶7

（1）目鉴岩性

浅灰色，表面光洁，具细密的水平层理构造，由深灰色层和灰白色层构成，均由硅质构成。灰白色层较断续，隙层较薄，断续排列，但二者成分一致，均由硅质构成，硅质岩。

（2）造型描述

平面近似五边形，石锛端部。长46.9、宽51.7、厚21.6毫米，重110.4克（图六九；图版五三）。侧面与石材层理面平行。表面光滑，可见细密线条，深色部分有反光而浅色部分无反光。

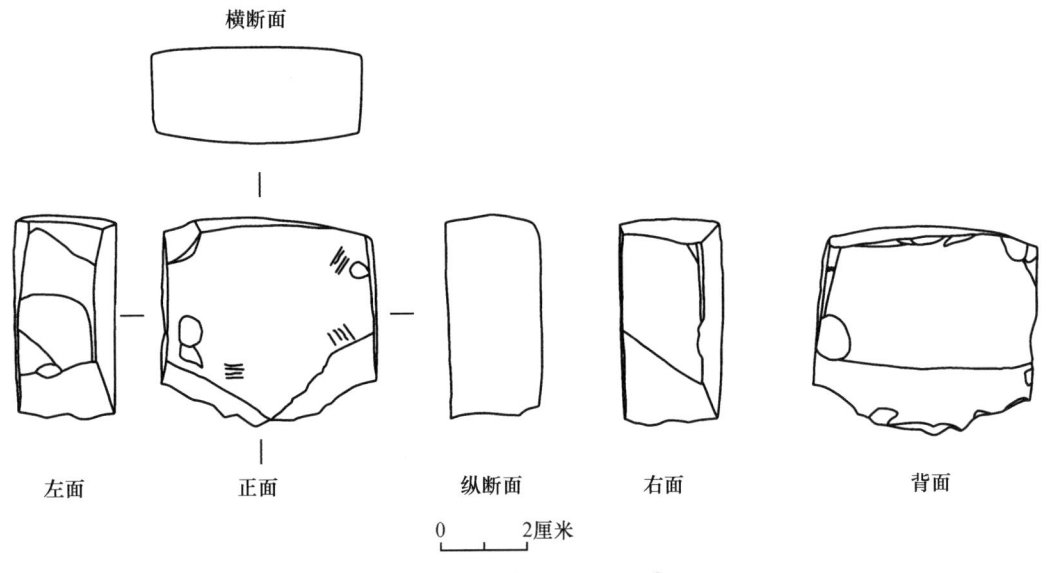

图六九　缺刃石锛2014ZWT02⑥b：7

顶面：右下角为疤痕，边缘模糊，左上角低凹，其内部凸起点经过研磨。

正面：横轴方向中部弧凸。左下方和右上方局部保留小片疤痕，疤痕边缘模糊。

背面：背顶棱和右上角各有2个疤痕，疤痕边缘模糊。背右棱下方有1个较大的疤痕，是从右面剥片后留下的石片疤。

左面：上方是顶面被剥片后产生的疤痕。下方有1个疤痕，边缘模糊。

右面：左下方有小疤痕，边缘磨痕。

刃部：被断面破坏，断面由多个石片疤构成，其中有的是从正面剥片，有的是从背面剥片后留下石片疤。

（3）功用分析

这件折断石器上部断口曾被加工过，改制尚未完成，目标器形不详。

4. 缺刃石锛2014ZYT0413⑥b：1

（1）目鉴岩性

浅灰色，隐晶致密，具明显层状构造，由硅质组成，硅质岩。

（2）造型描述

平面近似长方形。石锛中上部。长50、宽26、厚18毫米，重207.5克（图七〇；图版五四）。刃部缺失。侧面与层理平行。手感温润。

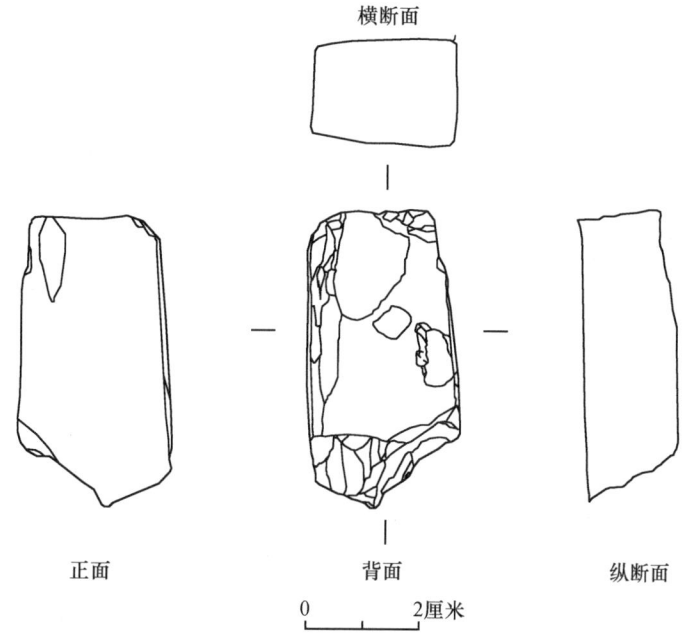

图七〇　缺刃石锛2014ZYT0413⑥b：1

顶面：平面近长方形，可见细小磨面，大部分未经研磨。

正面：横轴中部微弧凸。左上方有1个纵长疤痕，左下方局部稍凹。表面研磨精细，反光较强。正左棱和正右棱都是近似圆角。

左面：上部缺失，是从顶面向下剥片所致。中下部可见多个不完整疤痕，是从顶面向左面剥片后留下的石片阴面，其余部位是磨面。表面平整，风化程度略低于正面。

背面：左上角和右下方可见大片不完整疤痕，其余部位是磨面。

刃部：断面，由多个石片疤构成。有的石片疤是从正面向背面剥片、有的石片疤是从背面向正面剥片时产生的石片阴面。

（3）功用分析

左面上部缺失，左面风化程度略低于正面，研磨方式有别于正面，因此左面是更新面，据此推测该石锛左角严重受损后左面被更新，左面更新后的石锛被作为石锛继续使用。使用中刃部破损，遂再度被改制。改制尚在进行当中，目标器形大概还是石锛。

5. 缺刃石锛2014ZYT0509③b：10

（1）目鉴岩性

浅灰色，表面光洁，硬度6.5～7，断口呈贝壳状，隐晶致密，具不明显水平层理构造，由硅质组成，硅质岩。

（2）造型描述

平面为不规则四边形。锛中上部破片。长113.4、宽58.2、厚33.2毫米，重373.4克（图七一；图版五五）。

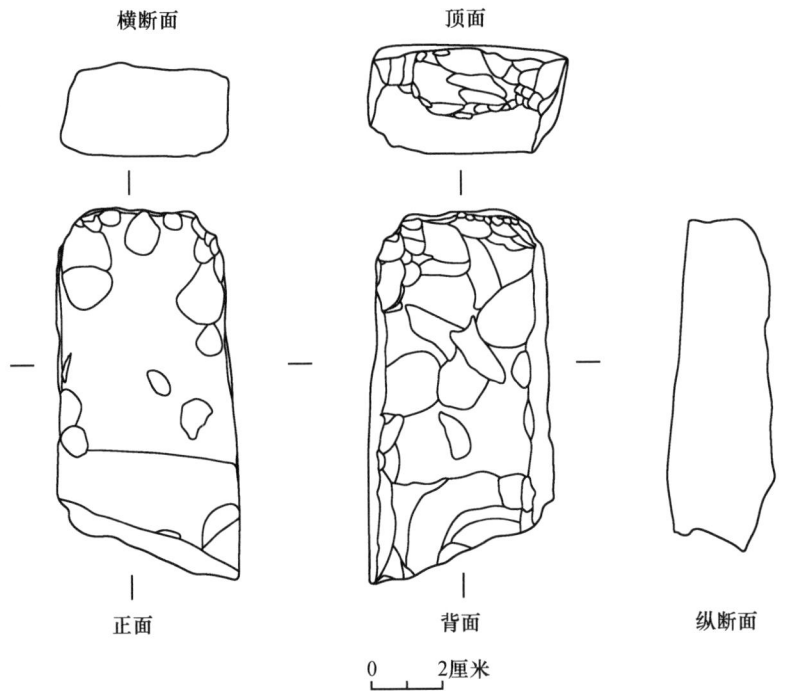

图七一　缺刃石锛2014ZYT0509③b：10

顶面：原始顶面消失。现有顶面是石片阴面，凸起部位被研磨过。左边、右边和下边破损，是以原始顶面做台面向下剥片时出现的破损，相应的在正面、左面和右面上部都留下了石片阴面。

正面：左上角被石片疤破坏，中下部有一道脊，脊下部经过精细研磨。

左面：上端被石片疤破坏，中下部布满疤痕。

右面：上部被石片疤破坏，中下部布满疤痕。

背面：背顶棱和底边被石片阴面破坏。

刃部：断面，从左面向右面击打时原刃部折断所致，该断口后被作为台面向背面剥片。

（3）功用分析

该石器刃部严重破损后被当作素材改制成其他石器，改制尚未完成，目标器形不详。

6. 缺刃石锛2018ZWT04⑤a：2

（1）目鉴岩性

由浅灰色层和灰黑色层相间排列构成层状构造，主要由硅质组成，灰黑色层中以硅质为主，浅灰色层中含一些泥质，定名含泥质硅质岩。

（2）造型描述

平面近似长方形。石锛中上部破片。长74、宽33、厚31.1毫米，重124克（图七二；图版五六）。侧面与石材层理面平行。器表经过研磨，反光明显，手感滑腻。

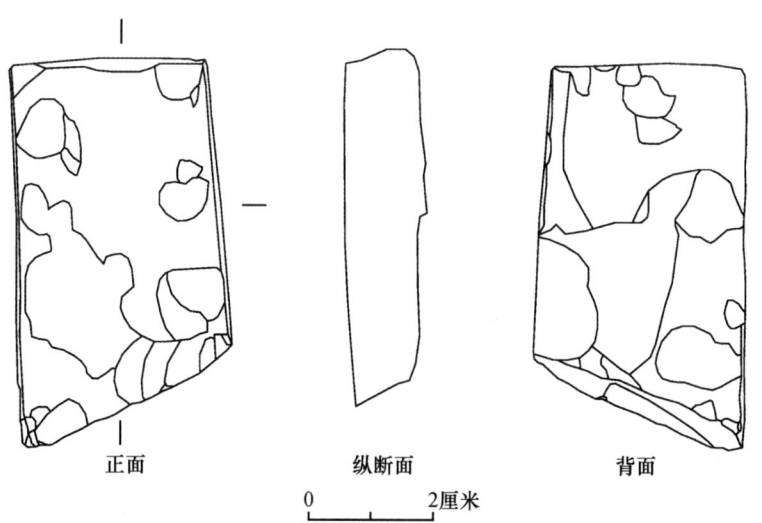

图七二　缺刃石锛2018ZWT04⑤a：2

顶面：有多个较深疤痕的长方形磨面。

正面：短轴中部微弧凸。局部为浅疤痕的磨面。

背面：左下部是两个有打破关系的未经研磨的疤痕，先从刃面向背面剥片后留下浅而大的石片阴面，然后从右面向背面剥片而打破了这个浅而大的石片阴面，留下一个很深的石片阴面。其他部位可见浅疤痕。

左面：有多个浅疤痕的磨面。

右面：同左面。

刃部：断口，是从正面向背面剥片后留下的浅而大的断面。

（3）功用分析

该石锛残存部分研磨浅，背面平直，制作粗糙。刃部折断后，被当作素材进行改制，目标器形不详。

五、缺顶石锛观察与分析

1. 缺顶石锛2013ZYT0507⑨b：2

（1）目鉴岩性

灰白色，具水平层理构造，受沁较强，硬度较低，主要由泥质和硅质组成，主面平行层理，硅质泥质岩。

（2）造型描述

平面近似正方形。端部缺失，仅存中下部。长38.2、宽39.1、厚18.7毫米，重38.2克（图七三；图版五七）。石材轻度风化，石器平面与层理面平行。

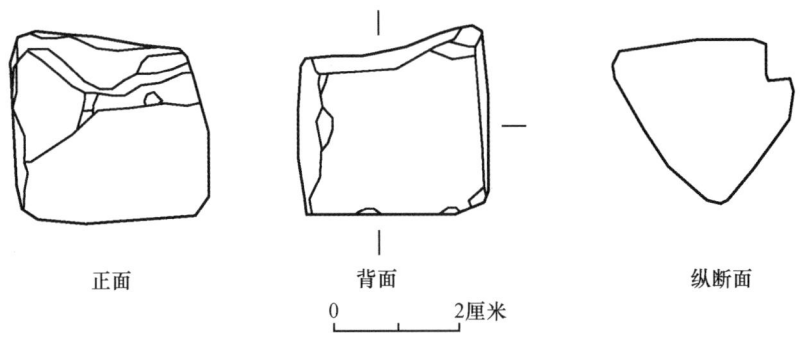

图七三　缺顶石锛2013ZYT0507⑨b：2

顶面：不规整的断面，由多个疤痕构成。

正面：断口，由多个石片疤构成，都是断面向下剥片后留下石片阴面。下方弧收至刃缘，形成微弧凸单刃面。刃面上有条痕。刃面手感平滑。

背面：左上角有一个石片疤，是断面向下剥片后留下的石片阴面。残存部分为弧凸形副刃面，刃面手感光滑，可见细线条。

左面：断口，疑似从正面向背面击打导致剥片后留下的石片阴面。

右面：断口，是从正面向背面击打导致剥片后留下的石片阴面。

刃部：刃面与副刃面会合而成弧凸形单面刃。刃缘不平整。刃口直而圆钝。

（3）功用分析

这件缺顶锛已经被成功地改制成石楔。改制后的楔已经正常使用。

2. 缺顶石锛2013ZYT0307⑦e：1

（1）目鉴岩性

浅灰色，隐晶致密，具细密的水平层理构造，层厚0.1~1毫米，硅质岩。

（2）造型描述

石锛中下部破片，背面比正面略宽。残长81.3、宽44.3、厚19.7厘米，重77.3克（图七四；图版五八）。器表手感非常光滑，反光比较强烈。侧面与解理面平行。

顶面：左高右低的斜向断口。断口上共有7个疤痕，其中多数是从背面向正面打击导致剥片后留下的石片阴面，少数是从正面向背面击打导致剥片后留下的石片阴面。

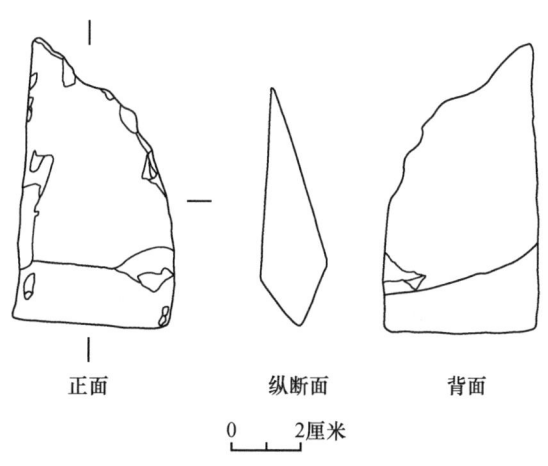

图七四　缺顶石锛2013ZYT0307⑦e：1

正面：局部反光比较强烈。断口旁有三个石片疤，都是从背面向正面击打造成正面剥片所致。正左棱下部有一个纵向条形疤痕，其上方有一个疤痕，其中波纹清晰。正左棱旁有一个疤痕，右上角与正面相交部位有一个三角形疤痕，疤痕中的波纹清晰。下方弧收至刃缘，形成平面刃。右刃角被12点钟方向的力剥片。

背面：整体都是石片阴面，是从正面向背面剥片所致。下部有多个疤痕，其中裂痕和波纹清晰。

左面：表面平直，手感光滑。

右面：表面平直，手感光滑。

刃部：刃面与背面刃缘会合而成单面刃。刃缘微微弧凸，刃角微磨圆。刃口直而手感锋利。

（3）功用分析

该石器上方断口不是使用痕迹，而是石锛折断后修理断口时留下的石片阴面。修理过的残石锛可以用于切割。

3. 缺顶石锛2014ZYT0706⑥a：1

（1）目鉴岩性

由浅灰色层和灰黑色层相间排列构成层状构造，主要由硅质组成，灰黑色层中以硅质为主，浅灰色层中含一些泥质，定名含泥质硅质岩。

（2）造型描述

平面近似四边形。扁薄石锛下部。表面轻度风化，研磨面部分剥蚀（图七五；图版五九）。长44.2、宽43.1、厚18.7毫米。

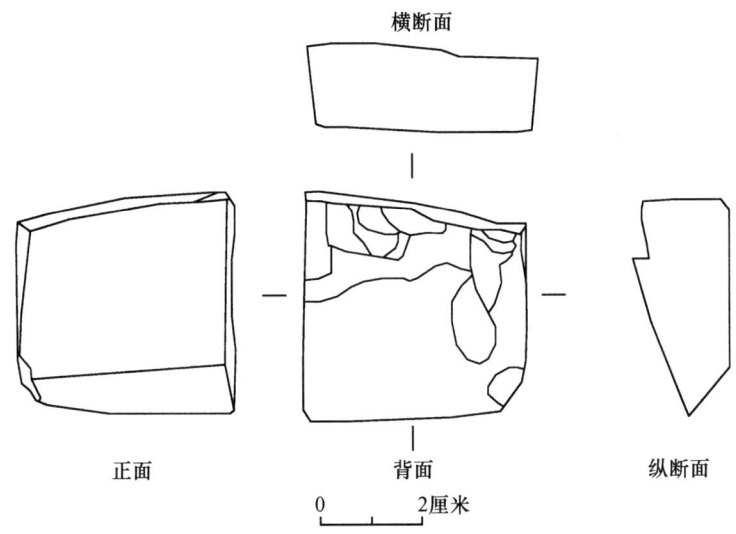

图七五　缺顶石锛2014ZYT0706⑥a：1

顶面：断口，是从正面向背面击打导致石锛折断所致。下方急收至刃缘，形成平面刃。

正面：基本平整。

背面：上部有多个石片疤，是从断口向剥片产生的石片疤。下部弧收至刃缘，形成了弧形副刃面。

左面：平面。

右面：平面。

刃部：刃面和副刃面会合成单面刃。刃缘平。刃口直。

（3）功用分析

该石锛折断前功用不详。从背面上部留下大量石片疤来看，折断后的石锛下部被当作石楔使用过。

4. 缺顶石锛2014ZYT0513⑤b∶3

（1）目鉴岩性

浅灰色，隐晶致密，具细密的水平层理构造，硅质岩。仅存石锛中下部。

（2）造型描述

石锛中下部破片。长63.9、宽37.1、厚19.6毫米，重69.8克（图七六；图版六〇）。面与面之间的转角为直角。磨面手感滑腻。

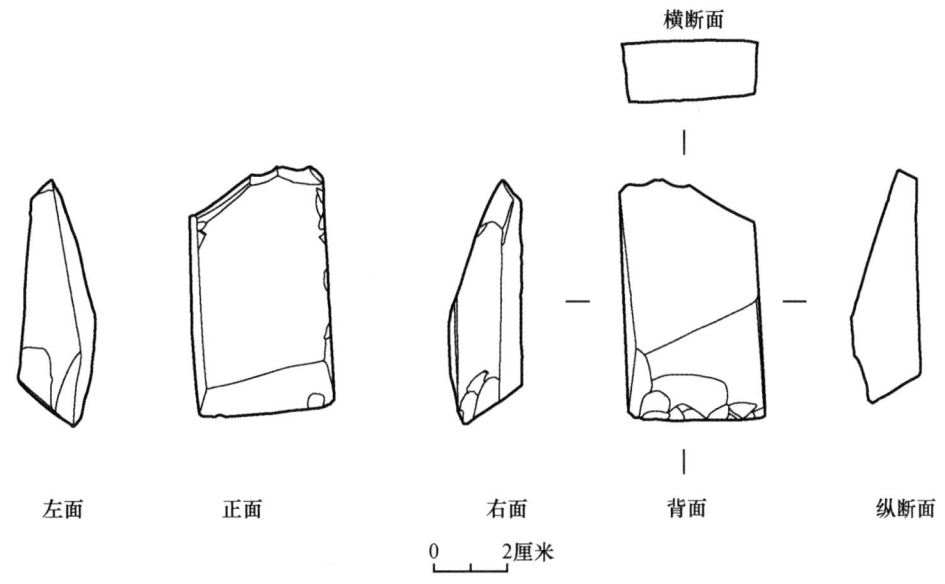

图七六　缺顶石锛2014ZYT0513⑤b∶3

顶面：不规整断面，至少由4个石片阴面构成，这些石片阴面都是以正面的石片疤为台面向背面剥片后留下的。推测石器折断后，为防止锋利断口割伤使用者而刻意修整所致。

正面：未经研磨的平整石片阴面。正顶棱因为顶面被剥片而变成曲折形。正右棱被从右面向正面剥片后留下的石片阴面破坏。下部急收至刃缘，形成平坦刃面。刃面有从背面向正面剥片后出现的长而浅的石片疤。

背面：主体部分是未经研磨的石片阴面，右下角为原磨面。下部渐收至刃缘，形成平坦副刃面。左下角被来自客体的12点钟方向的反作用力剥片。刃缘上布满石片疤，它们都是被来自客体的12点钟方向的反作用力剥片后出现的石片阴面。

左面：表面光滑程度超过正面的磨面。左上角是顶面向左面剥片产生的石片疤。

右面：表面光滑程度超过正面的磨面。右下角被来自客体的12点钟方向的反作用力剥片，石片阴面较浅。

刃部：刃面和副刃面会合成单面刃。刃缘和刃口皆残缺。正副刃面都被大大小小的石片疤破坏，从石片疤的形状看，不是使用中出现的损伤而是为了修理出新刃面刻意剥片所致。

（3）功用分析

该石器正背面都是未经研磨的石片阴面，而刃面和左右面手感滑腻，据此推测正背面都是原始石器破损后出现的修理痕迹，石器顶面、背面刃缘上方的石片阴面也是改制时产生的石片疤，改制尚未完成，目标器形可能还是石锛。

5. 缺顶石锛2014ZYT0513⑤b：1

（1）目鉴岩性

由浅灰色层和灰黑色层相间排列构成层状构造，主要由硅质组成，灰黑色层中以硅质为主，浅灰色层中含一些泥质，定名含泥质硅质岩。

（2）造型描述

平面近似长方形的石锛中上部。长88.4、宽43、厚30.2毫米，重206.8克（图七七；图版六一）。背面脊以上部分的面与石材层理面平行。面与面之间的转角基本为直角。表面平整而光滑。

顶面：断口，是从左面向右面击打导致石锛折断后出现的石片阴面。

正面：正左棱下部有多个疤痕，都是被来自客体的1点钟方向的反作用力剥片后出现的石片阴面。正右棱上部旁有小疤痕。下方弧收至刃缘，形成了弧凸刃面。刃面上有两个不明显的更新面，刃面多处有片状反光面。器表有多片反光面。浅色部位反光明显，而黑色部位基本不反光。下部弧收至刃缘，形成弧凸刃面。

背面：背左棱为直线，背右棱上部残。背左棱直。中上部有横向凸脊，脊的上方渐低，脊的下部渐收至刃缘，出现平坦副刃面。

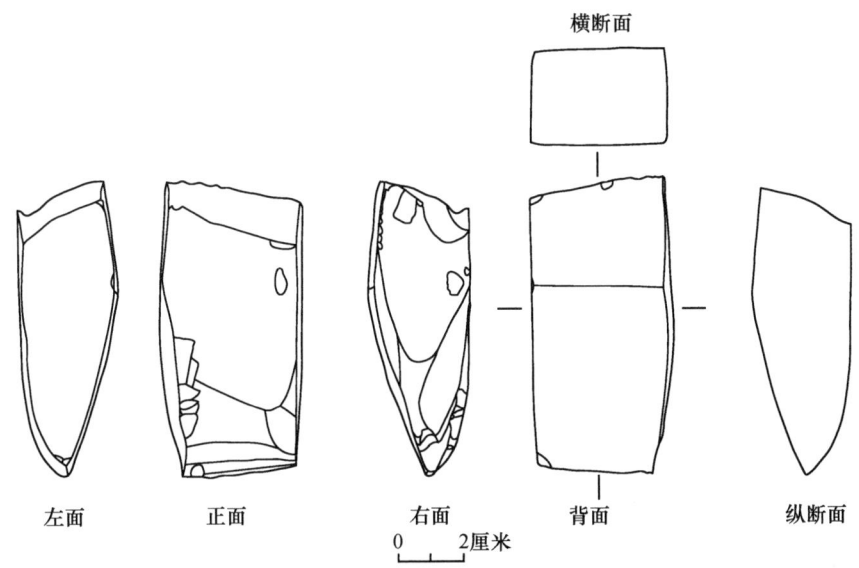

图七七　缺顶石锛2014ZYT0513⑤b∶1

左面：凸起部位平整而光滑，有两个小疤痕，左下角有似三角形的疤痕。

右面：纵轴中部隆起，手感光滑。刃角上方有疤痕。

刃部：刃面与副刃面会合而成弧凸单面刃。左刃角旁有1个长而深的石片疤。刃缘上有细微崩缺。刃口平直。

（3）功用分析

该石锛被当作楔使用时被侧击而折断。原刃部至少经过两次更新，更新面与原始磨面之间转折明显，说明刃缘受损导致刃面变短。

6. 缺顶石锛2014ZYT0512⑤b∶11

（1）目鉴岩性

深灰色，表面光滑，细密的平行层理构造，由硅质层和泥质层组成，其中泥质层灰白色，硬度较低，深色层硬度较高，主要由硅质组成，以深色层为主，含泥质硅质岩。

（2）造型描述

平面为长方形的残石凿。长79.2、宽21.3、厚23.3毫米，重12.5克（图七八；图版六二）。侧面与层理平行。石材中度风化，表层局部剥蚀严重，局部有锈斑。

顶面：由2个断口构成。其中平坦断口是从正面向背面剥片后留下的石片疤。而倾斜断口是平坦断口出现之前的疤痕，是已经消失的石片阴面的一部分。

正面：纵轴中部微弧凸。表面手感滑腻。端部是顶面向下剥片时产生的石片阴

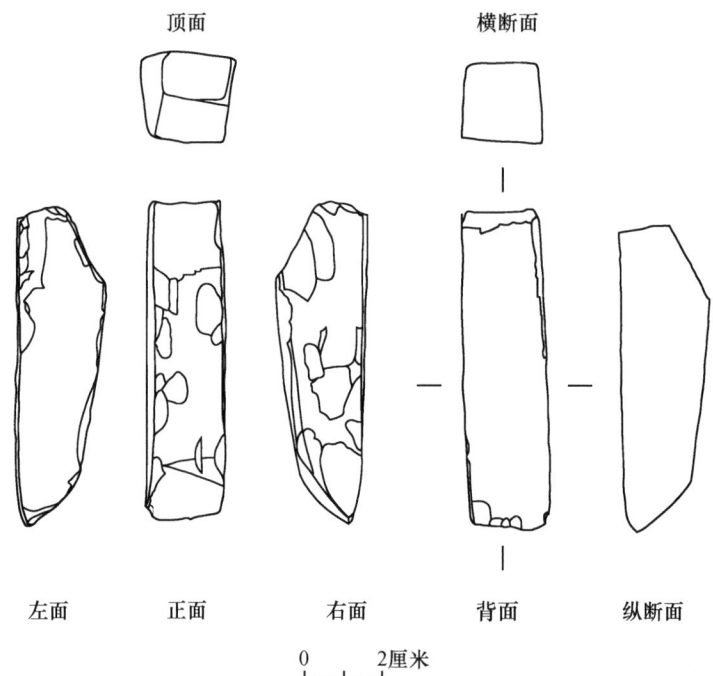

图七八　缺顶石锛2014ZYT0512⑤b：11

面，下部是磨面。正左棱被多个疤痕打破。正右棱部分转角被疤痕打破，部分转角磨圆。下部急收至刃缘，形成弧凸刃面。

背面：纵轴中部微弧凸，表面平滑。背顶棱被顶面的石片疤破坏，背右棱挺直，与右面呈直角。背左棱被左面断口破坏。下方渐收至刃缘，形成副平面刃。副刃面上有多个石片疤，左刃角上的石片疤是被来自客体的12点钟方向的反作用力剥片后留下的石片疤，石片疤不长但是比较宽，也比较浅。刃缘中间至少有两个石片疤，它们也都是被来自客体的12点钟方向的反作用力剥片所致。石片疤小而浅。

左面：石材层理面，未经研磨。

右面：石材层理面。

刃部：刃面与副刃面会合成单面刃。左右刃角似被磨圆。刃缘呈锯齿状。刃口直，多处崩缺。

（3）功用分析

该石器顶面未经研磨，刃缘呈锯齿状，表明该石器尚在改制中，目标器形估计为凿。其原始石器比现在的石器长而宽，从石器形状和刃口崩缺情况看，原始石器可能是凿。

原始石器使用中左刃角受客体反作用力后造成左侧面沿着岩石层理面出现连带破损，应该是沉积岩与生俱来的缺陷造成的。这个现象说明当时的石工在制作石器时没有采取必要的防范措施，鱼山遗址有1件利用沉积岩为素材制作而成的石锛（2014ZYH101：1），其侧面与层理面不完全平行而形成约15°夹角，这样利用石材能够避免石器受外力作用后顺着层理剥离的情况。

7. 缺顶石锛2014ZY采：3

（1）目鉴岩性

浅灰绿色，隐晶致密，块状构造，硬度6～6.5，主要由硅质和少量泥质组成，含泥质硅质岩。

（2）造型描述

平面近似梯形的石锛中下部破片。长70.8、宽31.1、厚33.1毫米，重100.3克（图七九；图版六三）。石材风化严重，磨面手感平滑。

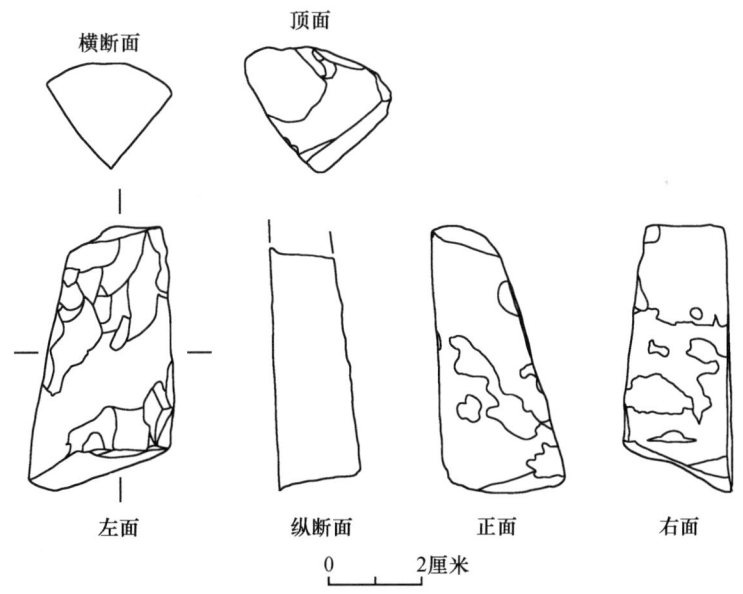

图七九　缺顶石锛2014ZY采：3

顶面：断口，是从背面向正面击打导致石器折断后出现的石片阴面。

正面：横向中部微弧凸磨面。下方急收至刃缘，形成弧面刃。

左面：平整磨面。

右面：布满疤痕，局部疤痕经过研磨。

刃部：断口，是从弧面向正左棱击打导致折断后出现石片阴面。

（3）功用分析

这是改制中的石器，原石器类型不详，目标器形不详。

六、刃部石锛观察与分析

1. 刃部石锛2017ZWT03⑩：3

（1）目鉴岩性

浅灰色，隐晶致密，具细密的水平层理构造，硅质岩。

（2）造型描述

三棱锥形的石锛下部破片。长39.6、宽31.4、厚16.5毫米，重19.6克（图八〇；图版六四）。其侧面与岩石层理平行。

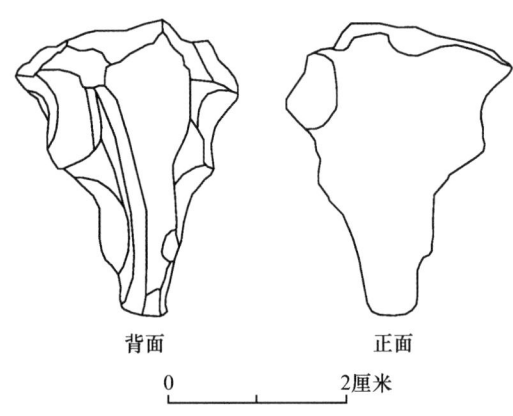

图八〇　刃部石锛2017ZWT03⑩：3

顶面：断面，布满疤痕，有的是从正面向背面剥片后出现的石片阴面，有的是从背面向正面剥片后出现的石片阴面。

正面：残石锛正面，左上角是疤痕，其余部位是磨面，磨面有细微颗粒感，磨面有反光。刃面缺失。

左面：由3个石片阴面构成，都是从正面向背面剥片后出现的石片疤。

右面：由3个石片阴面构成，都是从正面向背面剥片后出现的石片疤。

背面：下部弧收至刃缘，形成弧形副面刃。

刃部：4个面汇集为点状。

（3）功用分析

这件石器是以残石锛破片为素材而改制的半成品，目标器形为三棱形石镞。

2. 刃部石锛2014ZWT01⑤：5

（1）目鉴岩性

浅灰色，硬度6.5～7，隐晶致密，具层理构造，断口呈贝壳状，定名硅质岩。

（2）造型描述

近似长方形的石锛刃部，长47.9、宽31.7、厚28.8毫米，重86.3克（图八一；

图版六五、图版六六）。侧面与石材层理平行。残存的正、背、左、右四个面平整，面与面的转折棱角分明。表面有密集纵向线条，磨面手感滑腻。

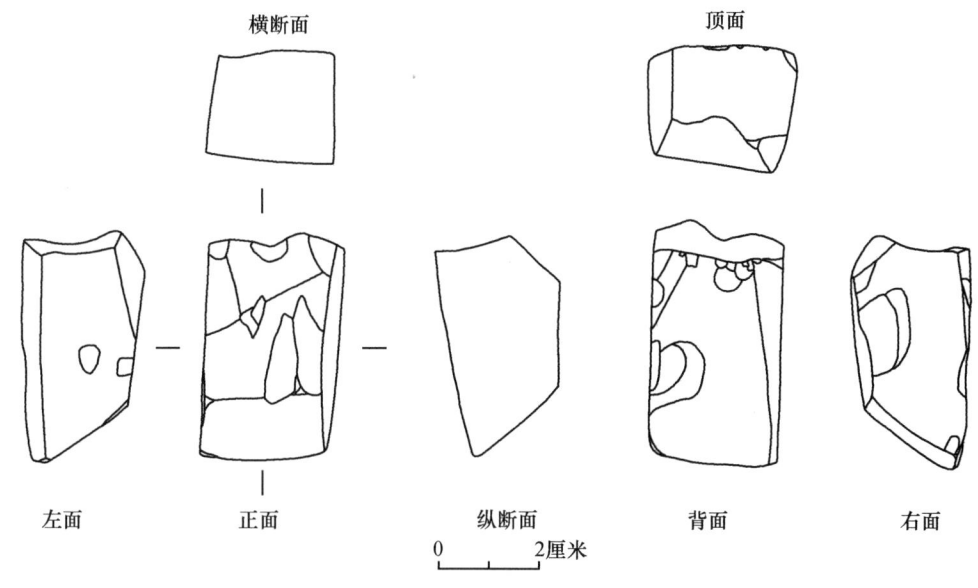

图八一　刃部石锛2014ZWT01⑤：5

顶面：断面，由三个大小不一的石片疤构成。首先出现石片疤是从右面向左面剥片后留下的石片阴面。接着出现的石片疤也是这样被剥片的，它打破了最先出现的石片疤。最后出现的石片疤是从左面向右面剥片后留下的石片阴面，它的远端打破最先出现的石片疤。这三个石片疤是为了把石锛断口修理平整而出现的石片阴面。

正面：由多个石片疤构成。左上角有3个石片疤，是先后从断面左下角向下剥片后出现的石片阴面。中部至少有3个石片疤，是先后从断面中部向下剥片后出现的石片阳面。靠近右上角处也有1个石片疤，是从断面右下角向下剥片时出现的石片阴面。中部有多个制坯时留下的大片疤痕。下方弧收至刃缘，形成弧凸刃面。

背面：背顶棱中部及左侧有多个石片疤，它们都是从断面向下剥片后留下的石片疤。背右棱上部、中部被制坯时留下的疤痕打破。背右棱下部有1个大石片疤，是从右面向背面剥片时出现的石片阴面。右侧有1个近似倒三角形的磨面。下部近刃缘处微微弧收至刃缘，形成副刃面。

左面：中部和背左棱中下部有疤痕。

右面：右背棱中部有1个大的石片阴面，是从正面向右面剥片后留下的。

刃部：刃面与副刃面会合而成单面刃，楔角60°。刃角起翘。刃缘呈微弧形。刃口为直线，左刃角旁约5毫米长没有开刃，刃口不锋利。

（3）功用分析

该石器是以锛下部破片为素材改制而成的楔，其断口被改制成楔的顶面。楔在使用中顶面不断被击打，致使楔正、背面出现多个石片疤。其侧面的石片疤表明，楔在使用中曾被侧击，导致其正面和背面破损。这是一件典型的用残锛改制成楔的改形石器。

3. 刃部石锛2014ZYT0508⑦e：2

（1）目鉴岩性

表面光洁，具细密层理构造，在含泥质的细层中颜色较浅，层中硬度较低，含泥质硅质岩。

（2）造型描述

平面近似三角形的锛刃部破片。长48.3、宽23.7、厚22.4毫米，重32.6克（图八二；图版六七）。磨面上可见细密线条。

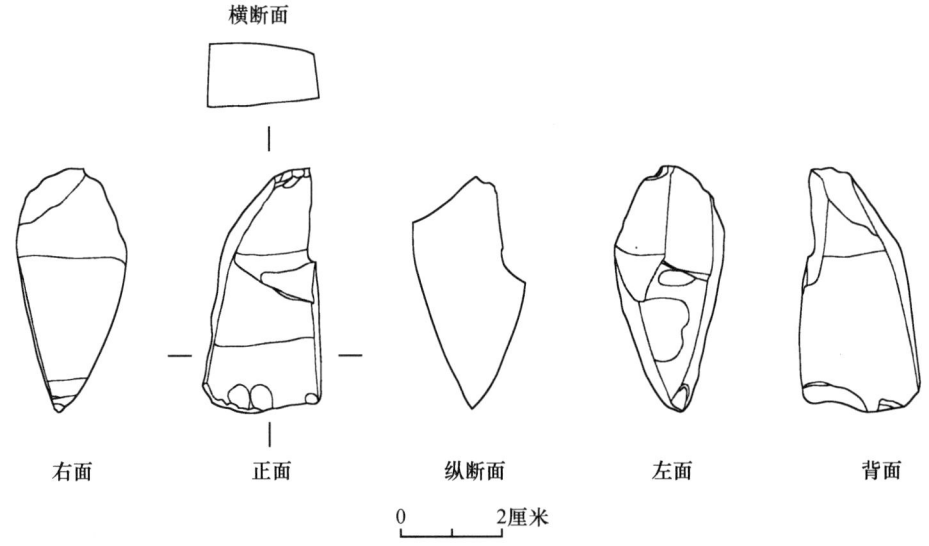

图八二　刃部石锛2014ZYT0508⑦e：2

顶面：缺失。

正面：下方渐收至刃缘，形成微弧刃面。左刃角是两个石片疤，它们是副刃面被来自客体的2点钟方向的力剥片后出现的石片阴面，石片疤短而宽而且很浅，可见石器作业面与客体的接触角很大。右侧还有1个小石片疤，是被来自客体的12点钟方向的反作用力剥片所致，石片疤短而宽，有一定深度，可见作业面与客体之间的夹角不是很大。

背面：断口上有四个小石片疤，是从背面向正面剥片时产生的石片阴面，石片阴面内的凸起是小磨面。断口下方是原始磨面。下方渐收至刃缘，形成微弧凸刃面。

左面：上部是断口，由两个疤痕构成。左侧的疤痕是从断口向下剥片后出现的石片阴面。右侧的疤痕是断口向下剥片后出现的石片阴面。下方是一个磨面，磨面中间微凹，微凹处也被研磨过。

右面：断口，由上下两个断口构成。

刃部：刃面和副刃面构成双面刃，楔角44°。刃缘凹凸起伏。刃口直，布满石片疤。

（3）功用分析

从石锛断口的锋利边缘被多次击打而消失，背面断口局部被研磨过来看，该石器是以石锛左下角破片为素材的改制石器，改制尚未完成，目标器形不详。

4. 刃部石锛2014ZWT02⑥b：5

（1）目鉴岩性

灰黑色，隐晶致密，具明显层状构造，由硅质组成，硅质岩。

（2）造型描述

似四棱锥体的石锛刃部破片。长68.7、宽18.2、厚12.3毫米，重21.2克（图八三；图版六八）。以墨书标记所在面为正面。

尖锋：三个面聚集而成的尖，一个面是磨面，其他两个面是石片阴面。

正面：是以右面为台面向正面剥片后出现的石片阴面，正左棱为三角形斜边，正右棱上部是三角形斜边。

左面：近似直角三角形，作为弦的斜边尖上可见石片阴面。左背棱中下部是曲折边棱。上部是长磨面，中部是一个小磨面，下部是长磨面。三个磨面之间转折明显。

右面：近似直角三角形，表面有多个石片阴面。它是分别以正面为台面向右面剥片、从

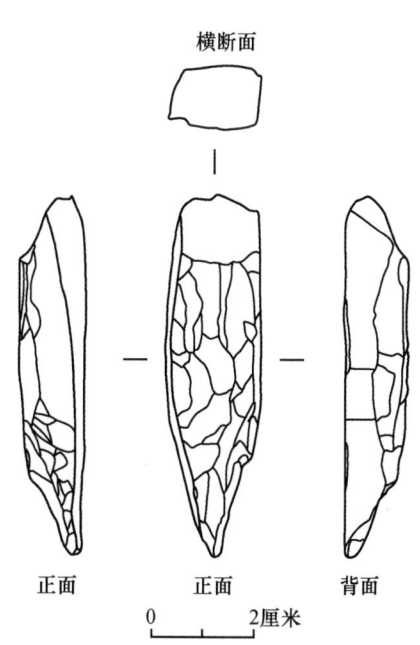

图八三 刃部石锛2014ZWT02⑥b：5

背面向右面剥片后形成的尖锋。中下部是长磨面。

背面：锐角三角形，是分别从背面向右面剥片、从背面向左面剥片后形成的尖锋。中下部布满石片阴面的凹凸面，是分别从右面向背面剥片、从左面向背面剥片后留下的石片阴面。

尾部：是从正面向背面剥片后留下的斜向石片疤。

（3）功用分析

这是以残石锛为素材改制的石镞半成品。残石锛左面有3个磨面，显然残石锛破损前被改制过，当它再度严重破损后，才被当作素材改制成石镞。改制过程如下：分别从背面向右面和左面剥片，把残石锛刃部加工成尖锋，改制尚未结束。

5. 刃部石锛2014ZYH84：1

（1）目鉴岩性

灰白色，具水平层理构造，受沁较强，硬度较低，主要由泥质和硅质组成，主面垂直层理，泥质硅质岩。

（2）造型描述

平面为长方形石锛刃部。长32.8、宽47.7、厚19.4毫米，重51.8克（图八四；图版六九）。石材风化严重。棱角模糊。

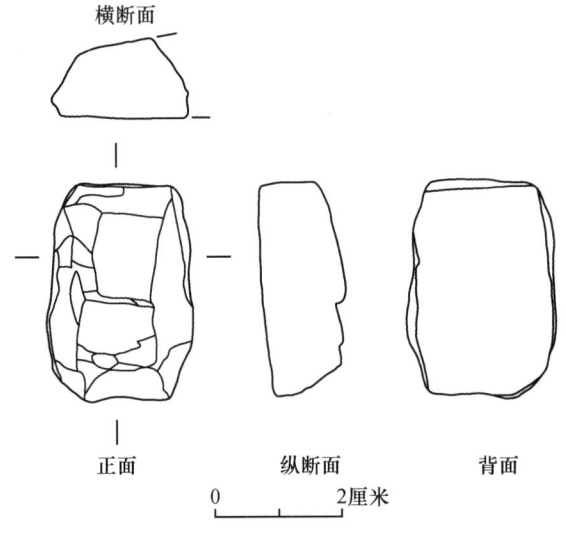

图八四　刃部石锛2014ZYH84：1

顶面：断面。向背的斜面是被以背面台面线正面、以左面为台面向右面、以右面为台面向左面剥片后出现的石片阴面构成的不平整斜面。

正面：右边石片疤。下部弧收至刃缘而形成弧凸刃面。刃面有多个石片疤，它们是被0点钟方向的力剥片后留下的。工作角59°。左刃角残，右刃角稍残。

背面：纵轴微弧凸面。下方渐收至刃缘而出现微弧副刃面。

左面：平坦面。

右面：石片阴面，是从右面向正面剥片后留下的。

刃部：刃缘残。刃口为向背微凸弧线。

（3）功用分析

它是弧背（？）锛的刃部残片，断面经过修整。推测当时试图把断面修理成平面，修理改造尚未完成，目标器形是楔。

6. 刃部石锛2013ZYH11：13

（1）目鉴岩性

表面灰白，断口深黑色，具水平层理构造，主要由砂质组成，但受风化作用或受沁导致表面呈灰白色硬度较低，泥质硅质岩。

（2）造型描述

平面近似长方形石锛刃部。长58.7、宽41.1、厚23.8毫米，重67.7克（图八五；图版七〇）。面与面之间的转角为圆角。正面与石材层理面平行。石材中度风化，表层局部剥落。器表经过研磨，不见反光。

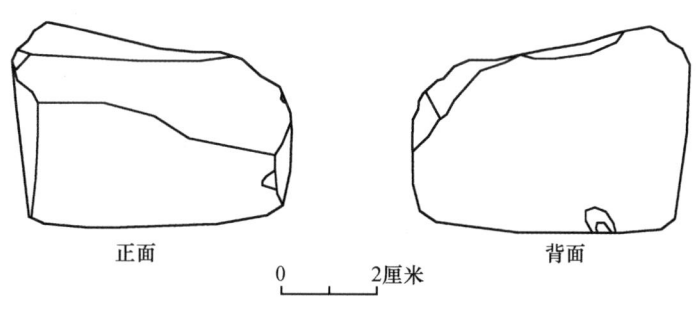

图八五　刃部石锛2013ZYH11：13

顶面：断口，向正面倾斜的斜面，其左右边缘疤痕显示，它们曾分别被从左面向右面、从右面向左面击打导致顶面被剥片。

背面：表层剥落。左上角有2个石片阴面，是被从断面向下剥片后留下的石片阴面。刃缘中部偏右处有一个浅石片疤，它是被来自客体的12点钟方向的反作用力剥片后出现的石片阴面。

左面：磨面。

右面：磨面，中部有一个疤痕。

刃部：微弧凸单面刃。刃缘弧凸。刃口中部向背面弧凸。

（3）功用分析

该石器是以石锛刃部破片为素材，把断面修理平整，使它变成楔。它作为楔使用时，作为楔顶面的断面被击打，导致楔背面左上角受损。

7. 刃部石锛2014ZY采：2

（1）目鉴岩性

浅灰绿色，隐晶致密，块状构造，硬度6～6.5，主要由硅质和少量泥质组成，含泥质硅质岩。

（2）造型描述

平面近似三角形的石锛左刃角破片。长41.8、宽14.8、厚22.2毫米，重12.7克（图八六；图版七一）。石材轻度风化。表面经过研磨，不见反光。

顶面：缺失。

正面：仅存左刃角。弧收至刃缘，形成弧形刃面，左刃角磨圆。

背面：弧收至刃缘，形成弧形副刃面。

左面：平坦磨面。

右面：缺失。

刃部：刃面和副刃面会合为双面刃。楔角57°，刃缘上可见密集细小石片疤。

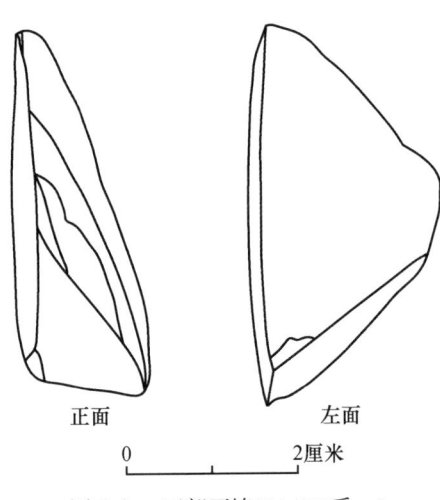

图八六　刃部石锛2014ZY采：2

（3）功用分析

从破片边缘没有棱角看，该石器破损后可能被修整过，目标器形不详。

七、石锛坯观察与分析

1. 石锛坯2014ZYT0314③a：4

（1）目鉴岩性

灰白色，具水平层理构造，受沁较强，硬度较低，主要由泥质和硅质组成，主面平行层理，硅质泥质岩。

（2）造型描述

平面近似长方形。长74.6、宽43.5、厚25.1毫米，重136.1克（图八七；图版七二、图版七三）。石材中度风化，器表层粉化，难以判断器表是否经过研磨。

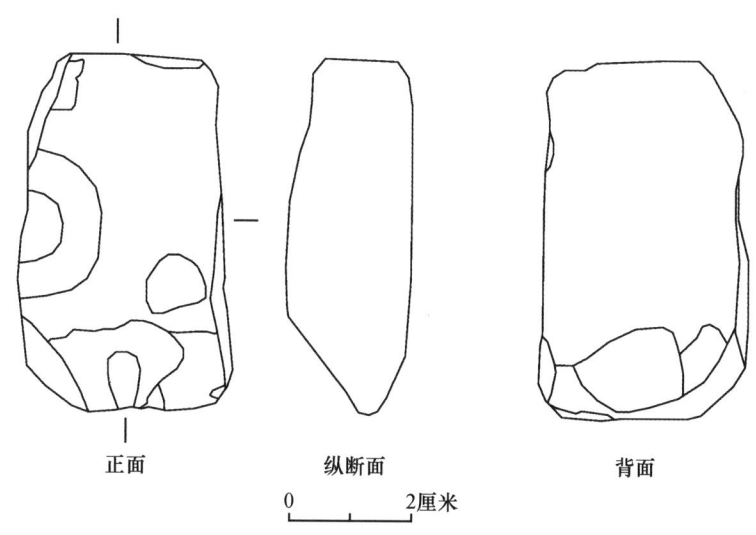

图八七　石锛坯2014ZYT0314③a：4

顶面：稍向正面倾斜的平面。

正面：凹凸不平，可见大片疤痕。下部急收为刃面。刃面中部是大石片疤。

左面：凹凸不平，由多个疤痕构成，有的疤痕是从正面向背面击打导致剥片后留下的石片阴面，有的疤痕是从背面向正面击打导致剥片后留下的石片阴面。

右面：与左面相似。

背面：左上角和右上角被大疤痕破坏，器表长轴弧凸，下部弧收直至刃缘，形成副刃面。

刃部：刃面与副刃面会合成为不对称双面刃。刃缘基本平直。刃口弯曲圆钝。

（3）功用分析

从石器表面布满疤痕以及刃部未经研磨看，它是弧背锛半成品。

2. 石锛坯2014ZYT0509③a：14

（1）目鉴岩性

灰白色，具水平层理构造，受沁较强，硬度较低，主要由泥质和硅质组成，主面垂直层理，硅质泥质岩。

（2）造型描述

平面呈长条形。长78.5、宽34.2、厚18.5毫米，重96.7克（图八八；图版七四）。

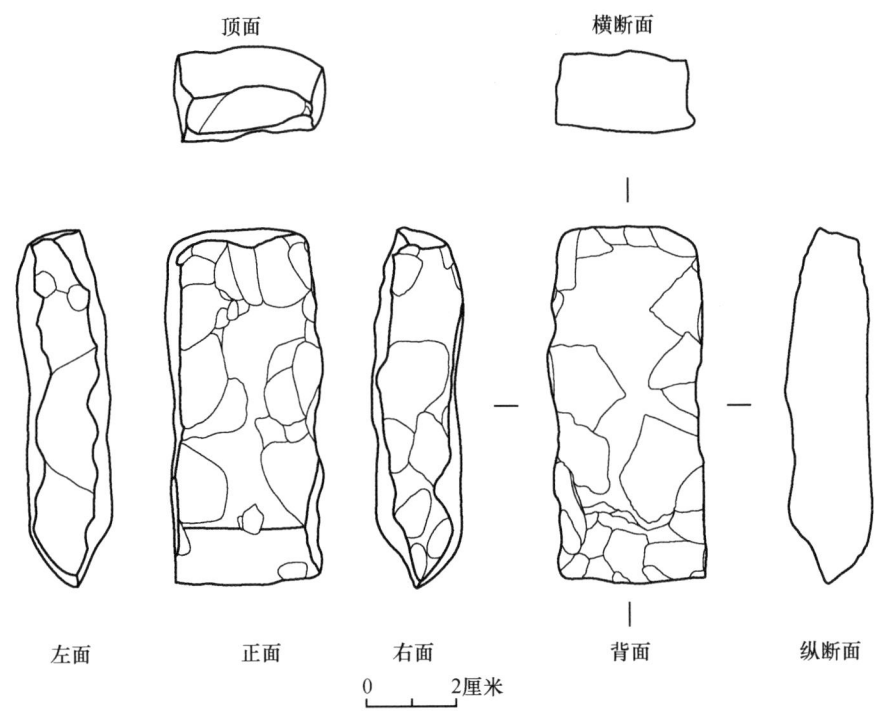

图八八　石锛坯2014ZYT0509③a∶14

石材风化严重，仅保留了部分磨面。

顶面：中部石片疤是从正面向背面剥片时产生的石片阴面。

正面：两侧布满石片疤，它们是分别从左面、右面和顶面向正面剥片时产生的石片阴面。下部弧收至刃缘，形成弧凸刃面。

背面：布满石片疤，它们是分别从顶面、左面和右面向背面剥片时留下的石片阴面。

左面：布满石片疤，它们是分别从顶面、正面和背面向左面剥片时产生的石片阴面。

右面：是分别从背面、正面向右面剥片时留下的石片阴面。

刃面：是从背面向正面剥片形成的斜面，凸起部位经过研磨。

（3）功用分析

这是一件完成塑形而研磨尚未完成的弧背锛半成品。

3. 石锛坯2014ZWT01⑩∶2

（1）目鉴岩性

凝灰结构，晶屑含量较少，表面见淋蚀孔，主要见石英，粒径1~2毫米，具油脂光泽，棱角状，其他主要由玻屑等火山碎屑物质组成，玻屑凝灰岩。

（2）造型描述

近似梯形的石片。长137、宽98.8、厚23.4毫米，重302克（图八九；图版七五）。正、背面经过修整，较长侧面两侧被剥片而减薄，顶面也经过修整。

（3）功用分析

是可以加工成大型石锛的素材。

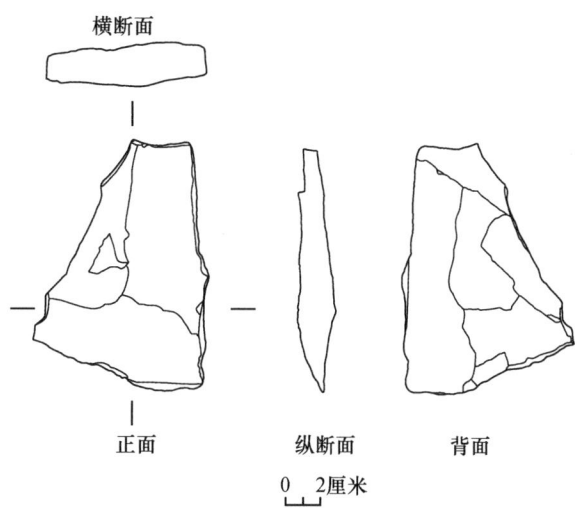

图八九　石锛坯2014ZWT01⑩：2

4. 石锛坯2014ZYT0409⑨b：2

（1）目鉴岩性

浅灰绿色，表面有黄褐色锈斑，砂状结构，隐约可见层理结构，主要由砂级碎屑石英及一些长石组成，碎屑有一定磨圆度及较好的分选性，胶结物为泥质，孔隙式胶结，定名凝灰质砂岩。

（2）造型描述

平面近似长方形的石锛素材。长112.2、宽64.9、厚26.4毫米，重229.7克（图九〇；图版七六）。

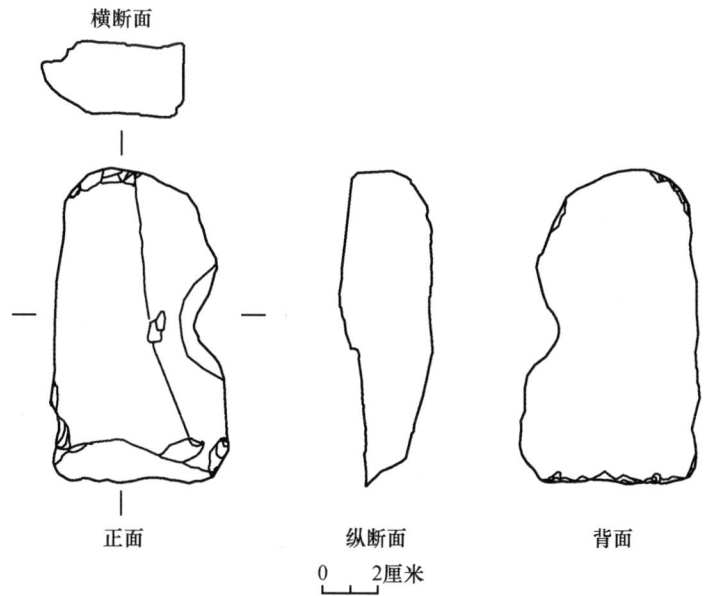

图九〇　石锛坯2014ZYT0409⑨b：2

顶面：横轴中部隆起的凸面。

正面：完整的石片阴面，是沿着石材中的裂隙的石片阴面。

背面：中部高，右边是斜面，背左棱中部有凹缺，它是以正面为台面向背面击打即反向加工导致剥片后出现的凹缺，其边缘是左面。下方是一个斜面，是从正面向背面击打导致剥片后出现的石片阴面。

左面：锋利边缘。

右面：岩石自然风化面。

刃部：正面向背面倾斜的石片疤。

（3）功用分析

这是一件基本成形的脊背锛坯件，等待修整和研磨。

5. 石锛坯2014ZYT0512⑤b：9

（1）目鉴岩性

凝灰结构，主要由晶屑、玻屑及火山尘组成，晶屑含量20%~25%，晶屑成分为石英、长石，以长石为主。石英晶屑无色透明具油脂光泽，棱角状部分溶蚀成浑圆状，长石晶屑板状、角砾状，少量黑云母呈片状，其余为玻屑火山尘，定名晶屑凝灰岩。

（2）造型描述

平面为长方形弧背锛锥形。长68.8、宽54.4、厚17.2毫米，重103.5克（图九一；图版七七）。以墨书标记所在面为正面。

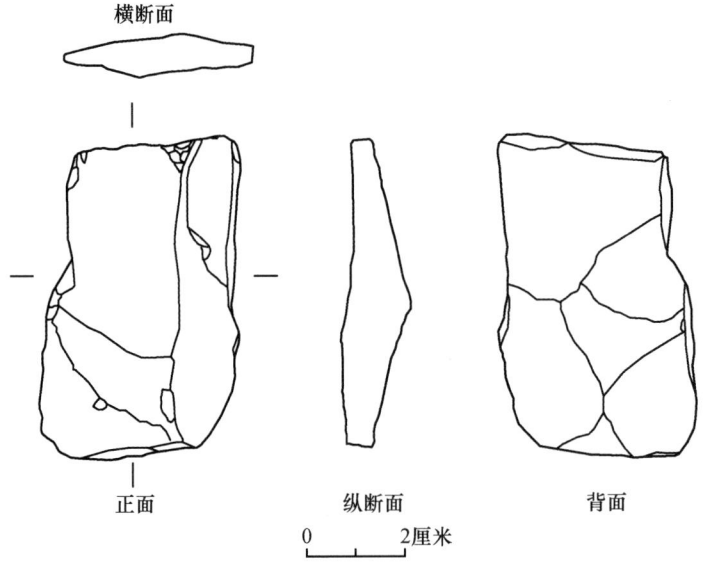

图九一　石锛坯2014ZYT0512⑤b：9

顶面：向背面倾斜的断口。

正面：左上方为层理面，左下方和右侧中下部各有一个大的石片阴面。

左面：上部是一个大石片阴面，下部是渐变尖的三角形石片阴面。

右面：上部和下部各有一个比较平整的石片阴面。

背面：由3个大的石片阴面构成，右下角是层理面。

刃部：不平整断口。

（3）功用分析

这是一件完成打制的弧背锛坯件，尚待塑形和研磨。

6. 石锛坯2014ZYT0512⑤b：3

（1）目鉴岩性

深灰，变余泥质结构，斑点构造，斑点黑色，表面见丝绢光泽，可能为泥质组分重结晶为绢云母所致，定名绢云母斑点角岩。

（2）造型描述

横断面为梯形的石锛素材。长85.8、宽46.3、厚24毫米，重116.9克（图九二；图版七八）。

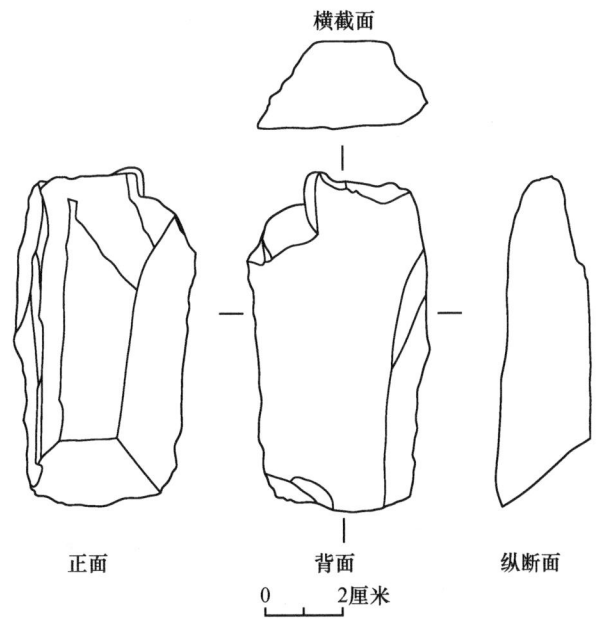

图九二　石锛坯2014ZYT0512⑤b：3

顶面：由多个不规则石片阴面构成。

正面：中部是石材层理，右上方是从顶面向下剥片后留下的石片阴面。下部急收至刃缘，形成了平面刃。

左面：向背面严重倾斜的石片阴面。

右面：向背面严重倾斜的石片阴面。

背面：由多个石片阴面构成的近似平面。下部渐收至刃缘，形成平面刃。

刃部：刃面和副刃面会合而成单面刃。向背面严重倾斜的节理面。

（3）功用分析

该石器是尚待塑形的石锛粗坯。

7. 石锛坯2014ZYH98∶2

（1）目鉴岩性

细粒砂状结构，含约5%较粗碎屑，主要由长石和石英等碎屑组成，受沁较强，长石砂岩。

（2）造型描述

平面近似椭圆形的弧背锛的素材。长69.6、宽42、厚14.3毫米，重58.6克（图九三；图版七九）。石材轻度风化。以有墨书标记的面为正面。

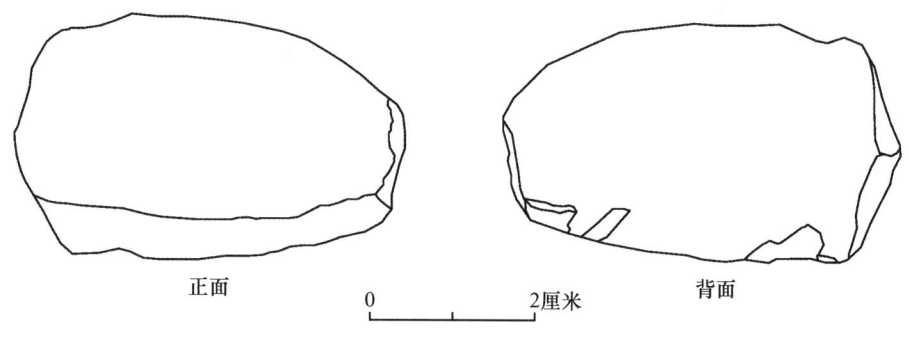

图九三　石锛坯2014ZYH98∶2

顶面：由多个不规则凹凸石片阴面构成。

正面：横轴中部稍凸起。可见多个浅疤痕，局部经过研磨。

背面：稍有起伏的石片阴面。

左面：由多个不规则凹凸起伏的石片疤构成。下方有一个大石片疤，是底面向上剥片后留下的石片阴面。

右面：由多个不规则凹凸起伏的石片疤构成。

刃部：仅见石片疤。

（3）功用分析

它是尚在塑形的小石锛素材。

8. 石凿坯2014ZYH213：1

（1）目鉴岩性

中灰色，砂状结构，块状构造，主要由石英和少量长石碎屑组成，碎屑含量60%～70%，粒径1毫米左右，其余组分为泥质，泥质细砂岩。

（2）造型描述

平面为长方形。长110.6、宽32.6、厚39.1毫米，重294.2克（图九四；图版八〇）。大部分表面未经研磨，已有磨面为浅磨面。

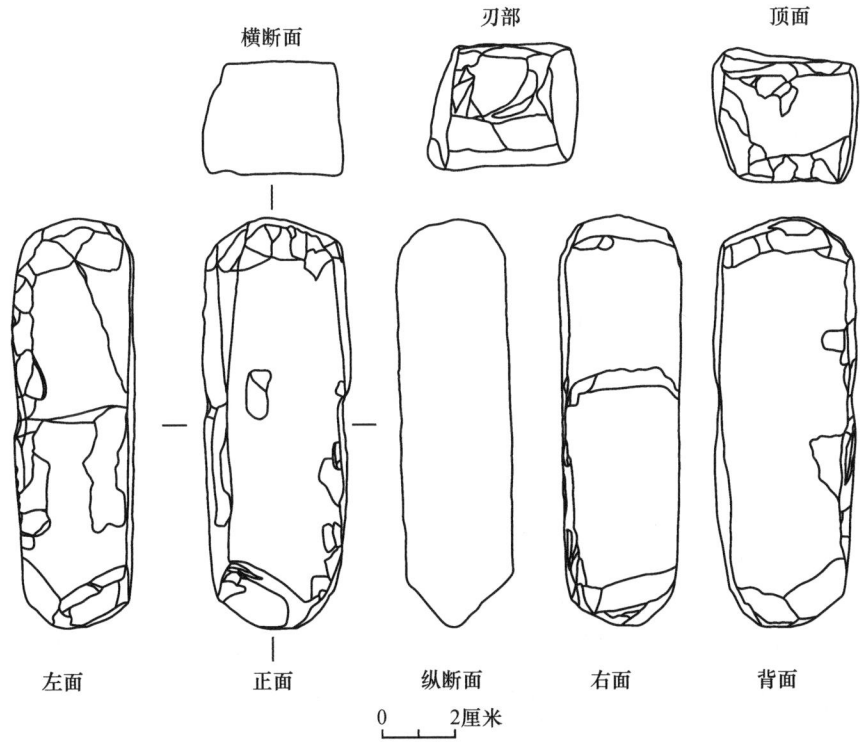

图九四　石凿坯2014ZYH213：1

顶面：中央隆起，隆起的正面、左面和背面都是石片阴面，表面布满琢击坑。

正面：正顶棱被琢击坑破坏，正右棱下部有若干以右面为台面向正面剥片后留下的小石片阴面。表面是未经加工的石材石皮，手感滑腻。

背面：石材的石皮，未经加工。

左面：上部有多个石片阴面，它们都是以顶面为台面向左面剥片后留下的。左背棱旁多是从背面向左面剥片后留下的石片阴面。左正棱下方旁是从正面向背面剥片后留下的石片阴面以及琢击坑。

右面：下部有3个分别从底面向右面剥片、从正面向右面剥片后留下的石片疤，以及从背面向正面剥片后留下的浅石片疤。

刃部：呈圆顶方锥体，左上方是两个大石片疤，左下方和右下方各有一个大石片疤，右斜面有密集琢击坑。

（3）功用分析

这是以次棱柱体砾石为素材加工而成的石凿半成品，完成了塑形，刚进入研磨环节。

第三节　石锛的特点

按前述定义，58件层位明确的单面刃石器中，只有1件凿，其余皆为锛。下面从文化属性和物质属性两个方面探讨石锛。

一、脊背石锛的特点

脊背石锛8件，其中1件破损严重，改制中。河姆渡文化二期3件，河姆渡文化三期2件，河姆渡文化四期—良渚文化2件，商周时期1件。

（一）文化属性

（1）分类

首先，按照长宽比的不同，把7件石锛分为二型。Ⅰ型2件，宽厚比1.1；Ⅱ型5件，宽厚比1.4~1.9。

其次，按照重量差异，把8件石锛分为两种规格。把重量28.4~81.2克的称为A型，5件。把重量118.9~148.3克的称为B型，3件。

综合起来，脊背锛有三种类型，ⅠA型2件、ⅡA型3件、ⅡB型2件。

（2）解读

上文个案分析表明，脊背锛具有劈裂、砍削、刮削、锛木和刨削等功能，以劈裂为主，刮削和锛木为辅。

ⅠA型2件，用于劈裂和刮削。ⅡA型3件，用于劈裂和砍削。ⅡB型2件，用于劈裂和锛木。还有1件改制中的石锛用于劈裂。脊背锛用途看似广泛，但是它更多地被作为劈裂工具使用。

从流行时间看，河姆渡文化二期有1件ⅠA型和2件ⅡA型，用于劈裂和砍削。河姆渡文化三期有2件，1件ⅡB型和1件改制中的石锛，皆用于劈裂。河姆渡文化四期—良渚文化时期有1件ⅠA型和1件ⅡA型，用于劈裂和刮削。商周时期，仅1件ⅡB型，用于锛木。

（二）物质属性

8件脊背锛中，2件是用硅质岩加工而成的、1件是用泥质硅质岩加工而成的、5件是用含泥质硅质岩加工而成的。

二、弧背石锛的特点

18件，河姆渡文化二期2件、河姆渡文化三期4件、河姆渡文化四期—良渚文化时期3件、商周时期6件。还有3件是耕土层或唐宋地层出土的，有的是表采的，从器形看它们不会是唐宋时期遗物而是商周时期的。

（一）文化属性

1. 分类

除了少数石锛刃角受损外，其余基本完整。

首先，从整体造型看，可以按照长度差异，分成二型。Ⅰ型，平面接近条形，10件；Ⅱ型，平面近似方形，8件。

其次，按照重量差异把它们分为三种规格。把重24.9~61.6克的称为A型，共10件；把重89.9~105.9克的称为B型，共4件；把重180.6~238.6克的称为C型，共4件。

综合起来，弧背锛有三种类型，ⅠA型10件，ⅡB型4件，ⅡC型4件（表二；图九五）。

表二　弧背石锛分类表

石器编号	时代	岩性	长度/毫米	宽度/毫米	厚度/毫米	重量/克	分类
2014ZYT0707③b：9	商周时期	硅质岩	49.3	28.0	11.6	24.9	ⅠA
2014ZYT0508③a：11	商周时期	泥质硅质岩	45.8	27.9	11.8	27.4	ⅠA
2014ZYT0509③：18	商周时期	硅质岩	57.9	15.0	17.5	27.7	ⅠA
2014ZY采：1	商周时期	斑点角岩	39.2	29.6	15.3	31.8	ⅠA
2014ZYT0513⑥b：2	良渚文化	硅质岩	41.6	28.5	14.0	32.3	ⅠA
2014ZYT0707⑨b：1	河姆渡文化二期	硅质岩	49.2	31.2	14.7	35	ⅠA
2014ZYH62：2	商周时期	粉砂岩	50	32.2	12.6	36.1	ⅠA
2014ZWT02②：1	商周时期	泥质石英砂岩	52.5	30	13.9	44.3	ⅠA
2014ZYT0613⑥b：2	良渚文化	绢云母斑点角岩	50.3	42.2	16.9	60	ⅠA
2014ZYT0607⑨b：1	河姆渡文化二期	硅质岩	61.6	28	18.3	61.6	ⅠA
2014ZYT0613⑦c：3	河姆渡文化三期	硅质岩	62.8	35.2	22.8	89.9	ⅡB
2017ZWT03⑥a：1	良渚文化	硅质岩	80.1	33.7	18.9	99.0	ⅡB
2014ZYT0510①：1	商周时期	含泥质硅质岩	82.2	36.8	16.1	102.1	ⅡB
2014ZYT0508⑦e：1	河姆渡文化三期	硅质岩	81.6	44	18.8	105.9	ⅡB
2014ZYT0412③a：3	商周时期	硅质岩	90.4	43.5	27.1	180.6	ⅡC
2014ZYT0707⑦e：1	河姆渡文化三期	硅质岩	112.6	41.2	26.9	201.1	ⅡC
2014ZYT0411⑦a：1	河姆渡文化三期	泥质砂岩	100	40.1	30	215.9	ⅡC
2014ZYT0508③a：12	商周时期	泥质石英砂岩	88.8	54	28	238.6	ⅡC

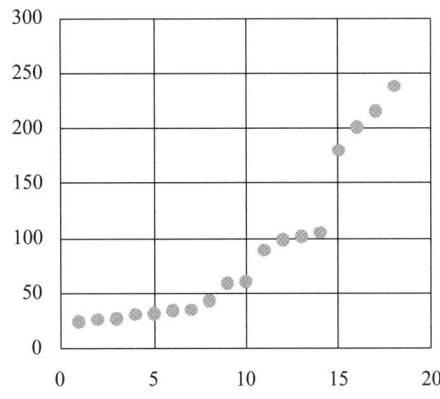

图九五　鱼山遗址和乌龟山遗址弧背石锛体量散点分布图

2. 解读

从上文个案分析得知，弧背锛有砍削、劈裂、刮削和凿孔四大功能，主要用于砍削，兼具劈裂和刮削功能，客串凿孔。

ⅠA型，可用于劈裂、砍削、刮削和凿孔，显示了该型石锛具有强大的功能。ⅡB型，主要用于凿孔，还用于砍削和劈裂。ⅡC型用于砍削，个别用于刮削。可以根据器身长度和重量差异给弧背锛分类，器身比较短而较轻的弧背锛使用范围很广，而器身长并且比较重的弧背锛不用于凿孔和劈裂。

从流行时间看，河姆渡文化二期有2件ⅠA型锛，用于砍削兼作劈裂。河姆渡文化三期有2件ⅡB型和2件ⅡC型锛，用于凿孔和砍削，兼劈裂。河姆渡文化四期—良渚文化时期有2件ⅠA型和1件ⅡB型锛，用于凿孔、刮削和劈裂。商周时期有6件ⅠA型、1件ⅡB型和2件ⅡC型锛，用于劈裂、砍削、刮削和凿孔。

弧背锛具有很强大的功能和普遍适用性，其功能分化与弧背锛自身重量有一定关联。不同阶段虽然弧背锛的类型不同，但是它们都能够满足生产和生活的需要。

（二）物质属性

18件弧背锛中，10件是用硅质岩加工而成的，2件是用泥质石英砂岩加工而成的，另外用斑点角岩、绢云母斑点角岩、粉砂岩、泥质砂岩、含硅质泥质岩和泥质硅质岩加工而成的石锛各1件。

三、段背石锛的特点

段背锛共10件，良渚文化晚期—钱山漾文化4件、商周时期6件。

（一）文化属性

（1）分类

这批石锛破损严重，5件刃部残、4件侧面残，仅1件完整，难以按长宽厚统计数据给它们分类。从整体造型并结合残损部位分析，这批石锛可以分长短二型。Ⅰ型，平面近似长方形，共8件，见良渚文化晚期—钱山漾文化和商周时期。Ⅱ型，平面近似梯形，2件，良渚文化晚期—钱山漾文化、商周时期各1件。

从段部形状存在较大差异看，它们可以分为二型。A型是指段壁直并且与顶面的转角为直角或接近直角，暂时称之为硬段锛，共6件，分别见良渚文化晚期—钱山漾文化和商周时期。B型是指段壁倾斜并且与段顶面的转角为圆钝角，暂时称之为软段锛，共4件，皆属于商周时期。

综合起来，段背锛共有三种规格：ⅠA型4件，ⅠB型4件，ⅡA型2件（表三）。

表三 段背石锛分类表

石器编号	时代	岩性	长度/毫米	宽度/毫米	厚度/毫米	长宽比	类型	规格	分类
2014ZYT0413⑤a:2	良渚文化晚期—钱山漾文化	硅质岩	86.1	51.5	25.6	1.7	Ⅰ	A	ⅠA
2014ZYT0608⑤b:12	良渚文化晚期—钱山漾文化	硅质岩	101.0	37.2	40.4	2.7	Ⅰ	A	ⅠA
2014ZYT0512⑤b:12	良渚文化晚期—钱山漾文化	硅质岩	73.9	28.3	19.0	2.6	Ⅰ	A	ⅠA
2014ZYH101:1	商周时期	泥质硅质岩	83.0	38.1	9.7	2.2	Ⅰ	A	ⅠA
2014ZYT0612⑤b:1	良渚文化晚期—钱山漾文化	硅质岩	89.2	70.0	14.6	1.3	Ⅱ	A	ⅡA
2014ZYT0608③a:3	商周时期	硅质泥质岩	62.1	46.5	4.6	1.3	Ⅱ	A	ⅡA
2014ZYH209:1	商周时期	硅质岩	50.0	31.0	14.0	1.8	Ⅰ	B	ⅠB
2014ZYT0509③b:3	商周时期	硅质泥质岩	126.1	63.2	32.4	2.0	Ⅰ	B	ⅠB
2014ZYH56:1	商周时期	硅质岩	71.2	33.0	21.4	2.2	Ⅰ	B	ⅠB
2014ZYT0607③b:3	商周时期	含泥质硅质岩	138.5	53.7	32.9	2.6	Ⅰ	B	ⅠB

（2）解读

个案分析表明，段背锛宽厚比差异与不同功能具有一定的对应关系，ⅠA型可以用于砍削、裂木和平木。ⅠB型都用于砍削。ⅡA型都用于平木。平木用的段背锛的段的转角都是硬角，把段加工成硬角有利于装柄使用。平木是加工特定客体的工具，使用对象有限，所以数量不多。而其他两个类型的段背锛都可以用于砍削，有的兼具裂木和平木功能，应用范围很广，所以数量较多。

从流行时间看，最先出现的是ⅠA型，继之出现的是ⅡA型，最后出现ⅠB型。具体而言，良渚文化晚期—钱山漾文化时期有两种规格：ⅠA型和ⅡA型，ⅠA型皆在改制中，功能不详，ⅡA型用于平木。商周时期共有3型段背锛，用于砍削、裂木和平木。

可见以石器长度和段转角大小为标准所划分的段背锛类型与它们的功能有一定的对应关系。

（二）物质属性

10件段背锛中，6件是用硅质岩加工而成的，2件是用硅质泥质岩加工而成的，用泥质硅质岩、含泥质硅质岩加工而成的各1件。

四、残锛的特点

残锛包括顶部缺失的缺顶锛7件、刃部缺失的缺刃锛6件和仅存刃角的刃部锛7件。其中多数处在改制中，目标石器造型有些明确有些不明确。

文化属性

（1）缺顶石锛

河姆渡文化二期1件，是劈裂工具。河姆渡文化三期1件，是被改成切割用的石刀。河姆渡文化四期—良渚文化有1件，是被当作楔使用的劈裂工具。良渚文化晚期—钱山漾文化3件，分别是凿孔、劈裂和砍削工具。唐床时期地层出土的应该是商周时期的1件，改制中，功能不详。

7件缺顶石锛中，4件是用含泥质硅质岩加工而成的，2件用硅质岩、1件用硅质泥质岩加工而成的。

（2）缺刃石锛

河姆渡文化三期2件，改制中，功能不详。河姆渡文化四期—良渚文化3件，皆在改制中，功能不详。商周时期2件，改制中，功能不详。

3件是用硅质岩加工而成的，2件是用泥质硅质岩加工而成的，1件是用含泥质硅质岩制作而成的。

（3）刃部石锛

河姆渡文化三期3件，1件改制中，功能不详；1件被改制成三棱形石镞；1件被改制成劈裂工具。河姆渡文化四期—良渚文化1件，被改制成石镞。商周时期2件，皆为劈裂工具。唐宋时期1件，改制中，功能不详。

7件刃部锛中，3件是用硅质岩加工而成的、1件是用硅质泥质岩制作而成的、3件是用泥质硅质岩制作而成的。

五、石锛坯的特点

8件石锛坯中，3件弧背石锛的坯件，其余目标石器造型不详。其中河姆渡文化二期和三期各有1件石锛坯件；良渚文化晚期—钱山漾文化1件弧背石锛坯件，还有1件目标石器造型不详；商周时期4件石锛坯件中2件时弧背石锛坯件，还有2件石锛坯件目标石器造型不详。

8件石锛坯件中，2件是用硅质泥质岩加工而成的，其他6件分别是用玻屑凝灰岩、晶屑凝灰岩、绢云母斑点角岩、泥质细砂岩、凝灰质砂岩和长石砂岩加工而成的。

六、小　　结

36件完整石锛中，弧背锛18件、脊背锛8件、段背锛10件，每种石锛各有三个类型，三类石锛共有九种规格。

河姆渡文化二期，弧背锛有ⅠA型，脊背锛ⅠA型和ⅡA型，共有四种类型5件锛。算上残锛和锛坯，共有7件锛。

河姆渡文化三期，弧背锛有ⅡB型和ⅡC型，脊背锛只有ⅡB型，共有四种类型6件锛。算上残锛和锛坯，共有13件锛。

河姆渡文化四期—良渚文化时期，弧背锛有ⅠA型和ⅡB型，脊背锛有ⅠA型和ⅡA型，共有四种类型5件锛。算上残锛和锛坯，共有7件锛。

良渚文化晚期—钱山漾文化时期，段背锛有ⅠA型和ⅡA型。算上残锛和锛坯，共有7件锛。

商周时期，段背锛ⅠA型、ⅠB型和ⅡA型，弧背锛有ⅠA型和ⅡC型，脊背锛有ⅡB型，共有六种类型13件锛。算上残锛和锛坯，共有19件锛。唐宋时期，弧背石锛有ⅠA和ⅡB两个类型共3件石锛。加上两件残锛和凿坯件共6件。

36件完整石锛中33件时代是明确的，河姆渡文化二期有5件、河姆渡文化三期有6件、河姆渡文化四期—良渚文化有5件、良渚文化晚期—钱山漾文化有4件、商周时期有13件石锛（表四、表五；图九六、图九七）。

表四　鱼山遗址和乌龟山遗址各时期出土完整石锛数量统计表

时代 \ 石器种类	脊背石锛	段背石锛	弧背石锛	小计
河姆渡文化二期	3		2	5
河姆渡文化三期	2		4	6
河姆渡文化四期—良渚文化时期	2		3	5
良渚文化晚期—钱山漾文化		4		4
商周时期	1	6	6	13
唐宋时期地层出土的商周时期			3	3
小计	8	10	18	36

表五　鱼山遗址和乌龟山遗址各时期石锛岩性一览表

时代＼岩石类型	硅质岩	含泥质硅质岩	硅质泥质岩	凝灰质砂岩	泥质硅质岩	玻屑凝灰岩	泥质砂岩	绢云母斑点角岩	晶屑凝灰岩	泥质石英砂岩	粉砂岩	长石砂岩	泥质细砂岩	斑点角岩	小计
河姆渡文化二期	3	2	1	1											7
河姆渡文化三期	6	3			2	1	1								13
河姆渡文化四期—良渚文化	6	2			1					1					10
良渚文化晚期—钱山漾文化	5	2						1	1						9
商周时期	6	2	5		3						1	1	1		19
唐宋时期地层出土的商周时期		2			1						1		1	1	6
小计	26	11	6	1	6	1	1	2	1	1	1	1	1	1	64

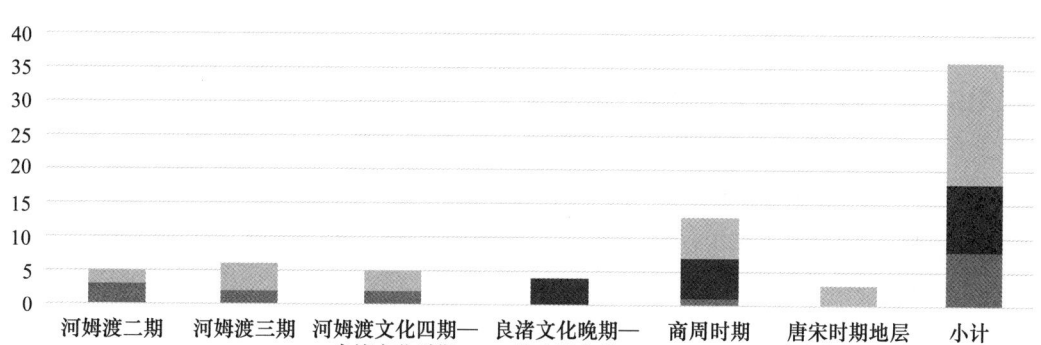

图九六　鱼山遗址和乌龟山遗址各阶段石锛种类与数量统计图

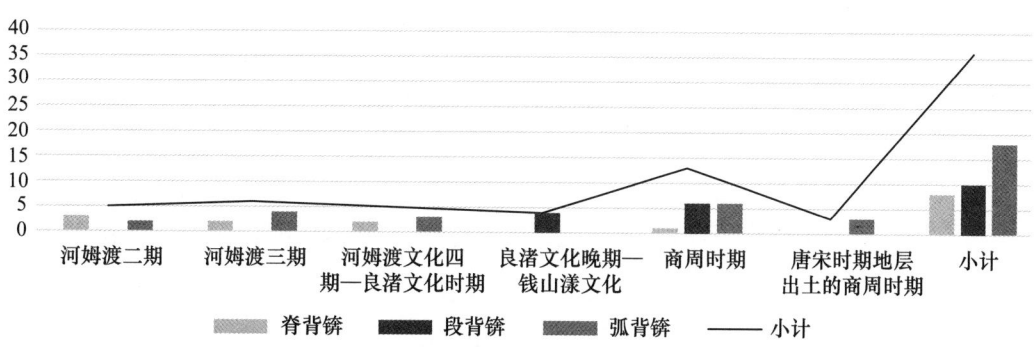

图九七　鱼山遗址和乌龟山遗址各阶段石锛种类与数量变化趋势图

总体而言，鱼山遗址和乌龟山遗址石锛的规格随着时间推移由少到多，反映了锛的制作呈现出由一器多用向一器一用的专业化方向发展的趋势。

（一）岩性与时代

64件石锛中，硅质岩26件、含泥质硅质岩14件、泥质硅质岩6件、硅质泥质岩6件、泥质石英砂岩2件、绢云母斑点角岩2、斑点角岩1件、玻屑凝灰岩1件、粉砂岩1件、晶屑凝灰岩1件、泥质砂岩1件、泥质细砂岩1件、凝灰质砂岩1件、长石砂岩1件。

1. 河姆渡文化第二期

7件石锛中，3件锛是用硅质岩加工的、2件锛是用含泥质硅质岩加工的，用硅质泥质岩和凝灰质砂岩加工的锛各1件。

2. 河姆渡文化第三期

13件石锛中，6件是用硅质岩加工而成的、3件是用含泥质硅质岩加工而成的、2件是用泥质硅质岩加工而成的，各有1件石锛用玻屑凝灰岩和泥质砂岩加工而成的。

3. 河姆渡文化四期—良渚文化

10件石锛中，6件是用硅质岩加工而成的、2件是用含泥质硅质岩加工而成的，各有1件用绢云母斑点角和泥质硅质岩加工而成的。

4. 良渚文化晚期—钱山漾文化

9件石锛中，5件是用硅质岩加工而成的、2件是用含泥质硅质岩加工而成的，各有1件是用晶屑凝灰岩和绢云母斑点角岩加工而成的。

5. 商周时期

19件石锛中，6件是用硅质岩加工而成的、5件是用硅质泥质岩加工而成的、3

件是用泥质硅质岩加工而成的、2件是用含泥质硅质岩加工而成的，各有1件是用泥质石英砂岩、粉砂岩和长石砂岩加工而成的。

以上分析表明，鱼山遗址中河姆渡文化二期至良渚文化期间石锛用材变化不大，进入良渚文化晚期—钱山漾文化时期新增了一种岩石作为石锛用材，商周时期新增了三种岩石作为石锛用材。石锛用材的变化无疑与其储量和采集难易度有关，更与先民选材理念有关。如果可以确定鱼山遗址和乌龟山遗址石器是外来的，那么河姆渡文化和良渚文化时期石器有稳定的货源，从良渚文化晚期—钱山漾文化时期开始，鱼山遗址石锛用材的货源变化较大（表五）。究其原因，当与居民成员构成变化导致石器货源也发生变化有关。

（二）石锛功用

上文个案分析结果表明，大部分单面刃石器都是用于砍削、劈裂、刮削和凿孔等，基本涵盖了主要生产劳动和日常生活所用工具的功能。

鱼山遗址和乌龟山遗址出土的木制品部分佐证了以上看法。鱼山遗址河姆渡文化二期，有锥、凿形器和构件等。河姆渡文化四期—良渚文化的木器有屐形器和构件。商周时期地层出土了木桩群和木陀螺。乌龟山遗址河姆渡文化三期柱坑中有圆形和方柱形木柱，底部有垫板、木器柄。河姆渡文化四期—良渚文化的木构道路是由圆木、树枝、芦苇秆、残损或半成品木构件、木器等集中堆砌而成的。把圆木加工成制作木制品所需板材的解木或裂木，去除树枝杈的截枝，加工锥、凿形器和屐等所需要的平木、穿孔、收割芦苇等作业都需要利刃。以上各类石锛可以充当加工以上各类木制品和芦苇制品的主要工具。

210件石器中有64件石锛，占石器总数30%，石锛在石器中的地位可见一斑。64件石锛类石器中除掉8件石锛坯，56件成品石锛中有20件石锛严重受损，石锛损伤率达到36%。如此之高的破损率恰好说明了石锛使用频率高、作业对象广泛。

两个遗址出土的大量动物骨骼当是不可食用的废弃物，其中有的被加工成骨制品如鱼山遗址河姆渡文化二期的骨锥和管，乌龟山遗址河姆渡文化三期的锥、凿、柄和匕等，动物的屠宰、肢解、剔骨和分割需要石质利器。而居住在海边的居民捕捞鱼类、采集贝类也少不了石质利器。上述石锛可以充当以上列举的生产和生活所需的利器。

第四章 石　　刀

穿孔石刀，是指一边有刃的横长扁薄状带有刀孔的小型切割刮削工具。

石刀，是指一般有刃的横长扁薄状无孔的小型切割和刮削工具。

鱼山遗址和乌龟山遗址的石刀中以穿孔石刀为主，仅有少量是用残石器改制而成的无孔石刀。

第一节　观察方法

一、细部名称

石刀器形与斧、锛差异很大，为了便于记述，这里暂定了双孔石刀部分细部名称。

刀背：是指与刃口相对的顶面，通常为窄条形磨面。

正面：是指刃面所在的平面。

背面：是指与正面相对的平面。

左面：是指正面左侧的平面，通常为窄条形磨面。

右面：是指正面右侧的平面，通常为窄条形磨面。

刃部：是指刃面和副刃面所包夹的部位。

刃面：是指构成刃口的面，正面下方的刃面称为主刃面，简称刃面；背面下方的刃面称为副刃面。刃面平坦的称为平面刃，刃面弧凸的称为弧面刃。

刃缘：是指刃面边缘，有高低之别。

刃口：是指俯视刃缘所看到利刃，有直线形、弧形、波形等几种形式。

楔角：是指刃面和副刃面所夹刃口的角度。

刃角：是指左右面与刃缘所夹的角，有软角和硬角之分。

刀孔：是指刀身上的孔洞，刀孔开口称为外孔，刀孔内壁孔洞称为内孔。

孔角：是指刀孔面与孔壁之间的转角，有硬角和软角之分。

二、观察要点

1. 刀背

刀背边缘是否存在局部比较光滑的现象，因为长期手持石刀会在刀背上留下手与刀背摩擦的痕迹。还要注意刀孔上方的背部是否低凹，石刀如果系绳使用绳子会把刀背摩擦出凹槽。刀背上没有以上摩擦痕迹，则要换一个角度分析石刀使用方式。

2. 正面和背面

石刀表面是否有摩擦痕迹，长期手握石刀使用，石刀正背面相应部位会出现手摩擦痕迹。正背面上完全没有摩擦痕迹，就要考虑石刀是不是手握使用的工具了。

3. 刀孔

孔角有无磨痕。石刀如果是系绳使用，孔角会被摩擦。如果孔角完全没有摩擦痕迹，那么就需要分析刀孔的作用了。

4. 刃部

楔角大小，刃缘上的使用痕迹和形状都是判断石刀作业对象的重要依据。

5. 断面

不少双孔石刀残，其中有些石刀是在某个刀孔中间折断的，观察断口是否修理过是判断残石刀是否被改制的重要依据。割刈稻穗是不会导致石刀从刀孔中间折断的，这个发现让我们必须重新思考石刀的用途以及为何折断的问题。

第二节　观察与分析

一、双孔石刀观察与分析

1. 双孔石刀2014ZYT0707③a：5

（1）目鉴岩性

红紫色，表面光滑，硬度4，粉砂状结构，主要由石英、长石等粉砂级碎屑组成，含铁质及泥质紫红色粉砂岩。

（2）造型描述

平面近似凹字形，石刀在左孔中间斜向折断。长121.7、宽46、厚5厘米，重43.1克（图九八；图版八一）。

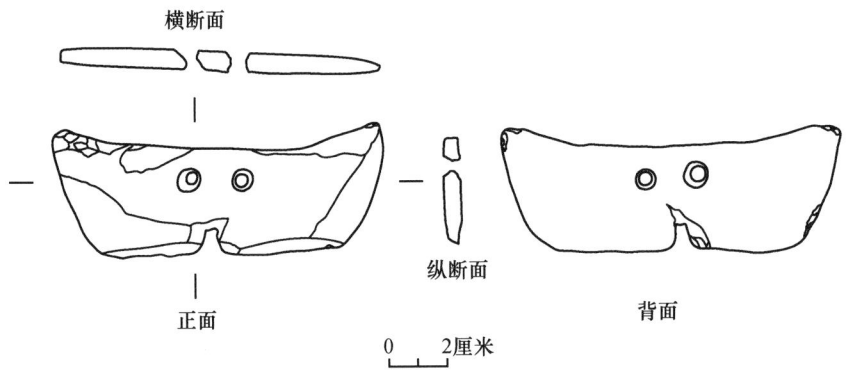

图九八　双孔石刀2014ZYT0707③a：5

刀背：宽窄不一的磨面，两个刀孔上方的相应部位微微下凹。

正面：左上角和右角略起翘，左右下方近边缘处减薄，左边是风化较浅的破坏了原磨面的新磨面，这个部位减薄明显。表面不是十分平整但是手感滑腻。中部上方有两个刀孔。刀孔是两面钻，管钻孔，孔壁内有错位痕。左孔为斜孔，外孔7.8毫米。右孔为直孔，孔径7毫米，两孔间距为12.9毫米。孔角有磨损痕迹。下部弧收至刃缘，形成弧面刃。刃面上有5个更新磨面。

背面：左侧中上部和断口右侧大部是一个弧形磨面，左刃角是弧线三角形磨面。下部急收至刃缘，形成了作为副刃面的弧面刃。

左面：厚薄不一，近顶面处较薄，近刃缘处较薄，中间部位较厚。

右面：近顶面处较薄，由此向下渐变薄。

刃部：刃面与副刃面会合成双面刃，楔角56°。刃缘平，中部有明显缺口，宽14.7、长6.7毫米。该缺口与断口连成一体，缺口造型显示石刀刃缘中点受到来自客体11点钟方向的反作用力后石刀折断。刃口为直线。

（3）功用分析

该石刀刃缘中部被来自客体的反作用力折断，石刀的这种损伤与作为摘取稻穗的动作造成的损伤不符。一般认为，石刀是通过把手指插入刀孔之间绳圈内的方法把石刀握在手掌中用于摘取稻穗的工具。石刀不会因为摘取稻穗而折断，因此该石刀应该另有用途。从该石刀刃面被多次更新看，它是劈削和刮削工具。该石刀是在劈削比较坚硬的客体时被来自客体的反作用力作用后折断。

2. 双孔石刀2014ZYTD1③：47

（1）目鉴岩性

灰黑色，表面较光滑，具平行层理，层面上见细小白云母及少量黄铁矿，定名泥质粉砂岩。

（2）造型描述

平面近似豆荚形。长70.9、宽38.2、厚4.4毫米，重19.1克（图九九；图版八二）。石材轻度风化。

刀背：中部凹弧，表面宽窄不一，有小疤痕，中间略低而两肩起翘。

正面：左边被研磨成斜面，右边也被研磨成斜面。双孔并列于中部偏左部位，两孔相距4.4毫米。左孔直径5.3毫米，其左上角的刀背上有稍凹疤痕。右孔直径4.9毫米。两个孔的孔壁上隐约可见对接错位痕。刀孔上方有两个小疤痕。右上角和右下角旁有疤痕。靠近右面处有宽约为正面1/3的纵向磨面。下方急收至刃缘，形成弧面刃。刃面上有密集细微的石片疤。在实体显微镜下观察刀孔，孔角上没有看到磨圆痕迹（图版八三）。

背面：手感光滑的磨面，有较强的反光。下方渐收至刃缘，形成了作为副刃面的平面刃。

左面：扁薄面，表面是可见小疤痕的磨面。

右面：扁薄面，表面是略显光滑的磨面。

刃部：刃面与直背缘会合形成单面刃。靠近右下角的刃缘上有凹缺和石片疤，副刃面为被来自客体的11点钟方向的反作用力作用后剥片所致。刃面经过更新。刃缘微微起伏。刃口直而不甚锋利。

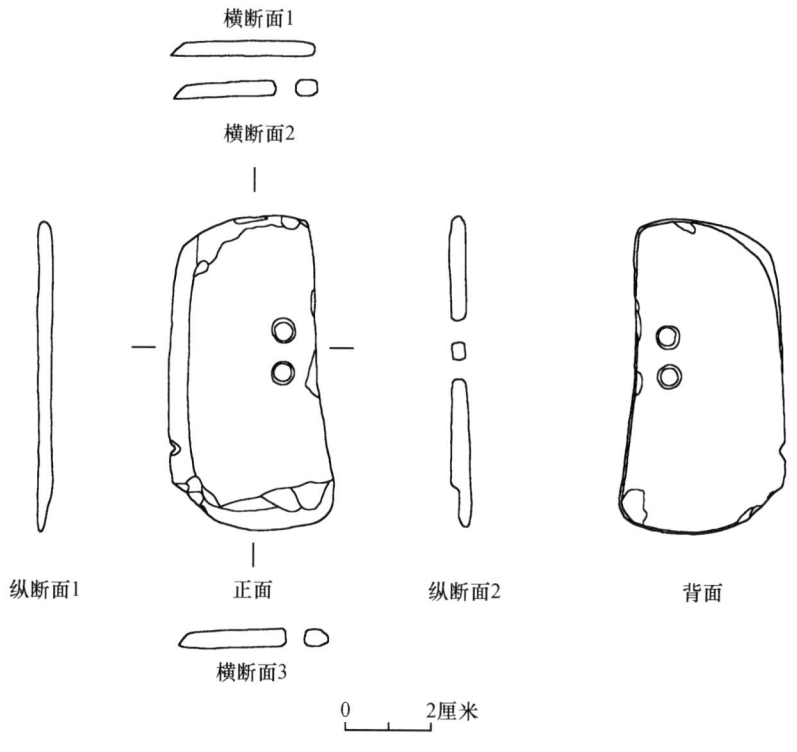

图九九　双孔石刀2014ZYTD1③∶47

（3）功用分析

该石刀正面和背面除凹面外其余部位有微弱亚光，据此推测该石刀是被握在手中用于割刈或刮削的工具。

3. 双孔石刀2014ZYT0508③a∶3

（1）目鉴岩性

中灰色，砂状结构，主要由砂级碎屑石英及一些长石组成，碎屑有一定磨圆度及较好分选性，胶结物为泥质，孔隙式胶结，定名中细粒长石砂岩。

（2）造型描述

平面形似短豆荚。长102、宽48、厚8.7毫米，重68.3克（图一〇〇；图版八四）。

刀背：两头稍翘的弧凸磨面，中点两旁有微微下凹的磨损痕迹。

正面：未风化部位可见微弱亚光。左角为圆角，角旁有小缺口，右角为圆角。正背棱中部偏左微凸似尖，略呈扁介字形。双刀孔位置偏左，似两面桯钻而成。左孔开口处有钻孔时产生的连带破损，左孔孔径3.4～9.1毫米。右孔孔径

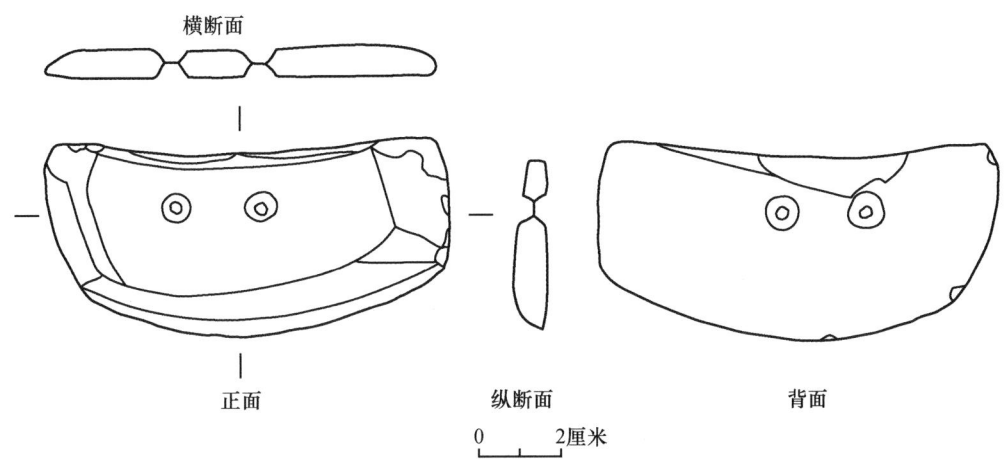

图一〇〇 双孔石刀2014ZYT0508③a：3

3.7~8.4毫米，上方有绳摩擦痕。两孔相距18.1毫米。刀身左右两侧都是渐薄的磨面，这些磨面似乎更新过。刀身最宽处位于两个刀孔之间的下方。左侧比右侧短了12.6毫米，这是因为左侧刃面更新后变窄的缘故。下部弧收至刃缘，形成了弧面刃。孔壁上有连带破损造成的石片阴面，石片阴面有轻度摩擦，它与刃缘上的磨损痕迹明显不同。目前难以确定石片阴面上的摩擦痕迹是钻孔过程中形成的还是穿绳使用造成的。

背面：基本同正面，下部减收为平面刃。

左面：表面向左渐收至边，形成平面刃并被更新过，其楔角大于右侧楔角。

右面：向正面倾斜的弧面，正面向右渐收为单面刃。

刃部：刃面和副刃面会合成弧直单面刃。刃缘为弧形。刃口基本呈直线形，手感不锋利。

（3）功用分析

该石刀背面中间偏左处微凸是因为该部位两侧被绳摩擦变得微凹所致，正背面亚光面是被长时间摩擦所致，据此推测该石刀是握在手中使用的，刃口不锋利，因此它不适于摘取稻穗而适于向内刮削或劈削客体。

4. 双孔石刀2014ZYT0508③b：1

（1）目鉴岩性

深灰，变余泥质结构，斑点构造，斑点黑色，粒径0.5毫米左右，定名斑点角岩。

（2）造型描述

平面形似长豆荚。长169.6、宽43、厚6.2毫米，重77.1克（图一〇一；图版八五）。石材风化严重。

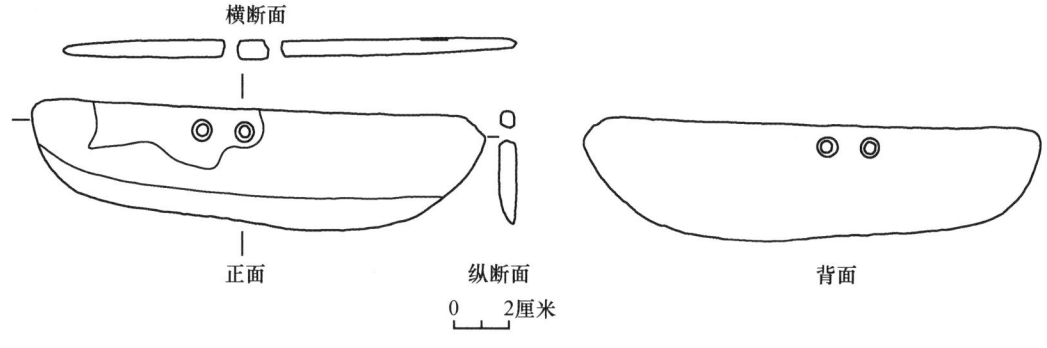

图一〇一　双孔石刀2014ZYT0508③b：1

刀背：中间微微下凹、中间宽两段稍窄的条形磨面。在距离左上角12毫米处至相对于右孔上方的条形范围内是比较平的磨面。其余部位表层皆风化而成为粗糙面。平背刀。

正面：右上角稍残。中部偏左的近顶面处有两个对钻的管钻孔，两个穿孔位置不在中间，偏向左侧。左孔孔壁上缘似乎有绳摩擦痕，右孔孔壁上缘似乎也有绳摩擦痕。两个穿孔周围及孔下局部表面看似比其他部位光滑。左孔开口直径6.8毫米，右孔开口直径6.7毫米。两个孔壁上隐约可见凸脊，不见明显的对接错位痕。右孔开口直径6.5毫米。左右孔的间距为11.6毫米。左孔至右孔左半边所圈范围内是比较平的磨面，左孔下方还有范围不清晰的磨光面。下部弧收至刃缘，形成弧面刃。

背面：平整，可见零星磨光面，其他部位表层皆风化而成为粗糙面。下部渐收至刃缘，形成了作为副刃面的平面刃。

左面：圆钝的锋刃。

右面：圆钝的锋刃。

刃部：刃面和副刃面会合成单面刃，工作角约53°。刃面向正面左上方延伸，刃缘偏左部位微凹即刃面变窄，刃缘没有明显凹缺。锋刃不甚锋利，类似次棱。

（3）功用分析

刃面不仅见于正面下方还延伸到正面左右两侧，刃面为"凹"字形面，左面和右面也变成了刃缘。正面中后部磨面因为风化而剥蚀殆尽，只有包括两个穿孔在内的左半边磨面保存完好。我们认为这与该石刀的使用方式有关，右手握石刀，右手掌和拇指频繁摩擦正面左半部分，当刃缘左前部与客体频繁接触时，该部位变得光滑和相对致密，所以不易被剥蚀。石刀的这种用法类似壮族收割稻穗的手镰。

5. 双孔石刀2014ZYT0415③a∶2

（1）目鉴岩性

中灰色，砂状结构，主要由砂级碎屑石英及一些长石组成，碎屑有一定磨圆度及较好的分选性，胶结物为泥质，孔隙式胶结，定名中细粒长石砂岩。

（2）造型描述

平面为圆角长方形。疑似用石片改制的石刀，长82.3、宽40、厚9毫米，重51.4克（图一〇二；图版八六）。器表手感平滑。

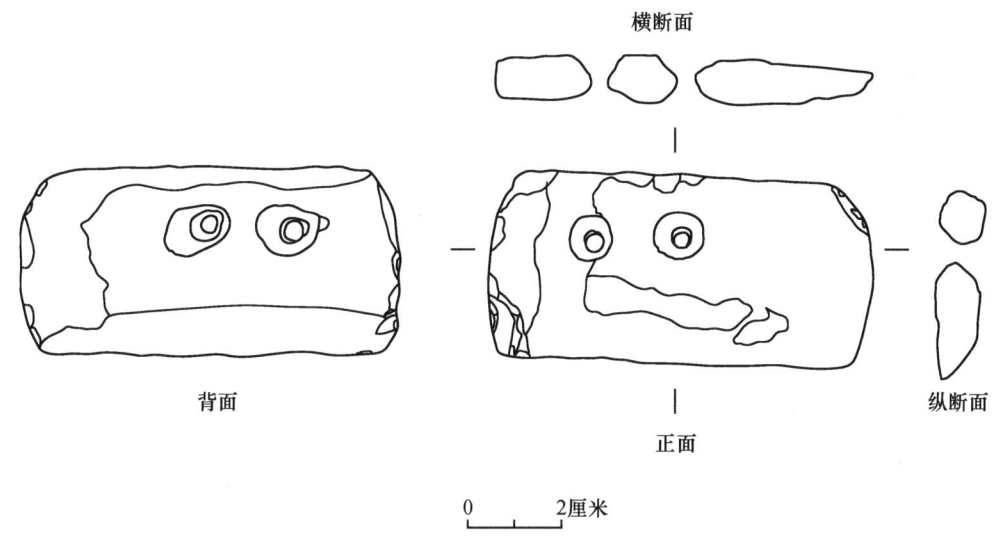

图一〇二 双孔石刀2014ZYT0415③a∶2

刀背：宽窄不一而且不规整的弧凸磨面，有以顶面为台面向正面和背面剥片后出现的石片阴面。平背刀。

正面：表面平整，手感光滑。正顶棱被石片疤破坏。左边被研磨成斜面，中部偏右处有两个桯钻孔，刀孔位置略偏右。左孔开口略呈椭圆形，上孔角有条形磨面，最大直径12.5毫米，内孔直径4.3毫米；右孔开口为不规整椭圆形，开口直径15、内孔直径4.8毫米。双孔孔壁间距13.6毫米。实体显微镜下观察刀孔边缘，发现两孔相对的孔角有摩擦痕迹，两个孔的孔壁摩擦光滑。

背面：石材层理面。左侧边有一个疤痕，以右面为台面向背面剥片后出现石片阴面。两个刀孔看似漏斗形，开口为规整圆。下方渐收至刃缘，形成作为副刃面的平面刃。刃缘旁有多个小石片疤，是被大概12点钟方向的力剥片后出现的使用痕迹。左上角为圆角，右下角、右上角和右下角为不规整角。下方急收至刃缘，形成弧面刃。

左面：中部凸弧的不规整面，中部可见宽窄不一的小磨面，其余为石片疤，它们是以背面为台面向左面剥片和以左面向正面剥片后出现的石片阴面。

右面：不规整断口，上面的断口是以正面为台面向背面剥片后留下的石片阴面。下面的断口是以右面为台面向正面剥片后留下的石片阴面。断口是因为石刀折断而被迫修理所致。

刃部：刃面与副刃面会合成单面刃。刃缘中部微凸，刃口为直线，手感不甚锋利。

（3）功用分析

该石刀是以两端为断口的石片制作而成。其上端和左侧断口被修理过，右侧断口未被修理过。正面光洁度小于刃面的光洁度，刃面光洁度不如背面的光洁度，孔角有磨圆痕迹。据此推测该石刀是握在手中使用的切割和刮削工具，可以摘取稻穗也可以刮削竹木。

二、双孔石刀左片观察与分析

1. 双孔石刀左片2014ZYH158∶1

（1）目鉴岩性

红紫色，表面光滑，硬度4，粉砂状结构，主要由石英、长石等粉砂级碎屑组成，含铁质及泥质紫红色粉砂岩。

（2）造型描述

平面为蝶形，双孔石刀左片。残长82、宽47.5、厚9.8毫米，重42.8克（图一〇三；图版八七）。器表比较光滑，多处有成片黄色附着物。

刀背：凹弧面，中间厚而左侧薄，与正、背面之间转角为圆角。

正面：左上角因为背面受到击打后导致正面被剥片而出现缺口。中部上方有两个刀孔，刀孔位置略偏左。刀孔都是两面对钻，左孔是管钻而成的，开口直径7.8毫米，内孔直径5.8毫米。右孔直径5.7毫米。两孔间距13.5毫米。中间厚左侧薄，最厚处位于刃面与正面交界处。下部急收至刃缘，形成弧面刃。

背面：与正面相似。

左面：上部稍宽下部较薄而中部较厚。它与正背面之间为圆角。

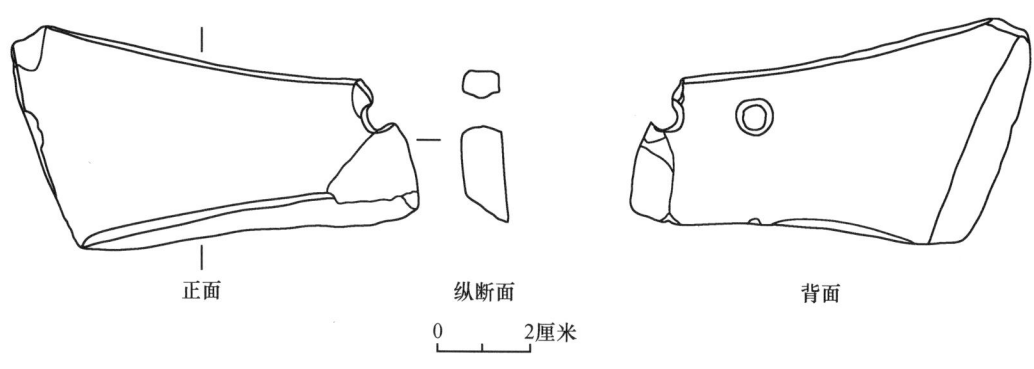

图一〇三 双孔石刀左片2014ZYH158:1

右面：断口。从右孔中部折断。刀孔上方断口为原石片阴面，刀孔下方断口两侧各有石片阴面，它们是拟通过剥片达到减薄断口部位的厚度所致。

刃部：刃面与副刃面会合成弧直单面刃，楔角63°。刃部右下角破损是因为从右面断口向正面剥片造成的。刃面上部有窄条形原始刃面，中下部是大面积更新刃面。刃面和刃缘看似完整，刃缘中部稍内凹。刃口是微微向背面凸起的弧形磨圆面，偶见细小缺口。

（3）功用分析

这件石刀是以石刀左片为素材改制而成的单孔石刀。改制包括修理断口和更新刃面两道工序，改制后的石刀有弧形刃面。该石刀刃口不锋利，不适于摘取稻穗，它是握在手中使用的刮削工具。

2. 双孔石刀左片2014ZYT0508③a:10

（1）目鉴岩性

中灰色，变余泥质结构，斑点构造，斑点黑色，定名斑点角岩。

（2）造型描述

平面近似圆角三角形，石刀从右孔中间折断的左片。长66.8、宽36.7、厚6.9毫米，重23.5克（图一〇四；图版八八）。石材风化严重，表层脱落。

刀背：凹凸窄条形磨面。平背，软角。

正面：局部表层剥落，残存部分为磨面。刀孔为两面管钻。左孔孔径7.4毫米，正面看左孔孔角上下都磨圆，背面看该孔左下方孔角也都磨圆。右孔残背面看该孔的右孔角磨圆。两孔间距7.8毫米。下部渐收至刃缘，形成弧面刃。刃缘左端向上翘起与左面自然连接，使左刃角变为圆角。

背面：表层大面积剥落。下方渐收至刃缘，形成了作为副刃面的弧面刃。

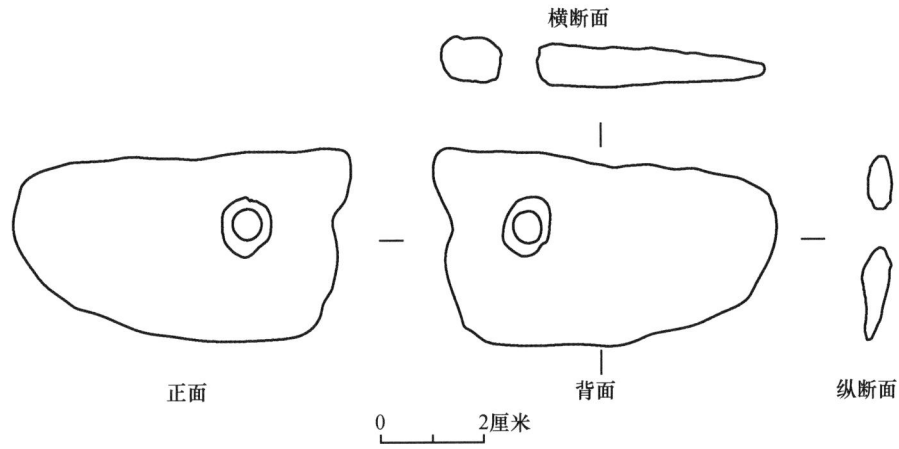

图一〇四　双孔石刀左片2014ZYT0508③a∶10

左面：圆凸的窄条形磨面。

右面：因为折断而成为断口。

刃部：刃面与副刃面会合成为不对称双面刃。左孔下方刃缘微凹。刃口平而圆钝。

（3）功用分析

该石器是以石刀左片为素材改制而成的单孔石刀。改制前的双孔石刀的刀孔上下和左侧孔角都被磨圆，表明刀孔是系绳部件。改制后的单孔石刀被用于劈裂和刮削硬度不高的客体。

3. 双孔石刀左片2014ZYT0509③a∶18

（1）目鉴岩性

红紫色，表面光滑，硬度4，粉砂状结构，主要由石英、长石等粉砂级碎屑组成，含铁质及泥质紫红色粉砂岩。

（2）造型描述

平面近似圆角三角形，石刀似乎在中间折断，残存左片。长67.2、宽33.6、厚8.3毫米，重27.4克（图一〇五；图版八九）。器表经过研磨，手感滑而有颗粒感。

刀背：中部厚右端薄的条形磨面。

正面：正面中部弧凸，并有黑色附着物。表面有摩擦痕迹。正左棱因为左面折断而被破坏，左上角为圆角，稍起翘。正左棱内收弧边，边缘有多个疤痕。右上角是被从顶面向下剥片后留下的石片疤。纵轴和横轴方向皆弧凸，从正顶棱向刃面不断变厚，最厚处位于正面与刃面交接处。中部向右面逐渐减薄。正顶棱下方靠近左

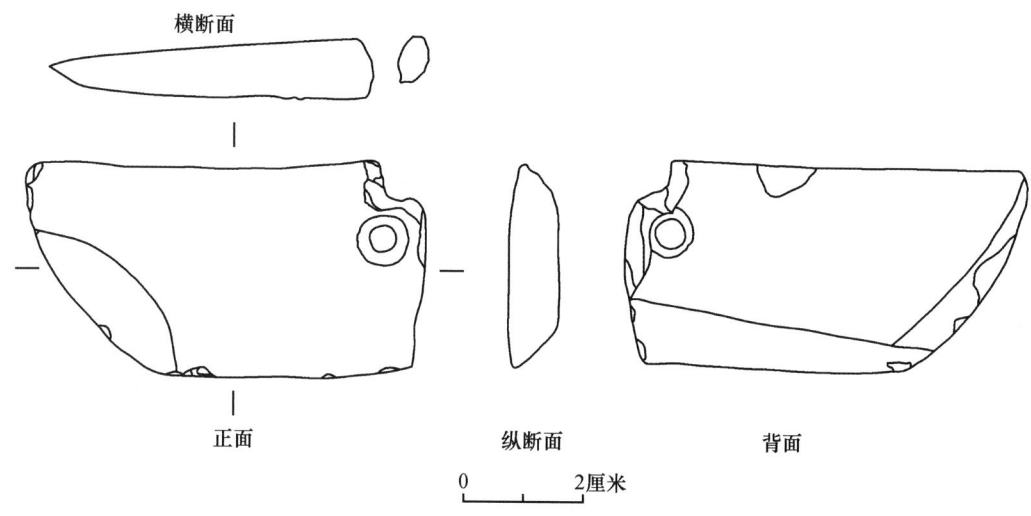

图一〇五　双孔石刀左片2014ZYT0509③a∶18

边断面处有一个两面对钻的楉钻孔，刀孔左侧稍残，孔口直径约7.7毫米，孔角有不明显磨痕。下部弧收至刃缘，形成弧面刃。刃面中间宽，右刃角的刃面收窄最终消失。右下角有一个较深的石片疤。

背面：基本为平面，横轴方向弧凸。表面中下部有摩擦痕迹。左上角是从顶面向下剥片后留下的石片疤。下部弧收至刃缘，形成了作为副刃面的平面刃。左下角有小石片疤，中部偏右处有连续分布的小石片疤。

左面：断面，由多个石片阴面构成。石刀折断后，其断口被修理成近似直边，断口上的石片疤显示当时采用类似交互打击法修理断口。

右面：很薄的条形弧凸面，可见疤痕。

刃部：刃面和副刃面会合成为弧直单面刃，楔角61°，刃缘基本平直，可见细小浅石片疤。刃口直，不见摩擦痕迹。

（3）功用分析

该石器是以石刀左片为素材改制而成的石刀，左片被从背面向正面剥片，剥片目的不详，目标器形不详。原始石刀左孔的孔角有磨损痕迹，石刀正、背面都有摩擦痕迹，这些现象表明石刀是被握在手中使用的，但是它未必是摘取稻穗的工具，而有可能是劈削如竹子等有一定硬度的客体。

4. 双孔石刀左片2014ZYG5∶3

（1）目鉴岩性

灰黑色，表面光滑断口粗糙，断面见较多白云母，细粒砂状结构，砂粒主要有石英及少量长石，含较多泥质杂质，定名泥质细粒砂岩。

（2）造型描述

平面近似圆角方形，是从右孔中间折断后残存的左片。长56.1、宽40.7、厚4.7毫米，重11.9克（图一〇六；图版九〇）。背面是石材层理面。

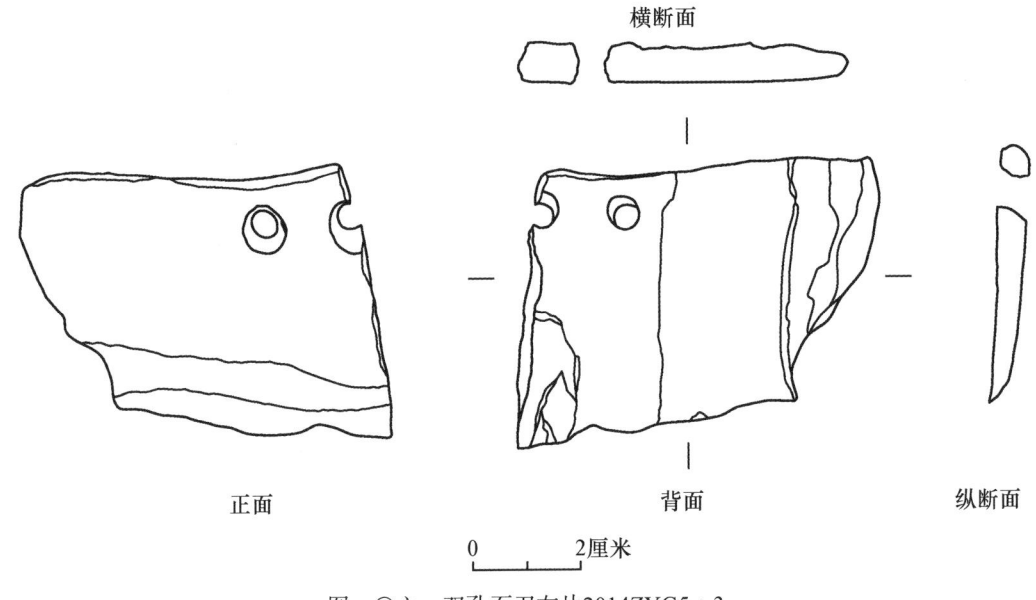

图一〇六　双孔石刀左片2014ZYG5∶3

刀背：中间稍厚而左端稍薄的窄条形磨面。左孔上方稍低凹，左孔向右直至断口的刀背边缘被磨圆。

正面：左边不完整，右面是断口。中间稍隆起，磨面浅，可见亚光。靠近刀背的右边有两个刀孔，左外孔直径6.6、内孔直径4.8毫米。右孔残，外孔直径约6.3、内孔直径约4.7毫米。两孔间距8.5毫米。下方急收至刃缘，形成了弧面刃。在实体显微镜下观察刀孔，在正面右孔的右下孔角看到磨损痕迹。

背面：层理面。两孔之间的上部磨圆，疑似石刀背面被剥片后背顶棱被磨圆。

左面：薄刃状。

右面：断口。从石片疤看，曾用交换打击法修理断口，使断口成为直壁。

刃部：背面不完整，推测该石刀为单面刃。刃缘残。

（3）功用分析

该石刀背面被剥片原因不详，背面左上角有研磨痕迹，表明石刀背面被剥片露出层理面后被长时间使用。从左孔上方微微下凹背面被磨圆看，石刀是系绳手握使用的工具。

5. 双孔石刀左片2014ZYT0706③b：5

（1）目鉴岩性

中灰色，变余泥质结构，斑点构造，斑点黑色，定名斑点角岩。

（2）造型描述

平面为圆角长方形，石刀在左孔中间折断，残存左片。残长61.2、宽42.2、厚6.4毫米，重28.7克（图一〇七；图版九一）。

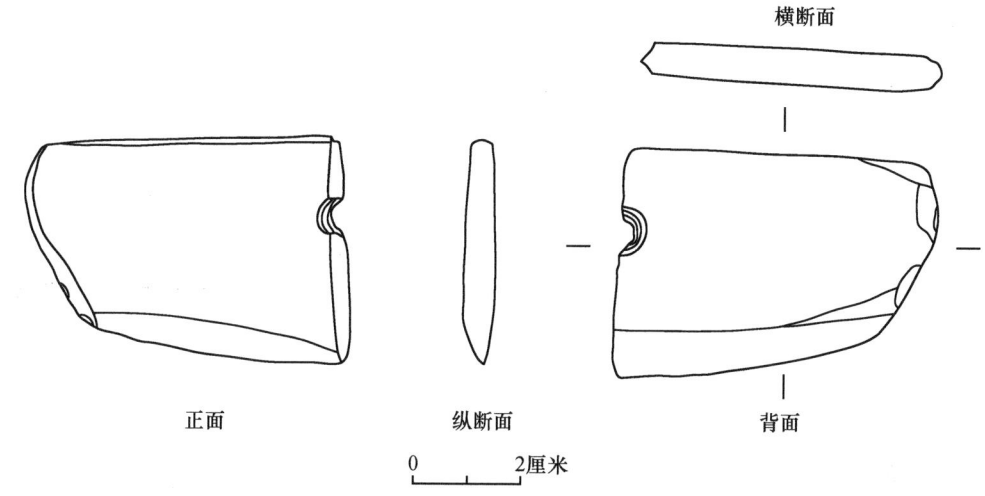

图一〇七　双孔石刀左片2014ZYT0706③b：5

刀背：基本平坦条形面，中间稍宽，左边稍窄。研磨较为精细。近右上角处稍薄。

正面：右上角为弧形，正面基本平整，研磨不精，可见未经研磨的石材层理面。中部偏上仅存1个刀孔，两面对钻而成的桯钻孔，孔壁上可见明显的粗糙旋痕，孔壁倾斜。外孔直径约9.3毫米。孔角有磨损痕迹。下部渐收至刃缘，形成微凸刃面。

背面：基本平坦，表面经过研磨，可见未经研磨的石材层理面。下部渐收至刃缘，形成作为副刃面的平面刃。副刃面上的磨痕明显，与正面下方的刃面上的磨痕相同。其风化程度略低于整体表面的新磨面，其研磨较其他部位精细。

右面：宽度不一的磨圆面。

左面：从正面向背面击打导致石刀折断后出现的断口。

刃部：刃面与副刃面会合成为单面刃，楔角35°。刃面较宽，达9.8毫米，风化程度略低于正面。刃缘为微凸弧线。刃口为磨圆的直线。

（3）功用分析

折断前的原石刀是单孔还是双孔不详，折断后其断口被修理成直壁，锋利的刃口上的细微石片阴面应该是刮削客体时产生的损伤，据此推测它是具有刮削功能的石刀。

6. 双孔石刀左片2014ZYT0613③：12

（1）目鉴岩性

表面灰色，断口灰黑，粉砂状结构，主要由粉砂级长石、石英及一些泥质组成，定名粉砂岩。

（2）造型描述

平面近似菱形，双孔石刀在右孔中间折断后残存的左片。长47.4、宽35.1、厚4.5毫米，重13.3克（图一〇八；图版九二）。平背刀。

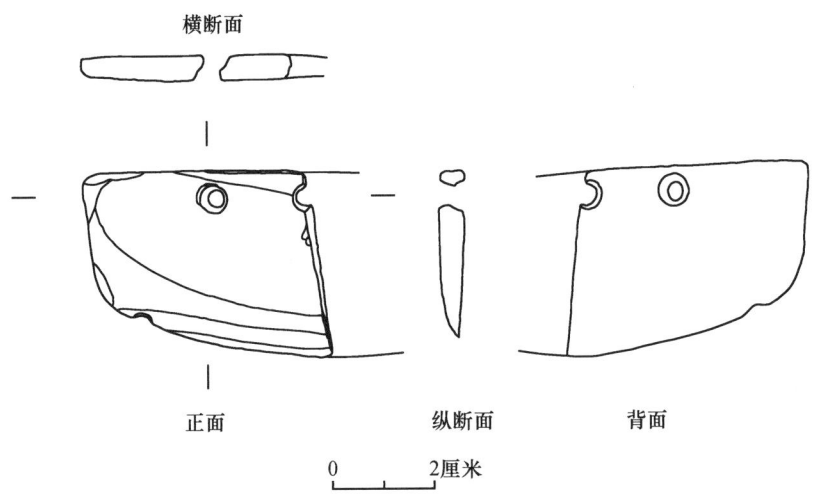

图一〇八　双孔石刀左片2014ZYT0613③：12

刀背：宽度一致的平坦面，面上可见两个石片阴面，它们打破了刀背原磨面。磨面平而不滑。

正面：表面平坦，左上角有1个小的倒三角形新磨面，它把原磨面破坏掉了。表面有亚光。左下方有小磨面破坏了原磨面。表面有密集线条，手感平而不滑。刃缘旁是内收的微弧凸刃面。刀背中央下方有一个三角形新磨面，破坏了两个刀孔的上缘。左孔开口直径5、右孔开口直径5毫米，两孔间距13.6毫米。两个孔壁都有对接错位痕。下部渐收至刃缘，形成弧面刃。左下角为圆角。实体显微镜下观察刀孔，孔角明显而没有磨圆或摩擦痕迹。

左面：类似单面刃的刃口。

右面：断口切断右刀孔，断口经过修理，成为直壁。

背面：岩石层理面，经过轻度研磨。

刃部：刃面与背面刃缘会合出现单面刃，刃角不大。左下角起翘。刃缘弧凸。刃口直，可见细小崩缺。

（3）功用分析

折断前的石刀双孔偏左，左刃角旁的崩缺是副刃面被来自客体的12点钟的反作用力剥片所致，它适于刮削或砍劈硬度不高的客体。

7. 双孔石刀左片2014ZYG18：1

（1）目鉴岩性

深灰，表面光滑断口粗糙，细粒砂状结构，砂粒主要有石英及少量长石，含较多泥质杂质，定名泥质细粒砂岩。

（2）造型描述

平面为圆角长方形，为双孔石刀在右孔中间折断后残存的左片。残长66.6、宽44.2、厚10.6毫米，重53.5克（图一〇九；图版九三）。石刀轻度风化。

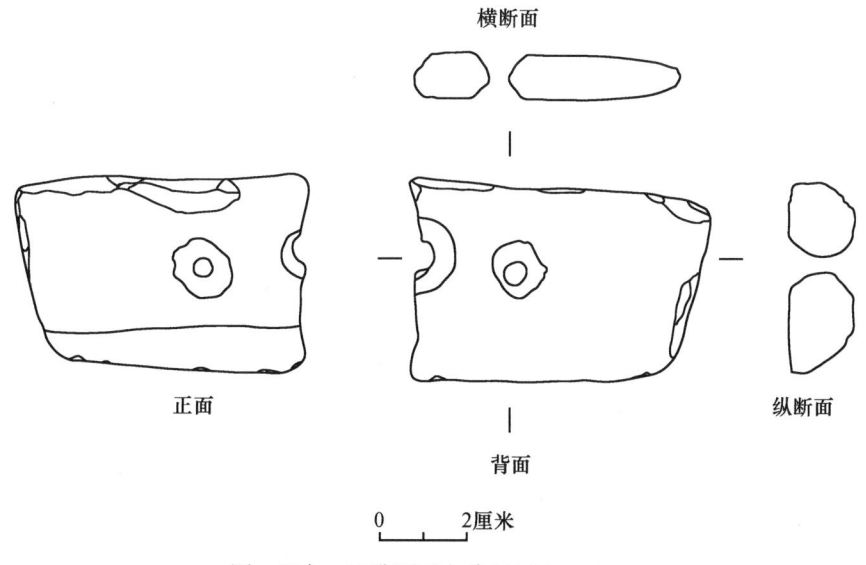

图一〇九　双孔石刀左片2014ZYG18：1

刀背：多个磨面构成，中部有大疤痕，正背棱有摩擦痕迹。

正面：正顶棱被多个疤痕破坏。正面长轴中央微凸，近左边稍低。表面经过研磨，手感光滑，有明显反光。中部有1个完整的两面对钻的桯钻孔和一个残孔。左孔开口直径12.9毫米，内壁直径5.1毫米。右孔直径约9.9毫米。下部弧收至刃缘，形成弧面刃，刃面始于左刃角，刃面逐渐变宽，右侧断口处最宽。

背面：中央微凸，周边稍低。下部渐收至刃缘，形成作为副刃面的平面刃。

左面：宽度小于顶面。长轴中央微弧凸磨面，上有1个疤痕。

右面：断口，曾从正面向背面、从背面向正面剥片修理，使之成为近似平面的直壁。

刃部：刃面与副刃面会合成弧直单面刃。刃缘稍有起伏。刃口直而有较多细小凹缺。

（3）功用分析

石刀比较厚，造型亦与其他石刀不同。正面强烈的光泽表明它是长期被握在手中使用所致。使用方式估计为劈削，作业客体硬度不高。

8. 双孔石刀左片2014ZYH135：1

（1）目鉴岩性

表面灰色，断口灰黑，粉砂状结构，主要由粉砂级长石、石英及一些泥质组成，定名粉砂岩。

（2）造型描述

平面近似弧边三角形，双孔石刀从右孔中间折断，残存左片。残长62.8、宽37.3、厚5.2毫米，重19.2克（图一一〇；图版九四）。石材中度风化，表层剥落，不见磨面。

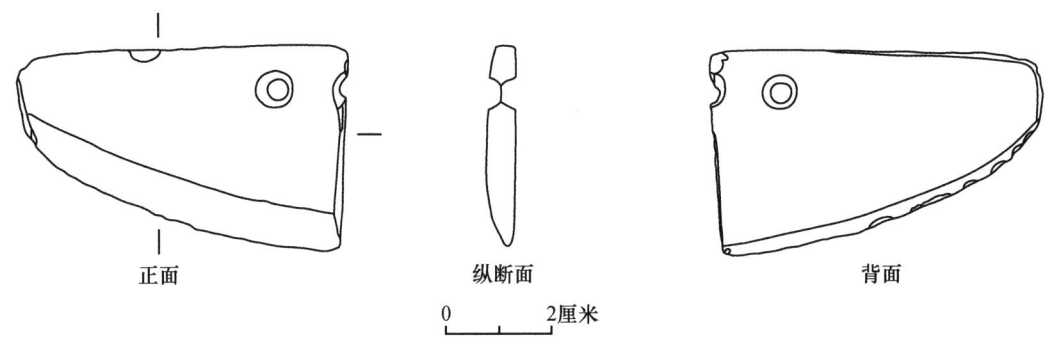

图一一〇 双孔石刀左片2014ZYH135：1

刀背：基本平直的条形磨面。

正面：平面近似三角形。表面平坦。顶面下部有两个孔，都是两面对钻的桯钻孔，孔壁上有很粗糙的旋痕，旋痕清晰不见摩擦痕迹。两个孔边缘相距9.2毫米。左孔完整，开口直径6.6、孔壁内径4.3毫米。右孔仅存左半边，开口直径约6.2、孔壁直径约5毫米。下部弧收为刃面。刃面始于左面下缘，弧凸形。

背面：石材层理面。下部弧收为窄条形副刃面，中部至右刃角刃缘上可见许多细小石片疤。

左面：正背面边缘磨面会集的短小凸脊。

右面：纵贯右孔的断口，是用背面向正面击打导致折断后留下的断口。

刃部：刃面与副刃面会集为单面刃。刃缘弧凸。刃口直而圆钝。

（3）功用分析

该石刀双孔位置稍偏左，石刀断口被修理成直壁。从刃面大而完整、刃口磨圆程度看，它是刮削柔软客体的工具。

9. 双孔石刀左片2014ZYT0612③：12

（1）目鉴岩性

灰黑色，粉砂状结构，主要由粉砂级长石、石英及一些泥质组成，定名粉砂岩。

（2）造型描述

平面呈三角形。双孔石刀在右孔右侧折断，残存左片。长60.1、宽38.8、厚4.6毫米，重15.6克（图一一一；图版九五）。

刀背：基本等宽条形面，边缘有小磨面。表面有纵向研磨短线。表面轻度风化。

正面：石材层理面。正顶棱下方有两个对钻管钻孔。两个孔的孔壁中间有对接错位痕。两个刀孔的孔壁风化程度低于刀身。孔壁边缘不见磨损。左孔直径4.8毫米。右孔残缺1/4，其直径为5.4毫米。左右孔间距8毫米。下部渐收至刃缘，形成弧面刃。

背面：石材层理面。下部渐收至刃缘，形成作为副刃面的平面刃。刃缘旁有两个小石片疤。

刃面：刃面与背面刃缘会合成弧直单面刃。左上角是打破原刃缘的磨面，推测左上角被更新过。刃部为单面刃，刃缘上有多个石片阴面，断口边有一个短而宽的

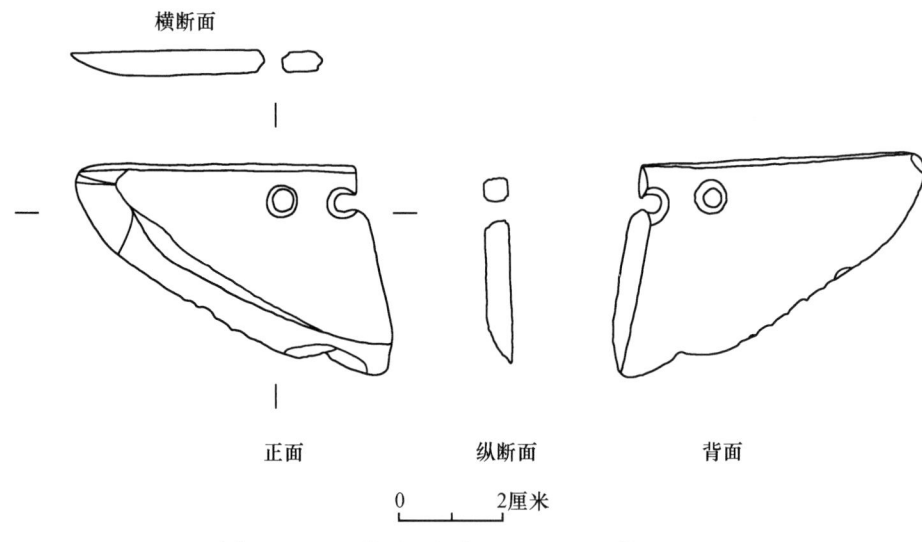

图一一一 双孔石刀左片2014ZYT0612③：12

浅石片疤，是被来自背面的12点钟的点状反作用力作用后剥片后留下的石片阴面。

（3）功用分析

石刀断口被修理成直壁。从断口与刃缘的位置关系看，双孔位置偏左。刃面的石片疤表明受到来自副刃面方向的点状反作用力，反作用力方向是12点钟方向。摘取稻穗的动作无法产生如此强大的反作用力，只有用力劈削才能使客体产生强大的反作用力，也才能使刃面被剥片。从石片疤造型看，其刃口被圆凸客体剥片。刃部大而浅的石片疤表明，残石刀正被改制，目标器形不详。

10. 双孔石刀左片2014ZYT0509③a：12

（1）目鉴岩性

浅灰色粉砂状结构，主要由粉砂级长石、石英及一些泥质组成，定名粉砂岩。

（2）造型描述

平面似直角梯形。长66.2、宽37、厚6.4毫米，重23.8克（图一一二；图版九六）。

刀背：平整的条形磨面，磨面上可见粗糙条痕。

正面：研磨平整，可见粗条痕。下部急收成刃面。中部有两个刀孔，孔壁斜。左孔开口直径6.4、右孔开口直径7.3毫米，两孔相距8.4毫米。两个刀孔的边缘都有比较宽的浅管钻痕迹，这是钻孔时钻头移位的痕迹。刀背下方有近似垂直条痕，其中刀孔附近的线痕被刀孔打断，孔壁风化程度比器表浅，这些现象表明先研磨石器表面然后钻孔。实体显微镜下观察刀孔，孔角上没有被磨圆。下部急收至刃缘，形

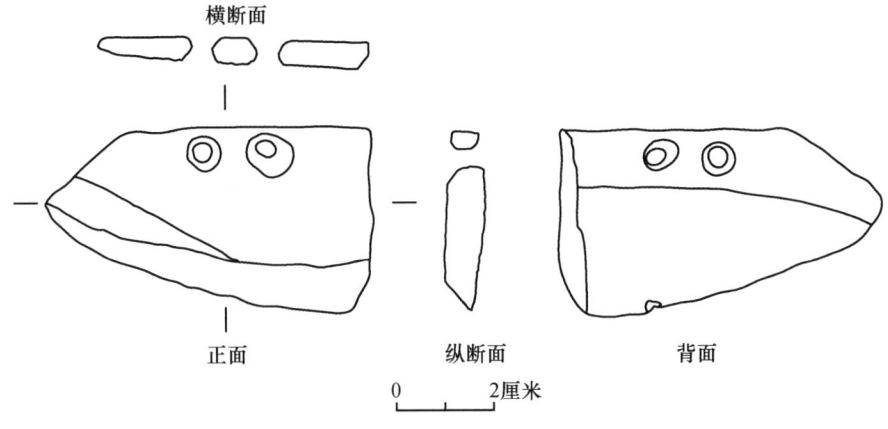

图一一二 双孔石刀左片2014ZYT0509③a：12

成弧面刃。左刃角起翘，刃面非一次性研磨而成。

背面：右上角有一个钝角三角形磨面。中部偏下部位有横向凸脊，其上下两侧为斜坡，凸脊下方靠近左刃角处有疤痕。凸脊渐渐内收至刃缘，形成作为副刃面的平面刃。

左面：断面，至少由两个断口构成，它们是从正面向背面击打导致石刀折断所致。据此判断，石刀折断后，断口被有意识地修理成直壁。

右面：中部微微内凹的斜面。

刃部：刃面和副刃面会合成单面刃。刃缘上有若干个石片疤，被大致11点钟方向的作用力剥片。刃口为直线。

（3）功用分析

从平面造型和右面断口看，该石器形似石刀残片，但是从双孔位于石刀中间看，它不像折断后残存的左片。以断口为中线按对称原则把它复原后，发现其造型与常见的豆荚形双孔石刀不同。因此，我们推测该石刀是利用诸如戈或其他石器残片为素材改制而成的。两个刀孔的孔角上没有明显磨损痕迹表明刀孔可有可无，或者刀孔未必用于穿绳，刃口损伤表明它是刮削比较柔软客体的工具。

三、双孔石刀右片观察与分析

1. 双孔石刀右片2014ZYT0414②：1

（1）目鉴岩性

浅灰色粉砂状结构，主要由粉砂级长石、石英及一些泥质组成，定名粉砂岩。

（2）造型描述

残平面原应为半圆形，双孔石刀在左孔中部折断，残存右片。残长83.4、宽48.6、厚5.7毫米，重41.8克（图一一三；图版九七）。石材轻度风化，表面多处剥落。

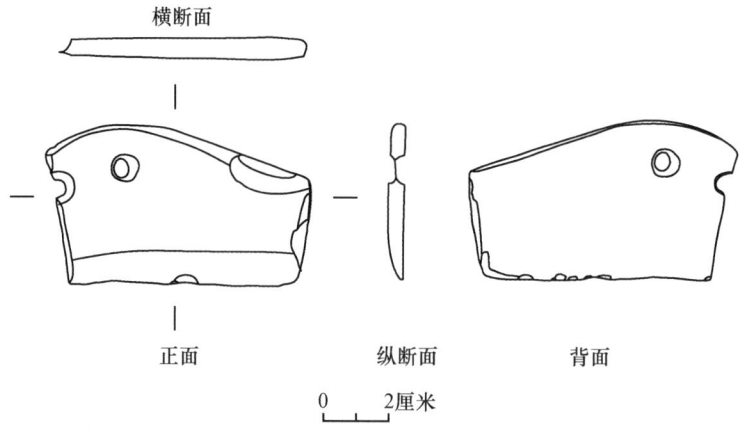

图一一三　双孔石刀右片2014ZYT0414②:1

刀背：由宽窄不一、长度不等的多个小磨面构成，小磨面之间的转折为次棱。

正面：右边缘有多个打破表面的石片阴面，是修理右面断口所致。右上角旁有疤痕。表面多处表层剥落，未剥落部位经过研磨，表面可见多组密集粗线条。残左孔旁有较大疤痕。刀孔皆管钻而成，左孔开口直径约9.3、右孔开口直径8.9、内径5.5毫米，孔壁内可见对接错位痕，错位痕上有摩擦痕迹。两孔间距14.7毫米。下部渐收至刃缘，形成微弧凸刃面。

背面：平整，可见多组密集短线。下部渐收至刃缘，形成作为副刃面的平面刃。刃缘中左部上方有多个浅石片疤。

左面：贯穿左孔纵向折断后出现的断口。平直断口非石刀折断形成的，而是石刀折断后从背面向正面剥片修理而成的，并由此在正面和背面留下石片阴面。

右面：可见密集研磨条痕的粗糙面。

刃部：刃面与副刃面会合而成弧直单面刃。刃面有石片疤，副刃面也有多个浅石片疤。右孔下方刃缘稍内凹，应该是更新刃面所致。右孔下方的刃缘微凹，刃缘后部正背两面都有浅而长的石片疤。刃口为直线，磨圆。

（3）功用分析

按对称法复原该石刀后，发现折断前该石刀背部弧凸，这种石刀仅此1件。右孔在弧凸顶部下方，左孔位置稍低，双孔位置偏左，孔角上没有磨圆摩擦。我们推测，这件残石刀被当作单孔石刀继续使用，适于刮削硬度不高的客体。

2. 双孔石刀右片2014ZYT0509③a：13

（1）目鉴岩性

红紫色，表面光滑，硬度4，粉砂状结构，主要由石英、长石等粉砂级碎屑组成，含铁质及泥质紫红色粉砂岩。

（2）造型描述

平面近似半月形，双孔石刀从右孔中间折断，残存右侧，右上角残。长92.3、宽48.7、厚6.6毫米，重40.5克（图一一四；图版九八）。

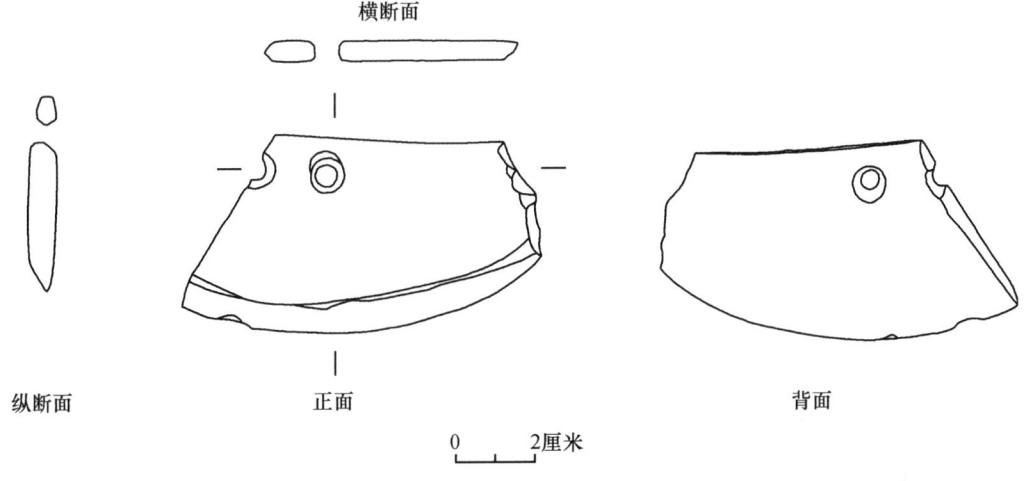

图一一四　双孔石刀右片2014ZYT0509③a：13

刀背：中部窄而右端宽的微弧凸面，这个面从中间开始向右渐渐起翘。

正面：右角缺失。短轴中部微微弧凸。表面研磨过，手感平滑，器表上隐约可见密集线条。表面可见星星点点状反光。中部有两个两面对钻管钻孔，孔壁隐约可见旋痕。两孔相距4毫米。左孔仅存右半孔壁，孔壁斜，其开口直径约9.1、内径5.1毫米。右孔开口直径7.7、内径5.3毫米。两孔开口处有半圆形凹痕，推测钻孔时钻头移动所致。右孔孔角被磨圆。下部急收直至刃缘，形成微弧凸的弧形刃面。刃缘中部有浅而宽的石片疤。在实体显微镜下观察刀孔，孔角没有被磨圆。

左面：断面，推测石刀折断后，通过从正面向背面击打来修理石刀断口，使之成为直壁。

右面：由两个断口构成。它们都是从背面向正面击打导致剥片后留下的断面。

背面：横轴和长轴中央微微隆起，表面中部的光洁度不如正面的刃部，刃部光洁度不如背面的光洁度。手感比正面平滑，可见成片的反光。下部渐渐弧收直至刃缘，刃缘中后部有短而浅的、宽的小石片疤。

刃部：刃部与背面刃缘会集成为单面刃。刃缘弧凸。刃口稍有弯曲、锋利。

（3）功用分析

该石刀左右两侧皆为断口，可能是石刀折断后改制所致。刀孔上部的孔角上看不到明显磨损痕迹，孔角下方却有磨损痕迹，刀孔用法不得而知。其背面比正面光滑，表明其背面经过精细研磨，刃缘中部有大小不等的石片疤，推测石刀被握在右手中向内刮削硬度不高的客体。

3. 双孔石刀右片2014ZYT0707③a：2

（1）目鉴岩性

灰黑色，断口上见平行层理，有细小黄铁矿，主要由碳泥质组成，含长石、石英等粉砂质，导致手感较粗，定名粉砂质泥岩。

（2）造型描述

平面近似长方形。双孔石刀在右孔左边折断，残存右片。长79.2、宽52、厚9.7毫米（图一一五；图版九九、图版一〇〇）。

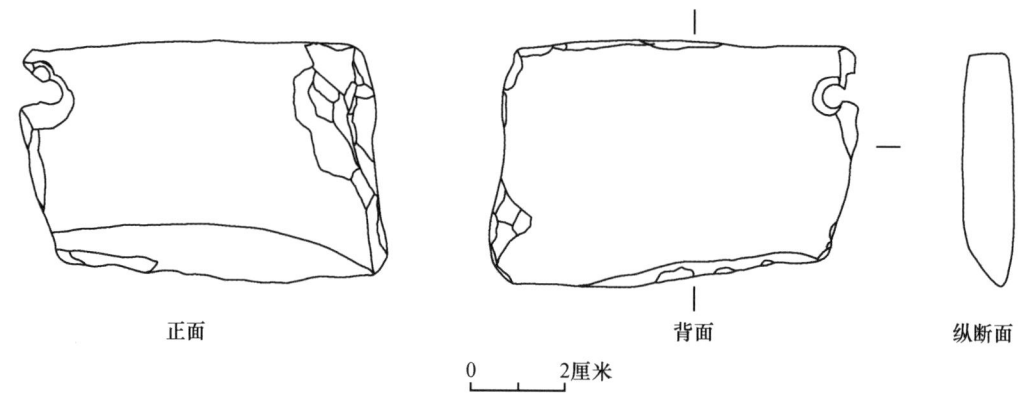

图一一五 双孔石刀右片2014ZYT0707③a：2

刀背：平直面，厚度基本相同，斜直粗短线，表面没有软磨痕迹。

正面：表面微微起伏，经过简单研磨，布满密集纵向粗线条。断口旁有1个两面对钻而成的残孔，管钻孔开口直径7.9毫米。孔壁上方有一个桯钻的细小盲孔，孔壁右侧有1个桯钻小孔痕。下部渐收至刃缘，形成弧面刃。在实体显微镜下观察刀孔，孔角上没有磨圆痕迹。

背面：基本平整，经过简单研磨，布满密集纵向粗线条，可见大片平滑面。下部渐收至刃缘，形成作为副刃面的平面刃。

左面：纵贯刀孔的断口，残孔壁内可见对接错位痕。

右面：多个石片阴面构成的断口，它们都是以背面为台面向正面剥片后形成的断口。

刃部：刃面与副刃面会合形成单面刃。刃缘内凹。刃口为直线，比较锋利。

（3）功用分析

该石刀是否双孔不得而知。石刀折断前，先后两次采用桯钻法钻孔，孔皆未钻透，遂改用管钻法钻孔。近似四方形的平面造型与常见的双孔石刀不同。石刀折断后，断口被修理成近似直壁，并在正面下方研磨出基本完整的弧形刃面。改制后的石刀已无刀孔，我们推测，石刀有无刀孔都不影响该石器使用。根据正面光洁度不如背面和刃面光滑，我们认为，石刀是握在手中用于刮削客体的工具。

4. 双孔石刀右片2014ZYT0613③：4

（1）目鉴岩性

红紫色，表面光滑，硬度4，粉砂状结构，主要由石英、长石等粉砂级碎屑组成，含铁质及泥质紫红色粉砂岩。

（2）造型描述

平面近似圆角长方形，石刀在右孔中间折断，残存右片。长59.7、宽47.3、厚7.2毫米，重24.7克（图一一六；图版一〇一）。纵贯刀孔折断。器表经过研磨，手

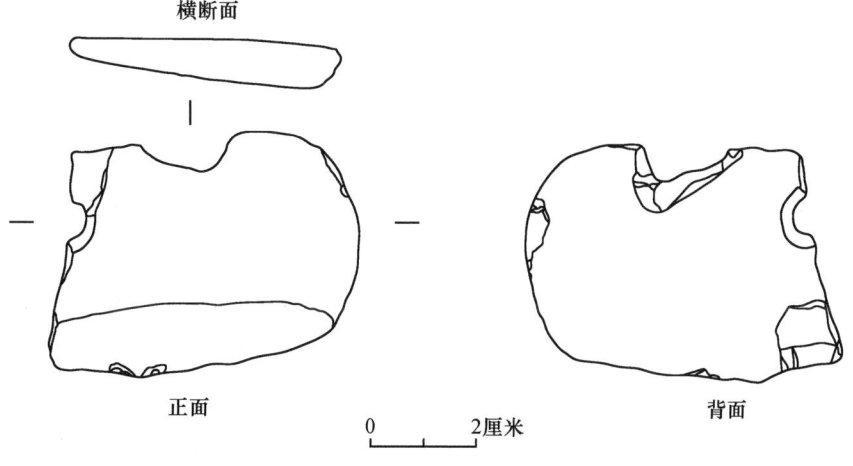

图一一六　双孔石刀右片2014ZYT0613③：4

感光滑，反光明显，可见线条。

刀背：平直窄条形磨面，背部中间有凹缺，是从正面向背面击打导致背面上部被剥片所致。

正面：正顶棱中部有凹缺，左边为劣弧形孔壁，残孔为两面对钻的管钻孔，孔壁中可见对接错位痕，外孔直径7.6毫米。右边为半圆形，右下角为圆角。长轴中央微弧凸。下部弧收为刃面。刃面微弧凸，刃缘旁可见一个小石片疤。在实体显微镜下观察刀孔，残孔的孔角上没有看到磨圆痕迹。

背面：长轴中央微隆起，右角被大石片疤破坏，该石片疤是刃缘被0点钟方向的作用力作用剥片后留下的石片阴面。下部渐收至刃缘，形成作为副刃面的平面刃。刃缘上有宽石片疤。

左面：断口，是以背面为台面向正面击打导致石刀折断后留下的石片阴面。

右面：条形弧凸面，可见疤痕。

刃部：刃面与副刃面会合成弧直单面刃。刃缘弧凸。刃口中部向背面弧凸，刃口锋利。

（3）功用分析

原石刀刃缘中部偏左部位被来自客体的12点方向的反作用力剥片，导致原石刀折断。石刀断口被修整成直边，背面被剥片但是效果不佳，残石刀的改制是否就此终止不得而知。

5. 双孔石刀右片2013ZYT0606③：2

（1）目鉴岩性

表面灰色，断口灰黑，粉砂状结构，主要由粉砂级长石、石英及一些泥质组成，定名粉砂岩。

（2）造型描述

平面近似三角形。石刀从右孔左边折断，残缺右片大部，右上角残缺，无法判断原始石刀是单孔还是双孔。残长47.9、宽50、厚6.4毫米，重21.8克（图一一七；图版一〇二）。

刀背：残存部分较宽，宽度一致。微凸面手感滑腻。平背刀。

正面：表面平滑，可见走向不一的条痕。左边是断口边缘，上部是残孔右侧边。两面对钻的管钻孔，外孔直径11.8、内径6.1毫米。孔壁可见旋纹和错位对接痕。下方渐收至刃缘，形成弧面刃。实体显微镜下观察正面穿孔时，在孔壁上可以看到

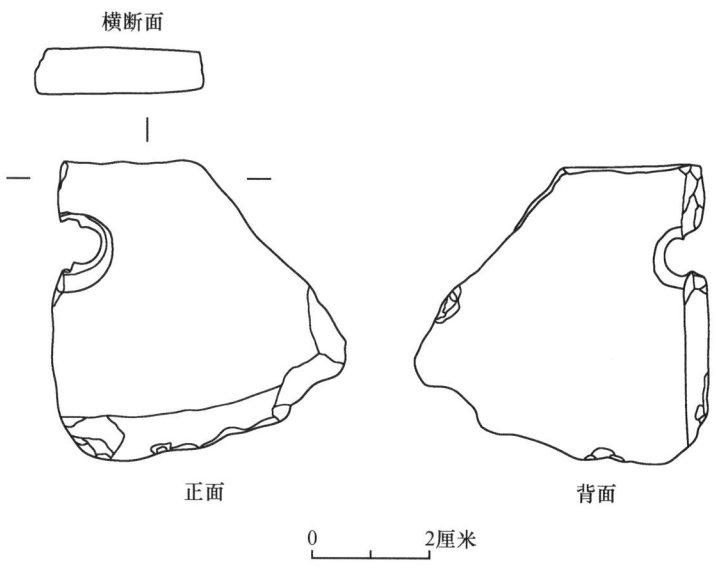

图一一七　双孔石刀右片2013ZYT0606③∶2

非常清晰的螺旋痕,但是在外孔与孔壁之间的转角上看不到磨圆或者磨损痕迹。

背面：表面光滑,局部有微弱反光面。下部渐收至刃缘,形成作为副刃面的平面刃。近刃缘处微微弧收。

左面：断口,从断口形态看,应该是正面被击打导致石刀从刀孔中间折断。

刃部：刃面与背面刃缘会合成为单面刃。刃面上有1个更新面。刃缘被一系列石片疤破坏,它们都是副刃面受力导致刃面被剥片后留下的石片阴面。刃缘近似锯齿形。刃口为直线,不锋利。

（3）功用分析

正背面刀孔边缘没有看到磨损痕迹,孔壁中的接痕上也没有磨损痕迹,也就是说刀孔未经使用。背面可见小片反光面,说明背面局部曾被频繁摩擦,这样看来,这件石刀未必是系绳使用的摘取稻穗的工具,而是另有用途。

6. 双孔石刀右片2014ZYT0513③∶3

（1）目鉴岩性

黑色,断口上见平行层理,有细小黄铁矿,主要由碳泥质组成,含长石、石英等粉砂质,导致手感较粗,定名粉砂质泥岩。

（2）造型描述

平面近似圆角方形。石刀从左孔中部折断,残存右片。残长54.4、宽46、厚5.9

厘米，重25.1克（图一一八；图版一〇三）。石材中度风化，局部磨面剥落。表面凸起处都是磨面，磨面反光强烈而稍低部位不见磨面。

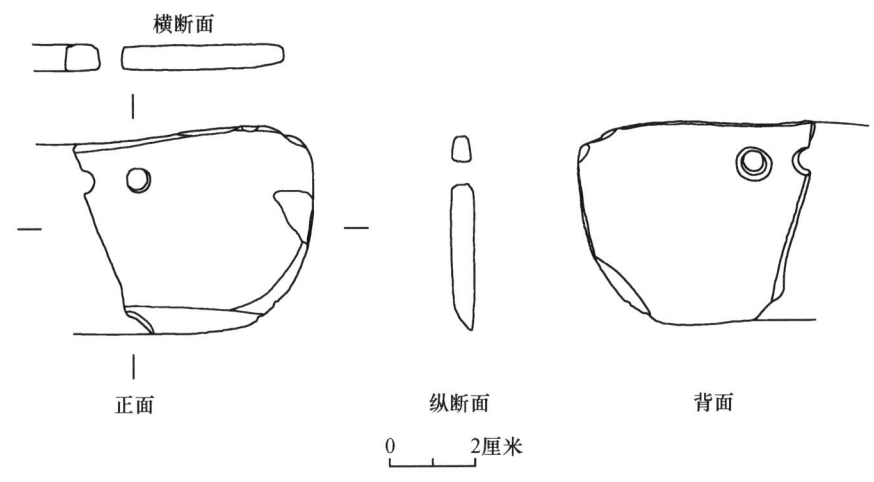

图一一八　双孔石刀右片2014ZYT0513③：3

刀背：窄条形，表面起伏。右孔上方顶面稍凹，右孔上方至右上角的刀背研磨痕迹明显，正脊棱和背脊棱磨圆。

正面：右上角下方保留制坯时的岩石表面，表面中部微弧凸，凸起处都是磨面，磨面反光强烈——经过抛光。左下角是圆角。下方急收至刃缘，形成倾斜的平刃面，刃面未经抛光。左下角即断口与刃缘之间为斜边。

左面：窄条形平面，不甚平整，凸起处是细而窄的条形磨面，低凹处保留岩石粗糙面。

背面：左上角为圆角，左边为下方内收的弧形，正左棱不明显，左下角是一个石片阴面。右边为断口。右上角最高。右上角下方是半圆形孔壁。其左侧有一个圆形刀孔，背面可见较浅钻孔痕，以正面向背面管钻为主、以背面向正面管钻为辅——避免管钻最后阶段连带破损造成石刀表面受损。正面外孔直径略大于孔壁直径——推测使用了直径大小不等的钻管钻孔，即刚开始钻孔时所用的钻管直径略大于后来使用钻管的直径。器表中央部分比周边稍低，高处都是磨面，磨面反光强烈。左下角破损，是副刃面被来自客体的2点钟方向的反作用力剥片所致。

右面：断口，石刀折断后通过从背面向正面锤击来修理断口，使之变成直壁。

刃部：刃面与背面刃缘会集成单面刃。刃缘略弧凸。刃口为直线，手感锋利。

（3）功用分析

刀背右侧至右上角的磨圆痕迹说明原石刀是被握在右手中使用的。原石刀刃缘中部受到来自客体的12点钟方向的反作用力而在中间折断。残石刀右片断口被修理成直边,它是否被作为单孔石刀继续使用不得而知。

7. 双孔石刀右片2014ZYT0509③b:6

(1)目鉴岩性

深灰,断口面上见丝绢光泽,受浅变质作用,由泥质发生重结晶形成较多绢云母,定名千枚岩。

(2)造型描述

平面近似菱形,双孔石刀大概从中间折断,残存右片。长68.1、宽36.5、厚6.3毫米,重19.6克(图一一九;图版一〇四)。石材中度风化,表面局部剥落。石器表面与层理平行,表面研磨浅,只见微弱反光。

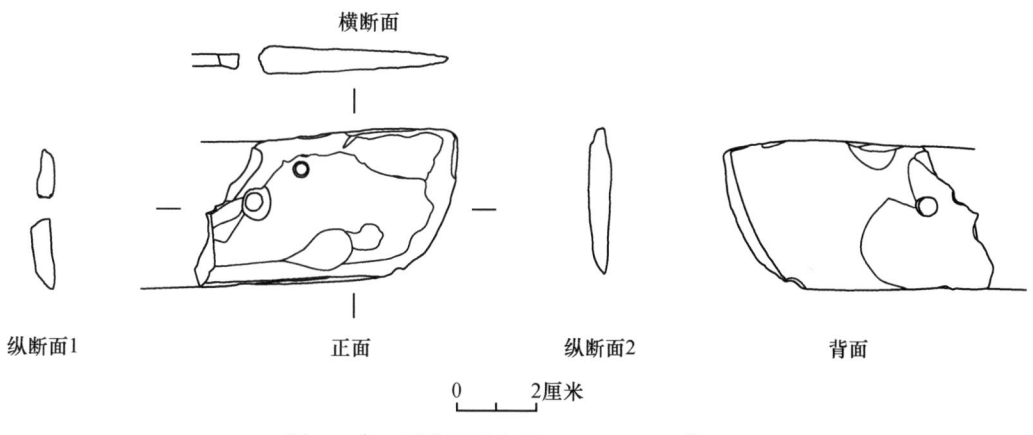

图一一九 双孔石刀右片2014ZYT0509③b:6

刀背:宽窄不一的条形磨面。平背刀,软角。

正面:表面上部剥落,可见较粗条痕。左侧为斜向断口,右侧为弧收边。左边断口旁有一个两面对钻的管钻孔,外孔直径8.1、内孔直径5.7毫米,孔壁可见螺旋痕,中间有对接错位痕。其右上角有一个盲孔,开口直径4.2毫米,孔壁为锥形,据此推测它是桯钻而成的盲孔。这个盲孔开口的右上角还有一个更小的盲孔,外孔直径1.5毫米。中部微弧凸,下方急收至刃缘,形成了平面刃。在实体显微镜下观察刀孔,孔角上没有看到磨圆痕迹。

背面:表面局部剥落,磨面上可见较粗条痕。下方微微弧收至刃缘,形成了作为副刃面的平面刃。

左面：断面。由三个断口组成，它们都是从背面向正面击打导致剥片后出现的断口。

右面：较薄的弧形磨面。

刃部：刃面和副刃面会合而成单面刃。刃缘稍有起伏。刃口稍弯曲，圆钝。

（3）功用分析

该石刀钻孔时运用了桯钻和管钻两种技法，不知何故两次桯钻都中途停止，最后采用管钻法两面对钻出刀孔，这种情况还见于该遗址的2014ZYT0707③a：2。石刀折断后其断口用交互打击法修理，从断口仍然参差不齐看修理尚未完成。根据刀孔上方的刀背可见磨圆痕迹推测，原石刀是握在右手中使用的。从刃面经过多次更新及石刀所用石材为硬度不高的千枚岩看，该石刀可能用于切割或刮削比较柔软的客体。

四、异形石刀观察与分析

这里把有刃缘而造型各异的边刃石器称为异形石刀，共5件。

1. 异形石刀2014ZYT0706⑥b：1

（1）目鉴岩性

深灰，断口上见平行层理，有细小黄铁矿，主要由碳泥质组成，含长石、石英等粉砂质，导致手感较粗，定名粉砂质泥岩。

（2）造型描述

石刀后部。长74.4、宽49.7、厚9.4毫米，重48.4克（图一二〇；图版一〇五）。以墨书标记所在面为背面。

刀背：基本平直的弧凸面，宽窄基本相同，可见少量疤痕。

左面：断口，是从正面向背面击打导致石刀折断后留下的石片阴面。

正面：中上部表面粗糙，仅凸起处为磨面，低凹处未经研磨，右上角向后延伸疑似为圆角内。下部弧收至刃缘，形成弧面刃。

背面：中上部凸起处为磨面，研磨粗糙，低凹处未经研磨。下部渐收至刃缘，形成弧面刃。

左面：研磨精细，右下角为圆刃角，有1个劣弧形更新刃面。

右面：磨圆面。

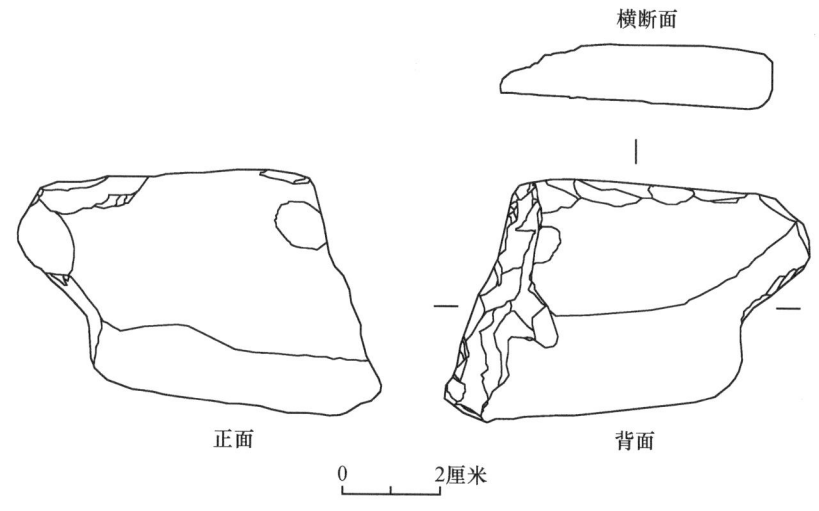

图一二〇 异形石刀2014ZYT0706⑥b：1

刃部：正背面下方的刃面会集为双面刃。刃缘微弧凸，刃口直而锋利。

（3）功用分析

该石器是用石器破片改制而成的，原石器类型不详。右上向外凸出，未必是有意制作的，左面下方的刃面宽度超过右面下方的刃面，刃口锋利可作切割工具。

2. 异形石刀2014ZYT0706③b：6

（1）目鉴岩性

深灰色，表面光滑，泥质粉砂状结构，主要由泥质和石英等粉砂碎屑组成，泥质粉砂岩。

（2）造型描述

平面近似梯形。残片长50、宽28.9、厚7毫米，重11.6克（图一二一；图版一〇六）。

刀背：一次性折断的断口，未经研磨。

正面：弧凸面，手感光滑，下方弧收至刃缘，形成弧面刃。刃面上有1个大石片疤和多个小而浅的石片疤。

背面：弧凸面，隆起程度小于正面。

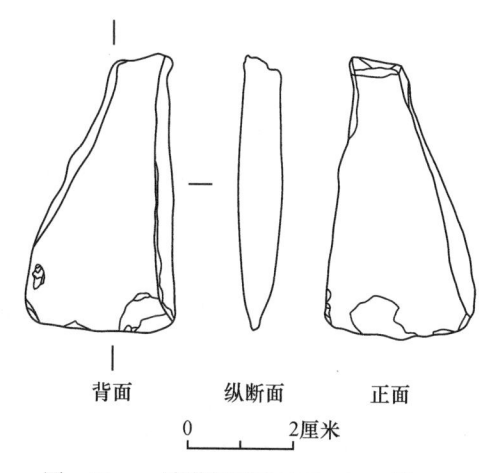

图一二一 异形石刀2014ZYT0706③b：6

下方渐收至刃缘，形成作为副刃面的平面刃。刃缘上有多个浅而小的石片疤，右下角有大而浅的石片疤。

左面：一次性折断的断口，是从正面向背面击打导致石刀折断后留下的石片阴面。

右面：由两个石片疤构成，上部石片疤是从背面向正面剥片后留下的石片阴面，下部石片疤是从正面向背面剥片后留下的石片阴面。

刃部：刃面和副刃面会合而成的不对称双面刃。刃缘平。刃口直，可见细小崩缺。

（3）功用分析

这件石器是利用石器残片改制而成的石刀，刃口的细小崩缺是刮削客体时产生的破损，据此推测它是刮削工具。

3. 异形石刀2014ZYH184∶1

（1）目鉴岩性

灰黑色，硬度较大，表面较光滑，具斑点构造，定名斑点角岩。

（2）造型描述

平面为靴形。长88.1、宽39.3、厚7.4毫米，重34.9克（图一二二；图版一〇七）。刀尖和柄（？）缺失。表面经过研磨，手感光滑，有很弱的反光。

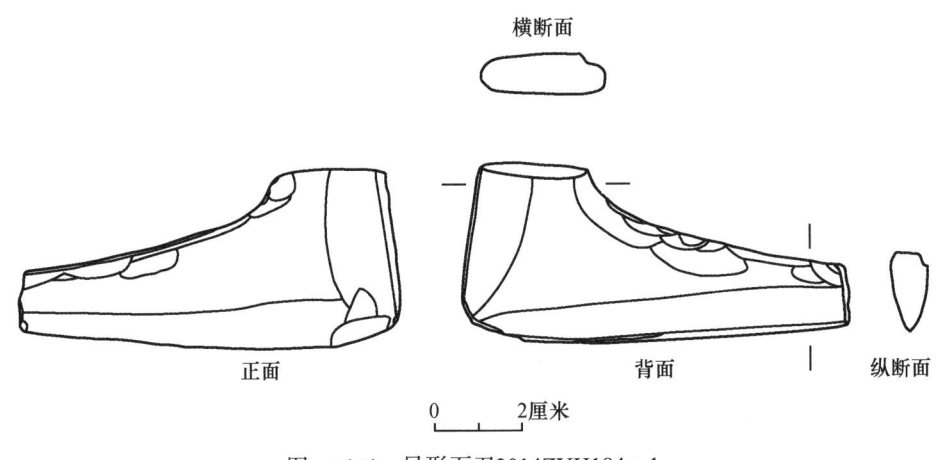

图一二二　异形石刀2014ZYH184∶1

刀柄：上部缺失，仅存柄根部。柄顶面为断口，是从正面向背面击打导致柄部折断后留下的石片阴面。

刀背：弧形起翘的弧凸面，刀背与残把是软角过渡。表面可见疤痕和密集线条。

正面：微弧凸面，经过精细研磨。纵断面为扁椭圆形。下部渐收至刃缘，形成弧面刃。刃部右侧1个更新面。右刃角为圆角，有1个较大的石片阴面。

背面：微弧凸面。下方渐收至刃缘，形成作为副刃面的弧面刃。刃面有两个细条形更新刃面。

左面：断口。

右面：正背面弧收为圆钝边。

刃面：刃面和副刃面会合成弧凸双面刃，楔角约37°。刃缘微弧凸，刃口直而不锋利。

（3）功用分析

这是一件残靴形石刀，本地区以往不见类似石刀。其硬度很高，适合切割。

4. 异形石刀2014ZYH62∶1

（1）目鉴岩性

细粒砂状结构，含约5%较粗碎屑，主要由长石和石英等碎屑组成，受沁较强，导致表面较粗的岩屑颗粒凸起于表面，长石砂岩。

（2）造型描述

平面为椭圆形。残长66.8、宽26.2、厚4.5毫米，重13.4克（图一二三；图版一〇八）。

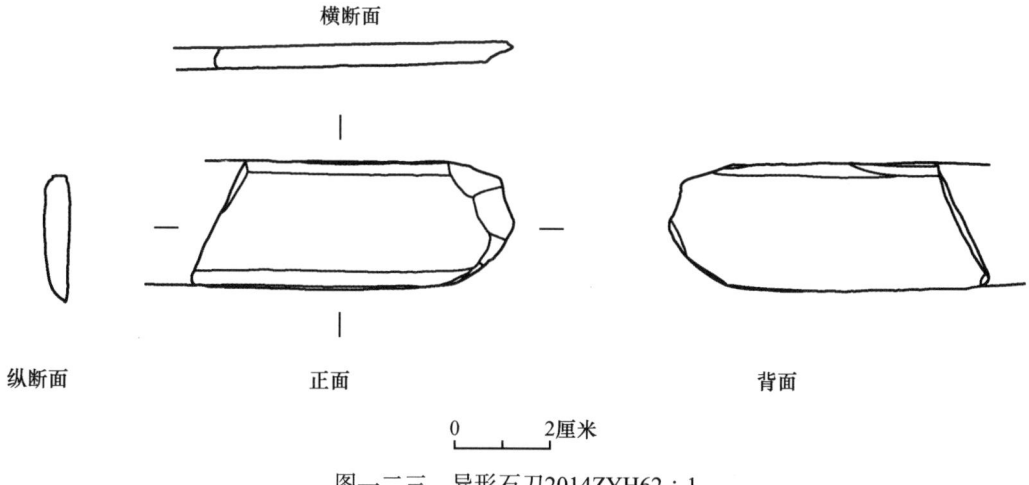

图一二三　异形石刀2014ZYH62∶1

刀背：不平整的条形断口。

正面：短轴中部微弧凸。正顶棱边可见片锯凹槽痕。下部弧收至刃缘，形成弧面刃。

左面：断口，从正面向背面击打导致石器折断后出现的斜断口。

右面：从右面向正面剥片后留下的锋利断口。

背面：背顶棱旁有片锯槽。表面是石材层理面。

刃部：刃面与直背边缘会合成为单面刃。刃缘平。刃口直而锋利，可见细小崩缺。

（3）功用分析

这是一件改制石器，原石器类型不详。其边刃锋利，适合切割。

5. 异形石刀2014ZYT0508③a：14

（1）目鉴岩性

深灰，表面光滑，断口面粗糙，具不明显层理，主要由粉砂质组成，含少量泥质，可见黄铁矿，定名泥质粉砂岩。

（2）造型描述

平面近似直角三角形。长86.1、宽42.3、厚10.4毫米，重43.9克（图一二四；图版一〇九）。

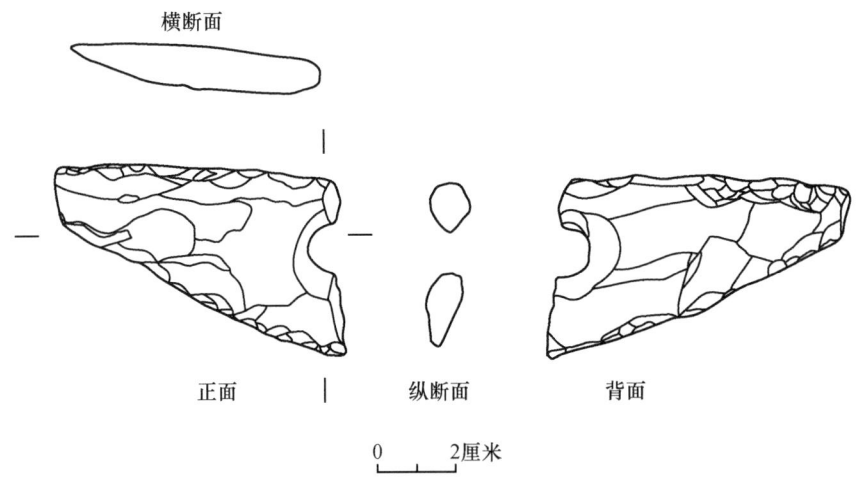

图一二四　异形石刀2014ZYT0508③a：14

刀背：布满疤痕。

正面：正顶棱大部被以顶面为台面向下击打导致剥片后出现的石片阴面破坏。下部被以底面为台面向下击打导致剥片后出现的石片阴面剥片。右侧中间劣弧形孔壁，两面对琢而成，孔壁不规整。下部弧收至刃缘，形成了弧面刃。

背面：背顶棱被以顶面为台面向下击打导致剥片后出现的石片阴面破坏。上部有一个向顶面倾斜的条形磨面。中部局部是平整磨面。中下部是被以底面为台面向下击打导致剥片后出现的石片阴面。下部渐收至刃缘，形成了作为副刃面的平面刃。

左面：小块磨面。

右面：断口，是从背面向正面击打导致石器折断后出现的断面。

刃部：刃面和副刃面会合成弧直单面刃。布满疤痕的凸脊。

（3）功用分析

这件以穿孔石器（破土器？）残片被当作素材再利用，改制尚未完成，目标器形不详。

第三节 石刀的特点

鱼山遗址和乌龟山遗址共有22件双孔石刀、5件没有穿孔并且造型各异的石刀。

一、文化属性

1. 分类方法

一般而言，石刀大小、体量以及平面形状能够有效地反映石刀造型的异同，也能够当作石刀的分类标志。但是，鱼山遗址和乌龟山遗址出土的双孔石刀中完整石刀数量特别少而残石刀多，为此需要讨论这批双孔石刀如何分类。

（1）按体量大小分类

反映石刀造型的定量要素包括长度、宽度、厚度和重量。因为22件石刀中只有5件完整器，所以长度显然不适于作为分类标准。石刀宽度和厚度可以当作分类标准，但是测量结果表明石刀长度和宽度之间没有稳定的比例关系，无法根据石刀宽度来推算残石刀折断前完整石刀的长度。总之，无法按体量大小给石刀分类。

（2）按平面形状分类

反映石刀造型的平面形状构成要素包括刀背、刃角和刃缘、穿孔大小和位置等。完整石刀2014ZYT0707③a：5是刃缘中点受力后纵向折断的，断口纵贯刀孔。17件残石刀无一例外都是贯穿刀孔纵向折断的。如果把5件完整石刀从中间一分为二，结果发现它们基本上是左右对称的，所以无论残石刀是石刀左半边（简称左片）还是右半边（简称右片），只要包含1个残孔，我们就能够推断出该石刀折断前的全貌。因此可以按平面形状对穿孔石刀分类。

2. 石刀类型与功能

根据石刀平面造型的不同，可以把石刀分为豆荚形、半月形、长方形、凹字形、凸字形、矛头形六个类型（表六；图一二五）。

表六　双孔石刀分类

石器编号	时代	岩性	长度/毫米	宽度/毫米	厚度/毫米	重/克	分型	现状
2014ZYT0707③a：5	商周时期	含铁质及泥质紫红色粉砂岩	121.7	46	5	43.1	凹字形	完整
2014ZYH158：1	商周时期	含铁质及泥质紫红色粉砂岩	82	47.5	9.8	42.8	凹字形	左片
2014ZYT0509③a：13	商周时期	含铁质及泥质紫红色粉砂岩	92.3	48.7	6.6	40.5	半月形	右片
2014ZYT0612③：12	商周时期	粉砂岩	60.1	38.8	4.6	15.6	半月形	左片
2014ZYH135：1	商周时期	粉砂岩	62.8	37.3	5.2	19.2	半月形	左片
2013ZYT0606③：2	商周时期	粉砂岩	47.9	50	6.4	21.8	残，不详	右片
2014ZYG5：3	唐宋时期	泥质细粒砂岩	56.1	40.7	4.7	11.9	豆荚形	左片
2014ZYT0508③a：3	商周时期	中细粒长石砂岩	102	48	8.7	68.3	豆荚形	完整
2014ZYTD1③：47	唐宋时期	泥质粉砂岩	70.9	38.2	4.4	19.1	豆荚形	完整
2014ZYT0508③b：1	商周时期	斑点角岩	169.6	43	6.2	77.1	豆荚形	完整
2014ZYT0613③：4	商周时期	含铁质及泥质紫红色粉砂岩	59.7	47.3	7.2	24.7	豆荚形	右片
2014ZYT0509③b：6	商周时期	千枚岩	68.1	36.5	6.3	19.6	豆荚形	右片
2014ZYT0513③：3	商周时期	粉砂质泥岩	54.4	46	5.9	25.1	豆荚形	右片
2014ZYT0508③a：10	商周时期	斑点角岩	66.8	36.7	6.9	23.5	豆荚形	左片
2014ZYT0706③b：5	商周时期	斑点角岩	61.2	42.2	6.4	28.7	豆荚形	右片
2014ZYT0613③：12	商周时期	粉砂岩	47.4	35.1	4.5	13.3	豆荚形	左片
2014ZYG18：1	商周时期	泥质细粒砂岩	66.6	44.2	10.6	53.5	豆荚形	左片
2014ZYT0509③a：18	商周时期	含铁质及泥质紫红色粉砂岩	67.2	33.6	8.3	27.4	豆荚形	左片
2014ZYT0509③a：12	商周时期	粉砂岩	66.2	37	6.4	23.8	矛头形	左片
2014ZYT0414②：1	唐宋时期	粉砂岩	83.4	48.6	5.7	41.8	凸字形	右片
2014ZYT0415③a：2	商周时期	中细粒长石砂岩	82.3	40	9	51.4	长方形	完整
2014ZYT0707③a：2	商周时期	粉砂质泥岩	79.2	52	9.7	?	长方形	右片

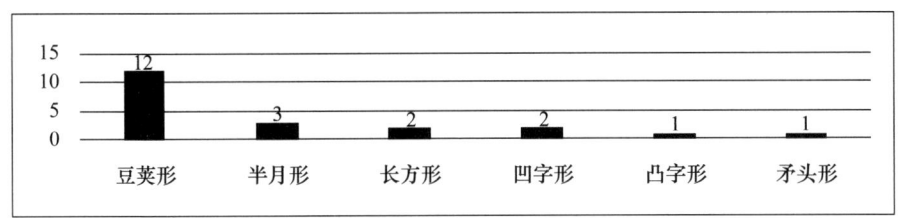

图一二五　鱼山遗址和乌龟山遗址双孔石刀分类统计图
注：还有1件残，未列入。

豆荚形石刀，特征是刀背略起伏而刃角为大于90°的软角。12件石刀中，10件豆荚形石刀为商周时期、其余2件为唐宋时期。12件豆荚形石刀中有3件完整器，按长度不同可以分为长豆荚形（长170毫米）、中豆荚形（102毫米）和短豆荚形（71毫米）三个规格。残石刀的长度在47～68毫米，按现有长度复原的话，它们都属于短荚形刀。值得注意的是，12件石刀中只有3件是完整的，它们可用于割刈和刮削。其余9件是残石刀，适合轻度劈削和刮削。6件是左片、3件是右片。9件残石刀中3件右片在改制中，6件左片皆被改制成单孔石刀。

半月形石刀，特征是刀背平而没有左右刃角。3件。按长度复原后，可以分为大小两种规格，小号，2件，复原长度在120毫米左右，整体近似劣弧圆形，都是商周时期的遗物。这两件残石刀被改制成单孔石刀继续使用，适用于切割或刮削。大号，1件，复原长度在190毫米左右，皆为商周时期遗物，从现有造型看它尚在改制当中。

长方形石刀，特征是刀背平而刃角近乎直角的硬角。2件。1件完整，长82.3毫米，重51.4克。1件残，复原长度160毫米。可见这类石刀分大小两种规格，前者是小号，后者是大号。它们适于刮削和切割。

凹字形石刀，特征是刀背凹而刃角为大于90°的硬角。2件。1件完整，长121.7毫米，重43.1克。1件残，复原长度约164毫米，复原重约85克。可见这类石刀有大小两种规格，前者是小号，后者是大号。它们适于轻度劈削和割刈。

凸字形石刀，其特征是刀背弧凸而刃角为90°的硬角。1件。复原长度约167毫米，复原重约83克。与其他类型相比，属于大号，适用于刮削。

矛头形石刀，特征是刀背平直而刃角为小于90°的硬角。复原长度约122毫米，复原重约47克。与其他类型相比，属于大号，适用于刮削。

还有1件残石刀破损严重，无法分类讨论。

3. 异形石刀

鱼山遗址还出土了5件无孔石刀。鉴于它们造型各异，难以归入现有石刀类型当中，不便分类。而刃部的使用痕迹观察也表明它们的用途难以类型化。

4. 石刀功能

以上双孔石刀多数属于商周时期，少数是唐宋地层和耕土层中出土的，而实际上是商周时期的，从地层上看不出不同类型双孔石刀的早晚关系。

以上个案分析表明，双孔石刀多数是握在手中使用的小型工具，但是它们的刃口圆钝，无法像黎族等少数民族使用的捻刀那样用于摘取稻穗。绝大多数双孔石刀从中间折断以及刃口崩缺表明，双孔石刀适于握在手中用于刮削、砍劈客体，其中部分双孔石刀是加工木制品的辅助工具，是处理贝类和鱼类海产品的工具。

二、物质属性

22件石刀涉及到八种岩石。6件是用粉砂岩加工而成的，没有完整器，左片4件、右片2件。5件是用含铁质及泥质紫红色粉砂岩加工而成的，1件完整器、2件左片、2件右片。3件是用斑点角岩加工而成的，1件完整器、2件左片。2件是用粉砂质泥岩加工而成的，都是右片。2件是用泥质细粒砂岩加工而成的，都是左片。2件是用中细粒长石砂岩加工而成的，都是完整器。1件是用泥质粉砂岩加工而成的，是完整器。1件是用千枚岩加工而成的，是右片。

第五章 破土器、石犁

第一节 破土器观察与分析

破土器，是指平面略呈三角形并带有斜柄的开沟用重型农具。正视近似凸字形，有的凸起为斜向，前后肩角磨圆，多数前肩长而后肩短，腹部正背面都不平整，刃部略呈单面刃。有学者认为，破土器是装柄后被牵引向前开沟和翻耕的工具。

一、细部名称

为了便于描述破土器，下面暂定了破土器细部名称。

把：是指破土器上部的向一侧倾斜的长方形凸。它包括把顶面、把正面、把背面、把左面、把右面等部分。

肩：是指破土器主体的上部平面。它包括前肩面、前肩角、后肩面、后肩角等要素。

前角：是指破土器主体前方的角。

前片：是指破土器前角与把之间的破片。

中片：是指破土器把下方的破片。

后片：是指破土器把与后角之间的破片。

后角：是指破土器主体后方的角。

刃部：是指正、背面腹部下方至刃缘的面。它包括左刃角、右刃角、刃缘和刃口等要素。

二、观察要点

当前对破土器的研究非常薄弱，积累的成果很少。原因在于破土器制作相对粗糙。但是破土器作为一种重型农具在农业生产中所起到的作用毋庸赘言。由于鱼山遗址和乌龟山遗址的破土器几乎都是破片，所以能够观察的部位很少。虽然我们认为刃部破损和磨圆以及反光部位反映了破土器开沟或翻耕方式，但是可供观察的刃部面积过小，所以当前只能就手头资料，尽量多地记录其造型、体量及重量，体量大小和轻重反映了牵引破土器所需力量的大小。

三、破土器观察与分析

1. 破土器2013ZYT0507③：1

（1）目鉴岩性

深灰，变余泥质结构，斑点构造及变余层状构造，斑点黑色，含量30%左右，定名斑点角岩。

（2）造型描述

平面呈三角形。长149.1、宽124.4、厚19.8毫米，重363.7克（图一二六；图版一一〇）。石材中度风化，表层全部剥落。

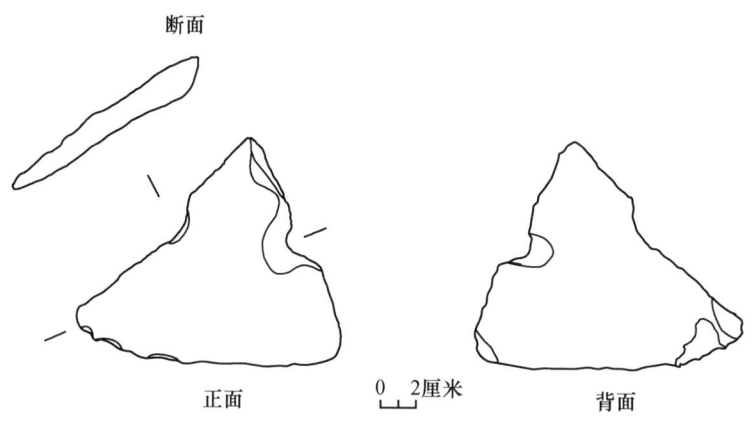

图一二六　破土器2013ZYT0507③：1

把：塔尖形。前部下方琢击成直边。后部下方被打制出三角形缺口。

正面：中部弧凸，前部为三角形，后刃角为小圆角。下部急收至刃缘，形成弧面刃。

背面：基本平坦。下部渐收至刃缘，形成了作为副刃面的平面刃。

左面：中部下凹的窄条形面。

右面：中部下凹的窄条形平面。

刃部：刃面与副刃面缘会合成单面刃。刃缘平，刃口直。

（3）功用分析

从把的造型和把前部造型看，原破土器的把折断后，把其左面中部琢击成凹缺，使之替代把，便于绑柄。因此，该石器是用三角形破土器改制而成的小型破土器。

2. 破土器2014ZYT0414③a：2

（1）目鉴岩性

表面灰白色，斑杂状，内部灰黑色，块状结构，凝灰结构，由晶屑玻屑、火山尘等火山碎屑物质组成，晶屑见有石英、长石和角闪石，其中石英、长石常常淋蚀留下孔洞，粒径小于2毫米。角闪石呈柱状，黑色，可见完善柱面节理，玻璃光泽，粒径长径2~3、宽径1~1.5毫米，也常受氧化，导致角闪石周边岩石常带铁锈色。其他为玻屑和火山尘埃，定名晶屑凝灰岩。

（2）造型描述

平面近似三角形。残长285.3、残高129.1、厚26.8毫米，重1260克（图一二七；图版一一一）。石材中度风化，器表布满孔隙，经过研磨，手感粗糙。纵断面为扁桃核形。

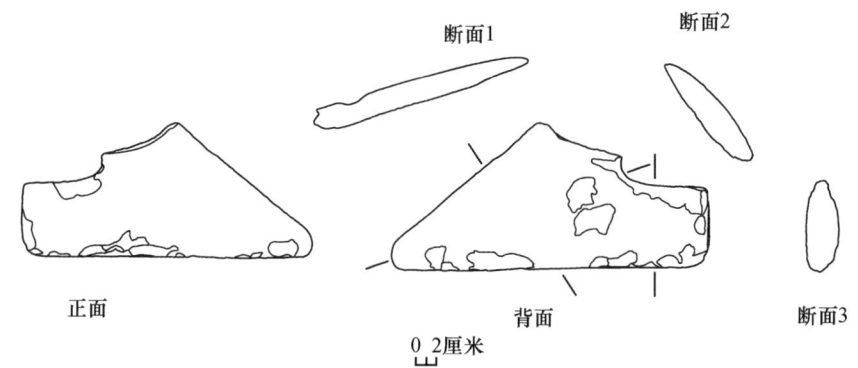

图一二七　破土器2014ZYT0414③a：2

把：前面向后延伸而成。把内侧边缘似有两个半圆形凹坑——推测当时是先程钻出明显凹坑后再锤击制作出把的。

正面：近似三角形，左前棱被多个石片疤打破，右侧柄部有多个石片疤。表面凸起部位都是磨面。下部弧收至刃缘，形成了弧面刃。

背面：表面弧凸，中部有两个小型浅凹，疑似被击打而成。下部渐收至刃缘，形成了作为副刃面的弧面刃。刃面边缘有石片疤。

左面：近似直线的石片疤群，表面经过简单研磨而成为条形弧凸面。刃部中后部残。

刃部：刃面和副刃面会合成不对称双面刃。刃缘微微内凹。刃口直而稍磨圆。

（3）功用分析

这是一件后角缺失的残三角形破土器。它与良渚博物院收藏的凤山采集的一件破土器非常像。

3. 破土器2014ZYT0513③：4

（1）目鉴岩性

深灰，断口呈黑色，变余泥质结构，斑点构造，斑点明显，呈黑色，定名斑点角岩。

（2）造型描述

平面近似三角形。长232.5、宽159.5、厚18.8毫米，重1260.5克（图一二八；图版一一二）。石材严重风化，器表表层剥落，导致表面不见磨面。

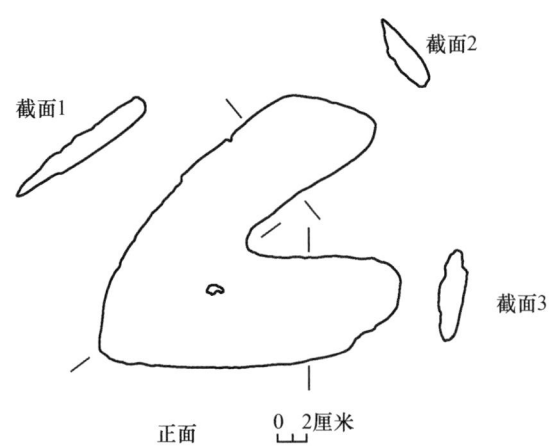

图一二八　破土器2014ZYT0513③：4

把：向后上方倾斜的宽把。把后面被减薄，近似尖圆形凸面。后肩角为磨圆的内软角。

正面：微微起伏的面，左刃角为锐角。下方渐收至刃缘，形成弧面刃。

背面：微微起伏的面，下方急收至刃缘，形成作为副刃面的平面刃。

左面：从把到刃缘为一直线，表面是稍有起伏的微凸面。

右面：断面为桃核形。它与把构成近似垂直的转角。

刃部：刃面和副刃面会合而成不对称两面刃。刃缘弧凸。刃口直，可见小石片疤。

（3）功用分析

石材风化，石器上不见使用痕迹。

四、破土器把观察与分析

1. 破土器把2013ZYT0407③：3

（1）目鉴岩性

凝灰结构，晶屑含量较少，表面见淋蚀孔，主要见石英，粒径1～2毫米，具油脂光泽，棱角状，其他主要由玻屑等火山碎屑物质组成，玻屑凝灰岩。

（2）造型描述

平面近似方形，横断面为扁桃核形。长106.3、宽95.4、厚23.3毫米，重414.9克（图一二九；图版一一三）。石材严重风化，表面剥蚀严重。

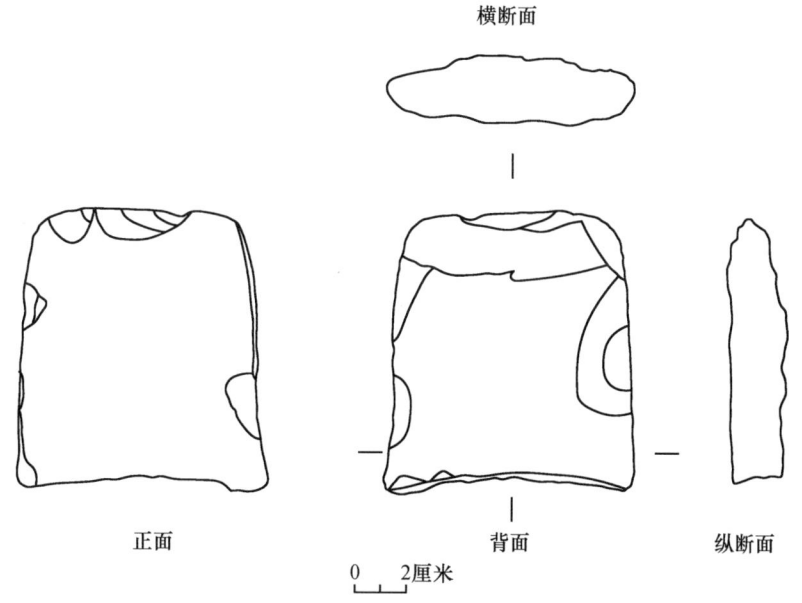

图一二九　破土器把2013ZYT0407③：3

把顶：近似长方形凸面。

正面：右侧中下部位有两个疤痕，都是以右面为台面向正面剥片后留下的石片阴面，其目的大概是减薄该处，便于捆绑柄。

背面：情况与正面相同。下缘是一次性折断留下的断口。

（3）功用分析

这件石器是破土器的把残片。

2. 破土器把2014ZYT0509③：13

（1）目鉴岩性

表面灰白色，斑杂状，内部灰黑色，块状结构，凝灰结构，由晶屑玻屑、火山尘等火山碎屑物质组成，晶屑见有石英、长石和角闪石，其中石英、长石常常淋蚀留下孔洞，粒径小于2毫米。角闪石呈柱状，黑色，可见完善柱面节理，玻璃光泽，粒径长径2~3、宽径1~1.5毫米，因氧化导致角闪石周边岩石常带铁锈色。其他为玻屑和火山尘埃，定名晶屑凝灰岩。

（2）造型描述

平面近似长方形。斜把破土器的斜把部分。长120.1、宽122.4、厚31.1厘米，重703.9克（图一三〇；图版一一四）。以表面稍平整的面为正面。

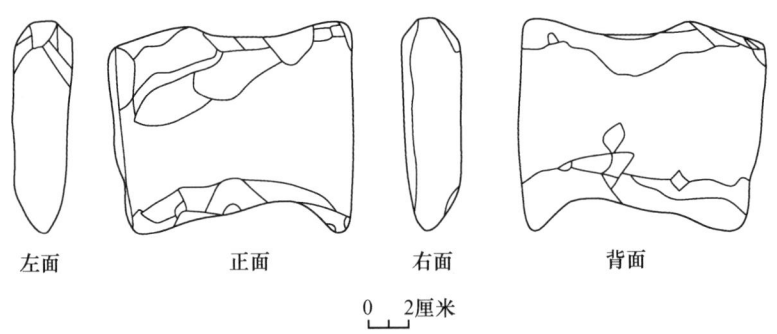

图一三〇　破土器把2014ZYT0509③：13

肩部：为经过研磨的石片阴面。横断面为桃核形。

把正面：正顶棱近右上角有1个疤痕，左上角下方是跨正面和左面的疤痕。右边两个纵向疤痕。下缘是一个断口。

左面：中上部被两个疤痕打破，是以左面为台面向正面锤击导致剥片后留下的石片阴面，其目的是制作便于捆绑的柄。

右面：中下部由多个疤痕组成，有的是以右面为台面向背面、正面剥片后留下的石片阴面，其目的是制作便于把该石器捆绑在柄上的设施。

（3）功用分析

这是斜把破土器的把。

3. 破土器把2014ZYH168∶1

（1）目鉴岩性

表面灰白色，斑杂状，内部灰黑色，块状结构，凝灰结构，由晶屑玻屑、火山尘等火山碎屑物质组成，晶屑见有石英、长石和角闪石，其中石英、长石常常淋蚀留下孔洞，粒径小于2毫米。角闪石呈柱状，黑色，可见完善柱面节理，玻璃光泽，粒径长径2~3、宽径1~1.5毫米，也常受氧化，导致角闪石周边岩石常带铁锈色。其他为玻屑和火山尘埃，定名晶屑凝灰岩。

（2）造型描述

平面近似长方形。石材严重风化，器面布满孔隙。长156.2、宽112.5、厚33.3毫米，重997.9克（图一三一；图版一一五）。

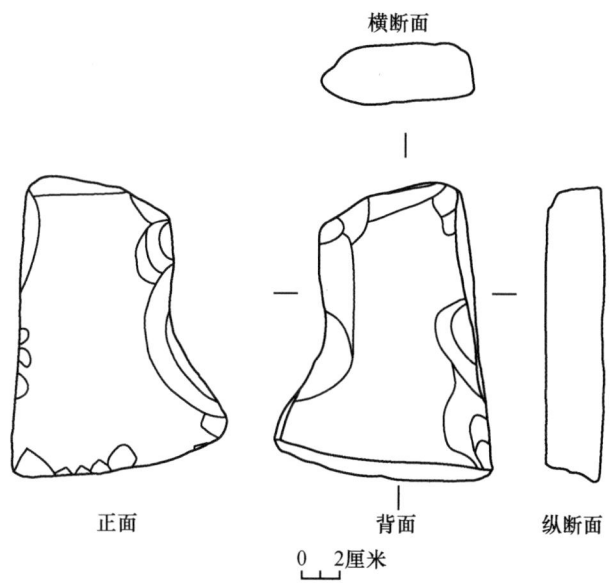

图一三一　破土器把2014ZYH168∶1

把正面：表面起伏极小，目视平坦，右上角是圆角。右边中部是两个疤痕构成的软角，是以右面为台面向正面和背面锤击造成两面剥片后留下的石片阴面。

把背面：右上角有一个小疤痕，是被以顶面为台面向下锤击造成剥片后留下的石片阴面。其右边中下部位有两个浅疤痕，都是被3点钟方向的力剥片后留下的浅石片阴面。

左面：是直线形断口，平面上有多处低凹，表面经过简单研磨。

右面：上部是凸头尖圆形，下部近似尖头。

底面：直线形断口，平面上有多处低凹，表面经过简单研磨。

（3）功用分析

该石器以破土器斜把为素材进行改制，右面被修整成近似平面，底面也被修整成近似平面。目标器形不详。

4. 破土器把2014ZYT0508②：1

（1）目鉴岩性

黑色，表面光滑，断口粗糙，硬度3～4，具不明显层理构造，主要由碳泥质和粉砂质组成，定名粉砂质泥岩。

（2）造型描述

平面：圆角长方形。残长67.4、宽51.6、厚16.3毫米，重84.2克（图一三二；图版一一六）。

顶面：中间凸起的石片阴面构成的宽窄不一的凸面。

正面：左高右低的磨面，手感滑而有颗粒感。

左面：布满大小不等的石片疤，它们是从左面向剥片后留下的石片阴面，未经研磨。

背面：左边为凹凸面，中右边为磨面，手感滑而有颗粒感。

右面：布满石片疤，是从背面向正面击打导致剥片后留下的多个石片阴面。

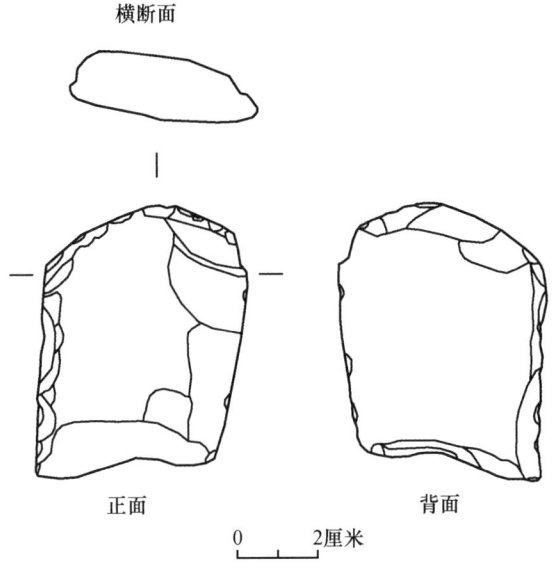

图一三二　破土器把2014ZYT0508②：1

刃部：斜向断口，是背面向正面剥片后留下的石片阴面。

（3）功用分析

破土器残被当作素材再利用，正面和右边被减薄，改制尚未完成，目标器形是石锛。

五、破土器前角观察与分析

1. 破土器前角2014ZYT0608③a：5

（1）目鉴岩性

表面灰白色，斑杂状，内部灰黑色，块状结构，凝灰结构，由晶屑玻屑、火山尘等火山碎屑物质组成，晶屑见有石英、长石和角闪石，其中石英、长石常常淋蚀留下孔洞，粒径小于2毫米。角闪石呈柱状，黑色，可见完善柱面节理，玻璃光泽，粒径长径2~3、宽径1~1.5毫米，也常受氧化，导致角闪石周边岩石常带铁锈色。其他为玻屑和火山尘埃，定名晶屑凝灰岩。

（2）造型描述

平面近似梯形，纵剖面近似三角形。长96、宽70.8、厚25.2毫米，重257.1克（图一三三；图版一一七）。

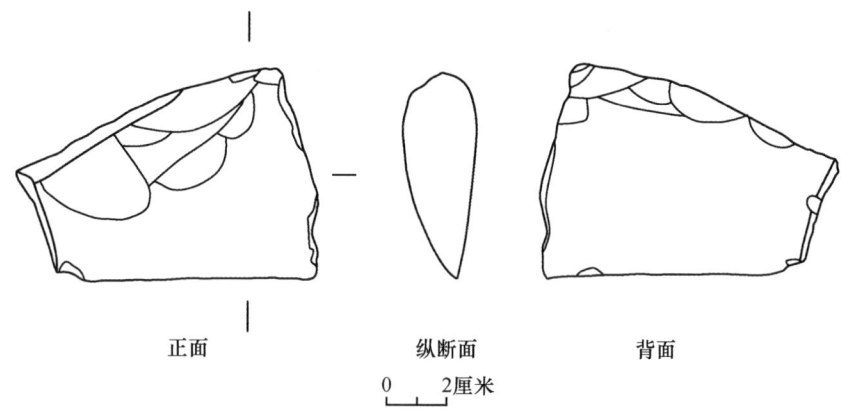

图一三三　破土器前角2014ZYT0608③a：5

正面：弧凸面。上部是片状石片疤。下方渐收至刃缘，形成弧面刃，刃面手感光滑。

背面：脊中上部凸起处为磨面，低凹处未经研磨。下部皆为磨面，磨面手感光滑。

右面：由两个剥离面构成，上石片阴面是前肩向下剥片后留下的。下石片阴面可能是被从左右两个面剥片后出现的。

前肩：左边的石片阴面是从前肩向后剥片后留下的。右边的石片阴面是以前肩分别向左和右面剥片，意图消除断口的锋利边缘或者把它修整成钝角尖。

左面：断口，是从前肩向下剥片后留下的石片阴面。

刃部：刃面与直背会合成单面刃。刃缘微凹。刃口布满细小石片疤，微弧形。

（3）功用分析

这件前肩破片被作为素材改制成刀，改制工作尚未结束。

2. 破土器前角2014ZYT0508③a：9

（1）目鉴岩性

表面灰白色，斑杂状，内部灰黑色，块状结构，凝灰结构，由晶屑玻屑、火山尘等火山碎屑物质组成，晶屑见有石英、长石和角闪石，其中石英、长石常常被淋蚀留下孔洞，粒径小于2毫米。角闪石呈柱状，黑色，可见完善柱面节理，玻璃光泽，粒径长径2～3、宽径1～1.5毫米，也常受氧化，导致角闪石周边岩石常带铁锈色。其他为玻屑和火山尘埃，定名晶屑凝灰岩。

（2）造型描述

破土器右刃角破片。石材风化严重，表面布满大量孔隙，无法看清磨面，手感非常粗糙。残长95.4、残宽89.7、厚14.9毫米，重159.0克（图一三四；图版一一八）。

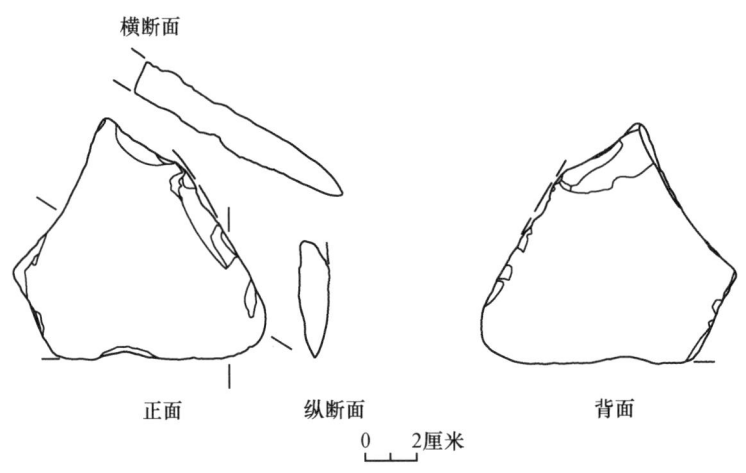

图一三四　破土器前角2014ZYT0508③a：9

正面：凹凸起伏面，下方弧收至刃缘，形成弧面刃。

背面：凹凸起伏面，下方弧收至刃缘，形成了作为副刃面的弧面刃。

左面：由两个断口构成，上断口一次性形成的内凹形断口，下断口也是一次性形成的断口。

右面：上部是一次性形成的基本平整的断口。下部是两面修整过的凹凸尖圆面，其两侧有若干石片疤，是为修整前面而向两面剥片所致。右下方是圆角。断口两侧被剥片修整，圆角两侧被研磨，被修整过的部位风化程度明显低于其他部位。

刃部：刃面和副刃面会合成为两面刃。刃缘不平。刃口残而圆钝。

（3）功用分析

这件破土器前角破片的右面被修理过，其他部位不见修理痕迹，是否直接使用或是继续修正不详。

3. 破土器前角2014ZYT0410③a：6

（1）目鉴岩性

表面灰白色，斑杂状，内部灰黑色，块状结构，凝灰结构，由晶屑玻屑、火山尘等火山碎屑物质组成，晶屑见有石英、长石和角闪石，其中石英、长石常常被淋蚀留下孔洞，粒径小于2毫米。角闪石呈柱状，黑色，可见完善柱面节理，玻璃光泽，粒径长径2~3、宽径1~1.5毫米，也常受氧化，导致角闪石周边岩石常带铁锈色。其他为玻屑和火山尘埃，定名晶屑凝灰岩。

（2）造型描述

平面近似梯形。长109.8、宽70.4、厚25毫米，重252.4克（图一三五；图版一一九）。仅存前肩部分。纵断面为杏仁形。石材风化严重，表面布满大量大小不等的孔隙。

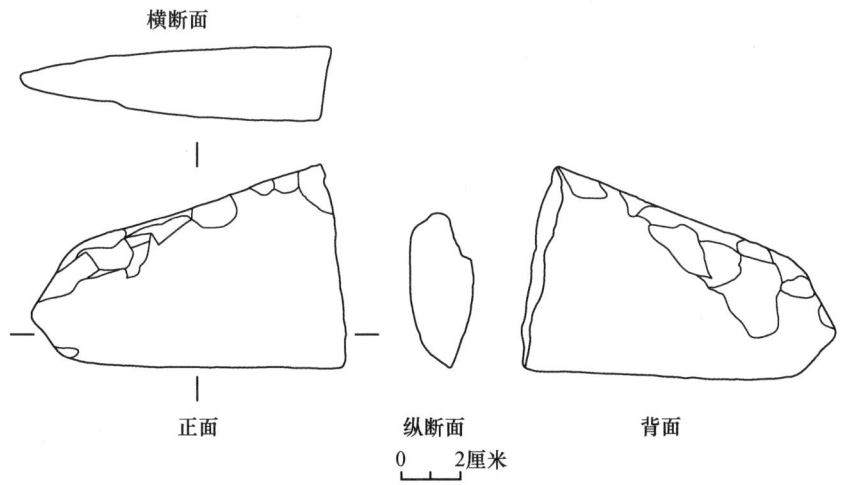

图一三五　破土器前角2014ZYT0410③a：6

前肩：倾斜的短轴弧凸面，大部被背面疤痕破坏。

左面：上部斜面较薄，下部斜面较宽，汇集成尖头。

正面：长轴中央稍高，下部急收至刃缘，形成弧面刃。刃面始于左面下部，宽度基本一致。

右面：断口，疑似从背面向正面击打导致前角折断后留下的石片阴面。

背面：长轴中央稍高。背顶棱中右部被疤痕破坏，这些疤痕是以顶面为台面向下击打剥片后留下的石片阴面。下部渐收直至刃缘，形成作为副刃面的弧面刃。

刃部：刃面与副刃面会合成近似双面刃。刃缘平，刃口直而锋利。

（3）功用分析

这件破土器前肩破片的背面局部被修理过，改制尚未完成，目标器形不详。

六、破土器后角观察与分析

1. 破土器后角2014ZYT0512⑤b：2

（1）目鉴岩性

表面灰白色，斑杂状，内部灰黑色，块状结构，凝灰结构，由晶屑玻屑、火山尘等火山碎屑物质组成，晶屑见有石英、长石和角闪石，其中石英、长石常常被淋蚀留下孔洞，粒径小于2毫米。角闪石呈柱状，黑色，可见完善柱面节理，玻璃光泽，粒径长径2~3、宽径1~1.5毫米，也常受氧化，导致角闪石周边岩石常带铁锈色。其他为玻屑和火山尘埃，定名晶屑凝灰岩。

（2）造型描述

平面近似三角形。长83.1、宽73、厚18.1毫米，重112.9克（图一三六；图版一二〇）。石材中度风化，表面可见大量孔隙。

把：把顶部残，前部被剥片，后部下方被打制出三角形缺口，它被改制成凸字形凸起。

正面：中部弧凸，后刃角为小圆角。器表手感滑腻。下部急收至刃缘，形成弧面刃。

背面：中部微微弧凸，手感粗糙。下部渐收至刃缘，形成了作为副刃面的平面刃。

左面：断面，由多个石片疤构成。有的石片疤是从正面向背面击打留下的，有的石片疤是从背面向正面击打留下的。

第五章　破土器、石犁

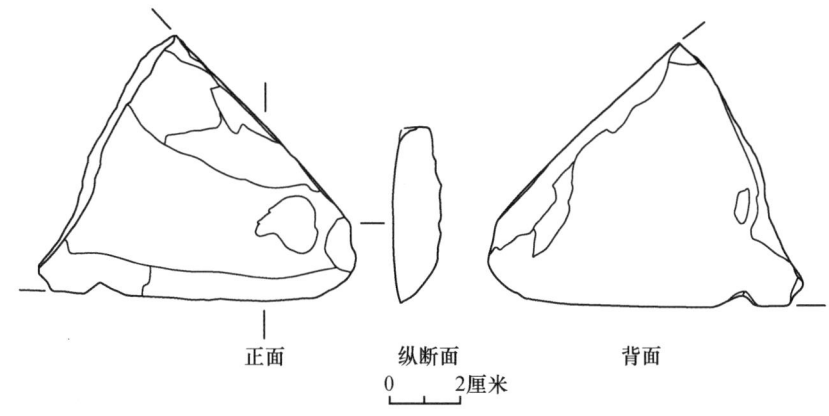

图一三六　破土器后角2014ZYT0512⑤b：2

右面：尖圆尾部。

刃部：刃面与副刃面缘会合成单面刃。刃面左下角是多个石片疤，是副刃面被击打导致剥片后留下的石片疤。

（3）功用分析

破土器后半部破片被当作素材再利用，左面边缘尚未研磨，改制尚未完成，目标器形是带把三角形石刀。

2. 破土器后角2014ZYG17：1

（1）目鉴岩性

表面灰白色，斑杂状，内部灰黑色，块状结构，凝灰结构，由晶屑玻屑、火山尘等火山碎屑物质组成，晶屑见有石英、长石和角闪石，其中石英、长石常常被淋蚀留下孔洞，粒径小于2毫米。角闪石呈柱状，黑色，可见完善柱面节理，玻璃光泽，粒径长径2～3、宽径1～1.5毫米，也常受氧化，导致角闪石周边岩石常带铁锈色。其他为玻屑和火山尘埃，定名晶屑凝灰岩。

（2）造型描述

平面为三角形。破土器后角。石材风化严重，表面可见大量大小不等的孔隙。长76、宽55.1、厚13.5毫米，重66.9克（图一三七；图版一二一）。

左面：断口，是以顶面为台面向下击打导致剥片后出现的石片阴面。

正面：顶角后长边薄，中间微凹。左下角有一个较深而宽的疤痕，疤痕出现后刃面更新过。下方弧收至刃缘，形成弧面刃。刃面风化程度低于正面，手感滑腻。

背面：横轴中部微弧凸。下方弧收至刃缘，形成了作为副刃面的弧面刃。刃面宽窄不一，风化程度略低于背面，磨面手感滑腻。

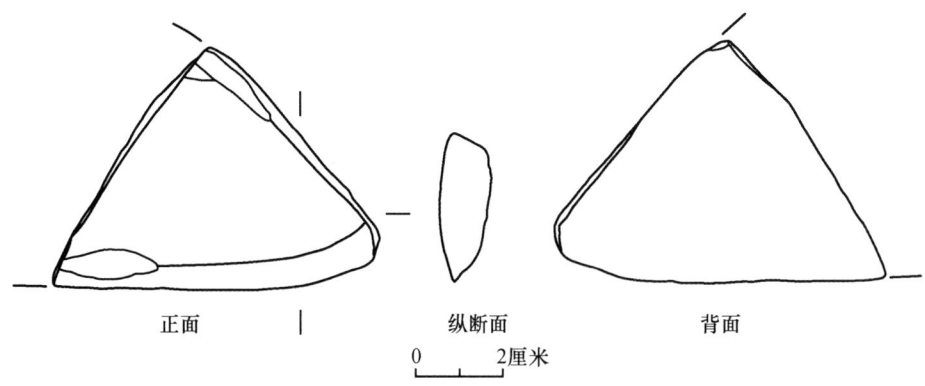

图一三七　破土器后角2014ZYG17∶1

刃部：刃面与副刃面会合成近似双面刃，楔角43°。刃缘为内凹，后刃角起翘。刃口为直线，手感锋利。

（3）功用分析

这件破土器后角的刃面经过更新，刃面风化程度略低于正背面，被改制成刀用于切割或刮削。

3. 破土器后角2014ZYT0613③∶3

（1）目鉴岩性

表面灰白色，斑杂状，内部灰黑色，块状结构，凝灰结构，由晶屑玻屑、火山尘等火山碎屑物质组成，晶屑见有石英、长石和角闪石，其中石英、长石常常被淋蚀留下孔洞，粒径小于2毫米。角闪石呈柱状，黑色，可见完善柱面节理，玻璃光泽，粒径长径2～3、宽径1～1.5毫米，也常受氧化，导致角闪石周边岩石常带铁锈色。其他为玻屑和火山尘埃，定名晶屑凝灰岩。

（2）造型描述

平面近似长方形。长118.9、宽77.7、厚21.2毫米，重274.1克（图一三八；图版一二二）。石材风化严重，器表布满孔隙。

后肩：较为平整的断口，残存斜把根部。

前肩：不明显。纵断面似楔形。

正面：经过研磨，表面可见少量孔洞。下方刃部与左面无界线。刃缘磨圆，刃角向后升起。刃口磨圆。下方弧收至刃缘，形成弧面刃。刃缘上方可见多个石片阴面，左刃角起翘。

背面：基本为平面。下方微弧收至刃缘，形成作为副刃面的平面刃。

左面：圆钝尖。

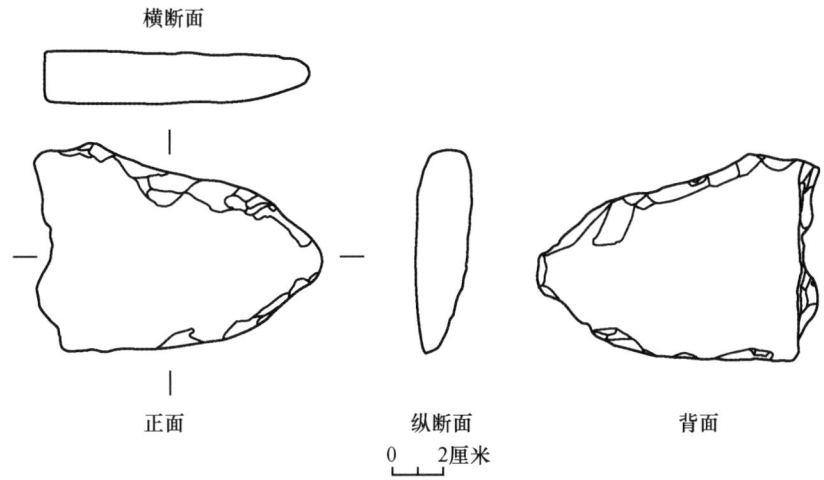

图一三八 破土器后角2014ZYT0613③∶3

右面：由多个石片阴面构成的断面，有的石片阴面是从正面向背面击打、有的石片阴面是用背面向正面击打造成剥片后留下的石片阴面。

刃部：刃面和副刃面会合成为单面刃。刃缘弧凸。刃口直而圆钝。

（3）功用分析

该石器为破土器后肩部分。

4. 破土器后角2014ZYT0607③a∶1

（1）目鉴岩性

表面灰白色，斑杂状，内部灰黑色，块状结构，凝灰结构，由晶屑玻屑、火山尘等火山碎屑物质组成，晶屑见有石英、长石和角闪石，其中石英、长石常常被淋蚀留下孔洞，粒径小于2毫米。角闪石呈柱状，黑色，可见完善柱面节理，玻璃光泽，粒径长径2~3、宽径1~1.5毫米，也常受氧化，导致角闪石周边岩石常带铁锈色。其他为玻屑和火山尘埃，定名晶屑凝灰岩。

（2）造型描述

扁平五边形，纵断面近似上厚下薄的桃核形。长149.4、宽120.2、厚17.7毫米，重497.5克（图一三九；图版一二三）。石材严重风化，器表凹凸不平并且有大量孔隙。从表面多个凸起处基本处在同一个平面看，表面经过研磨。以墨书标记所在面为正面。

顶面：圆凸线形平面。

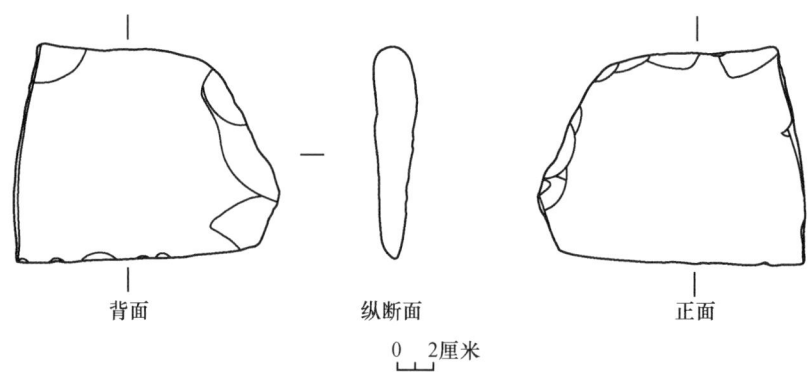

图一三九　破土器后角2014ZYT0607③a：1

正面：左上角稍翘，右上角为圆角。正面与顶面圆滑过渡，正顶棱不明显。正左棱中部弧凸，正右棱向下弧凸后又内收，正右棱中部有1个疤痕，它是从右面向正面锤击后导致剥片而留下的石片阴面。右下角缺失。下部渐收至刃缘，形成平面刃。刃面比较平整而且孔隙也少。

背面：可见大片磨面，孔隙少于正面，起伏小于正面。背右棱中部内侧有2个石片阴面，它们是从右面向背面锤击后造成剥片而留下的石片阴面。下部弧收至刃缘，形成了作为副刃面的弧面刃。

左面：是一个中部弧凸的断口，弧凸部位经过研磨。

右面：圆凸面，中部因为其两侧的正背面被剥片所致。

刃部：刃面和副刃面会合成单面刃。刃缘平。刃口直。

（3）功用分析

这件斜把破土器后角被当作素材改制成石刀。

5. 破土器后角2014ZYT0508③a：8

（1）目鉴岩性

表面灰白色，斑杂状，内部灰黑色，块状结构，凝灰结构，由晶屑玻屑、火山尘等火山碎屑物质组成，晶屑见有石英、长石和角闪石，其中石英、长石常常被淋蚀留下孔洞，粒径小于2毫米。角闪石呈柱状，黑色，可见完善柱面节理，玻璃光泽，粒径长径2～3、宽径1～1.5毫米，也常受氧化，导致角闪石周边岩石常带铁锈色。其他为玻屑和火山尘埃，定名晶屑凝灰岩。

（2）造型描述

平面近似梯形，破土器左下角。长99.1、宽96.8、厚24毫米，重332.8克（图一四〇；图版一二四）。石材中度风化，表面可见大量大小不等的孔隙。

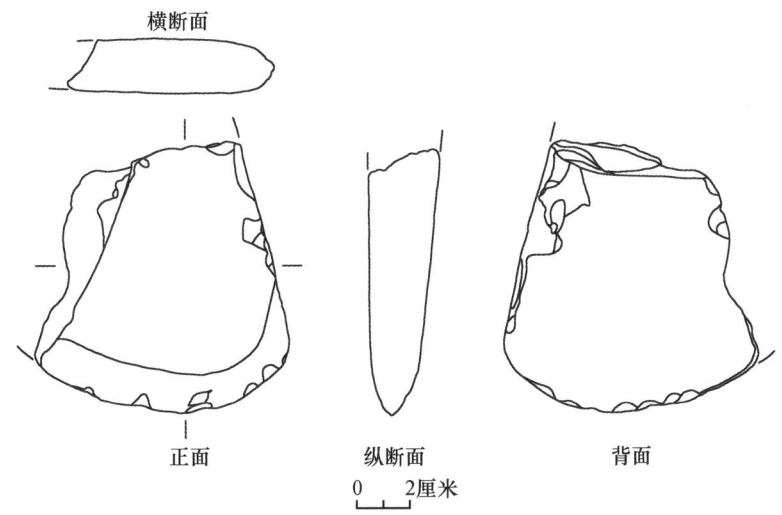

图一四〇 破土器后角2014ZYT0508③a：8

上部断口：是从正面向背面击打导致腹上部折断后出现的石片疤。

正面：表面平整，触摸稍有平滑感。左刃角磨圆。下方弧收至刃缘，形成弧面刃。

背面：表面平整，手感粗糙。下方弧收至刃缘，形成了作为副刃面的弧面刃。

左面：至少由3个石片疤构成，它们都是从背面向正面击打腹部左侧折断后出现的石片疤。

右面：宽窄不一的稍凹凸面。凸起处可见磨面，低凹处是石片疤——从磨面向两侧剥片，造成两个不明显凹缺。

刃部：刃面与副刃面会合成近似双面刃。刃缘中部微弧凸，凹凸起伏，刃缘两侧有多个边界模糊的石片疤。刃口为直线。

（3）功用分析

它是由残石犁改制而成的破土器的后角，被当作素材被改制成石锛。

6. 破土器后角2014ZYT0707③a：3

（1）目鉴岩性

表面灰白色，斑杂状，内部灰黑色，块状结构，凝灰结构，由晶屑玻屑、火山尘等火山碎屑物质组成，晶屑见有石英、长石和角闪石，其中石英、长石常常被淋蚀留下孔洞，粒径小于2毫米。角闪石呈柱状，黑色，可见完善柱面节理，玻璃光泽，粒径长径2~3、宽径1~1.5毫米，也常受氧化，导致角闪石周边岩石常带铁锈色。其他为玻屑和火山尘埃，定名晶屑凝灰岩。

（2）造型描述

平面近似倒梯形。纵断面为梭形。残长105.7、宽96、厚17.2毫米，重286.7克（图一四一；图版一二五）。石材中度风化，器表可见大小不等孔洞。

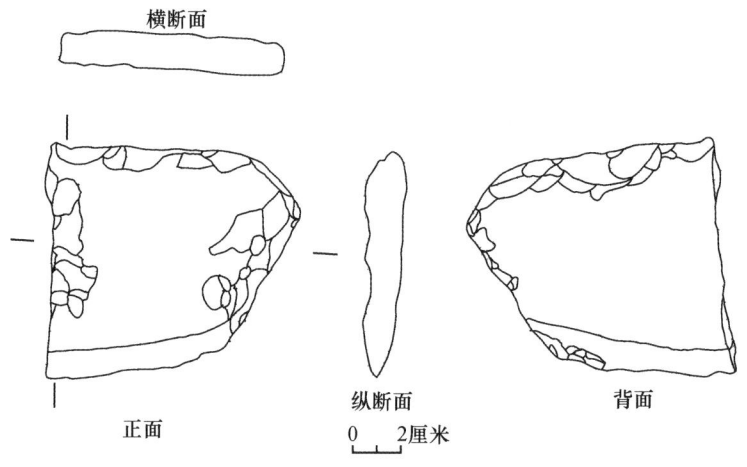

图一四一　破土器后角2014ZYT0707③a∶3

后肩：前端仅存把的后缘，肩部基本平直，似用交互打击法打制而成。

正面：表面凸起处为磨面，其余部分为石片阴面。后缘中上部外凸为尖。下部弧收至刃缘，形成弧面刃。

背面：表面凸起处为磨面，磨面小，其余部分为石片阴面。下部弧收至刃缘，形成弧面刃。左下角有1个石片疤。

前面：纵向折断的断口。断口边缘近似竖线，系刻意修整而成。断面未经研磨。

后面：上部为石片疤，下部为磨面，研磨粗糙。

刃面：正背面刃面会合形成不对称两面刃。刃缘稍有起伏并向后角升起。刃口直而圆钝。

（3）功用分析

它是破土器后角破片。

七、破土器中片观察与分析

1. 破土器中片2014ZYT0508⑤b∶1

（1）目鉴岩性

表面灰白色，斑杂状，内部灰黑色，块状结构，凝灰结构，由晶屑玻屑、火山尘等火山碎屑物质组成，晶屑见有石英、长石和角闪石，其中石英、长石常常被淋蚀留下孔洞，粒径小于2毫米。角闪石呈柱状，黑色，可见完善柱面节理，玻璃光泽，粒径长径2~3、宽径1~1.5毫米，也常受氧化，导致角闪石周边岩石常带铁锈色。其他为玻屑和火山尘埃，定名晶屑凝灰岩。

（2）造型描述

平面略呈长方形，破土器中部破片。长76.2、宽48.3、厚18.3毫米，重109.4克（图一四二；图版一二六）。石材风化严重，表面布满大小不等的孔隙。

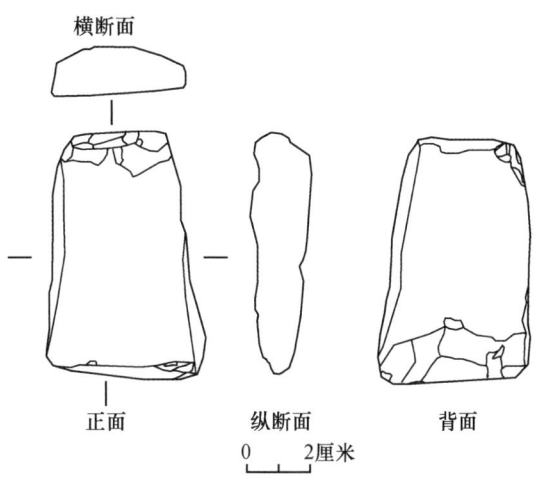

图一四二　破土器中片2014ZYT0508⑤b∶1

顶面：短轴弧凸面，大部分被疤痕破坏。

正面：凹凸起伏。下部渐收至刃缘，形成弧凸刃面。

左面：平整，经过研磨。

背面：平整面，背顶棱被从顶面向下剥片后出现的石片阴面破坏。下部渐收至刃缘，形成平的副刃面。

右面：有很多从正面向背面剥片后出现的疤痕。

刃部：刃面和副刃面会合成圆钝的两面刃。刃缘基本平整，刃口直而圆钝。

（3）功用分析

这件破土器刃部破片被当作素材改制成石刀，改制尚未完成。

2. 破土器中片2014ZYT0607③a∶2

（1）目鉴岩性

灰紫色，细粒砂状结构，不明显层理结构，碎屑粒径0.5~1毫米，石英，少量长石并见有一粒紫色硅质小砾石，粒径2.5毫米左右，胶结物为泥质与铁质，孔隙式胶结，定名细粒石英砂岩。

（2）造型描述

平面近似梯形。把长64、肩宽192.4、厚26厘米，重234.2克（图一四三；图版一二七）。表色紫色。以墨书标记所在面为背面。

把：顶面是断口，断口向背面倾斜，这是从正面向右面剥片造成的。把下部有1个大石片疤，是从残肩向下剥片后出现的石片阴面。

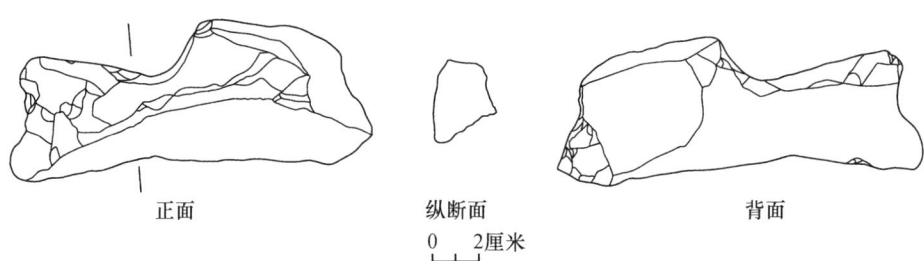

图一四三　破土器中片2014ZYT0607③a∶2

正面：仅存把下方前肩局部。

左面：仅存部分，主体为断面。它们都是从背面向正面剥片后留下的石片阴面。表面凹凸起伏较大，中前部凸起部位是不连续磨面，低凹未经研磨。

前肩：仅存前肩的后部。前肩角和肩面稍显凹凸，凸起处被磨圆。

右面：凸起处有小块磨面。有1个石片阴面，是从原把的肩部向右面剥片后留下的疤痕，目的是减薄把下部。

后肩：仅存把后肩角，其凸起处可见凹弧状磨面——推测装柄使用过程被捆绑的绳索磨圆。

背面：保存大部分。

底面：断口，它是从背面向正面锤击导致剥片后留下的石片阴面，未经研磨。

（3）功用分析

该石器是以大块砂岩为素材制作而成的破土器的中段破片。

3. 破土器中片2014ZYT0511④∶1

（1）目鉴岩性

表面灰白色，斑杂状，内部灰黑色，块状结构，凝灰结构，由晶屑玻屑、火山尘等火山碎屑物质组成，晶屑见有石英、长石和角闪石，其中石英、长石常常被淋蚀留下孔洞，粒径小于2毫米。角闪石呈柱状，黑色，可见完善柱面节理，玻璃光泽，粒径长径2～3、宽径1～1.5毫米，也常受氧化，导致角闪石周边岩石常带铁锈色。其他为玻屑和火山尘埃，定名晶屑凝灰岩。

（2）造型描述

平面近似曲尺形。石材风化严重，表面可见大量孔隙。它是破土器后肩部分破片，纵断面近似桃核形。以表面有圆形凹面为正面。器表经过研磨。长87.4、宽99.1、厚24.7毫米。重325.4克（图一四四；图版一二八）。

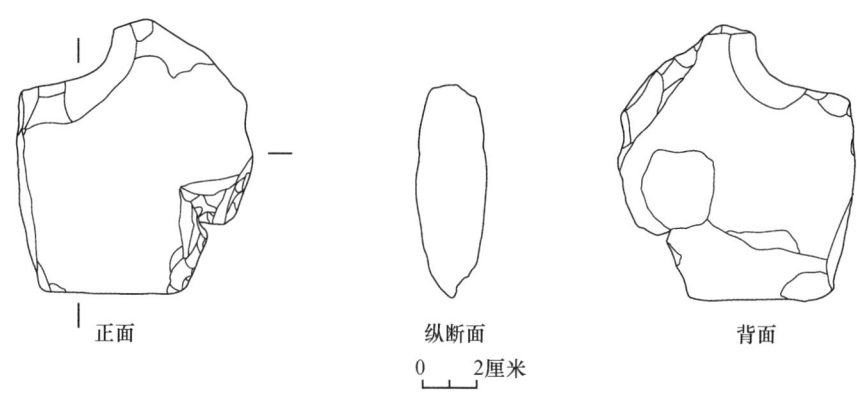

图一四四 破土器中片2014ZYT0511④：1

正面：中部弧凸，有一个圆形凹，风化程度略低于其周围部位——推测为捏钻开始后不久即停止而留下的钻孔痕迹。左下角被研磨成弧凸面。下部弧收至刃缘，形成弧面刃。

背面：同正面。下部渐收至刃缘，形成作为副刃面的弧面刃。

后肩：后肩角断口及后肩断口，后肩角是琢击而成的内软角。

左面：凹凸起伏的断口。

右面：平直断口。

刃部：刃面和副刃面会合成不对称双面刃。刃缘平。刃口为直线，稍磨圆。

（3）功用分析

这是破土器中段破片。

4. 破土器中片2014ZYT0509③b：11

（1）目鉴岩性

表面灰白色，斑杂状，内部灰黑色，块状结构，凝灰结构，由晶屑玻屑、火山尘等火山碎屑物质组成，晶屑见有石英、长石和角闪石，其中石英、长石常常被淋蚀留下孔洞，粒径小于2毫米。角闪石呈柱状，黑色，可见完善柱面节理，玻璃光泽，粒径长径2～3、宽径1～1.5毫米，也常受氧化，导致角闪石周边岩石常带铁锈色。其他为玻屑和火山尘埃，定名晶屑凝灰岩。

（2）造型描述

平面为不规则长方形。破土器后刃角破片。石材风化严重。长121.9、宽55.6、厚24毫米，重258.9克（图一四五；图版一二九）。

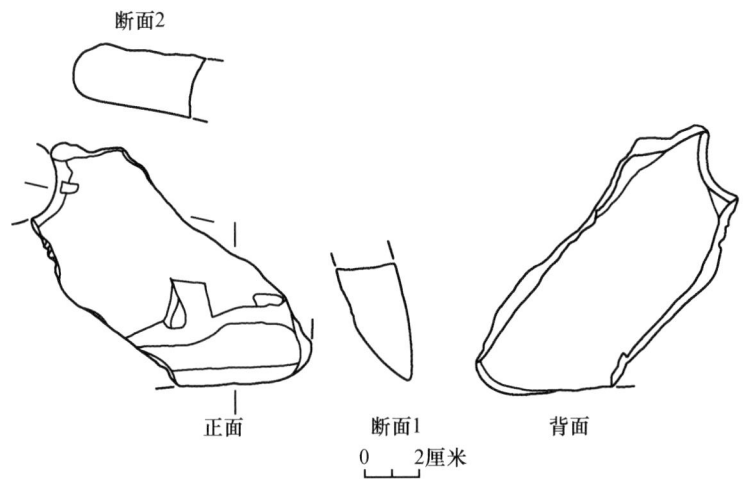

图一四五　破土器中片2014ZYT0509③b∶11

正面：左上角为残孔，孔壁与正面过渡圆滑。表面凹凸起伏，可见大小不等的孔隙。下部弧收至刃缘，形成近似平面刃，刃面手感光滑。

背面：略有起伏的磨面，手感光滑。残孔壁与背面之间圆滑过渡。下方弧收至刃缘，形成了作为副刃面的弧面刃。

左面：上部是断口，是从残孔向正面击打导致破土器折断后出现的断口。

右面：断面，由两个断口构成。上断口位于穿孔右侧，是从背面向正面剥片造成破土器折断所致。下断口也是从背面向正面击打造成破土器折断后留下的石片阴面。

刃部：刃面和副刃面会合为单面刃。刃缘不平。刃口磨圆。

（3）功用分析

这件破土器后刃角的背面是微弧凸磨面，使用中背面与土壤摩擦而变得光滑。从破片形状看，这件带有残孔石器不是破土器使用中受损后留下的破片，而是从较大破片上打下来的破片，它无法被当作素材改制成其他类型的石器，是真正的废片。

5. 破土器中片2014ZYT0509③a∶20

（1）目鉴岩性

表面灰白色，斑杂状，内部灰黑色，块状结构，凝灰结构，由晶屑玻屑、火山尘等火山碎屑物质组成，晶屑见有石英、长石和角闪石，其中石英、长石常常被淋蚀留下孔洞，粒径小于2毫米。角闪石呈柱状，黑色，可见完善柱面节理，玻璃光泽，粒径长径2~3、宽径1~1.5毫米，也常受氧化，导致角闪石周边岩石常带铁锈色。其他为玻屑和火山尘埃，定名晶屑凝灰岩。

（2）造型描述

平坦面近似长方形。石材中度风化，表面布满孔隙。长75.8、宽50、厚23.1毫米，重153克（图一四六；图版一三〇）。

顶面：左边是短轴弧凸的下凹磨面，它实际上是劣弧形内软角。右边是向右面倾斜的断口。

正面：中部有小的圆形浅坑的磨面，下部弧收至刃缘，形成微弧凸面。

左面：由上下两个平面构成，经过研磨但是未磨平。

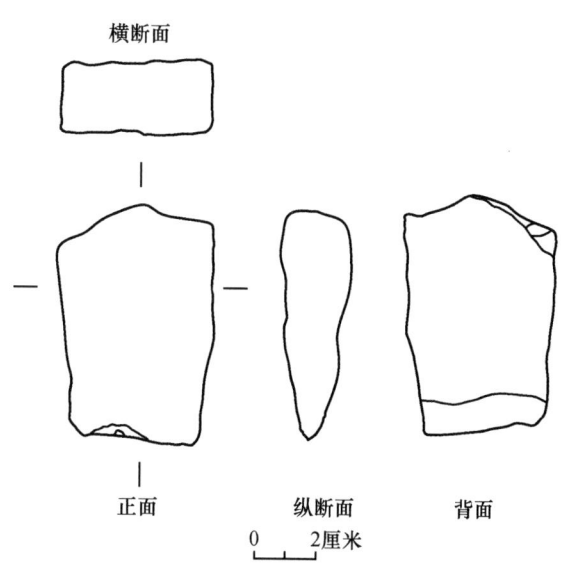

图一四六 破土器中片2014ZYT0509③a∶20

右面：基本平整的磨面。

背面：基本平整的磨面。下部微微弧收直至刃缘，形成微弧副刃面。

刃部：刃面与副刃面会合而成为单面刃。刃缘基本平，刃口直。

（3）功用分析

它是以破土器中段破片为素材改制而成的石锛。

6. 破土器中片2014ZYH209∶2

（1）目鉴岩性

表面灰白色，斑杂状，内部灰黑色，块状结构，凝灰结构，由晶屑玻屑、火山尘等火山碎屑物质组成，晶屑见有石英、长石和角闪石，其中石英、长石常常被淋蚀留下孔洞，粒径小于2毫米。角闪石呈柱状，黑色，可见完善柱面节理，玻璃光泽，粒径长径2~3、宽径1~1.5毫米，也常受氧化，导致角闪石周边岩石常带铁锈色。其他为玻屑和火山尘埃，定名晶屑凝灰岩。

（2）造型描述

平面近似长方形，破土器前肩下方破片。长129.7、宽78、厚26.4毫米，重380.1克（图一四七；图版一三一）。石材风化严重，表面布满大小不等的孔隙。

正面：上部是疤痕群，是从肩部向下剥片后留下的石片阴面。刃面向上部分比较粗糙，近刃缘处手感比较光滑。左下角有两个石片疤，都是被以背面为台面向正面锤击造成剥片后留下的石片阴面。下部弧收至刃缘，形成弧面刃。

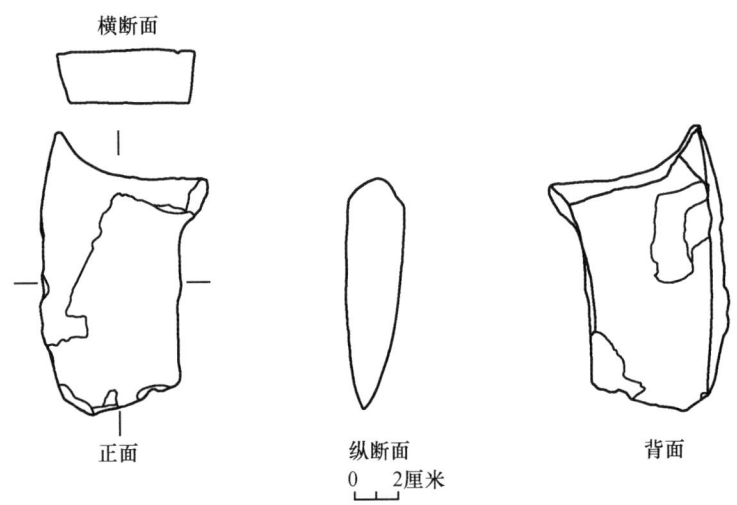

图一四七　破土器中片2014ZYH209∶2

背面：上部是疤痕群，是从肩部向下剥片后留下的石片阴面。左下角的石片阴面是刃缘被0点钟方向的力剥片后留下的石片阴面。背面右下角有一个石片疤，是被以正面为台面向背面锤击造成剥片后留下的石片阴面。

前肩：采用交互打击法打制而成的近似尖圆凸面，右上的前肩琢制而成，转角是内软角。

左面：中下部内凹的断口，推测是以肩部为台面向刃缘打击后出现的石片阴面。

右面：中间凸起的断口，是被背面向正面、从正面向背面击打导致破土器腹部折断后出现的石片阴面。

刃部：刃面与直背会合成单面刃。刃面左高右低，可见多个石片阴面。

（3）功用分析

这件破土器中片被作为素材再利用，已经利用锤击法把其肩部和刃部减薄，改制尚未完成，目标器形不详。

7. 破土器中片2014ZYT0513⑤b∶2

（1）目鉴岩性

凝灰结构，晶屑含量较少，表面见淋蚀孔，主要见石英，粒径1~2毫米，具油脂光泽，棱角状，其他主要由玻屑等火山碎屑物质组成，玻屑凝灰岩。

（2）造型描述

平面近似四边形。长54.4、宽48.2、厚14.3毫米，重38.8克（图一四八；

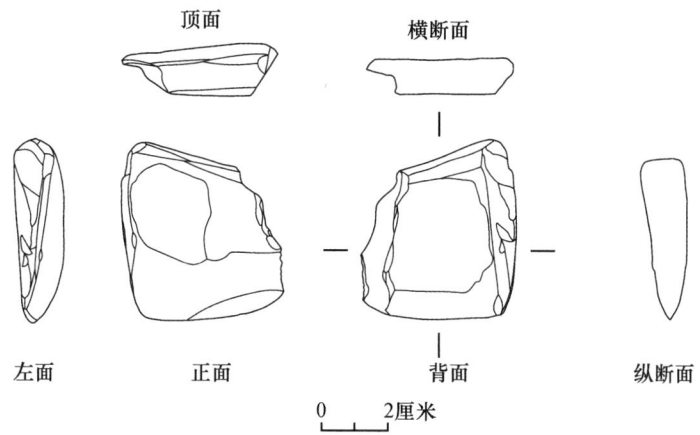

图一四八 破土器中片2014ZYT0513⑤b:2

图版一三二）。石材中度风化，器表可见大小不等孔隙。

顶面：主体是向左面倾斜的斜磨面，因为左面修理尚未结束而出现破损。研磨较浅，表面可见残余疤痕。

正面：正顶棱左低右高，正左棱是抹角，正右棱是曲折边。表面研磨浅，中部尚有未经研磨的石材层理面。下部弧收至刃缘，形成弧凸刃面。刃面稍显扭曲，表面比其他部位光滑。

左面：从背面向正面倾斜的断面，中部都是石片阴面，研磨浅。

右面：浅磨面。

背面：表面浅磨，下部渐收至刃缘，形成微弧副刃面。

刃部：刃面与背面刃缘会合成不对称双面刃。刃缘弧凸。刃口微微弯曲，可见细小崩缺。

（3）功用分析

这件破土器残片被作为素材改制成石锛，从左面尚存未经修理的断口看，改制尚未完成。

8. 破土器中片2014ZYT0415③a:7

（1）目鉴岩性

表面灰白色，斑杂状，内部灰黑色，块状结构，凝灰结构，由晶屑玻屑、火山尘等火山碎屑物质组成，晶屑见有石英、长石和角闪石，其中石英、长石常常被淋蚀留下孔洞，粒径小于2毫米。角闪石呈柱状，黑色，可见完善柱面节理，玻璃光泽，粒径长径2~3、宽径1~1.5毫米，也常受氧化，导致角闪石周边岩石常带铁锈色。其他为玻屑和火山尘埃，定名晶屑凝灰岩。

（2）造型描述

平面近似梯形。纵断面近似桃核形。石材严重风化，器表有大量大大小小的孔隙。以没有墨书标记的平面为正面。长83.2、宽98.1、厚22.1毫米，重212.2克（图一四九；图版一三三）。

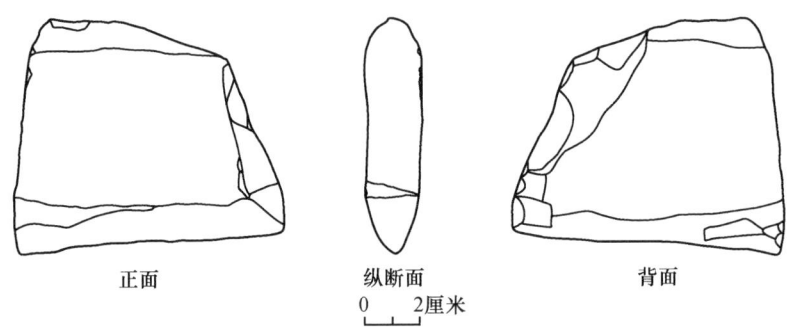

图一四九　破土器中片2014ZYT0415③a：7

顶面：断口，是从背面向正面击打导致石器折断后出现的石片阴面。

正面：表面略有起伏。正左棱是左面断口边缘，正右棱被右面石片阴面破坏。下方弧收至刃缘，形成弧面刃。

背面：背右棱被右面的石片阴面破坏，背左棱被左面断口取代。下方弧收至刃缘，形成了作为副刃面的弧面刃。刃面右边有较大的石片疤。

左面：断口，成因不详。

右面：断面，由多个石片阴面构成，有的石片阴面是从正面向背面剥片、有的石片阴面是从背面向正面剥片后出现的石片阴面。

刃部：刃面与副刃面会合成为双面刃。刃缘中部内凹。刃口手感锋利。

（3）功用分析

这件破土器中片的左右面被剥片修理成石刀，改制尚未完成。

9. 破土器中片2014ZYT0414③b：2

（1）目鉴岩性

表面灰白色，斑杂状，内部灰黑色，块状结构，凝灰结构，由晶屑玻屑、火山尘等火山碎屑物质组成，晶屑见有石英、长石和角闪石，其中石英、长石常常被淋蚀留下孔洞，粒径小于2毫米。角闪石呈柱状，黑色，可见完善柱面节理，玻璃光泽，粒径长径2～3、宽径1～1.5毫米，也常受氧化，导致角闪石周边岩石常带铁锈色。其他为玻屑和火山尘埃,定名晶屑凝灰岩。

（2）造型描述

平面呈三角形。残长263、残宽190.5、厚26.4毫米,重144.4克（图一五〇;图版一三四）。石材风化严重,表面有大量孔隙。以墨书标记所在的面为正面。

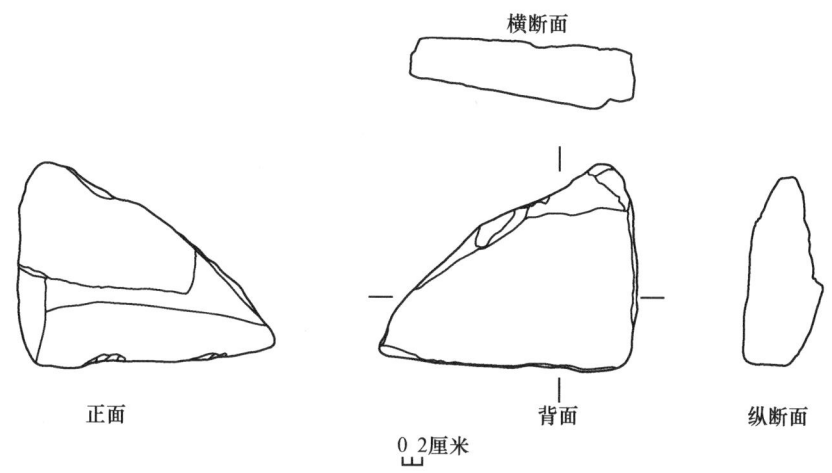

图一五〇　破土器中片2014ZYT0414③b：2

顶面：是从顶部到刃缘的斜面,中部微凸,该面经过研磨。

正面：左上部表层被剥片而留下石片阴面。其下部和右下角保留着原磨面,呈弧凸状。下方渐收至刃缘,形成弧面刃。

背面：上部表层被剥掉,留下的是石片阴面。其下部是原磨面,基本平坦。

左面：中间微凸的断口,中下部经过研磨。

刃部：刃面与直背会合成单面刃。刃缘略有起伏。刃口磨圆而且微微曲折。

（3）功用分析

这件破土器中片被当作素材再利用,改制尚未完成,目标器形不详。

10. 破土器中片2014ZYT0509③a：10

（1）目鉴岩性

表面灰白色,斑杂状,内部灰黑色,块状结构,凝灰结构,由晶屑玻屑、火山尘等火山碎屑物质组成,晶屑见有石英、长石和角闪石,其中石英、长石常常被淋蚀留下孔洞,粒径小于2毫米。角闪石呈柱状,黑色,可见完善柱面节理,玻璃光泽,粒径长径2～3、宽径1～1.5毫米,也常受氧化,导致角闪石周边岩石常带铁锈色。其他为玻屑和火山尘埃,定名晶屑凝灰岩。

（2）造型描述

平面近似五边形。重748.1克。石材严重风化，表面布满大小凹坑和孔隙，仅局部可见磨面（图一五一；图版一三五）。

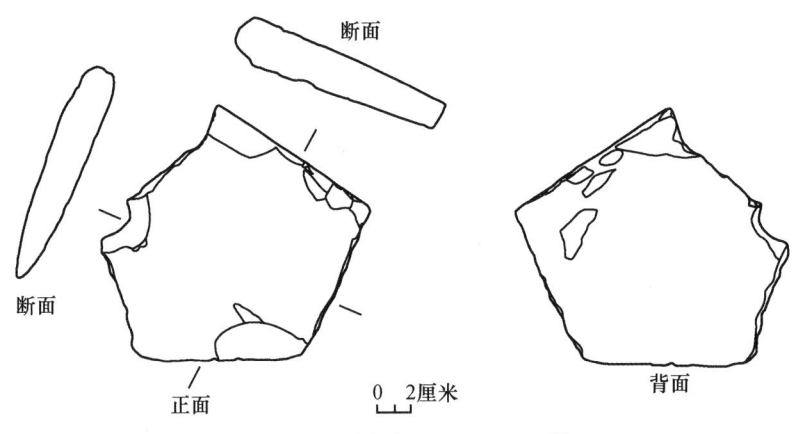

图一五一　破土器中片2014ZYT0509③a：10

肩部：线形凹凸面，局部边缘残，是因为它被作为台面向下剥片而出现石片疤。

正面：中部基本平坦，下部渐收至刃缘，形成弧面刃。右下方有一个大石片疤。局部可见磨面，手感粗糙。

背面：表面比正面平整。中部平坦，上部微微弧收为把。下部弧收至刃缘，形成了作为副刃面的平面刃。

左面：上部是把下端横断面。它是一次性折断的，疑似为从正面向背面击打导致该处折断后出现的石片疤。中部是残的后肩角，两面琢制而成。下部是断面，一次性折断，是从正面向背面击打导致该处折断后出现的石片疤。

右面：断面，疑似两次打击导致该处折断后出现的两个石片阴面。

刃部：刃面与副刃面会合成基本对称的两面刃。刃缘平。刃口直而钝，刃上有多个石片疤。

（3）功用分析

这件破土器中段的边缘被修理，目标器形不详。

11. 破土器中片2014ZYT0508③a：4

（1）目鉴岩性

表面灰白色，斑杂状，内部灰黑色，块状结构，凝灰结构，由晶屑玻屑、火山尘等火山碎屑物质组成，晶屑见有石英、长石和角闪石，其中石英、长石常常被淋蚀留下孔洞，粒径小于2毫米。角闪石呈柱状，黑色，可见完善柱面节理，玻璃光泽，粒径长径2～3、宽径1～1.5毫米，也常受氧化，导致角闪石周边岩石常带铁锈色。其他为玻屑和火山尘埃，定名晶屑凝灰岩。

（2）造型描述

平面略呈梯形，破土器中部破片。残片长88、宽48.3、厚18毫米，重119.6克（图一五二；图版一三六）。石材中度风化，器面布满大量大小不等的孔隙。

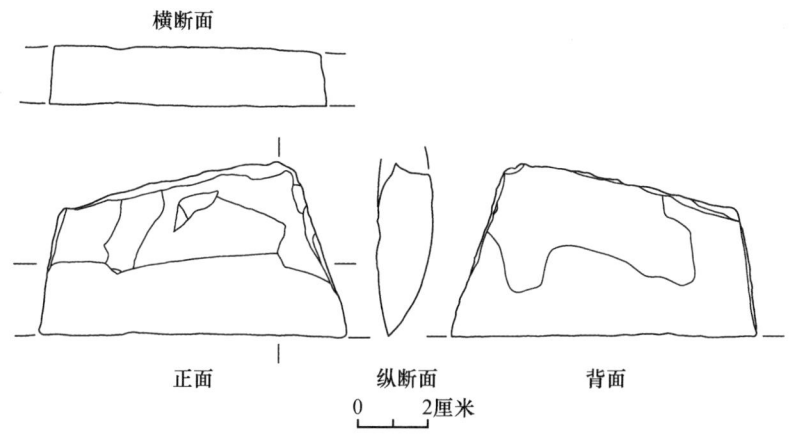

图一五二　破土器中片2014ZYT0508③a∶4

上部断口：由多个石片疤构成。绝大多数石片疤是以从背面向正面剥片后出现的石片疤，个别石片疤是从前面向顶面剥片后出现的石片疤。下部弧收至刃缘，形成了弧面刃。

背面：微微弧凸，下部弧收直至刃缘，形成了作为副刃面的弧面刃。

左面：它是从断口出现前的顶面向下剥片后出现的石片疤。

右面：由多个石片疤构成。它们是以背面为台面向正面击打导致剥片后出现的石片疤。

正面：基本平整，手感粗糙，下部弧收为刃面。

刃面：刃面与副刃面会合成近似双面刃。刃缘内凹，有细小石片疤。刃口直线，锋利。

（3）功用分析

这件破土器破片的断口和左面及右面被修整成直边，目标器形是石刀。

12. 破土器中片2014ZYTD①∶2

（1）目鉴岩性

深灰色，表面光滑，变余泥质结构，斑点构造，斑点细小，斑点含量10%左右，粒径0.01~0.05毫米，斑点透明，可能重结晶比较完全，变成堇青石，定名斑点角岩。

（2）造型描述

近似梯形。长109、宽69.3、厚18.9毫米，重225.7克（图一五三；图版一三七）。石材风化严重，器表有大量孔隙，还有不少附着物。

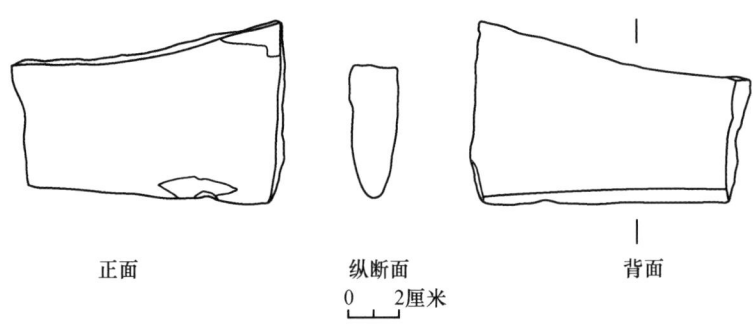

图一五三　破土器中片2014ZYTD①∶2

刀背、左右面大部缺失，仅存部分刃部。

残存部分的纵断面近似桃核形。刃缘平直，刃口平直。

（3）功用分析

这件残破土器被作为素材改制成石刀。

13. 破土器中片2013ZYT0606③∶1

（1）目鉴岩性

深灰，变余泥质结构，斑点构造，斑点黑色，定名斑点角岩。

（2）造型描述

横断面为杏仁形。长144、宽58、厚18.9毫米，重217克（图一五四；图版一三八）。石材中度风化，表面剥蚀严重。

顶面：局部为弧凸，中后部由宽窄不一的疤痕构成。

正面：长轴中部微弧凸，疑似磨面。正顶棱大部被从顶面向正面剥片后留下的

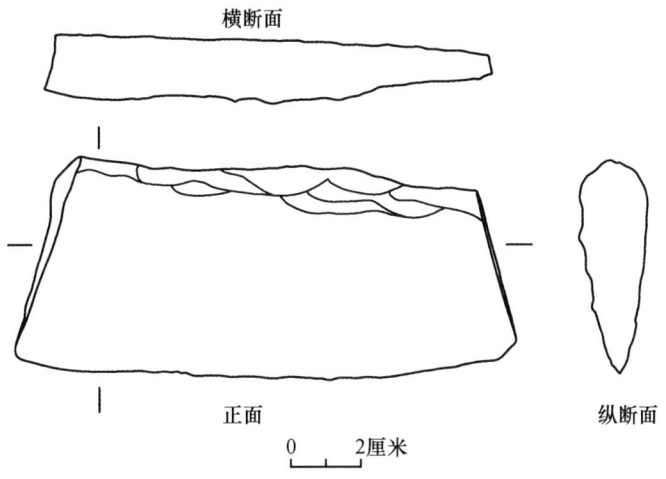

图一五四 破土器中片2013ZYT0606③:1

石片阴面破坏。

左面：正面向背面击打导致素材折断后出现的断口。

右面：经过简单研磨的窄条形平面。

背面：从顶面向背面剥片后留下的石片阴面。

（3）功用分析

这件破土器破片背面上部被剥片、右面被研磨过，其余部分有待修整，目标器形可能是石刀。

八、破土器的特点

除了3件完整或基本完整的外，其余都是破土器局部破片。破土器破片数量多达26件。

1. 破土器分类

（1）破土器

3件完整器，分二型。

近似三角形，2件。分二亚型。

翘角型　1件。斜把较长，可捆绑斜向长柄。角尖离地稍高，属于低翘角，刃缘弧凸，后角亦为锐角。它与良渚博物院收藏的凤山出土的破土器（2636-1-596）非常相似，灰绿色，三角形带斜把，穿孔，把端残留半个圆孔，尖稍残。刃长

30.5、高23.7、把宽7.8、孔径2.2厘米[①]。

平角型　1件。角尖落地，后角为直角。

三角形，1件。是以残破土器为素材，稍加改制而成。

（2）破土器残片

破片包括把、前角、中片和后角三种破片。

前角，3件。

把，4件。平面都近似长方形或方形。

中片，13件。含前肩下方破片和后肩下方破片。

后角，6件。造型有一定差异，可以按角尖是否起翘分二型。一个型是平角型，角尖落地。另一个型是翘角型，角尖离地不高。

2. 文化属性

3件完整的破土器代表了两个类型。26件破片因为体量小而无法与完整器对照分类，这些破土器无法拼对，个案分析显示多数破片被当作素材改制成其他类型的石器。从岩性看，晶屑凝灰岩不是切割和砍削类石器的首选石材，这些破片改制成的石器造型类似石锛和石刀，但是具体用途未必与正式的石锛相同。

26件破片中，中片数量最多达13件，我们以此作为破土器最大个体数，即13件破土器。加上3件完整器，鱼山遗址和乌龟山遗址共有16件破土器。钱山漾文化开始出现破土器，共2件，进入商周时期破土器数量大增，达到12件，还有1件定为唐宋时期。由此可见，钱山漾文化农业生产出现了新农具，在商周时期农业生产飞速发展。

3. 物质属性

3件完整器和各部位破片共29件。钱山漾文化3件，其中2件是用玻屑凝灰岩加工而成的、1件是用晶屑凝灰岩加工而成的。商周时期共24件，其中3件是用斑点角岩加工而成的、1件是用玻屑凝灰岩加工而成的、1件是用细粒石英砂岩加工而成的，其余19件是用晶屑凝灰岩加工而成的。唐宋时期的有2件，分别是用斑点角岩和粉砂质泥岩加工而成的。这样看来，钱山漾文化和商周时期破土器用材一脉相承。

[①] 浙江省文物考古研究所：《良渚遗址群》，文物出版社，2005年，第262、263页，彩版三七，6。

第二节　石犁观察与分析

犁，是指平面略呈三角形，通过穿孔固定在犁架上翻耕用的重型农具。犁的造型特点是体薄、平面呈三角形、犁尖夹角有变化。

一、细部名称

犁尖：是指石犁的尖端。
犁面：是指石犁向上的石器表面。
犁底：是指石犁向下的石器背面。
犁翼：是指石犁中部。
犁刃：是指石犁左右两侧边缘。它分左刃和右刃。
犁尾：是指与犁尖相对的尾部。
犁孔：是指为了把犁安装在犁床上而特意制作的穿孔。

二、观察要点

犁这种大型翻耕工具的作业效率取决于其平面造型和引力大小。由于鱼山遗址和乌龟山遗址都没有发现完整的石犁，石犁破片体量小，无法开展类型分析。目前只能尽量记述其造型及其被作为素材再利用的情况。

三、穿孔石犁观察与分析

1. 穿孔石犁2014ZWT02⑥b：2

（1）目鉴岩性
表面灰黑色，断口深灰，变余泥质结构、变余层理构造和斑点构造，斑点黑色，含量30%，粒径0.1~0.5毫米，斑点角岩。

（2）造型描述
平面为不规整长方形。长61.6、宽47.2、厚11.7毫米，重47.9克（图一五五；

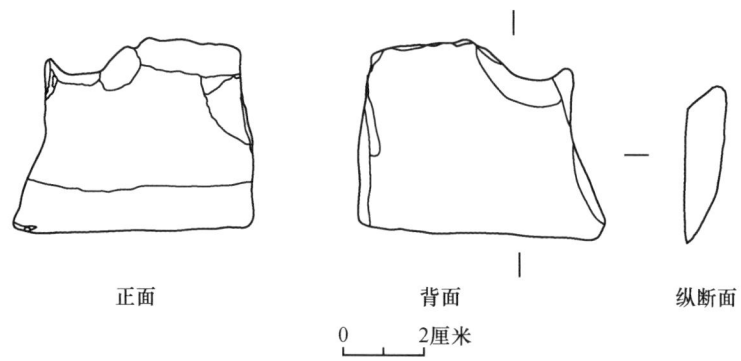

图一五五　穿孔石犁2014ZWT02⑥b：2

图版一三九）。以刃面所在面为正面,刃面所在边为边4。

正面:平整,残孔旁粗糙,其余部分手感不粗糙。

背面:平整,手感比正面光滑,靠近边1处局部手感更光滑,表面可见细线条。靠近刃缘弧收。靠近边3的刃缘旁有较大石片疤,刃缘上至少还有3个小石片疤。刃缘旁较为光滑。

边1:断口,是从正面向背面击打导致剥片后留下的。

边2:断口,上中部有约1/4穿孔的孔壁,推算穿孔直径为32毫米。穿孔为桯钻的对钻孔,孔壁可见对接错位痕。中下部是断口,是从背面向正面击打导致剥片后留下的。

边3:断口,由两个石片疤构成。疤B是从背面向正面击打导致剥片后留下的,疤A是从该断口向正面剥片后留下的。

边4:刃缘,平直。刃面微弧凸,与正面之间有不明显弧形转折。刃缘旁较为光滑。

（3）功用分析

这件大型穿孔石刀被当作素材再利用,已经用锤把犁刃缘以外的三个断口修理成直边,改制尚未完成,目标器形不详。

2. 穿孔石犁2014ZYT0511⑤b：1

（1）目鉴岩性

深灰色,表面光滑,断口较粗糙,泥质粉砂质结构,具层理构造,主要由粉砂质和泥质组成,定名泥质粉砂岩。

（2）造型描述

平面近似钝角三角形。长282.1、宽195.5、厚10.1毫米,重899.8克

（图一五六；图版一四〇）。表色为浅灰黑色，自色为黑色。正面和底面都是石材的层理面。

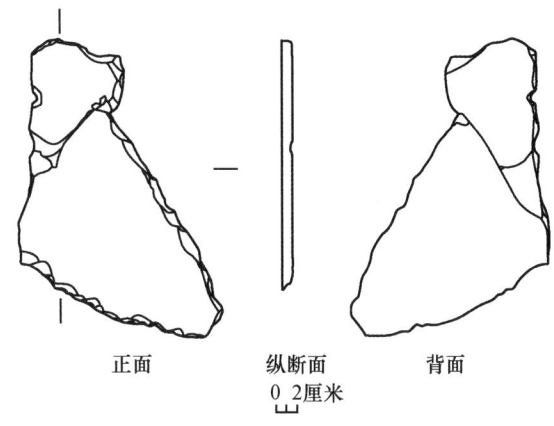

图一五六　穿孔石犁2014ZYT0511⑤b：1

这是3件石片拼对起来的大石片，其中较大的破片边缘可见残孔，孔壁上布满了琢痕，两面对凿而成。石片边缘都是断口，这些断口都是从表面向背面剥片所致。中间的小破片边缘也布满石片疤，这些石片疤也是以表面为台面向背面击打导致边缘被剥片后留下的石片疤。另外一件石片的边缘也布满石片疤，它们也是以正面为台面向背面击打剥片后留下的石片疤。

（3）功用分析

3件石片的平面低凹处不见磨面，它们的底面上也没有观察到磨面，但是在石片边缘和表面凸起部位上可见磨面。这个现象为认识石犁安装方法和使用方式提供了线索。该残片断口上布满石片疤，表明它被当作素材拟改制成其他类型的石器。

石犁制作过程如下：以片状石片为素材，利用锤击法制作了三角形犁。然后采用单向法打制出单面刃。接着利用琢击法打制出穿孔。再利用厝石研磨布满疤痕的斜面和穿孔以下表面凸起部位。研磨过程中，犁铧的尖角和左边中上破损，推测其右边也出现大面积剥片，遂放弃大型犁的制作，转而把它作为素材再利用，改制尚未完成，目标器形大概是三角形石器。

3. 穿孔石犁2014ZYT0511④：1

（1）目鉴岩性

深灰色，表面光滑，断口较粗糙，泥质粉砂质结构，具层理构造，主要由粉砂质和泥质组成，定名泥质粉砂岩。

（2）造型描述

平面为直角弧边三角形，是三角形石犁左下方残片，不见犁尖。长210.1、宽160.4、厚12.7毫米，重615.4克（图一五七；图版一四一）。

表面：石材层理面，右边中上部有半个穿孔，是两面琢击而成的穿孔。穿孔开口直径19、内径8.7毫米。孔壁边缘不见磨损痕迹。

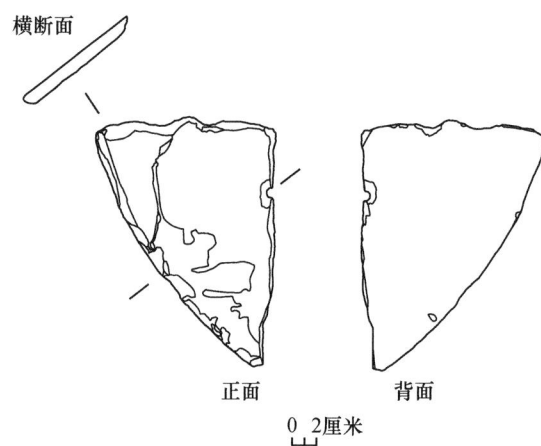

图一五七　穿孔石犁2014ZYT0511④∶1

左边刃：正面向刃缘急收成不规整微弧凸刃面，局部可见磨面。刃缘布满大大小小的石片阴面，都是从背面向正面剥片后留下的石片疤。

右边刃：断面，由多个石片疤构成。除了两个小石片疤是从正面向背面剥片后留下的，其余石片疤都是从背面向正面剥片后留下的。

尾部：由多个石片疤构成的断面，只有一个石片疤是从正面向背面剥片后留下的，其余石片疤都是从背面向正面剥片后留下的。

（3）功用分析

石犁破片上的剥片痕迹表明其正在被改制，目标器形不详。

4. 穿孔石犁2014ZYT0509③b∶9

（1）目鉴岩性

深灰色，表面光滑，断口较粗糙，泥质粉砂质结构，具层理构造，主要由粉砂质和泥质组成，定名泥质粉砂岩。

（2）造型描述

平面近似梯形，石犁中前部破片。长51.7、宽85.6、厚8.9毫米，重65.6克（图一五八；图版一四二）。

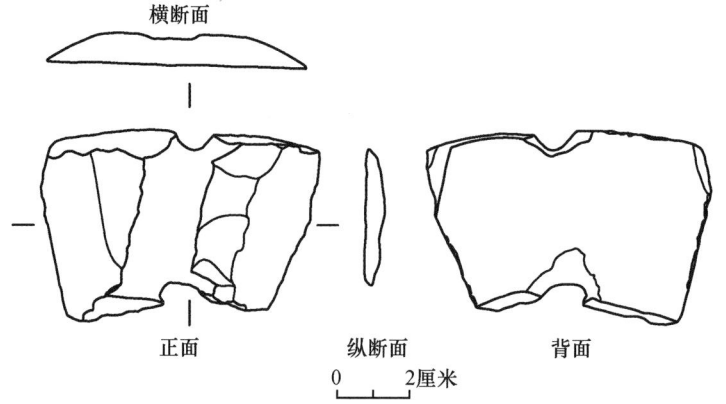

图一五八　穿孔石犁2014ZYT0509③b∶9

前部：由两个石片疤构成的非一次性形成的断口。它们都是从背面向正面击打导致石片折断后出现的石片阴面。断口边缘被修理过。

尾部：非一次性形成的断口。左侧断口是先从正面向背面剥片，接着从正面向背面剥片后出现边缘基本平直的石片阴面，该石片阴面被修理过。右侧断口也是从正面向背面剥片然后从背面向正面剥片后形成的石片阴面。

表面：尾部中间有半个孔壁，推测穿孔内最大径14.5毫米，孔形不规整，前部中间有半个孔壁，孔形不规整，推测穿最大径12.1毫米。两个残孔之间是制坯留下的浅槽，浅槽内是石片阴面，未经修整。浅槽两侧是不宽的平坦面，平坦面外侧是渐内收的弧凸磨面。

底面：石材层理面。上尾部残孔边缘有1个琢击穿孔时产生的连带破损。前部穿孔边缘有大片琢击穿孔时产生的连带破损。

左刃：中间向左边刃缘弧收为微弧凸的单面刃，刃缘有密集细小石片疤。楔角37°。

右刃：中间向左边刃缘弧收为微弧凸的单面刃，刃缘凹凸，有大小不等的石片疤。楔角33°。

（3）功用分析

石犁断裂后，断口被多次修整，目标器形不详。

5. 穿孔石犁2014ZYT0508③b：1

（1）目鉴岩性

表面灰白色，斑杂状，内部灰黑色，块状结构，凝灰结构，由晶屑玻屑、火山尘等火山碎屑物质组成，晶屑见有石英、长石和角闪石，其中石英、长石常常被淋蚀留下孔洞，粒径小于2毫米。角闪石呈柱状，黑色，可见完善柱面节理，玻璃光泽，粒径长径2~3、宽径1~1.5毫米，也常受氧化，导致角闪石周边岩石常带铁锈色。其他为玻屑和火山尘埃，定名晶屑凝灰岩。

（2）造型描述

平面为三角形石犁的右上角破片。残长99.2、残宽78.2、厚8.5毫米，重94.7克（图一五九；图版一四三）。

顶面：宽度不一的窄条面，表面略有起伏。中部至左端的凸起处有前后两个条形磨面。其右端条形小磨面。

正面：有细微起伏，微凸部位可见磨面，从中间向正右棱渐减薄而形成边刃。

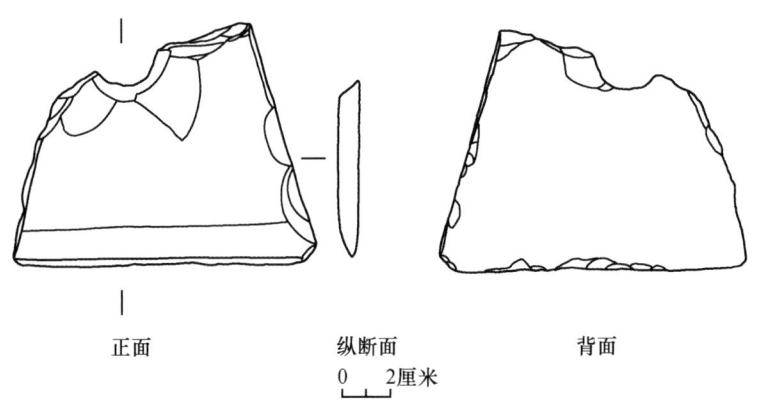

图一五九　穿孔石犁2014ZYT0508③b：1

正顶棱中部和右边有两个石片阴面，都是从高于顶面的已经消失的原始顶面向正面锤击导致剥片留下的石片阴面，这次剥片与制作石犁时调整平面形状有关。正左棱中部是劣弧形凹缺，应该是石犁孔的残孔壁。残孔开口中下部有多个石片阴面，这是采用琢击法从正面向背面琢击而成的缘故。残孔左上角旁有多个石片阴面，是从左面即断口向正面锤击导致剥片后留下的疤痕。正右棱是近乎直线的边刃，从边缘向内1.5厘米左右的范围内是弧凸磨面。

背面：石材层理面。左边中部有连续分布的多个小石片阴面，是从刃面向背面锤击导致剥片留下的石片阴面。背左棱中部的穿孔边缘有一个石片阴面，推测是在正面琢孔时造成的连带破损。

左面：残孔上部和残孔下方都是不规则形断口。

右面：直线形刃口。

底面：断口，是从底面向正面锤击导致剥片后留下的疤痕，这是为改制石器而特意剥片所致。

（3）功用分析

这件穿孔石犁中段破片被当作素材再利用，目前已经把底面修理平整，破片上边尚待修整，目标器形不详。

6. 穿孔石犁2014ZYT0414②：2

（1）目鉴岩性

深灰色，表面光滑，断口较粗糙，泥质粉砂质结构，具层理构造，主要由粉砂质和泥质组成，定名泥质粉砂岩。

（2）造型描述

平面近似三角形。残长97、残宽53.6、厚11.2毫米，重65.9克（图一六○；图版一四四）。

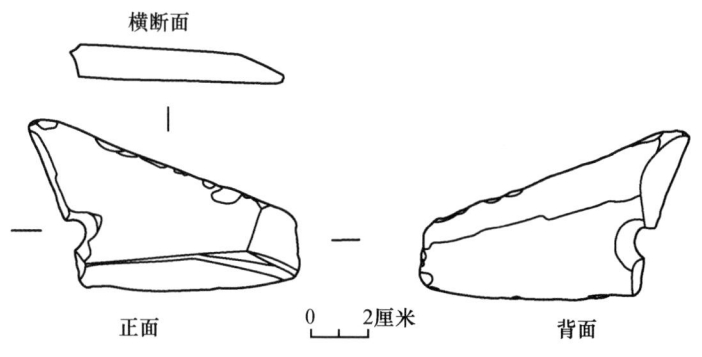

图一六○　穿孔石犁2014ZYT0414②：2

刀背：是从正面向背面击打导致剥片后留下的向北面倾斜的石片阴面。

正面：正顶棱上有两个大的石片阴面和多个小石片阴面。正左棱中部有一个劣弧形孔壁，该孔是两面对琢而成。靠近右面处有个向右面倾斜的小磨面。下部急收至刃缘，形成平刃面。

背面：长轴中部微凸的磨面，下部渐收至刃缘，形成作为副刃面的平坦面。

左面：由两个石片疤构成的断面。先是从正面向北面击打导致石器折断后出现向背面倾斜的石片阴面，然后以该石片阴面为台面数次向正面击打，留下了多个石片阴面。其目的是把石器折断时出现的锋利边缘去掉。

右面：正背面减薄后形成的刃面。

刃部：刃部与副刃面会合成为单面刃。

（3）功用分析

这件石犁残片被作为素材再利用，改制尚未完成，目标器形可能是石刀。

四、石犁片观察与分析

1. 石犁片2014ZYT0613⑤b：1

（1）目鉴岩性

粉砂状结构，泥质粉砂岩。

（2）造型描述

平面近似梯形。长52.4、宽70、厚13.8毫米，重76.7克（图一六一；图版一四五）。

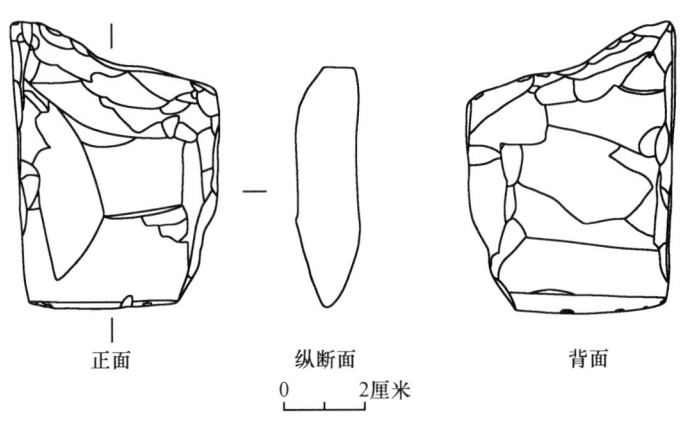

图一六一　石犁片2014ZYT0613⑤b：1

顶面：由多个石片阴面构成的不规整斜面。

正面：正顶棱被以顶面为台面向下剥片而出现的石片阴面破坏。正左棱被疤痕破坏，正右棱也被疤痕破坏。中上部略凹，下方渐收至刃缘，形成了弧面刃。表面经过研磨，磨面可见反光。

背面：背顶棱也以顶面为台面向下剥片而出现的石片阴面破坏。背左棱和背右棱都被石片阴面破坏。表面被一个大石片阴面破坏，该石片阴面未经研磨。其余部位经过研磨。下方弧收至刃缘，形成了作为副刃面的弧面刃。

左面：断面，由多个石片阴面构成。仅左顶棱和刃角部分经过研磨，其余部位未经研磨。

右面：断面，由多个石片阴面构成。凸起部位经过研磨。磨面可见反光。

刃部：刃面和副刃面会合成单面刃。刃缘微凸，多处有细小崩缺。刃口直而锋利。

（3）功用分析

这件石犁破片被改制成石刀。

2. 石犁片2014ZYT0509③b：14

（1）目鉴岩性

深灰色，表面光滑，断口较粗糙，里面灰黑色，泥质结构，具层理构造，主要由粉砂质和泥质组成，泥质组分高，定名泥质粉砂岩。

（2）造型描述

平面近似梯形。残长92.4、残宽86.8、厚12.7毫米，重160.6克（图一六二；图版一四六）。

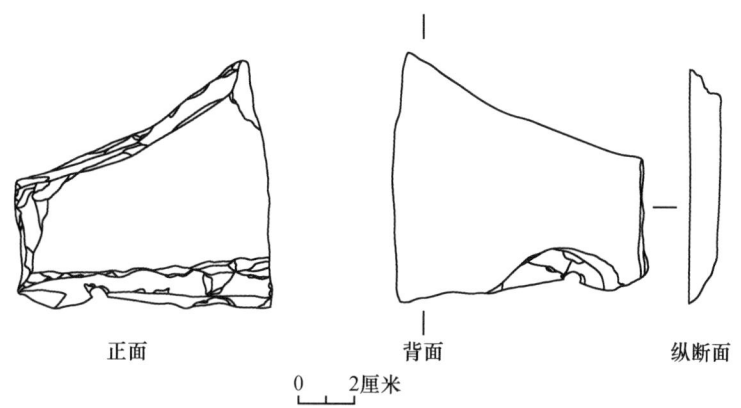

图一六二　石犁片2014ZYT0509③b∶14

顶面：平整断口。

正面：石材层理面，未经研磨。多次从顶面向正面剥片出现的石片疤破坏了正顶棱。

背面：平整，是素材的层理面，未经研磨。

底面：断口。

左面：从背面向正面剥片，形成了可作为刃面的斜面。

右面：微内凹断口，系多次打击导致剥片而成。

（3）功用分析

这件石犁破片被当作素材使用，改制尚在进行中，目标器形不详。

3. 石犁片2014ZYT0706③a∶1

（1）目鉴岩性

灰黑色，不明显层理构造，粉砂状结构，粉砂级碎屑成分主要为石英，含少量长石，石料中含较多碳泥质组分导致石料颜色发黑，泥质粉砂岩。

（2）造型描述

平面近似长方形。残长89.1、残宽57.1、厚20.2毫米，重146.7克（图一六三；图版一四七）。

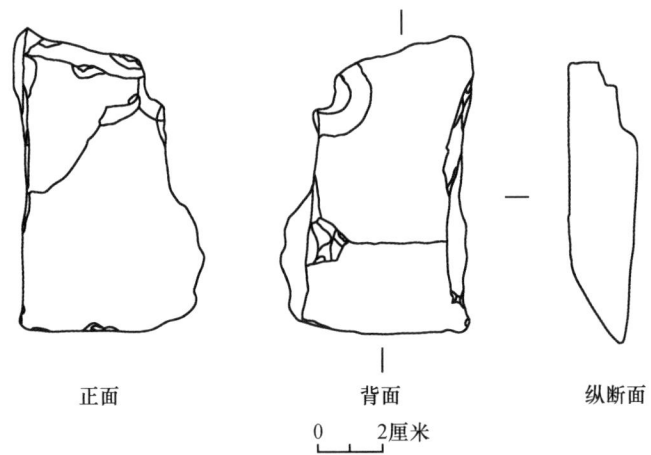

图一六三　石犁片2014ZYT0706③a∶1

顶面：倾斜断口，从背面向正面打击造成剥片后留下的石片阴面。

正面：正顶棱缺失，左上角和中部都是石片阴面，都是从原顶面向下剥片后留下的石片阴面，接着从离顶面最近的剥离面向背面剥片，把原顶面去掉。右上角有劣弧形软角，琢击而成。下方弧收至刃缘，形成弧面刃。左刃角旁有窄石片疤。

背面：左上角劣弧壁。下方渐收至刃缘，形成了作为副刃面的平面刃。

左面：断面，由至少5个石片阴面构成。其中3个石片阴面是从正面向背面剥片后出现的石片阴面。其余2个石片疤是从背面向正面剥片后出现的石片阴面，其目的是修平左侧面。

右面：右上角可见劣弧壁，系琢击而成。其下方是一个规整断口，是从背面向下剥片后留下的，其目的是修平右侧面。

刃部：刃面与副刃面会合成弧直单面刃。刃缘为弧凸。刃口直，磨圆。

（3）功用分析

这件石犁破片被改制为弧背锛，改制尚未完成。

4. 石犁片2014ZYT0509③∶15

（1）目鉴岩性

黑色，表面光滑，断口粗糙，硬度3~4。具不明显层理构造，主要由碳泥质和粉砂质组成，定名粉砂质泥岩。

（2）造型描述

平面近似矛头。长103.6、宽62、厚19.5毫米，重184克（图一六四；图版一四八）。指定墨书所在面为正面。

正面：局部凸起部位可见小块不规则形磨面。

背面：上中部局部可见小块不规则形磨面。右侧有一道纵长斜面，经过简易研磨。

翼：左右翼为布满石片阴面的斜面。

尖峰：左右翼汇集成秃顶。

（3）功用分析

该石犁破片被改制成矛头，改制尚未完成。

5. 石犁片2014ZYT0509③a：17

（1）目鉴岩性

深灰色，表面光滑，断口较粗糙，泥质粉砂质结构，具层理构造，主要由粉砂质和泥质组成，定名泥质粉砂岩。

（2）造型描述

平面为不规整五边形。长120.1、宽109.2、厚6.8毫米，重169克（图一六五；图版一四九）。

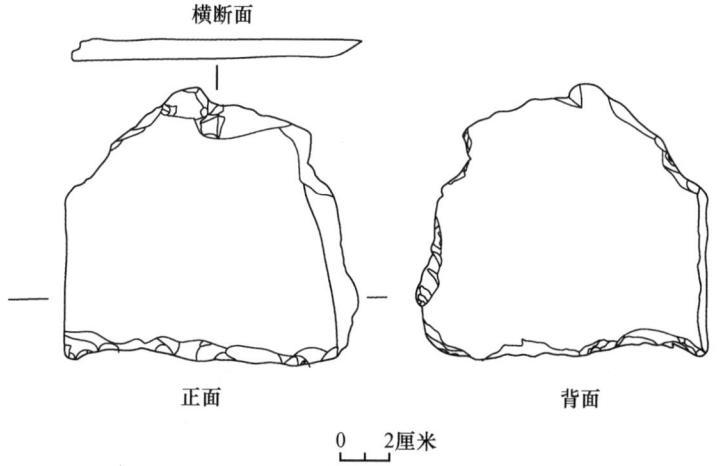

图一六五　石犁片2014ZYT0509③a：17

顶面：不规整断面，由密集的石片阴面构成。它们是从正面向背面击打导致剥片、从背面向正面击打导致剥片后留下的石片阴面，目的是把这个断口修整成直边。

表面：表面可见雨痕，虽然经过研磨，但是雨痕清晰可见。边A是连续分布的斜向石片阴面，边缘上部稍凹，中下部基本平直。这些石片阴面都是以背面为台面向正面锤击后剥片而留下的疤痕。边B是一条直边，是以正面为台面向背面锤击后导致剥片而留下的断口。边C由两个微凹断口构成，是以正面为台面向背面多次锤击后导致剥片而留下的近似斜面。边D由两个石片阴面构成，石片阴面的面积很大——推测剥片的目的是打出薄刃面，是至少两次从背面向正面锤击导致剥片而留下的石片阴面，其中的波纹和裂痕清晰可见。边E也是一个石片阴面，也是以背面为台面向正面锤击后导致剥片而留下的石片阴面。边F是斜坡状刃面的边缘，推测是以刃面边缘为台面向背面锤击后导致剥片而造成边缘曲折微凹。边G是一个断口，是两次以背面为台面向正面锤击后导致剥片而留下的断口。边E和边G都破坏了边F所在部位的刃面。

底面：石材层理面。边A也有多处疤痕，是多次从正面向背面锤击后导致剥片而造成的石片阴面。边B是一个完整的石片阴面。边C也有多个石片阴面，是从背面向正面锤击后造成剥片而留下的石片阴面。边D仅见两个小的石片阴面，是从正面向背面锤击后导致剥片而留下的石片阴面。边E是一次性断口，是从背面向正面锤击后造成正面剥片而留下的断口。边F中间至少有两个石片阴面，是从背面向正面锤击后造成剥片而留下的石片阴面。边G有一个石片阴面，是从正面向背面锤击后造成剥片而留下的石片阴面。

左面：不完整的弧凸刃面，左上角至少有3个从背面向正面击打导致剥片后留下的石片疤。左下角的石片疤也是从背面向正面击打导致剥片留下的。

右面：不规整断面。上方是一个完整断口，是从正面向背面击打导致剥片后留下的。

底面：不规整断面，由2个石片疤构成，都是从背面向正面击打导致剥片后留下的。

（3）功用分析

这件石犁破片被作为素材利用，改制工作未完成，目标器形不详。

第三节　石犁和破土器的特点

一、石犁分析

鱼山遗址和乌龟山遗址共发现石犁破片11件，除了3件可以看出原器造型外，其他8件是哪个部位的不详。

1. 文化属性

就3件能够看出部位的破片看，分属于两类。2件是大型石犁，良渚文化晚期—钱山漾文化时期，其中1件是石犁左下角，另1件是制坯时折断的素材。1件是小型石犁，商周时期。

鉴于其他破片体量不大，破片也无法拼对，因此很难根据破片数量来估算石犁的个体数，这里暂时按石犁破片数量来讨论其社会意义。

石犁采用锤击法制坯和整形，犁孔是采用琢击法制作而成的。这两种制石方法不仅很难有效地控制石器造型，而且容易使素材折断。其实崧泽文化先民们早已采用片锯塑形、管钻或桯钻钻孔方法，但是这些能够有效地控制石器造型的制石方法没有运用到石犁的制作当中令人意外，究其原因可能与石犁制作产业化和追求生产速度有关。

11件石犁片中，1件是河姆渡文化四期—良渚文化的，是用斑点角岩加工而成的，但是看不出器形。2件是良渚文化晚期—钱山漾文化的，都是用泥质粉砂岩加工而成的，可以看出器形。7件是商周时期的，它们都看不出器形，只有1件是用晶屑凝灰岩加工而成的，其余6件都是用泥质粉砂岩加工而成的。1件是唐宋时期的，也是用泥质粉砂岩加工而成的。石犁破片多被改制成石刀，个别的被改制为石矛。

2. 物质属性

11件石犁中，1件是乌龟山遗址出土，用斑点角岩制作而成的，其余10件是鱼山遗址出土的。鱼山遗址有1件石犁是使用晶屑凝灰岩制作的，其他都是用泥质粉砂岩制作的，这显然是制作石犁时有意识选材的结果，据此推测石犁制作在当时已经产业化了。以泥质粉砂岩为素材制作石犁是江南地区新石器时代末期至商周时期石犁的重要特点。

二、石犁与破土器的关系

以上分析表明，乌龟山遗址在河姆渡文化四期—良渚文化时期开始制作石犁，进入良渚文化晚期—钱山漾文化鱼山遗址破土器和犁制作专门化，体现在使用的石材基本一致——绝大部分材料是晶屑凝灰岩，体现在使用锤击成形和琢击穿孔方面。

河姆渡文化四期—良渚文化时期只有1件石犁，说明这个时期农业不甚发达，可能与沿海地区渔业和捕捞发达而农耕滞后有关。良渚文化晚期—钱山漾文化有2件石犁和3件破土器，农业生产有了发展。商周时期有7件石犁，24件破土器破片，可见这个时期农业生产有了很大发展。还有3件是唐宋时期地层出土的而实际上是商周时期的，其中1件是石犁、2件是破土器。

第六章　磨石、砺石

　　磨石是指把客体加工成粉状的石质工具。砺石是指把客体表面凸起研磨掉使得客体表面平整的石器。

　　磨石和砺石都以各类砂岩为石材。它们的差异是加工对象不同，前者是谷物、根茎等，有时会使用磨棒等按压或滚压客体加快碾压速度，长时间使用后磨石表面被磨耗而出现凹面甚至凹坑。研磨矿石粉末的磨石表面会出现比较深的光滑凹面。

　　后者是把石器坯件、骨角器等坚硬客体放在砺石研磨，长时间使用后砺石上会出现凹面和条形槽等。砺石按使用方式的不同，分为砥石和厝石两大类，砥石是放在地上使用的，厝石是手持使用的。

　　砥石有两种用法，一种是研磨时加水加砂，加砂能够提高研磨效率，加水是给砥石和客体降温，这种方法称为砂砥磨（简称砂磨）。研磨过程中客体上剥落下来的碎屑和砥石上剥落下来的砂粒也变成了研磨介质。另一种用法是研磨过程中不加砂只加水，这种研磨方法可以称为砥石磨（简称砥磨）。

第一节　观察方法

一、细部名称

　　为了方便记述，这里暂定了磨石和砺石部分细部名称。
　　研磨面：是指磨石和砺石上研磨客体的表面，简称磨面。
　　研磨槽：是指砺石上的凹槽形磨面，简称磨槽。
　　底面：是指与磨面相对的自然面或磨面。
　　立面：是指砺石和磨石的侧面。

二、观察要点

1. 磨石观察要点

磨石观察要点有二：第一，磨面大小，与客体大小有关。第二，磨面形貌，与客体性质有关。

2. 砺石观察要点

砥石观察要点有三：第一，砥面大小，与客体大小有关。第二，砥面形貌，研磨骨锥、玉管等棒状客体后砥石上会出现条形槽，而研磨斧、锛等客体后砥石会下凹。第三，砥面光洁度，与砥石使用时间长短和使用频率高低有关。

厝石观察要点有二：第一，体量大小，与手握方式有关。第二，磨面形貌，与客体有关。

第二节 砺石观察与分析

一、砥石观察与分析

1. 砥石2014ZYT0311③a：8

（1）目鉴岩性

灰色，层理构造，砂状结构，平行层理，含泥质略高，长石石英细砂岩。

（2）造型描述

平面似鞋底。长220.8、宽100.3、厚30.7毫米，重1058克（图一六六；图版一五〇）。石材轻度风化，局部表层剥落。以墨书标记所在面为表面，以尖头为前，平头为后。

表面：稍有起伏，凸起处是布满模糊条痕的磨面，磨面有轻微反光。低凹处则不见磨面。

底面：主要部位是石材层理面，局部表面剥离，凸起部位都是磨面，磨面有明显反光。

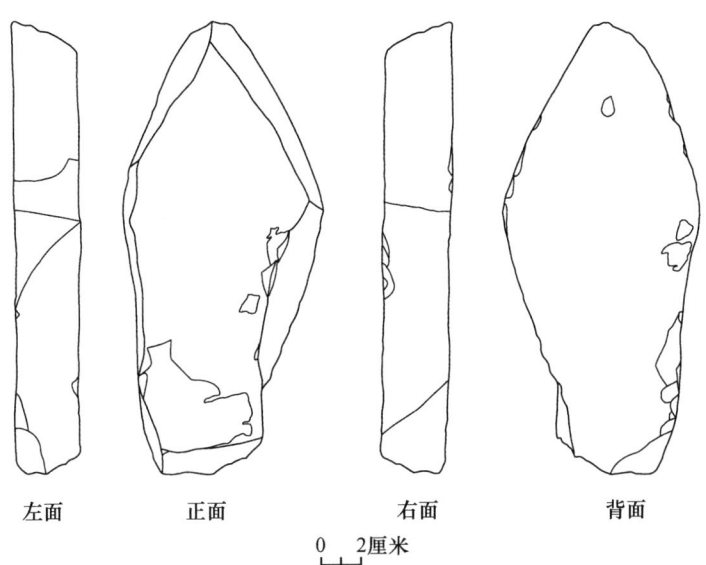

左面　正面　右面　背面
0　2厘米

图一六六　砥石2014ZYT0311③a：8

尖头：其下方立面有两个石片阴面，它们都是以表面为台面向下打击剥片后留下的疤痕，估计是为了防止砥石尖头伤人而特意把尖头打掉的。石片阴面上不见使用痕迹。

左前立面：中后部是弧形磨面，磨面不见明显反光。无法确定该磨面是为了调整砥石造型还是在此研磨客体而成的。

左后立面：以表面为台面向底面击打造成立面被剥片后留下的石片阴面，打破了底面边缘。

后立面：是以表面为台面向下击打导致立面被剥片后留下的石片阴面。

右前立面：由两个疤痕构成，大的疤痕是以表面为台面向下击打导致立面被剥片后留下的石片阴面，小的疤痕是以底面为台面向表面击打导致立面被剥片后留下的石片阴面。这两次击打是为了调整砥石造型所为。

右后立面：一组石片阴面构成的不规整曲面。其中有的是以底面为台面向正面击打导致立面被剥片后留下的石片阴面，有的是以表面为台面向下击打导致立面被剥片后留下的石片阴面。曲面上的凸起部位经过轻度研磨。研磨目的不详——无法确定是为了调整砥石造型还是在此研磨客体。

（3）功用分析

从砥石表面和底面凸起部位被研磨过看，客体是比较坚硬而体量不大的物体。

2. 砥石2014ZYT0707③b：8

（1）目鉴岩性

砂状结构，块状结构，碎屑主要由石英、长石组成，碎屑粒径1毫米左右，以长石为主，孔隙式胶结，分选性好，长石砂岩。

（2）造型描述

平面近似磬形。以墨书标记所在面为底面。长25、宽137、厚41.9毫米，重1686.4克（图一六七；图版一五一）。

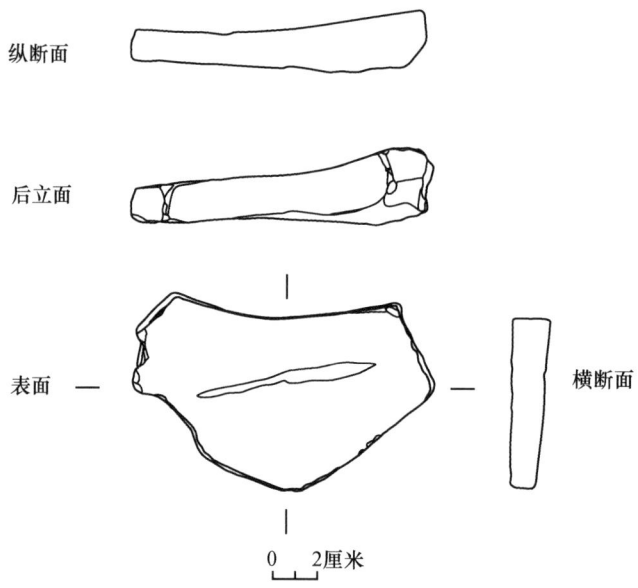

图一六七　砥石2014ZYT0707③b：8

表面：左侧微起翘的光滑磨面。中部有几乎横贯砥石的浅磨槽，槽内平滑度稍逊于表面。

底面：左右面和底面都是未经使用的岩石风化面。

上面：凹弧磨面，手感光滑度稍逊于正面的磨面。

立面：不明显的磨面。

（3）功用分析

从磨面大而光滑看，客体是坚硬而体量较大的物体。

3. 砥石2014ZYT0509②：19

（1）目鉴岩性

长石石英砂岩。

（2）造型描述

平面近似梯形。长90.5、宽50.5、厚30.5毫米，重180.9克（图一六八；图版一五二、图版一五三）。

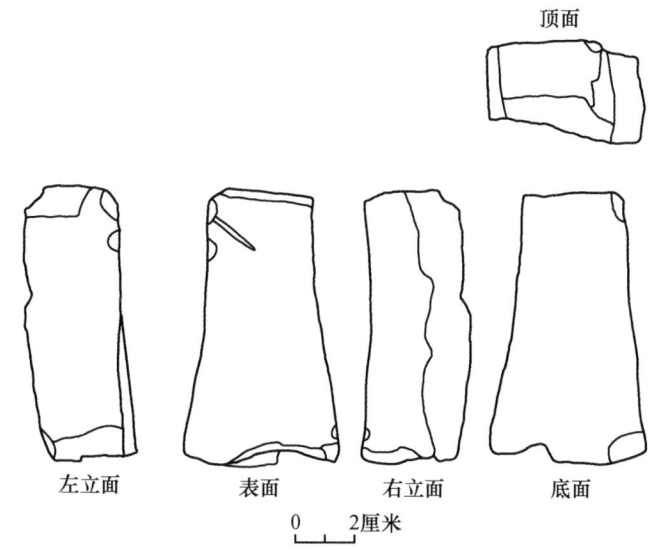

图一六八　砥石2014ZYT0509②：19

表面：束腰梯形，磨面略有起伏。磨面上可见粗线条，不同部位平滑程度不同。

底面：多个石片阴面构成的非磨面。

左立面：中间下凹的鞍形，磨面手感圆滑。不同部位的磨面平滑程度略有差异。

右立面：中间下凹的鞍形磨面。磨面分两个部分，平滑程度不同。

（3）功用分析

它是较长砥石的前部破片，从磨面比较平滑看，利用率比较高。六个面中表面、左立面和右立面为磨面，其他面为石片阴面，可见该砥石的利用率比较高。

4. 砥石2014ZYH198：1

（1）目鉴岩性

表面呈灰白色，断口呈肉红色，表面光滑，粉砂状结构，块状构造，主要由粉砂级石英和长石组成，粒径小于0.1毫米，定名粉砂岩（标准）。

（2）造型描述

平面近似凸字形，长122.1、宽53.4、厚44.9毫米，重414.7克（图一六九；图版一五四）。四个面转角为直角。以墨书标记所在面为表面。

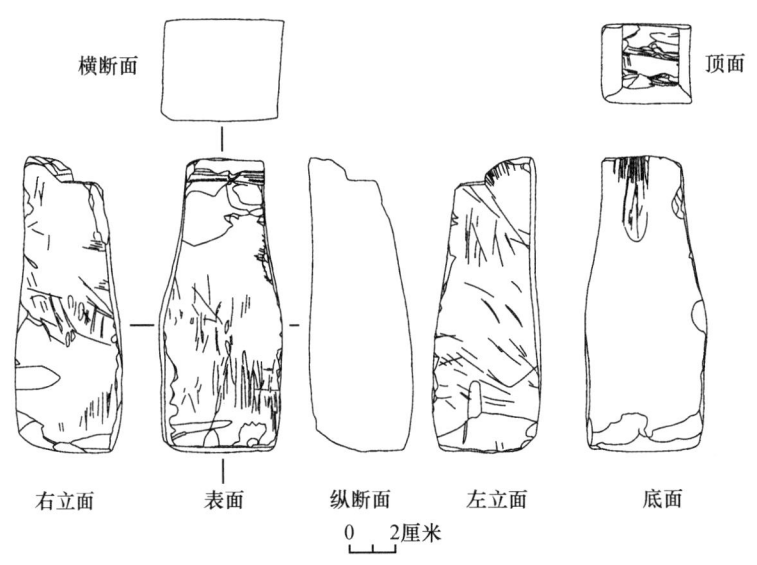

图一六九　砥石2014ZYH198：1

表面：磨面有起伏，手感滑腻。上部中间有多道纵向粗细不等条痕。

底面：磨面有起伏，上方局部有未经研磨的石片阴面。两个磨面相连处有纵向粗细不等条痕。

左立面：磨面有起伏，两个磨面之间虽然圆滑相连，但是下磨面长轴方向中间微凹。

右立面：磨面有起伏，两个磨面之间圆滑相连，但是下磨面长轴方向中部微凹。

（3）功用分析

这件砥石折断后，曾用片锯法修理过断口，修理后的残砥石继续使用。

5. 砥石2013ZYK2：8

（1）目鉴岩性

表面呈灰色，新鲜面褐黄色，砂状结构，具层理构造，主要由石英碎屑组成，含部分泥质。含长石细粒砂岩。

（2）造型描述

平面为不规则长方形。以墨书标记所在面为表面。长164.6、宽73.4、厚55.8毫米，重807.9克（图一七〇；图版一五五）。

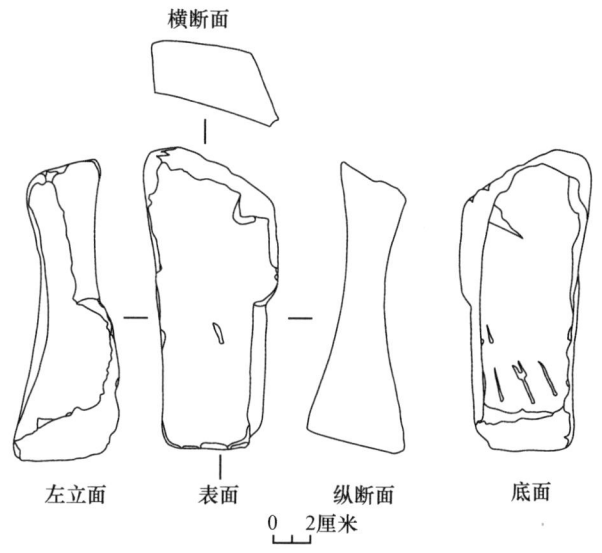

图一七〇　砥石2013ZYK2：8

表面：左上方残缺，残存部分近似刀形。磨面平坦，手感平滑。

左面：凹弧状磨面，手感比表面的磨面粗糙。

右面：凹弧状磨面，手感粗糙。

其他各个面是岩石自然面。

（3）功用分析

正面和左右面磨面的粗细平滑程度有异，说明各个磨面的使用时间长短不一，被研磨客体形态不一。

6. 砥石2013ZYK2：9

（1）目鉴岩性

紫红色，由两部分组成，主体为紫红色粉砂岩，由粉砂级长石石英组成，另一小部分颗粒较大,成分较杂,大小不一,由小砾石、砾石、砂等组成,为砂粒岩。

(2)造型描述

平面形似半月形。长104.6、宽39.1、高59.2毫米,重2663.5克(图一七一;图版一五六)。

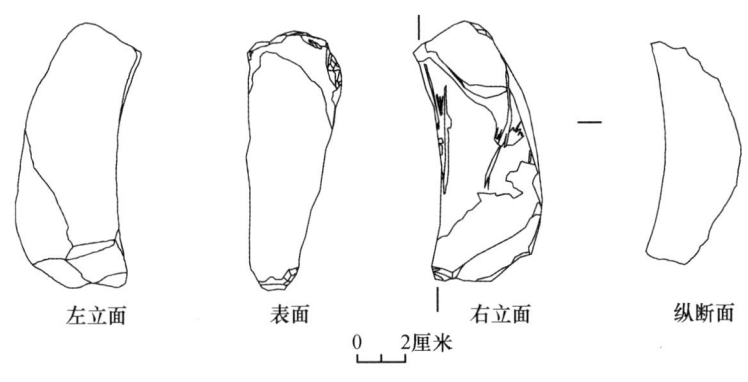

图一七一 砥石2013ZYK2:9

顶面:有两个磨面,一个是横向小磨面,另一个是纵向凹弧形磨面。

左面:弧凸部位为磨面,低凹处未经研磨。磨面上有多道深浅不一的凹磨砺痕,其中有一道曲线形凹磨砺槽。

(3)功用分析

该砥石只有顶面和左面为磨面,其余为断口。根据顶面呈凹弧为磨面推测,它是研磨大型坚硬物体如石器的磨具。

二、厝石观察与分析

1. 厝石2014ZYT0512⑤b:7

(1)目鉴岩性

具平行层理构造,主要由细石英砂粒组成,在层面上闪闪发亮的白云母小碎片较多,粒径0.1毫米。石英砂岩。

(2)造型描述

平面近似方形。长48.7、宽45.3、厚17.6毫米,重56.6克(图一七二;图版一五七)。

(3)功用分析

表面风化严重,制作痕迹难辨。从其造型和体量来看,适合于手持研磨大型客体的平坦面。

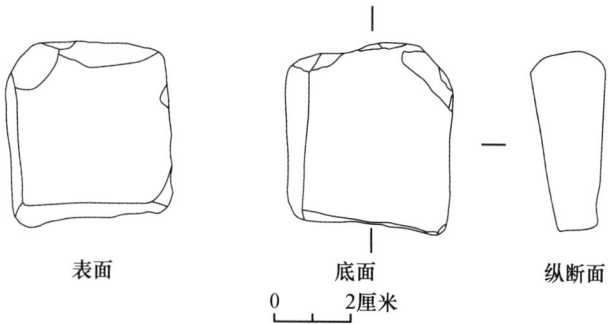

图一七二　厝石2014ZYT0512⑤b：7

2. 厝石2104ZYT0512⑤b：10

（1）目鉴岩性

具平行层理构造，主要由细石英砂粒组成，在层面上兼有闪闪发亮的白云母小碎片，粒径0.1毫米。石英砂岩。

（2）造型描述

平面为长方形，长74.3、宽22、厚13.4毫米，重32.1克（图一七三；图版一五八）。以墨书标记所在面为表面。

表面：局部可见磨面。

其他面为石片阴面或岩石风化面。

（3）功用分析

它是从砺石上剥落下来的破片，表面可见磨面，适合于手持研磨大型客体平坦面。

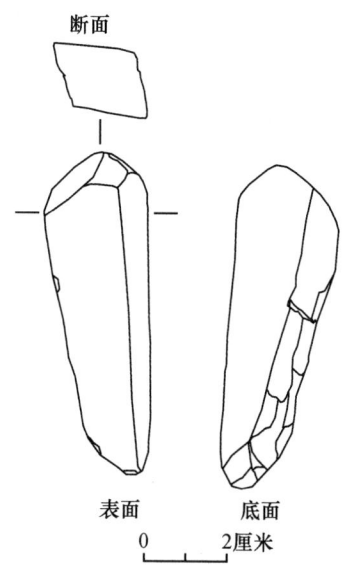

图一七三　厝石2014ZYT0512⑤b：10

3. 厝石2014ZY采：4

（1）目鉴岩性

长石石英砂岩。

（2）造型描述

平面近似三角形。长86.4、宽30.3、厚15.6毫米，重49.2克（图一七四；图版一五九）。该石片共有5个面，其中一个面是从砺石上剥落下来后出现的石片阳面。其他四个面是砺石自然面。砺石棱角基本磨圆。

正面：右上角是砺石自然面，右下角是节理。

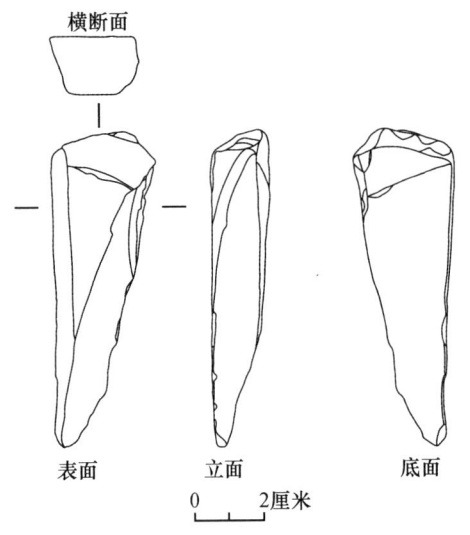

立面：有的是石材层理面，有的由石片疤构成，它们是以正面的节理面为台面向下剥片后出现的石片疤。

底面：可见多组密集纵向线条。

（3）功用分析

这件砥石残片可以作为厝石用于磨砺石器。

4. 厝石2014ZYG21∶2

（1）目鉴岩性

长石细砂岩。

图一七四　厝石2014ZY采∶4

（2）造型描述

平面近似椭圆形。长88.7、宽48.5、厚27.1毫米，重134.2克（图一七五；图版一六〇）。以墨书标记所在面为表面。

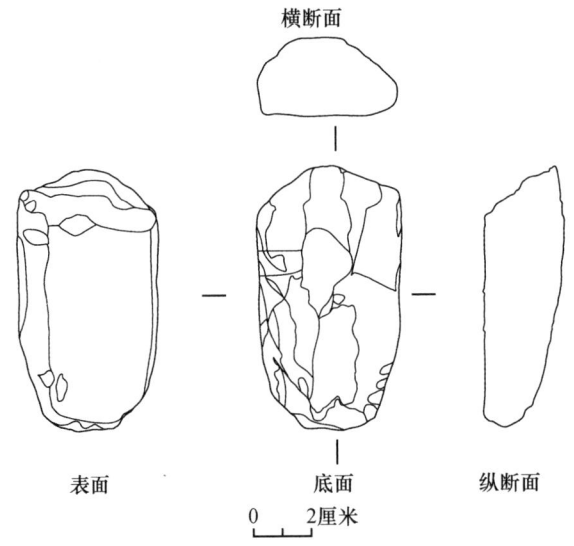

图一七五　厝石2014ZYG21∶2

表面：仅一半是磨面，该磨面非完整凹面，而是有多个小磨砺，这些磨面之间没有明显分界。其他面皆为岩石风化面。有一个面为断口。

（3）功用分析

这件厝石是以小块砂岩为素材制作而成的，适于握在手中使用。只有一个磨面，其余部位皆为高低起伏的疤痕。

第三节 磨石观察与分析

一、单面磨石观察与分析

1. 单面磨石2014ZYT0514⑨a：1

（1）目鉴岩性

灰色，细粒长石石英砂岩。

（2）造型描述

平面近似四边形。六个面中有三个磨面。长220.5、宽123.7、厚87.9毫米，重2766.7克（图一七六；图版一六一）。以墨书所在面为表面。

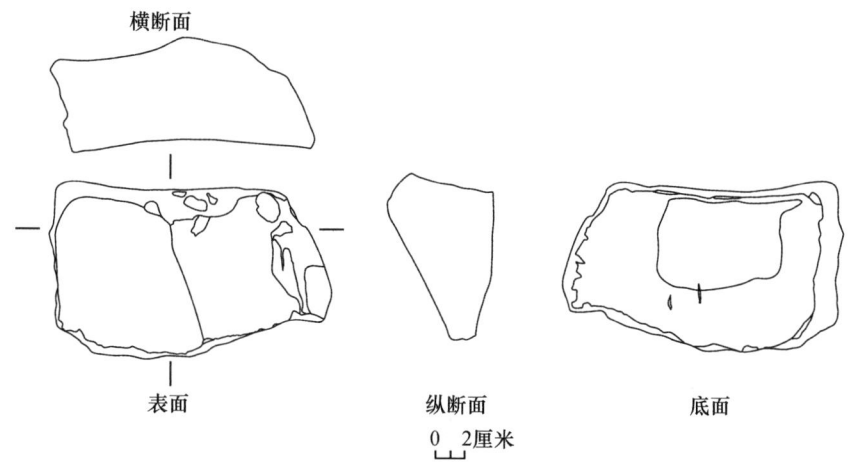

图一七六　单面磨石2014ZYT0514⑨a：1

表面：砥石断口边缘破坏了下磨面。有两个横向微凹磨面。上磨面下凹浅，手感光滑。下磨面下凹较深，手感比上磨面光滑，可见反光。

底面：有两个磨面，主体大型下凹磨面，手感光滑，可见反光。

左立面：砾石自然面。

右立面：断面，由多个断口构成。

其余立面皆为岩石风化面。

（3）功用分析

这件磨石是以不规整块体的砾石为素材制作而成的。其右侧被截断，每个磨面都不大而且有起伏，可见客体不大。

2. 单面磨石2014ZYT0613⑥a：1

（1）目鉴岩性

长石细砂岩（不加石英）。石材轻度风化。

（2）造型描述

平面近似圆角三角形。以磨面为表面。长187.9、宽121.5、厚40.3毫米，985.7克（图一七七；图版一六二）。

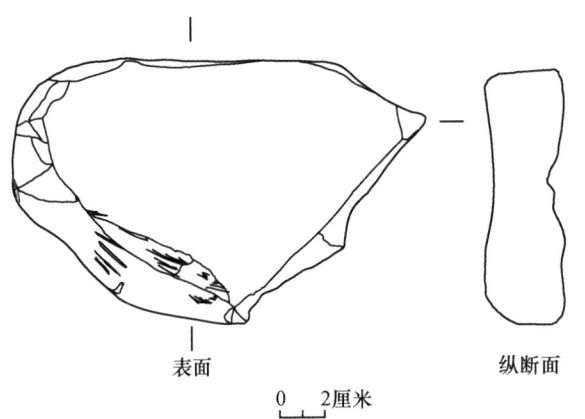

图一七七　单面磨石2014ZYT0613⑥a：1

表面：左上角是断口边缘，其余边缘为砾石自然面的边缘。至少由四个小磨面组成，磨面之间圆滑过渡，不同磨面手感光滑程度不同。左上角的磨面近似半个椭圆形，其中微凹处手感光滑，其四周稍粗糙。右上角是表面粗糙的近似长条形磨面，它破坏了左上角和下方的磨面，其中有斜条痕。中下部是一个较大的不规整椭圆形磨面，中部低凹而且手感光滑，周边稍高并且有粗糙之感。其实用手触摸这个大型磨面，可以发现其中尚有多个微凹磨面，局部还有小块粗糙面。

左立面：断面，由多个断口组成。断口边缘经过多次修整。多数断口是从底面向表面击打，少数断口是从表面向底面击打导致左面被剥片后出现的。

右面：砾石自然面，磨圆都较高，可见密集的麻点或浅坑。

其他各个立面都是岩石风化面。

底面：砾石自然面，凹凸起伏。

（3）功用分析

它是以扁薄砾石为素材制作而成的磨石。底面和立面都是砾石自然面，表面的磨面由多个小磨面构成，这些小磨面粗糙度不尽相同，应该是研磨不同大小和硬度各异的客体所致。

3. 单面磨石2014ZWT03⑥a：3

（1）目鉴岩性

灰色，具不明显层理构造，砂状结构，碎屑以石英为主，含少量长石，分选性好，含长石细粒砂岩。

（2）造型描述

平面近似方形。长154.5、宽148、厚54.3毫米，重1715.4克（图一七八；图版一六三）。

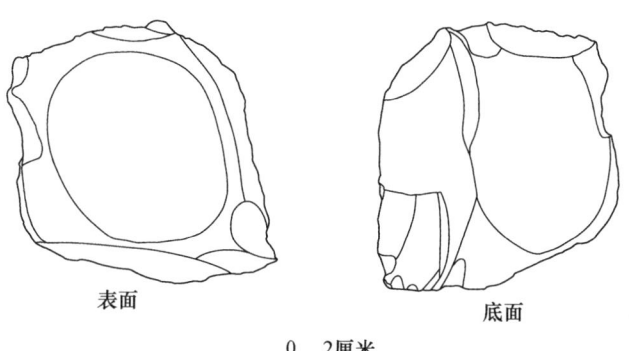

图一七八　单面磨石2014ZWT03⑥a：3

表面：中部微凹的磨面，右上角有一小块磨面。

底面：中部微凹小磨面，旁边还有形状不规整磨面。

（3）功用分析

表面和底面是磨面，其余四个立面都是断口，断口没有破坏正背面的磨面，这说明断口在磨面出现前就已经存在了。磨面粗糙，显示它使用时间不长。

4. 单面磨石2014ZWT02⑥b：3

（1）目鉴岩性

细粒长石石英砂岩。

（2）造型描述

平面为不规则五边形。长215.5、宽112.7、厚71.6毫米，重2590.1克（图一七九；图版一六四）。以墨书标记所在面为表面。

表面：磨面，它不是单一的完整磨面，而是由多个凹凸不一大小不等的磨面构

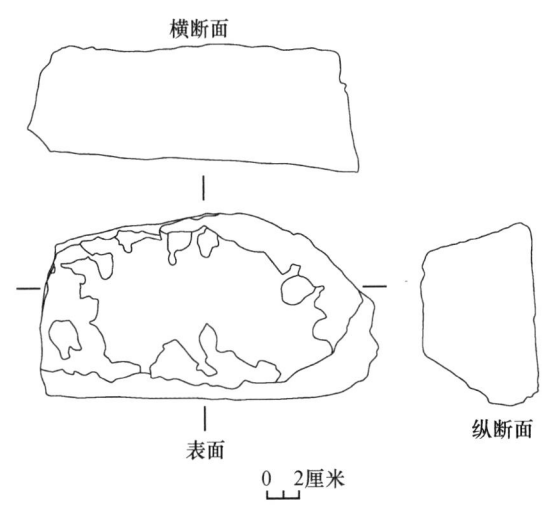

图一七九　单面磨石2014ZWT02⑥b∶3

成的，磨面中有小片未经研磨的石材层理面。磨面手感光滑而有颗粒感。

底面和立面都是未经使用的岩石风化面。

（3）功用分析

从磨面尚存完全取代石材层理面、磨面有起伏，推测该砥石使用时间不长，客体坚硬而平整。

5. 单面磨石2014ZYT0608③a∶4

（1）目鉴岩性

灰色，石英细砂岩。

（2）造型描述

平面近似长方形。长173.2、宽51、厚22.1毫米，重367.7克（图一八〇；图版一六五）。以磨面为表面。

表面：中部是边界模糊的椭圆形低凹磨面，左后方是包含部分岩石风化面的磨面。正左棱是圆滑面，正右棱和正后棱是砥石断口边缘。底边右侧有1个小石片阴面，是为修整折断砥石的锐利边缘所致。

底面：有大片黑色附着物，无附着物处可见多组粗线条和光滑磨面。

左立面：局部有黑色附着物的石片阴面。

右立面：略有凹凸起伏的石片阴面。

（3）功用分析

该砥石在使用中折断，折断后对它做了修整，然后继续使用。磨面光滑而有起伏，据此推测客体硬度不高而且体量较小。

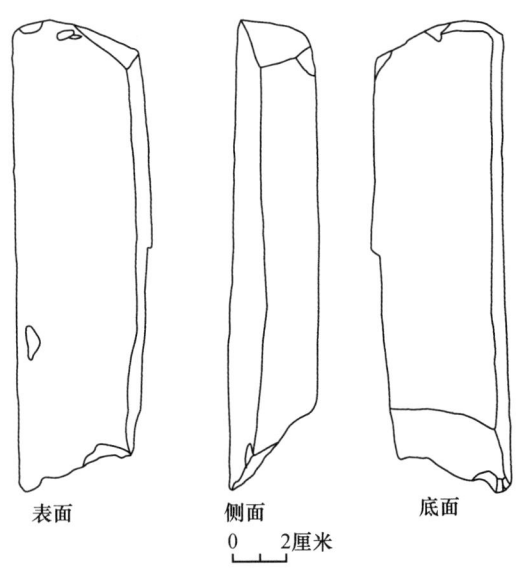

图一八〇　单面磨石2014ZYT0608③a∶4

6. 单面磨石2014ZYT0707③a：8

（1）目鉴岩性

长石石英砂岩。

（2）造型描述

平面为不规则五边形。长128.3、宽88.8、厚82.9毫米，重666.6克（图一八一；图版一六六）。六个不规整面中有三个是磨面，三个是自然面。

表面：平面呈圆角五边形。整个面都是磨面，中间是面积很大的微凹磨面，旁边还有小块不规则形磨面。磨面完整。

底面：略呈月牙形。整个面都是磨面，中间稍凹。磨面完整。

其余四个面都是石材的自然面，表面轻度风化。

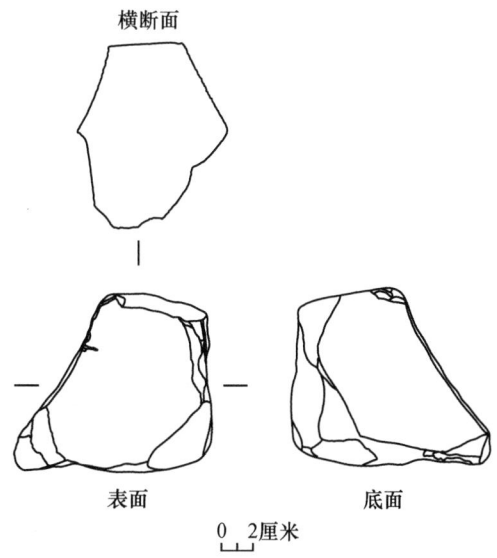

图一八一　单面磨石2014ZYT0707③a：8

（3）功用分析

这是利用块状砂岩制作而成的磨石，磨面都有程度不同的下凹，据此推测客体体量不大、硬度比较高。

7. 单面磨石2014ZYT0707③b：7

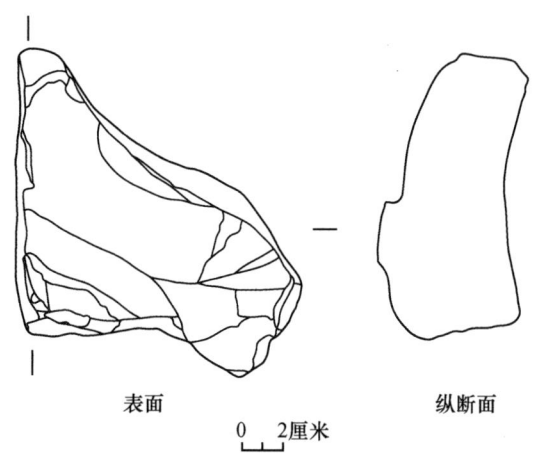

图一八二　单面磨石2014ZYT0707③b：7

（1）目鉴岩性

粉砂岩。

（2）造型描述

平面近似四边形。长157.1、宽142.9、厚74.3毫米，重1338.8克（图一八二；图版一六七）。以墨书标记所在面为右面。

表面：中部低凹，至少有四个磨面，下磨面面积最大，上磨面面积较小，左上方有两个小磨面。

底面：近似长条形，中部低凹，至少有两个磨面，左下方是小磨面，其余部分是一个完整的凹弧磨面。

左右面和上下面都是岩石风化面。

（3）功用分析

这件残磨石形态不规整，应该与石材内部裂隙多容易破损有关。磨面造型和痕迹显示，研磨客体表面面积不大。

8. 单面磨石2014ZYT0414③a：1

（1）目鉴岩性

砂状结构，块状结构，碎屑主要由石英、长石组成，碎屑粒径1毫米左右，以长石为主，孔隙式胶结，分选性好。具不明显层理构造，表明风化呈红色。长石石英砂岩。

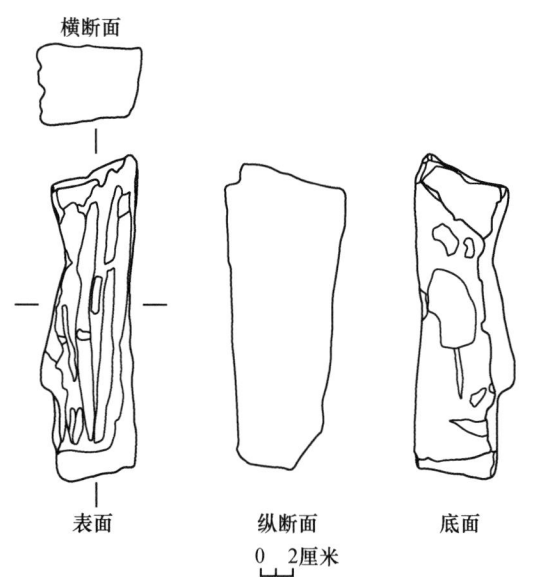

（2）造型描述

平面为长方形。长197.2、宽19.3、厚62.4毫米，重1094克（图一八三；图版一六八）。

表面：磨面上有四道凹槽构成。凹槽长度不一，凹槽两端稍窄而浅，中部深而宽。

其余五个面都是未经使用的岩石风化面。

（3）功用分析

从磨面上的磨槽看，它用于研磨诸如锥、管等比较坚硬的棒状客体。

图一八三　单面磨石2014ZYT0414③a：1

9. 单面磨石2014ZYH189：7

（1）目鉴岩性

粉砂岩。

（2）造型描述

平面为长方形，长152.1、宽67.6、厚34.5毫米，重456.3克（图一八四；图版一六九）。以墨书标记所在面为表面。表面与岩石层理平行。

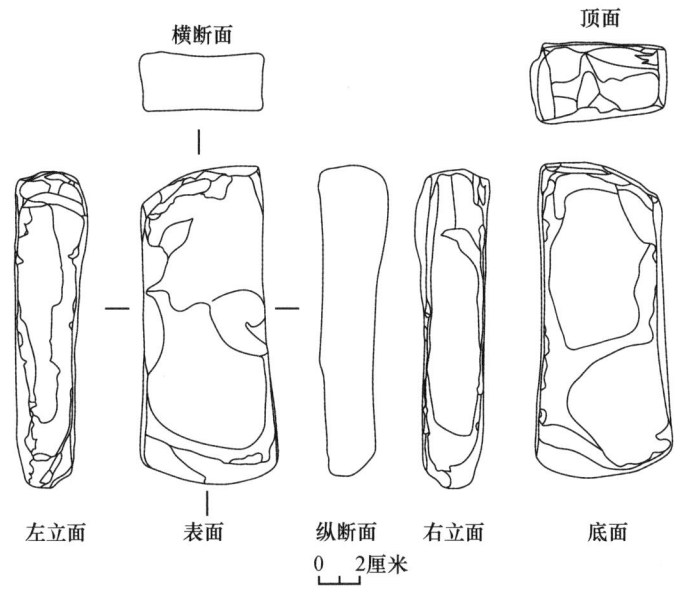

图一八四　单面磨石2014ZYH189∶7

表面：主体是椭圆形下凹磨面，手感光滑。旁侧有较粗短斜线。

底面：右侧是疤痕，其余部分是微凹磨面。

左立面：中部是低凹的椭圆形磨面。

右立面：局部为比较平坦的磨面。

（3）功用分析

该磨面有五个磨面，磨面下凹，磨面小而滑腻，还有多个不规则磨槽，可见该磨石用途广泛。

10. 单面磨石2014ZYT0509③a∶9

（1）目鉴岩性

泥质较多，主要由长石、石英碎屑及泥质组成，泥质含量较高，细粒长石石英杂砂岩。

（2）造型描述

平面略呈三角形。长181.2、宽84、高61.3厘米，重1510.4克（图一八五；图版一七〇）。石材风化严重。

共有两个磨面。其余四个立面都是风化面。

表面：平面近似镰刀形，有多个与长轴平行的磨砺槽，槽深浅、宽窄不一。

底面：略有起伏的磨面。

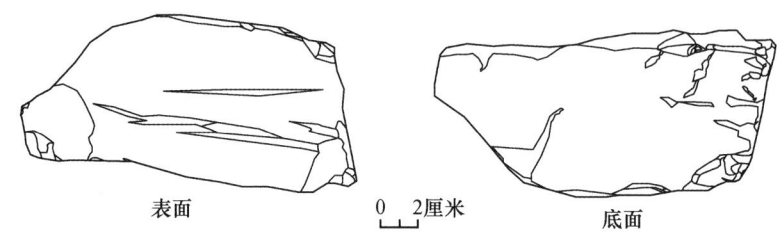

图一八五　单面磨石2014ZYT0509③a∶9

（3）功用分析

该磨石主要用于研磨体量大的客体和条形客体。

11. 单面磨石2014ZYT0707③a∶7

（1）目鉴岩性

砂状结构，块状结构，具不明显层理构造，表面风化呈红色。碎屑主要由石英、长石组成，碎屑粒径1毫米左右，以长石为主，孔隙式胶结，分选性好，长石石英砂岩。

（2）造型描述

平面为不规则长方形。长149.1、宽79.7、厚39.5厘米，重473.9克（图一八六；图版一七一）。

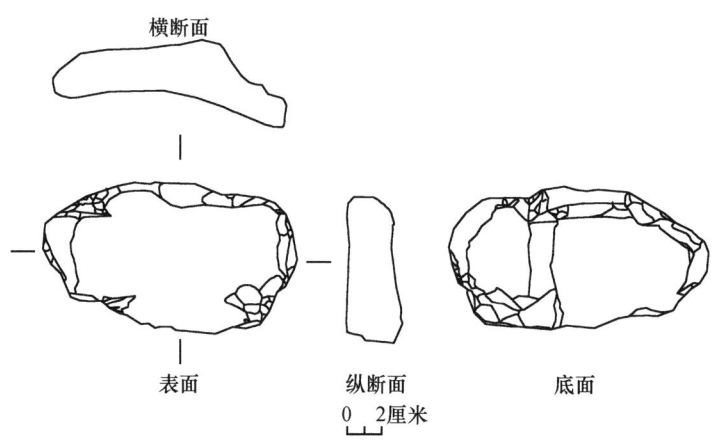

图一八六　单面磨石2014ZYT0707③a∶7

正面：磨面。

立面：都是轻度风化的石片阴面。

底面：为岩石自然面。

（3）功用分析

该磨石上看似凹弧形磨面是由多个小磨面构成的，各个小磨面之间圆滑过渡。磨面上局部可见橙色粉末，推测它曾用于研磨铁矿石粉末。

12. 单面磨石2014ZYT0414③a：2

（1）目鉴岩性

具层理构造，由泥质层和粉砂质层组成，长石石英砂岩。

（2）造型描述

平面为鞋底形。长166.1、宽71.2、厚16.1毫米，重315.6克（图一八七；图版一七二）。石材中度风化，局部表层剥落。

表面：右下部表层剥落，左上部有两个条形凹槽形磨面。

底面：由多个小磨面构成略有起伏的大磨面，局部可见密集线条，手感光滑。

左立面：下部可见短线条。

（3）功用分析

只有表面为研磨面，其余部位皆为石皮或表层剥片后暴露的自然面。用途为研磨体量大的客体。

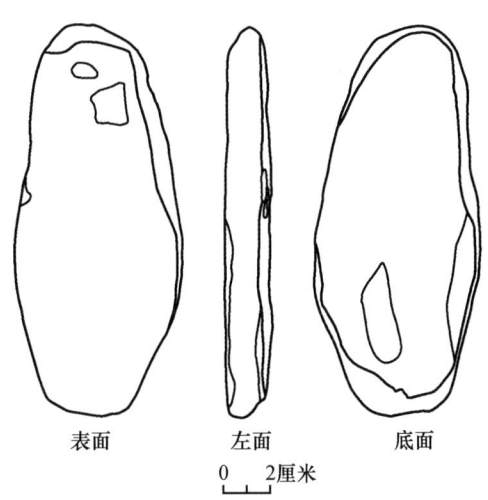

图一八七　单面磨石2014ZYT0414③a：2

二、多面磨石观察与分析

1. 多面磨石2017ZWT03⑦B：1

（1）目鉴岩性

细粒长石石英砂岩。

（2）造型描述

平面为四边形，长106.8、宽72.1、厚33.8毫米，重241.9克（图一八八；图版一七三）。以平坦面为底面。

表面：以一条弯曲的石筋为界，左右两个各有一个下凹磨面。

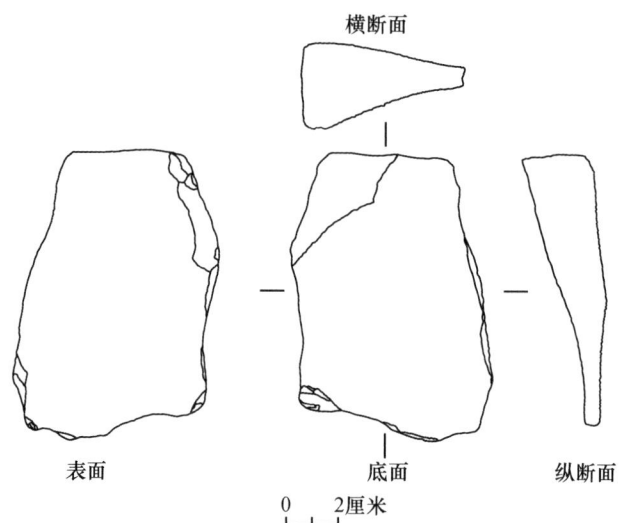

图一八八　多面磨石2017ZWT03⑦B：1

底面：也是以这条石筋为界，两侧各有一个下凹磨面。

左立面：岩石风化面。

右立面：加工过的石片阴面，局部有磨面。

底面：加工过的石片阴面。

（3）功用分析

该砺石磨面由两个凹磨面构成，可见它用于研磨小而软的客体。

2. 多面磨石2014ZWT02⑥b：1

（1）目鉴岩性

砂状结构，块状结构，碎屑主要由石英、长石组成，碎屑粒径1毫米左右，以长石为主，孔隙式胶结，分选性好，长石砂岩。

（2）造型描述

平面为亚腰形，长111.1、宽68.6、厚58.2毫米，重361克（图一八九；图版一七四）。以墨书标记所在面为表面。石材轻度风化。

表面：表面平坦，手感粗糙，右侧边有两道横向短而浅的凹槽。

立面：有两个磨面，其中一个是不完整的凹弧磨面，是由多道横贯表面浅凹槽和条块面构成的凹弧形磨面。另一个是凹弧形磨面，其中还有多道斜向浅条块磨面。

底面：由多个凹形磨面构成的磨面。

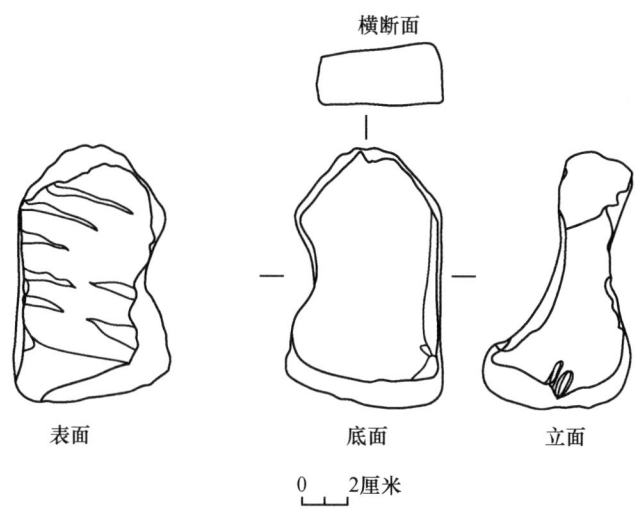

图一八九　多面磨石2014ZWT02⑥b：1

（3）功用分析

该砥石利用率较高，从磨槽细而浅看，它被用于研磨有棱角的棒状客体，如骨角器等。

3. 多面磨石2014ZYT0707③a：1

（1）目鉴岩性

长石石英细砂岩。

（2）造型描述

平面为不规则六边形。长92、宽72.01、厚33.01毫米，重163.4克（图一九〇；图版一七五）。

表面：磨面，中部有凸脊，它把磨面分为一大一小两个磨面。小磨面稍下凹，大磨面倾斜下凹。

立面：大磨面旁的立面中有一个磨面。

底面：也是磨面，磨面微微下凹。

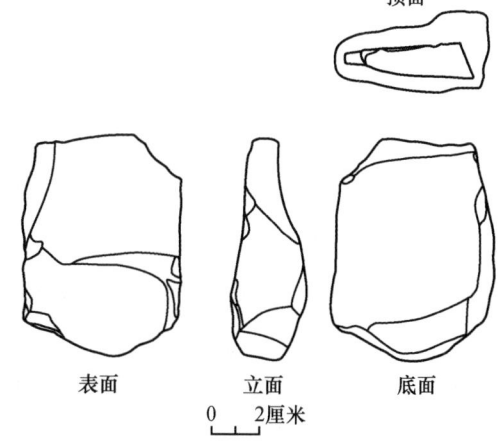

图一九〇　多面磨石2014ZYT0707③a：1

（3）功用分析

该磨石上有的磨面用于研磨体量不大而硬度不高的客体，有的磨面用于研磨条形客体。

4. 多面磨石2014ZYG23∶1

（1）目鉴岩性

砂状结构，块状结构，碎屑主要由石英、长石组成，碎屑粒径1毫米左右，以长石为主，孔隙式胶结，分选性好。具不明显层理构造。长石石英砂岩。

（2）造型描述

平面为束腰长方形。长130.5、宽153、厚74.1米，重624.3克（图一九一；图版一七六）。以墨书标记所在面为表面。

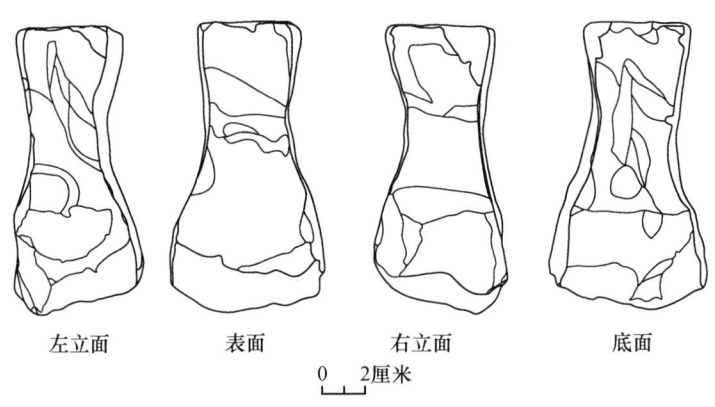

图一九一　多面磨石2014ZYG23∶1

表面：凹弧面，至少有两个磨面。上部是面积稍大而中部稍凹的磨面，手感不粗糙。中下部是由条块磨面构成凹形磨面，手感粗糙。

底面：上部是面积不大的光滑磨面。中下部是稍有凹凸的磨面，手感粗糙。

左立面：中下部低凹处有两个稍有凹凸的小磨面，手感粗糙。上部是面积稍大的磨面，手感滑腻。

右立面：上部是岩石自然面。中下部是由两个斜向凹槽构成的下凹磨面。

（3）功用分析

该磨石四个大的平面都有多个磨面，有的磨面高平而手感光滑，有的磨面低凹也光滑。据此推测，该砥石最初用于研磨面积大而平坦的客体，后来被用来研磨小型客体。

5. 多面磨石2014ZYT0509③b：5

（1）目鉴岩性

灰黑色，具不明显层理构造，由粉砂级石英、长石碎屑及较多泥质组成，泥质粉砂岩。

（2）造型描述

平面为四边形。长88.6、宽41.8、厚31毫米，重211.1克（图一九二；图版一七七）。指定墨书所在面为表面。

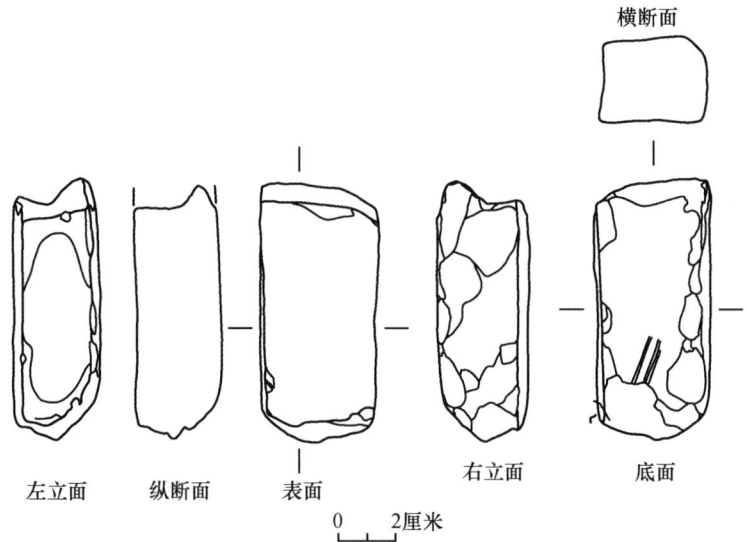

图一九二　多面磨石2014ZYT0509③b：5

表面：多个边缘被破坏，中部是边界模糊的微凹磨面。

底面：中部是比较明显的下凹磨面，其周边也是磨面。

左立面：基本是自然面，仅个别凸起部位可见小块磨面。

右立面：由4个磨面构成。

（3）功用分析

该磨石的磨面微微下凹，手感细腻，被用于研磨体量较小而硬度不高的客体。

6. 多面磨石2014ZYT0508③a：5

（1）目鉴岩性

砂状结构，块状构造，碎屑以石英为主，见少量白云母，因含一些铁质胶结物导致石料泛红。

（2）造型描述

平面近似四方形。长69.2、宽70.1、厚14.8毫米，重101.9克（图一九三；图版一七八）。以有墨书标记的面为正面。纵断面为一边尖、一边圆凸的似桃核形。

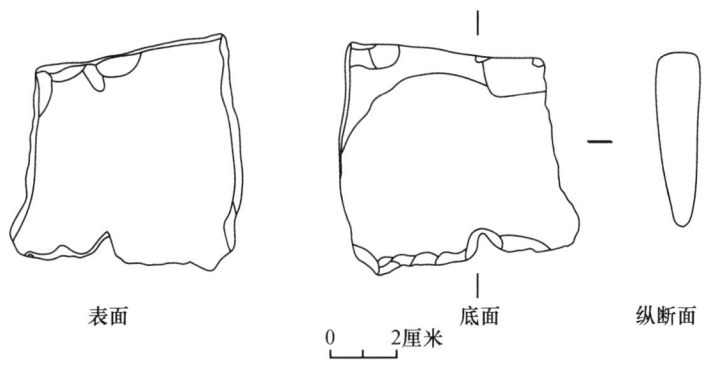

图一九三　多面磨石2014ZYT0508③a：5

正面：基本平整，可见多组不同方向条痕。下部渐收为弧凸刃面，刃面由多个石片阴面组成，它们都是以正面为台面向背面锤击造成剥片后留下的石片阴面。

底面：表面横轴微凸，中部偏左有一块稍凹。上部有一个浅疤痕，是从顶面向背面剥片后留下的石片阴面，石片阴面经过摩擦。下方渐收为弧凸刃面，刃面上有多个石片阴面。

立面：有三处稍凹的磨面，左端两处都是从顶面向正面剥片后留下的石片阴面。右侧一个稍凹处是从顶面向背面剥片后留下的石片阴面。这三个石片阴面经过摩擦。

（3）功用分析

这件残磨石被用于研磨体量很小的客体。

7. 多面磨石2014ZYT0707③a：6

（1）目鉴岩性

紫灰色，砂状结构，块状结构，碎屑主要由石英、长石组成，碎屑粒径1毫米左右，以石英为主，孔隙式胶结，分选性好，长石石英砂岩。

（2）造型描述

平面为五边形。长118.2、宽139.1、厚25.5毫米，重424.6克（图一九四；图版一七九）。

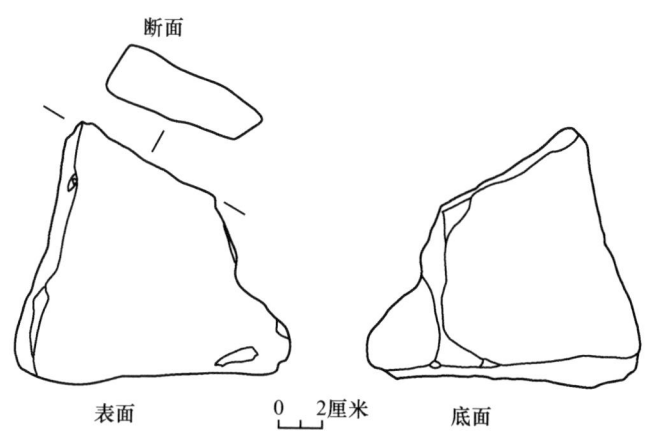

图一九四 多面磨石 2014ZYT0707③a：6

表面：磨面。磨面因为砺石一短边断裂而不完整。磨面集中在砥石中间大部位置，手感光滑。磨面可以细分为2个小磨面，2个磨面之间过渡圆滑。

底面：底中间凹凸不平的层理面。

立面：两个立面是稍磨圆的石材石皮，有1个立面是石片阴面，从石片阴面上可以看到层理和裂隙。有两个面为断口。

（3）功用分析

它是以片状砂岩为素材制作而成的砥石残片。破损前它被用于研磨体量小而比较硬的客体。

三、石磨棒观察与分析

2014ZYT0311③a：12

（1）目鉴岩性

长石石英砂岩。

（2）造型描述

圆柱体。长97.4、直径25.3~27.4毫米，重108.8克（图一九五；图版一八〇）。石材中度风化，表面可见形状各异、大小不等的孔隙。

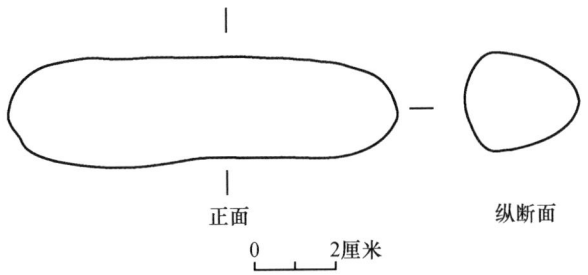

图一九五　石磨棒2014ZYT0311③a：12

（3）功用分析

表面局部可见片状紫红色，局部手感光滑，一端磨圆度较高，可用于碾磨矿物粉末。

第四节　磨石和砺石的特点

磨石和砺石中甚少完整器，这里不按整体造型而是按照使用方式分类。按照前文的分析和界定。磨石按照研磨面多少分为两类：一类为只有一个磨面，称为单面磨石；另一类为有两个或两个以上磨面，称为多面磨石。砺石分为两大类：一类是砥石，另一类是厝石。

一、磨石的特点

1. 文化属性

（1）分类

磨石上磨面的多少与研磨客体关系不大，磨石大小与客体有关。根据磨石平面不同，把磨石分为四个规格，面积在4850平方毫米以下的称为小号、6600～12000平方毫米的称为中号、15000～16000平方毫米的称为大号、16000平方毫米以上的称为特号。

我们把磨面数量和规格综合起来，发现两个遗址有单面小号和多面小号，多面中号和单面中号，单面大号和多面大号，遗迹多面特号和单面特号，共八种磨石。

（2）解读

因为出土后收藏入库的磨石不宜做淀粉粒分析，所以这里只能根据各期磨石组合略作分析。

河姆渡文化二期，只有1件单面特号磨石。可见当时磨石数量不多，研磨客体体量大。

河姆渡文化三期，只有2件磨石，多面中号和多面特号各1件。可见加工客体依然很大，磨石数量稍有增加。

河姆渡文化四期—良渚文化，有4件磨石，多面中号1件、单面特号3件。客体依然较大，不过磨石需求加大。

商周时期，共有12件磨石，单面大号1件、单面小号2件、单面中号5件、多面大号1件、多面中号1件、多面小号2件。客体小且种类多，对磨石需求量进一步加大而且要求规格增多。当然，磨石体量变小可能还与加工客体种类不同有关，在无法判断加工客体材质时暂时搁置这个因素。

一般而言，需要加工客体数量不变情况下，磨石数量少时可以通过共用磨石集中加工，磨石数量多时可以使用多个磨石分散加工。磨石使用由集中使用渐变为分散使用。照此推测，鱼山先民在河姆渡文化二期时采用共用磨石集中，河姆渡文化三期时用两件磨石分别加工客体，到河姆渡文化四期—良渚文化时期利用4个磨石分散加工客体。良渚文化晚期—钱山漾文化情况不详。进入商周时随着特号消失、大号减少而中号大量增加同时开发出小号磨石，这个变化是针对不同客体以及磨石使用方式变化做出的调整，加工客体体量变小，加工方式更为分散。

总之，随着时间变化鱼山遗址磨石规格和数量逐步增加，它们是研磨客体和磨石利用方式变化的体现，间接地反映了不同阶段社会组织结构发生了较大变化。

2. 自然属性

19件磨石种除了1件无法鉴定外，其余18件磨石共用了十种岩石加工而成。其中6件长石石英砂岩、3件细粒长石石英砂岩、2件用粉砂岩、1件用长石石英细砂岩、1件含长石细粒砂岩、1件长石细砂岩、1件用石英细砂岩、1件细粒长石石英杂砂岩、1件长石砂岩、1件用泥质粉砂岩。除了石英外，其他的是各类砂岩，可见磨石用材比较随意，磨石制作并没有专门化。

二、砺石的特点

（1）砥石

有6件砥石，3件是商周时期的、3件是唐宋时期地层出土的而实际上是商周时期的。6件砥石用了六种岩石加工而成，它们是粉砂岩、含长石细粒砂岩、砂粒岩、长石砂岩、长石石英砂岩、长石石英细砂岩。砥石的这些差异说明砥石制作有一定的随意性。

（2）厝石

4件厝石时代不同、大小不等，所有石材岩性也不同。这种变化不仅是石质工具的变化，也是生产方式的变化。

第七章 其他石器

除了斧、钺、锛、凿、刀、犁和破土器，鱼山遗址和乌龟山遗址还有戈、镰、锤、镞、饰品等石器，下面分别讨论这些石器的造型和功用等问题。

第一节 石戈观察与分析

一、观察方法

石戈，是以岩石为原料模仿青铜戈制作的工具。
石戈观察项目包括援、内、胡和重量等要素。
石戈细部借用青铜戈的名称。

二、观察与分析

石戈2014ZYH107：3

（1）目鉴岩性
深灰色，断口呈灰黑色，表面光洁，硬度6.5～7，断口呈贝壳状，隐晶致密，具不明显水平层理构造，由硅质组成，硅质岩。

（2）造型描述
残直内戈。残长137.1、宽52.3、厚12.4毫米，重116.6克（图一九六；图版一八一）。以墨书标记所在面为正面。
前锋：缺失。
援：纵断面尖核桃形，有多处崩缺。
内：内为扁平形，左上角缺失，比援薄，上缘比援稍窄，内尾侧下展，左下角为圆角，下缘近栏处有崩缺，崩缺旁有疤痕和石片疤。

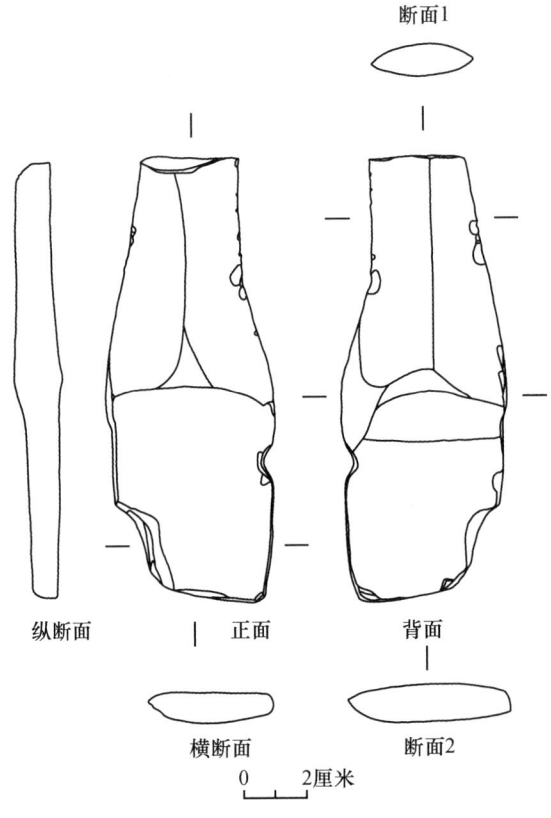

图一九六　石戈2014ZYH107∶3

阑：内与戈身之间有落差，内与援之间有弧形脊，把两者分开。

胡：有明显石片疤，估计是被当作戈使用时留下的损伤痕迹。

（3）功用分析

这是一件直内戈中后部残片。

三、石戈的特点

这件戈是用硬度6.5~7的硅质岩制作的，造型与青铜无阑戈相似，但是它与周边地区商周时期的石戈造型不同，其造型来源值得关注。

第二节　石镰观察与分析

镰，是指收割农作物以及除草的一边有刃的侧装使用的农具。

一、观察方法

（一）细部名称

镰细部名称暂定如下。

镰背：是指镰刀与刃面相对的一边，通常为中部微弧凸的窄条面。

刃面：是指从刀背向下渐收至刃缘的面。它有正面和背面之分。

刃缘：是指割刈客体的刃面边缘。

刀尖：是指刀背与刃缘会集而成的尖端。

内：是指与镰尖尾部相对的另一端即安柄部位。

（二）观察要点

镰锋利与否决定了其工作效率，决定镰是否锋利的要素有刃面、刃缘、楔角和重量四个要素。

1. 刃面

刃面粗糙度，刃面越光滑楔角越小，割刈时刃部受到的阻力越小，割刈效率越高。

2. 刃缘

刃缘平的镰应该是磨耗较小，刃缘内凹的镰是磨耗较大所致。

3. 楔角

楔角越小，割刈时受到的阻力越小，压强越大。

4. 重量

镰越轻，割刈时体力消耗越小，割刈速度越快。

二、观察与分析

（一）完整石镰观察与分析

1. 石镰2014ZYT0413⑤∶1

（1）目鉴岩性

深灰，变余泥质结构，斑点构造，斑点黑色，定名斑点角岩。

（2）造型描述

纵断面近似扁核桃形。长185.8、宽59.5、厚11.9毫米，重156.9克（图一九七；图版一八二）。研磨浅，磨面中疤痕清晰可见。

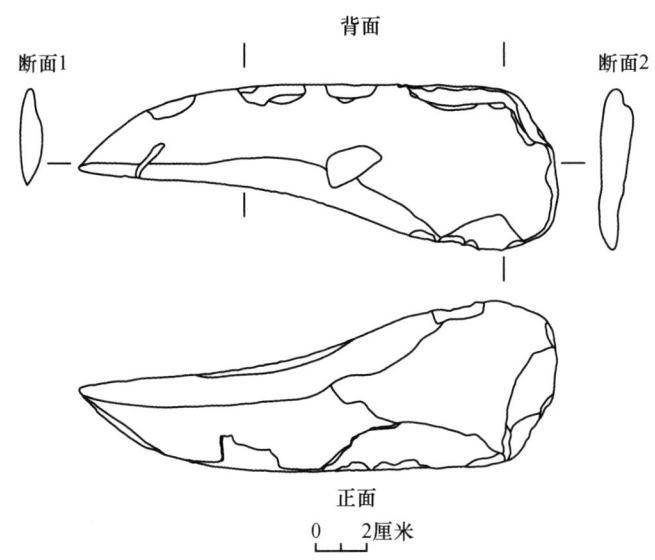

图一九七　石镰2014ZYT0413⑤∶1

镰背：修整过的粗糙磨面。中部至镰尖的凸起部位手感光滑，中部至内之间是粗糙磨面。

正面：顶部有4处疤痕，左上角也有1个疤痕，表面中部弧凸，内比镰身薄很多。中前部是手感不平整的磨面。中后部只见密集非常粗糙的线条。内所在的低凹处未经研磨。下部急收至刃缘，形成弧面刃。刃面上有与刃缘垂直的密集线条，磨面手感光滑。

背面：同正面。背面下方弧收至刃缘，形成作为副刃面的弧面刃。镰身背面粗糙而刃面光滑。

左面：尖峰。

右面：近似圆角，比镰身稍薄。下方有疤痕，是从背面向正面剥片后留下的石片阴面。

刃部：刃面与副刃面会合成双面刃。刃缘内凹。刃口中部明显向背面弧凸，布满细小石片疤，手感锋利。

（3）功用分析

从刃面位置看，该石镰适于左利手使用。

2. 石镰2014ZYT0510③a∶1

（1）目鉴岩性

深灰，变余泥质结构，斑点构造，斑点黑色，定名斑点角岩。

（2）造型描述

平面近似三角形。长173.5、宽57、厚12.9毫米，重161.7克（图一九八；图版一八三）。表面局部有黄色附着物，轻度风化。

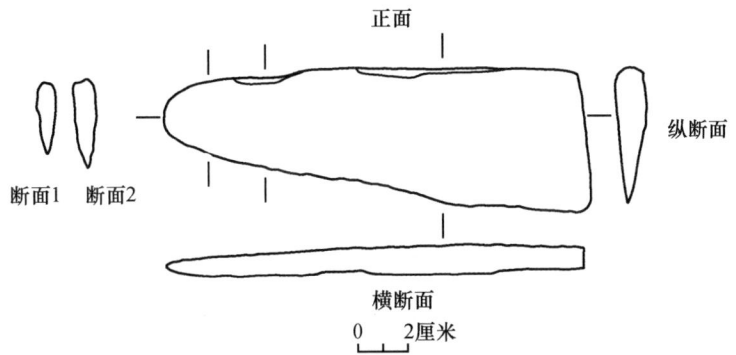

图一九八　石镰2014ZYT0510③a∶1

镰背：略有起伏、宽窄不一的凸起磨面。

正面：横轴中部微微弧凸，下部弧收至刃缘，形成弧面刃。

尖端：圆形。

内部：平坦的磨面。

背面：内偏上部位是通过剥片而被减薄的石片阴面。下部渐收至刃缘，形成作为副刃面的弧面刃。

刃部：刃面和副刃面会合为不对称双面刃。刃缘中部凹。刃口基本为直线，手感锋利。

（3）功用分析

若以刃部稍弧凸为正面，这件石镰适合右利手使用。

3. 石镰2014ZYT0706③b∶1

（1）目鉴岩性

深灰，变余泥质结构，斑点构造，斑点黑色，定名斑点角岩。

（2）造型描述

近似窄椭圆形。长149.9、宽38.6、厚13毫米，重104.7克（图一九九；图版一八四）。石材中度风化，表层剥落，不见磨面。

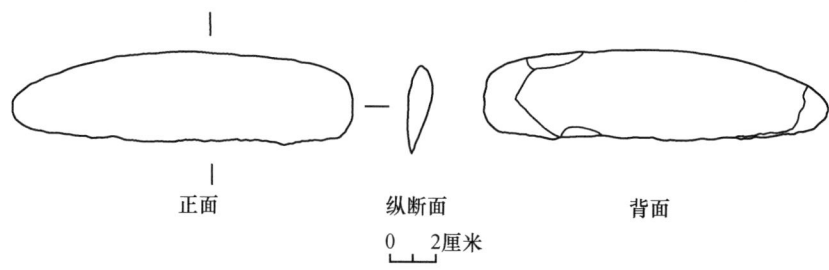

图一九九　石镰2014ZYT0706③b∶1

镰背：狭长条形弧凸面。

正面：左边为半圆形，右边为圆角直边。短轴中上部弧凸，中部向下渐收直至刃缘，形成弧面刃。

背面：基本平整，疑似岩石层理。

刃部：刃面和直背会合为单面刃。刃缘微凸，刃口中部稍向背面弧凸。

（3）功用分析

该石器缺少刻意剥片使之渐薄的内部，虽然整体造型似镰，不排除它作为手镰使用的可能。

（二）石镰中片

石镰中片是指镰尖和内无存的镰中段破片。

1. 石镰中片2014ZWT01⑩∶1

（1）目鉴岩性

灰白色，表面光洁，断口较粗糙，硬度6.5～7，主要由硅质组成，硅质岩。

（2）造型描述

平面近似方形。以墨书标记所在面为正面。长52.6、宽58.2、厚16.7毫米，重94.4克（图二〇〇；图版一八五）。

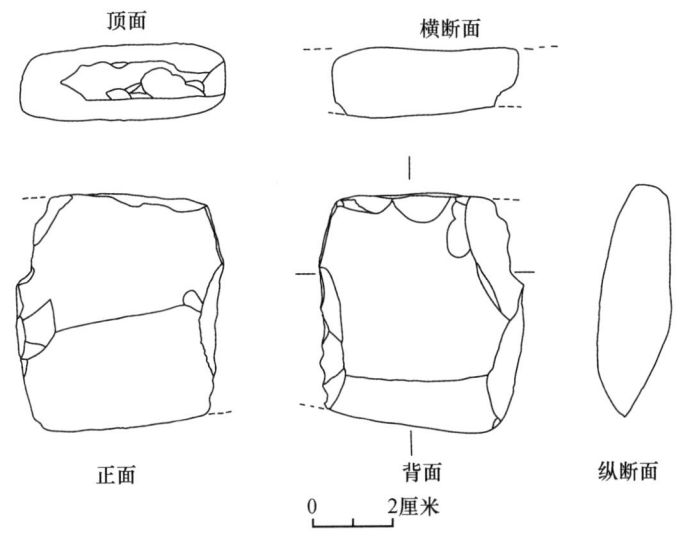

图二〇〇　石镰中片2014ZWT01⑩∶1

镰背：凸起处是弧凸磨面，低凹处未被研磨。这些低凹是从顶面向背面或正面剥片后留下的石片阴面。

正面：上中部稍低凹，是以左面为台面向正面击打导致正面左边剥片后留下深而浅的石片阴面，石片阴面局部被研磨过。下方急收为微弧凸刃面。左低右高，研磨精细。刃面下部有密集的垂直于刃缘的线条，刃缘有细微崩缺。

左面：不规整断面，左上部是从正面向左面剥片后留下的石片阴面。中下部有两个石片阴面，是两次被从正面向左面剥片后留下的两个石片阴面。右上部是从左上部的石片阴面向正面剥片后留下的2个石片阴面，剥片的目的是把左面修理成平整面。左下方是从左面向背面剥片后留下的石片阴面。右下方是从正面向左面剥片后留下的2个小石片阴面。

背面：背顶棱被多个疤痕打破，它们都是从顶面向背面剥片后留下的石片阴面。中上部为弧凸面，研磨精细。下部弧收至刃缘，形成弧凸副刃面。刃面上有1

个更新刃面。

右面：上部是弧凸的磨面，中下部是由多个石片阴面构成的断面，它们是从正面向背面剥片后留下的石片阴面。剥片的目的是把这个断面修理成平面。

刃部：刃面与副刃面会合而成不对称的两面刃。刃缘两端微微起翘，刃口直而锋利。

（3）功用分析

这件镰中段被作为素材改制成石锛。改制方式是把原来石镰上边刃打掉使之成为近似平面，把左面和右面断面修理并研磨平整。

2. 石镰中片2014ZYT0509③b：4

（1）目鉴岩性

红紫色，表面光滑，硬度4，粉砂状结构，主要由石英、长石等粉砂级碎屑组成，含铁质及泥质紫红色粉砂岩。

（2）造型描述

平面近似长方形，镰中片。长60.1、宽45.6、厚13.6毫米，重43克（图二〇一；图版一八六）。

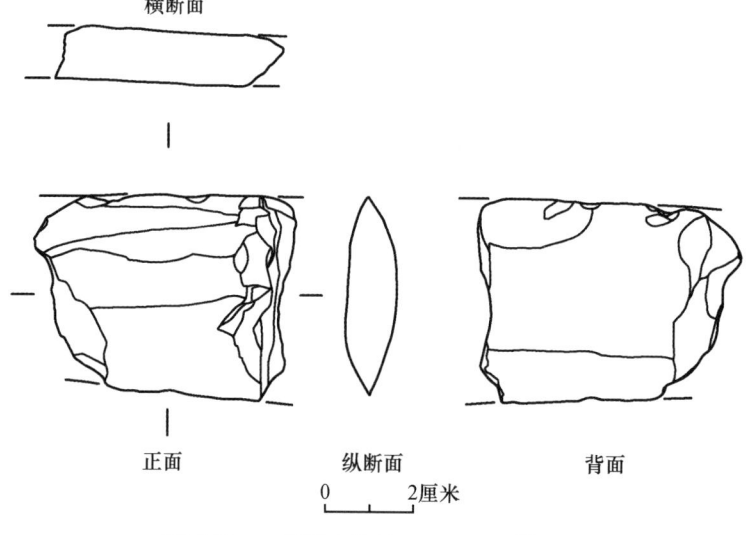

图二〇一　石镰中片2014ZYT0509③b：4

镰背：较薄的平坦磨面上有多个疤痕，是制坯过程中遗留下来的。

正面：横轴中部弧凸。上部有1个以顶面为台面向下剥片后留下的石片阴面。弧凸面上方布满密集线痕，有多个磨面，手感粗糙。弧凸面下方两个磨面，手感介于粗糙和滑腻之间。下部弧收至刃缘，形成弧面刃。刃面手感粗糙。刃面上有1点钟方向密集斜线。

背面：上部有2个疤痕，是制坯时以顶面为台面向下剥片后留下的石片阴面。横轴中部有较宽的微弧凸面。弧凸面及其上方经过研磨，手感不粗糙。下部弧收至刃缘，形成作为副刃面的弧面刃。刃面手感粗糙。

左面：断口，不是镰使用中折断形成的断口，而是在镰折断后被修整时留下的复杂断口。

右面：断口，不是镰使用中折断形成的断口，而是在镰折断后被修整时留下的复杂断口。

刃面：刃面和副刃面会合成为两面刃。刃缘基本平直，可见密集的细小崩缺，锋利。

（3）功用分析

这件镰中片被当作素材再利用，断口被修理平整，改制尚未结束，目标器形可能是石锛。

3. 石镰中片2014ZYT0512⑤b：4

（1）目鉴岩性

黑色，隐晶质结构，块状构造，表面光滑，硬度较大，为4左右，主要由硅质组成，含泥质，定名含泥质硅质岩。

（2）造型描述

平面似梯形。长69.5、宽37.9、厚8.5毫米，重23.7克（图二〇二；图版一八七）。

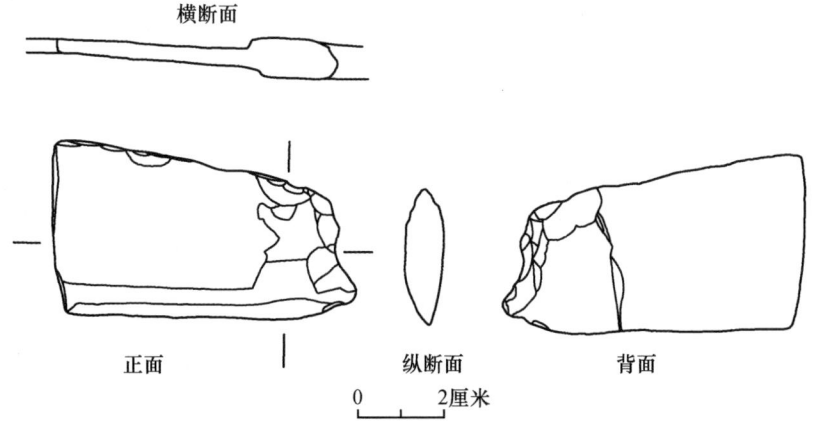

图二〇二　石镰中片2014ZYT0512⑤b：4

镰背：仅见小块平面，大部被石片疤破坏。

正面：除右侧部分保留石器原磨面外，其他部位是石材层理面。层理面和原始磨面上分布着密集的石片疤，它们都是以顶面为台面向下剥片后留下的石片阴面，剥片的目的是把石器原磨面表层去掉。下部弧收至刃缘，形成弧面刃。

背面：情况与正面相同，也是为了把石器原磨面去掉而以顶面为台面向下剥片后留下的面。

左面：中部微弧凸的断口，断口被修整而略显磨圆。

右面：不规整断口。它是以原右面为台面向正、背两面剥片后留下的石片阴面，剥片目的显然是试图把石器原磨面去掉，但是多次击打没有达到目的而留下参差状断口。

刃部：刃面与背面构成单面刃。刃缘基本平坦。刃口直而手感锋利，上面布满细小石片疤。

（3）功用分析

这件镰中片被作为素材改制成石刀。改制过程是，先把通过锤击法减薄素材，然后在原刃面上研磨出新刃面，改制而成的刀使用后刃口有大量崩缺。

4. 石镰中片2014ZYH107：1

（1）目鉴岩性

深灰色，表面光滑，断口粗糙，变余泥质结构，变余层理构造，石器表面见10%~15%斑点，斑点呈棕色与黑色，由粉砂质泥岩变质而成，定名斑点角岩。

（2）造型描述

平面为不规整四边形。指定墨书所在面为正面。长53.4、宽42.8、厚7.7毫米，重24.2克（图二〇三；图版一八八）。

镰背：断面，被当作台面向两边下方剥片，最终镰背消失并留下了犬牙交错的断口。

正面：左上角和正顶棱被从背面向正面剥片时留下的石片阴面破坏。左侧为斜收磨面，它打破正面磨面。右侧是以右面为台面向正面剥片后留下的疤痕。下方弧收至刃缘，形成弧面刃。刃面上有多个小石片疤。

左面：上部是从背面向正面剥片后留下的石片阴面，下部是粗糙凸面。

右面：断口，中上部是从背面向正面剥片后留下的大石片疤，下部是从正面向背面剥片后留下的小石片疤。

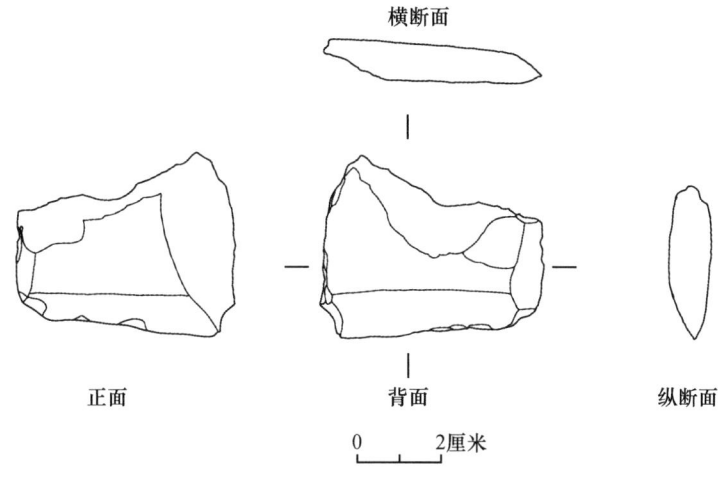

图二〇三 石镰中片2014ZYH107∶1

背面：背顶棱被从正面向背面剥片后留下的疤痕破坏，右侧是斜收的磨面。下部弧收至刃缘，形成了作为副刃面的弧面刃。刃面上有多个小石片疤。

刃面：刃面和副刃面会合而成不对称双面刃。刃缘犬齿状。刃口为直线形，布满石片疤。

（3）功用分析

这件石镰中段破片被当作素材改制为石刀，改制尚未完成，目标器形石刀。

5. 石镰中片2014ZYT0707③a∶4

（1）目鉴岩性

灰紫色，表面光滑，断口较粗糙，不明显层理构造，粉砂质结构，主要由石英、长石等粉砂级碎屑组成，定名泥质粉砂岩。

（2）造型描述

平面近似梯形，纵断面近似桃核形。长57.3、宽43.6、厚16.7毫米，重62.3克（图二〇四；图版一八九）。表色绛紫色，自色紫红色。以墨书标记所在面为正面。

镰背：大小不等的石片阴面，是从顶面向正、背面剥片后造成的石片阴面，剥片的目的是修平镰背。

正面：正顶棱被多个疤痕破坏，是修整顶面的连带破损。横轴中部是平整面，平整向上、向下逐渐减薄成为斜面。上方斜面正顶棱左高右低。中部凸起处是磨面而且光滑，低凹处是磨面但是不光滑。下部渐收至刃缘，形成了弧面刃。

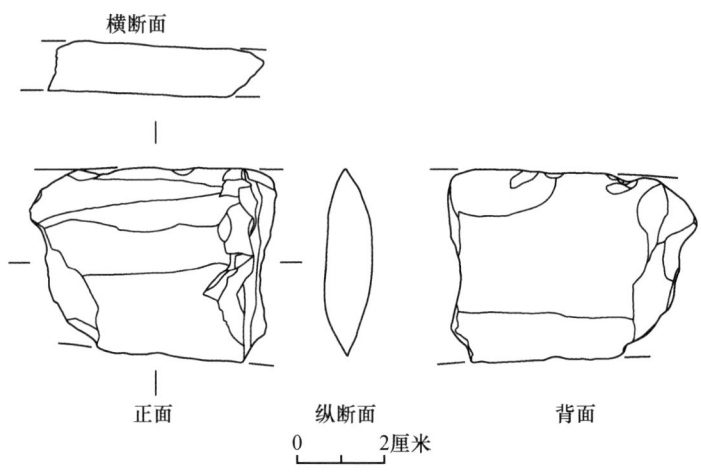

图二〇四　石镰中片2014ZYT0707③a：4

背面：背顶棱被连续分布疤痕破坏，它们也是修平顶面的连带破损。中上部局部表层自然剥落，凸起处是磨面，低凹处未经研磨。下部弧收至刃缘，形成了作为副刃面的弧面刃。

刃部：刃面与副刃面会合而成对称的双面刃。刃缘平直。刃口直，有细微崩缺。

（3）功用分析

这件石镰中段破片被作为素材改制成石锛。改制过程大致是把石镰上部边缘打掉，使之成为便于把握使用的石锛顶面，改制的石锛适于手持刮削和切割。

6. 石镰中片2014ZYT0607③a：5

（1）目鉴岩性

灰白色，表面光滑，硬度低，在2左右，主要由泥质组成，受沁较强，表面有淋蚀孔，粉砂质泥岩。

（2）造型描述

平面近似长方形。残长35.9、残宽48.2、厚13.3毫米，重35.8克（图二〇五；图版一九〇）。石材中度风化，表面有比较多的孔隙。

镰背：弧凸面。

正面：长轴中部弧凸面，下部弧收至刃缘，形成弧面刃。

左面：平整断口。

右面：内凹断口。

背面：长轴微弧凸面，下部弧收至刃缘，出现了作为副刃面的弧面刃。

第七章　其他石器

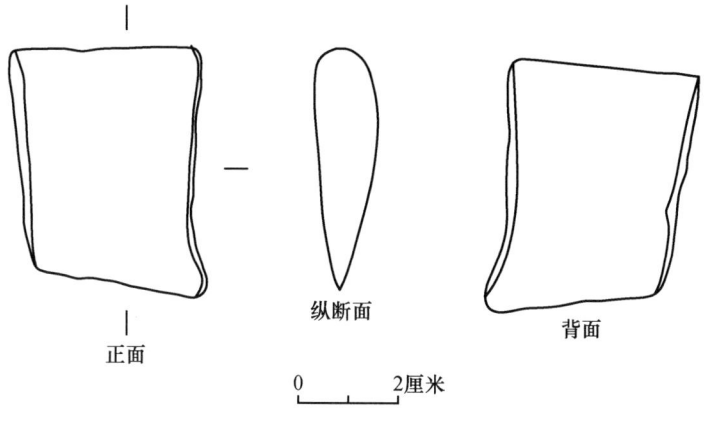

图二〇五　石镰中片2014ZYT0607③a∶5

刃面：刃面与副刃面会集为不对称双面刃。刃缘平，刃口直而锋利。

（3）功用分析

这件石镰中段破片被当作素材再利用，从左右两侧断口的修理痕迹看，它被改制成了石刀。

7. 石镰中片2014ZYT0415③a∶5

（1）目鉴岩性

深灰色，变余泥质结构，斑点构造，斑点黑色，斑点角岩。

（2）造型描述

平面近似圆角长方形。长11.5、宽6.2、厚2.1毫米，重117.7克（图二〇六；图版一九一）。石材严重风化，表层剥蚀殆尽。以墨书标记所在面为正面。

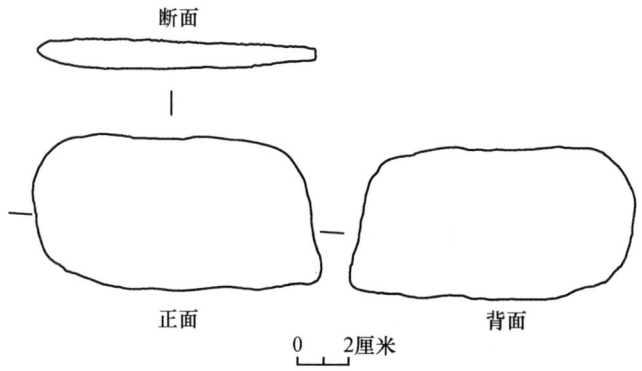

图二〇六　石镰中片2014ZYT0415③a∶5

镰背：似刃口的宽窄不一的条形面。

正面：正左棱为圆弧边，右边为下部内收的斜边。最厚处位于中部偏上，最厚处向上、下渐变薄。下部减薄至刃缘，形成了弧面刃。

左面：条形刃。

右面：断口，不规则形条形平面。

背面：与正面同。

刃面：刃面和副刃面会合成为双面刃。刃缘微微高低起伏。刃口直而锋利。

（3）功用分析

这件石镰中段背当过素材再利用，加工过程中素材从中间纵向折断而终止。

8. 石镰中片2014ZYH83：2

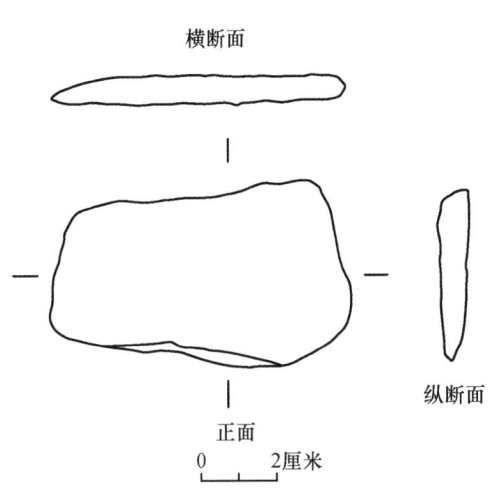

图二〇七　石镰中片2014ZYH83：2

（1）目鉴岩性

深灰色，变余泥质结构，斑点构造，斑点黑色，定名斑点角岩。

（2）造型描述

平面近似圆角长方形。长81.7、宽48、厚7.8毫米，重46.1克（图二〇七；图版一九二）。石材严重风化，表层全部剥落。

镰背：凹凸起伏的窄条面。

正面：中部微凸起。镰刀尖不存，推测镰刀尖已经折断。折断后的断口被修理后，形成薄刃。右边应为内，它比镰刀面稍宽，中部内收。下部弧收为弧面刃。

背面：基本平坦，下方微微弧收至刃缘，形成了作为副刃面的斜面刃。

左面：刃缘，推测石镰折断后，断口被修理成薄刃所致。

右面：即内的侧面，中部低凹的窄条形面。

刃部：刃面和副刃面会合成不对称双面刃。刃缘中部内凹。刃口稍感锋利。

（3）功用分析

这件石镰内部被当作素材改制而成异形石刀。

三、石镰的特点

鱼山遗址11件石镰中，3件是完整器、其他8件是残器。

1. 文化属性

根据刃部造型异同，3件完整石镰可以分为两类。一类是凹刃镰，1件，河姆渡文化四期—良渚文化，造型与现代铁镰无异。另一类是平刃镰，2件，属于商周时期。其造型缺少内即装柄部位，与现代铁镰有少许不同。其余8件残石镰破损严重，无法辨识类型。它们的体量较大，每件破片都可以视为1件石镰。

河姆渡文化三期有1件石镰中片，它的出现有助于提高水稻收割速度和劳动效率。河姆渡文化四期—良渚文化和良渚文化晚期—钱山漾文化各有1件中片，石镰的需求似乎不大。

商周时期有2件完整石镰和5件石镰中片，石镰数量大增，它是稻作生产迅猛发展的反映。

凹刃镰与平刃镰造型的另一个不同之处是前者有内而后者无内，这个可能反映了装柄方式不同。虽然凹刃镰出现早于平刃镰，体量也大于平刃面，但是两者造型、制作和用法不同显示两者之间没有直接承继关系。

2. 物质属性

河姆渡文化三期、河姆渡文化四期—良渚文化和良渚文化晚期—钱山漾文化的石镰分别用硅质岩、斑点角岩和含泥质硅质岩制作而成。商周时期7件石镰中，1件用含铁质及泥质紫红色粉砂岩、1件用粉砂质泥岩、5件用斑点角岩加工而成，这个情况说明石镰是专业化制作的成品，而石镰大量出现是稻作发达的重要标志。

第三节 石镞、石镖观察与分析

镞：是指安装在箭杆顶端用弓射出去的石器。

镖：是指安装在长柄顶端用于刺杀客体的石器。

镞与镖，最大区别在于前者体量较小，利用弓发射杀伤客体，而后者体量较大，通过徒手投掷杀伤客体。另外部分镖的后部有血槽。

一、观察方法

（一）细部名称

尖峰：是指镞、镖的尖端。

脊：是指镞和矛中部的线形凸起，通常始于尖锋，止于本。

翼：是指脊两侧的斜面，相当于刃器的刃面。

刃缘：是指翼的锋利边缘。

本：是翼尾部与铤结合处。

后锋：是指刃缘与本的结合部。

铤：是指嵌入箭杆的镞尾部的榫头状部件，嵌入镖杆的镖后部榫头状部件。

（二）观察要点

镞和镖的功能部位是尖锋，它们左右对称、正背面对称，没有正面和背面之别。研究中可人为指定正、背面。

观察要点有三条。第一条是重量，涉及杆的粗细、长短和射程的远近。第二条是造型，与文化传统和杀伤力大小等因素有关。第三条是铤的形状，决定了装柄方式。

二、石镞观察与分析

1. 石镞2013ZYT0606⑥∶1

（1）目鉴岩性

深灰色，隐晶质结构，水平层理构造，坚硬致密，硬度6.5～7，由硅质组成，石器表面斜交层理。硅质岩。

（2）造型描述

横断面为扁菱形。长58.8、宽23、厚8.1毫米，重10.3克（图二〇八；图版一九三）。

第七章　其他石器

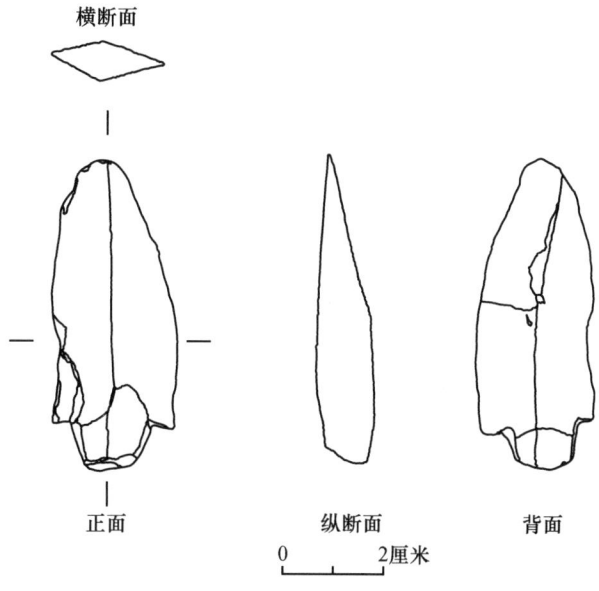

图二〇八　石镞2013ZYT0606⑥：1

尖锋、左前翼和铤后部缺失，仅存镞体中后部。

翼：左仅存中后部。右翼中后部残。

左后锋：完整。

脊：从前方向后延伸至铤部。

铤：后部缺失，残存部分的铤横断面为扁薄圆形。

（3）功用分析

这件残镞上的翼和铤上的石片阴面皆打破了石镞磨面，表明它在使用中受损。

2. 石镞2014ZYT0613⑤b：2

（1）目鉴岩性

绿色，表面光滑，硬度3~4，泥质结构，块状构造，主要由泥质和硅质组成，定名硅质泥质岩。

（2）造型描述

平面为杏仁形。长73.3、宽20.4、厚7.1毫米，重9.7克（图二〇九；图版一九四）。表面有铁锈斑。表面有密集的100°左右线条，手感平滑。

尖峰：有小石片疤。

翼：横断面为扁菱形，刃口有多个浅凹缺。

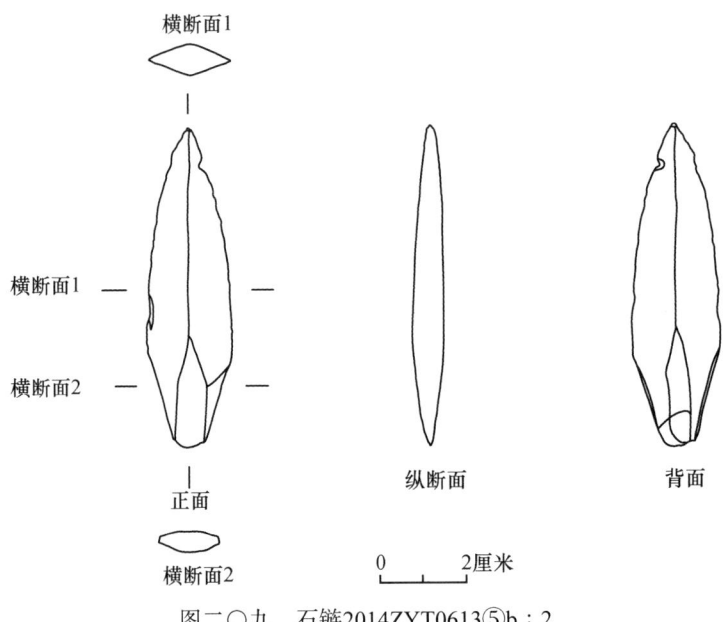

图二〇九　石镞2014ZYT0613⑤b∶2

脊：挺直。在尾部分叉直至铤边，从分叉处开始逐渐减薄，与扁铤相连。

铤：扁铤。

（3）功用分析

铤部与其他部位表面是研磨而成的，研磨条痕走向不一致。两翼刃缘和尖峰稍残，当是使用中受损所致。

3. 石镞2014ZYT0705③b∶5

（1）目鉴岩性

表面土黄色，带点铁锈色，受沁较强具不明显丝绢光泽，鳞片变晶结构，主要由绢云母组成，它们定向排列构成千枚状构造，定名千枚岩。

（2）造型描述

平面为柳叶形。长98.3、宽26、厚8.3毫米，重24.3克（图二一〇；图版一九五）。石材中度风化，器表磨面剥蚀。

尖锋：尖圆头，一面有小疤痕——是使用痕迹还是制作痕迹不详。

翼：左前叶边缘与右前叶边缘不对称。左后叶与右后叶也不对称。

凸脊：不明显。

铤部：尾部急收成扁圆形短榫。

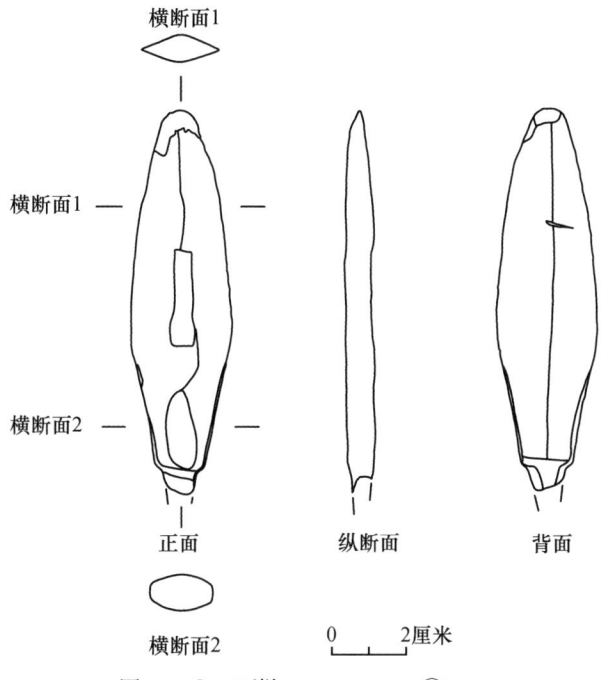

图二一〇 石镞2014ZYT0705③b：5

（3）功用分析

因为该镞表面风化所以看不到使用痕迹。

4. 石镞2014ZY采：5

（1）目鉴岩性

红紫色，表面光滑，泥质较高，粉砂质结构，主要由石英、长石等粉砂级碎屑组成，定名泥质粉砂岩。

（2）造型描述

平面为柳叶形。长69.4、宽20、厚6.5毫米，重8.7克（图二一一；图版一九六）。

尖锋：圆尖。

翼：完整，不见刃口。

脊：不直，疑因研磨镞叶时不甚规范所致。中下部分叉直至镞尾。

铤：不规范，尾部可见密集纵向线条。

（3）功用分析

该石镞是半成品，其尖峰和刃缘有待开锋。

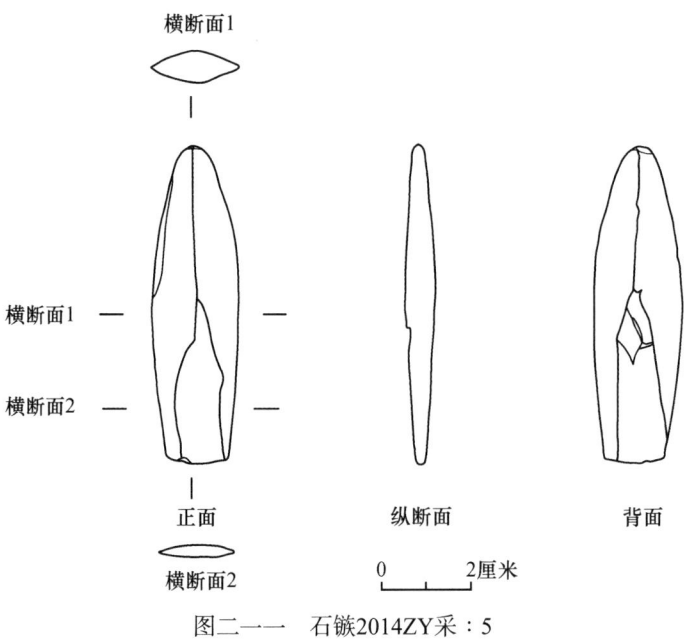

图二一一　石镞2014ZY采：5

5. 石镞2014ZYG21：3

（1）目鉴岩性

黑色，表面光滑，硬度3～4，泥质结构，块状构造，主要由泥质和硅质组成，定名硅质泥质岩。

（2）造型描述

平面近似三角形。长88.7、宽27.8、厚6.4毫米，重19.1克（图二一二；图版一九七）。以墨书标记所在面为正面。器表经过研磨，手感平滑。

尖锋：断面，由两个石片阴面构成。先是从背面向正面击打导致尖锋折断，形成了斜向石片阴面。然后从这个石片阴面向正面剥片，形成了小石片阴面。两次剥片的目的是减薄残尖锋。

翼：从脊分别渐收直至刃缘，形成了斜面翼。从正面看，左翼比右翼略窄。左刃缘上部有一大一小两个宽而短的石片阴面，是从背面向正面剥片所致。右刃缘上有两大一小三个宽而短的石片阴面，也是从背面向正面剥片所致。从背面看，右翼中上部有一个宽而短的石片阴面。以上所有石片阴面都打破了磨面。

脊：稍有弯曲，脊中下部被剥片，目的是减薄其后部，使之与铤连成一体。

后锋：左右刃口尾部急收而成后锋。左右后锋是通过镞体后部向内磨出铤而出现的，右后尖被小石片阴面打破，该石片阴面又打破镞体磨面。

第七章　其他石器

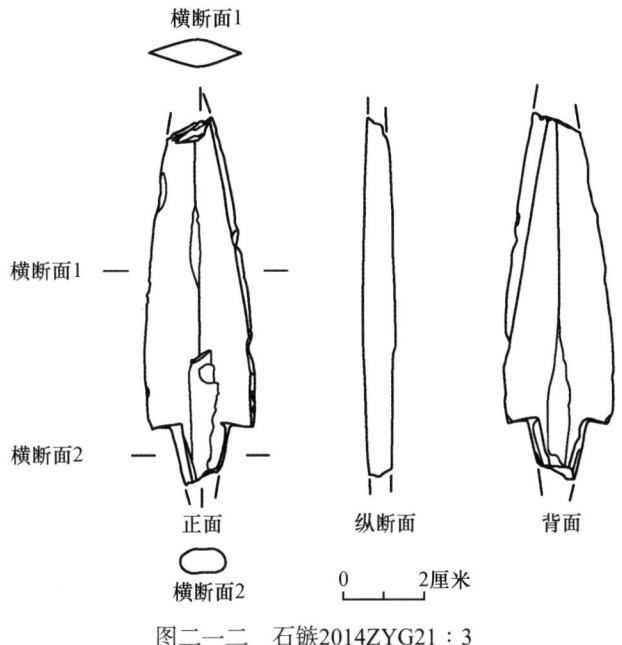

图二一二　石镞2014ZYG21∶3

铤：近似扁圆体，平面为倒梯形。铤尾折断，是从正面向背面击打导致铤尾折断后出现的石片阴面。

（3）功用分析

尖峰断口形态表明它是被人为折断的，据此推测石镞尖峰受损后，曾在尖峰断口处剥片试图更新尖峰，修理工作尚未完成。

三、石镞的特点

（1）文化属性

5件石镞，按铤的造型差异分为扁铤、扁圆铤和圆铤镞三类。

扁铤镞，1件。见于良渚文化晚期—钱山漾文化时期。其扁铤被嵌入劈裂的箭杆头端，用绳索将箭杆头端扎紧即可。

扁圆铤镞，3件。1件是河姆渡文化四期—良渚文化时期的，2件是唐宋时期的。其扁圆铤被插入圆形箭杆头的空腔内，用绳子绑紧箭杆头部即可使用。

圆铤镞，1件。商周时期。圆铤被插入管状箭杆头端，用绳索箭杆头扎紧固定即可使用。

5件镞按重量不同，可以分为小号和大号两个规格。河姆渡文化四期—良渚文化的扁圆铤镞为小号，钱山漾文化的扁铤镞也是小号，商周时期的扁圆铤镞和圆铤镞都是大号。

镞体量大小与射击对象大小有关,也与射手力量以及弓大小有关。河姆渡文化四期—良渚文化和良渚文化晚期—钱山漾文化的镞都是小号,商周时期的1件和唐宋时期地层出土的而实际上是商周时期的2件镞皆为大号,说明射手力量大、射程加大。

（2）物质属性

5件石镞中,2件用硅质泥质岩、1件用硅质岩、1件用千枚岩、1件泥质粉砂岩加工而成。相对而言石镞用材比较集中,而且是当地常见岩石,据此推测这些镞是本地产品。

四、石镖观察与分析

1. 石镖2014ZYT0410③a：1

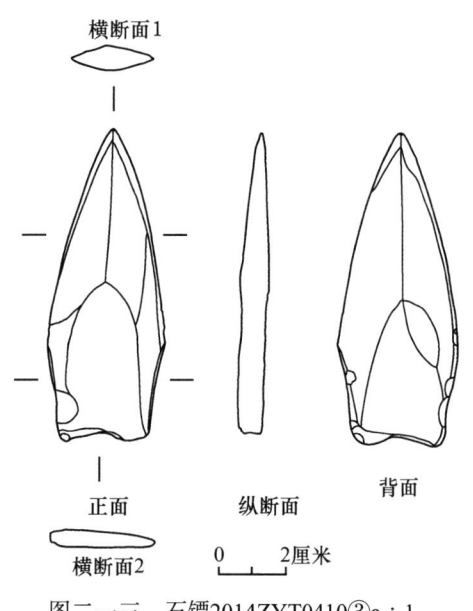

图二一三　石镖2014ZYT0410③a：1

（1）目鉴岩性

深灰色,变余泥质结构,斑点构造,斑点黑色,定名斑点角岩。

（2）造型描述

平面为三角形。长91.9、宽35.5、厚6.7毫米,重32.5克（图二一三；图版一九八）。

尖锋：完整。尖角50°。

脊：凸起明显,长约占矛体一半。

翼：两翼前部边缘有小刃面。

刃缘：微弧凸,刃口直而锋利。

血槽：脊尾分叉,两边弧凸直至尾部,呈尖圆拱形。

尾部：中部弧凹。

（3）功用分析

该镖体量大于石镞而又小于石矛,尖峰似折断,它应该是使用中受损所致。

2. 石镖2014ZYT0315③a∶1

（1）目鉴岩性

受沁较重，表面呈土黄色，断口呈深灰色，具斑点构造和变余层理构造，斑点角岩。

（2）造型描述

平面近似柳叶形。长116.1、宽33.4、厚10.6毫米，重45克（图二一四；图版一九九）。石材严重风化，表层脱落。以墨书标记所在面为正面。

尖锋：折断。

翼：从正面看，左翼完整，右翼中后部稍残。

脊：感觉有脊，不过非常不明显。

铤：翼尾部缓收形成了长方形铤。

（3）功用分析

这件镖是被夹在柄端裂缝中使用的刺杀武器，尖锋在使用中折断。

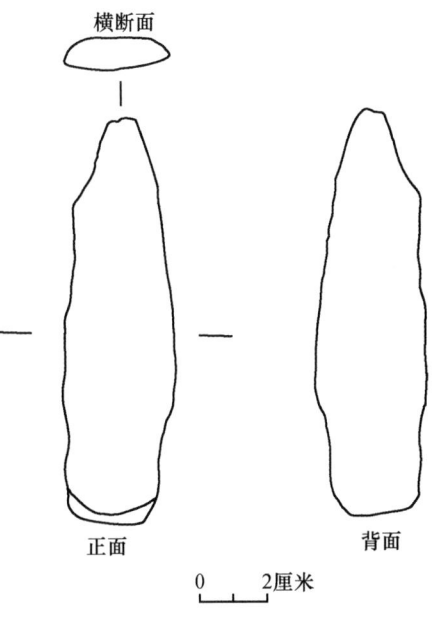

图二一四　石镖2014ZYT0315③a∶1

3. 石镖2014ZYH210∶1

（1）目鉴岩性

深灰色，变余泥质结构，斑点构造，斑点黑色，定名斑点角岩。

（2）造型描述

平面近似柳叶形。长101.1、宽32.4、厚8.1毫米，重32.1克（图二一五；图版二〇〇）。以墨书标记所在的面为正面。石材中度风化，表面大部被剥蚀掉，仅局部可见磨面。

尖峰：稍残。

翼：脊渐收至刃缘，形成翼。

刃缘：直，手感锋利。

脊：从尖峰至翼前部，脊所在部位的横断面为扁菱形。

血槽：脊后端分叉直至后锋构成的尖三角形，扁平状，与扁铤连成一体。

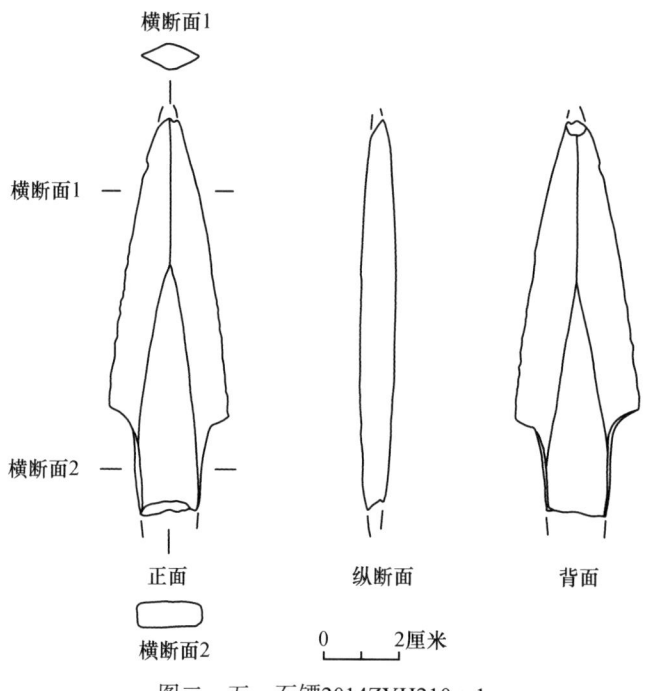

图二一五　石镖2014ZYH210：1

后锋：钝角尖。关为内软角。

铤：侧锋急收而成，左右角不对称。铤尾为断口。

（3）功用分析

这件镖尖锋在使用中受损。

4. 石镖2014 ZYT0607③b：4

（1）目鉴岩性

黑色，块状结构，隐晶质结构和泥质结构，泥质硅质岩。

（2）造型描述

平面近似三角形。长97.5、宽41.4、厚11.5毫米，重49.6克（图二一六；图版二〇一）。平面与石材层理平行。以墨书标记所在面为正面。

尖锋：尖利。

正面翼：微弧凸，从脊分别向渐收至刃缘。刃缘弧凸。刃口直而锋利，可见细小崩缺。

背面翼：左边有更新磨面，刃口不直。右边下部有更新磨面，刃口也不直。

脊：尖端至中部弧凸。脊中部分叉直至尾部，脊与血槽相连。

血槽：中部下凹。

第七章 其他石器

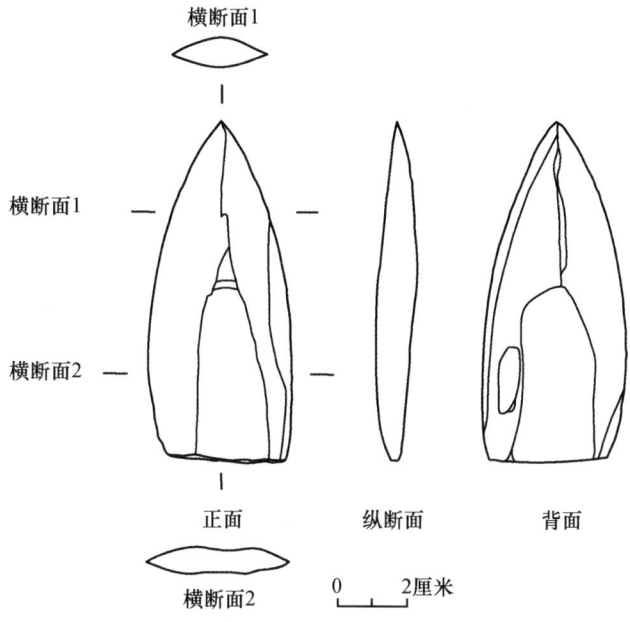

图二一六 石镖2014ZYT0607③b：4

尾部：左高右低。其立面只经过初步研磨。

（3）功用分析

镖头中后部有血槽，左右刃面做过更新，刃缘上保留着研磨过程中出现的损伤。该镖是未曾使用的新品。

5. 石镖2014ZY采：6

（1）目鉴岩性

黑色，隐晶质结构，块状构造，表面光滑，硬度较大，为4左右，主要由硅质组成，含泥质，定名含泥质硅质岩。

（2）造型描述

平面为凸字形。长60.2、宽34.6、厚5.4毫米，重12.8克（图二一七；图版二〇二）。表面经过研磨，不见反光。凸起部位的横断面为方形。

正背面：表面三边稍薄，表面有密集线条。

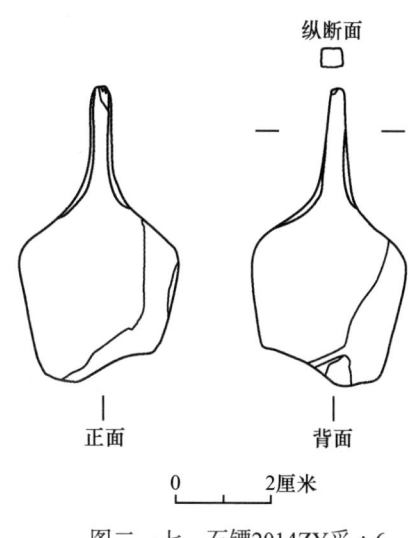

图二一七 石镖2014ZY采：6

底面：部分为断口，部分断口被研磨而成磨面。

（3）功用分析

这件残镖折断后被改制，改制尚未完成，目标器形不详。

五、石镖的特点

1. 文化属性

5件镖中有1件残损严重无法分类，其余镖，造型差异较大，按长宽比差异，把它们分成宽体镖和窄体镖两类。宽体镖，长宽比3.1~3.5，2件，其中1件无血槽，另1件有血槽。窄体镖，长宽比2.4~2.6，2件都带血槽。

根据重量差异，再把4件镖分成小号和大号两个规格。小号镖，重量在32.1~32.5克，宽体镖和窄体镖各1件。大号镖，重量在45~49.6克，宽体镖和窄体镖各1件。

镖是在商周时期才出现的，相对于石镞，数量不少，说明当时需求旺盛。镖一经出现，就分化出宽体和窄体、大号和小号镖，四种规格的镖共存于世，能够满足不同人的需要，使得人们能够针对不同客体而采用不同规格的镖。

2. 物质属性

5件镖中，3件是斑点角岩制成、2件是用泥质硅质岩制成，所用石材是本地常见的较为坚硬的岩石，可见它们是本地产品。

第四节 石饰品观察与分析

一、观察方法

这批饰品包括石玦、石璧、石环、石管和石璧素材。观察要点主要有大小即玦、璧和环的边缘宽度即肉与好直径、饰品内壁和边角是否圆滑及玦口的制作方法。

二、观察与分析

1. 石管2014ZWT01⑤：7

（1）目鉴岩性

棕黄色，质地细腻，软，硬度2~3，块状构造，主要由不纯的叶蜡石组成，叶蜡石岩。

（2）造型描述

短管：长14.3、直径10.4毫米，重2.7克（图二一八；图版二〇三）。

管体：不是正圆柱体。表面手感光滑。

孔壁：内壁可见旋痕。孔径4.1毫米。

外壁：厚度不一。

顶面：平整。

底面：稍斜。

（3）功用分析

孔壁上的磨圆痕迹表明它是实用饰品。

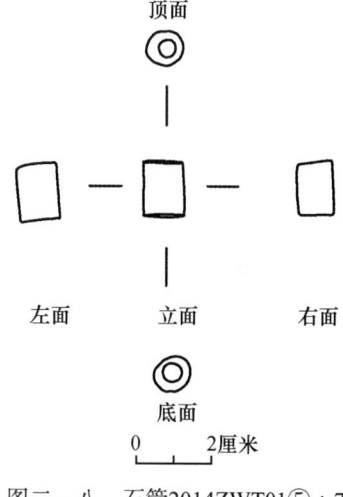

图二一八 石管2014ZWT01⑤：7

2. 石璧2014ZWT02⑥b：6

（1）目鉴岩性

深灰色，表面较光滑，硬度3~4，隐约可见假流纹构造，可能受一些叶蜡石等蚀变，蚀变凝灰岩。

（2）造型描述

正面直径35、背面直径41.5、厚7.5毫米，重12.2克（图二一九；图版二〇四）。素材为管钻芯，外壁倾斜角比较大，仅存半个孔，石环沿岩石层理斜向折断。

正面：平整，手感不滑。可见细密线条。孔壁与平面转角稍磨圆。

背面：平整，手感不滑。可见细密线条。

立面：微弧凸斜面。

好：孔壁有旋痕。正面直径9.9、背面直径9.1毫米。

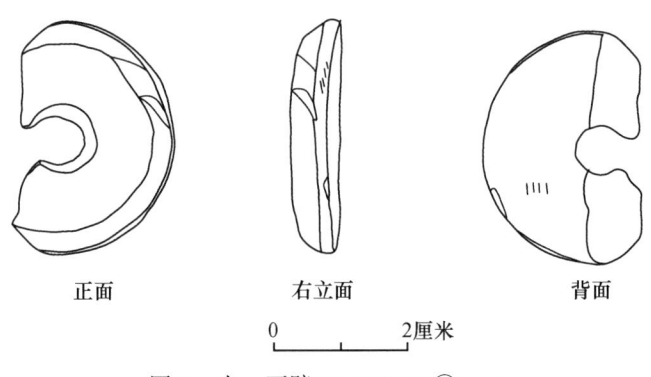

图二一九　石璧2014ZWT02⑥b：6

（3）功用分析

该璧上不见摩擦痕迹，因此它可能是未经使用的新品。

3. 石璧素材2014ZYT0514⑥b：3

（1）目鉴岩性

中灰色，质地细腻，软，硬度2~3，块状构造，主要由不纯的叶蜡石组成，叶蜡石岩。

（2）造型描述

中空圆柱体。长52.25、最大径33.8毫米，重91.4克（图二二〇；图版二〇五）。

顶面：参差形断口。

底面：不平整圆形，边缘局部稍残缺。表面有纵横短线，穿孔不在底面中间。圆孔外可见两条劣弧线。

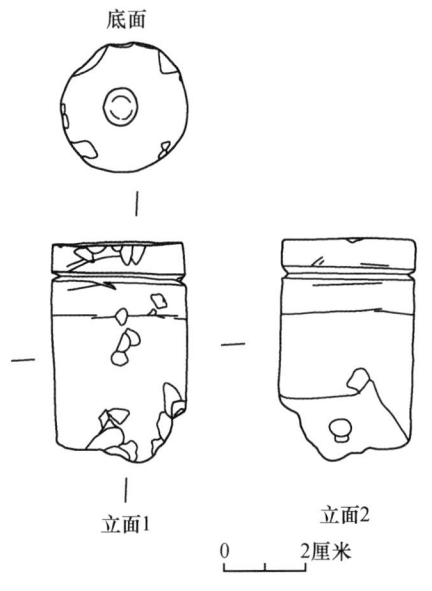

图二二〇　石璧素材2014ZYT0514⑥b：3

柱体：不规整圆柱体，最大直径33.38、最小直径32.7毫米。顶面穿孔直径5.19~5.36、底面穿孔直径7.31~7.6毫米。孔壁上有明显旋痕，疑似桯钻而成。表面有一道深槽和一道不完整浅槽。深槽到底边长8.72~6.58、槽的最大深度0.77、浅槽与深槽之间长7.25~9.31毫米。深槽和浅槽边缘各有多条短线。

（3）功用分析

这件石璧素材反映了石环制作的主要工序：把石材加工研磨成圆柱体，然后研磨底面，并在底面中间通过划线确定钻孔的位置，接着用桯钻法钻孔，最后在柱体上刻划出石环宽度标记，用片锯法顺着刻槽锯磨，磨断一段就得到一个石环。

4. 石玦2014ZYT0706③b：3

（1）目鉴岩性

棕灰色，隐晶致密，质地细腻，硬度在7左右，可能由硅质组成，硅质岩（玉髓质玉玦）。

（2）造型描述

直径37.5、厚5.8毫米，重7.6克（图二二一；图版二〇六）。缺1/6。器表研磨精细，手感光滑，磨光效果良好。

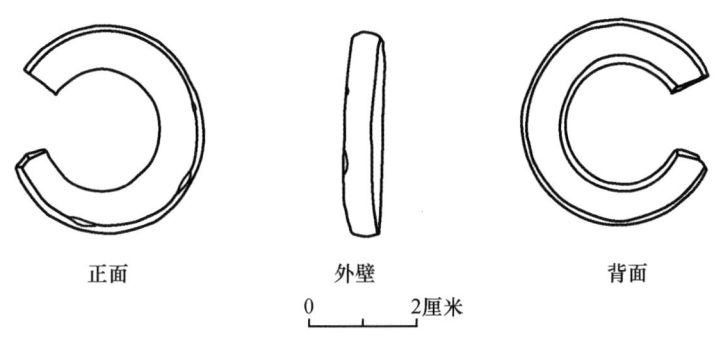

图二二一　石玦2014ZYT0706③b：3

肉：宽度8.2毫米。

好径：23.3毫米。

孔壁：可见密集旋痕。

外壁：大型穿孔石器的内壁。

玦口：一侧有线锯未透的凸起，一侧是两面片锯断口，玦口未做研磨。

（3）功用分析

这件玉玦的好是用单面管钻法钻成的，好边缘和玦口磨圆，可见它是一件半成品。

5. 石玦2014ZYT0414③a：3

（1）目鉴岩性

绿色，隐晶致密，质地细腻，硬度在7左右，可能由硅质组成，硅质岩（玉髓质玉玦）。

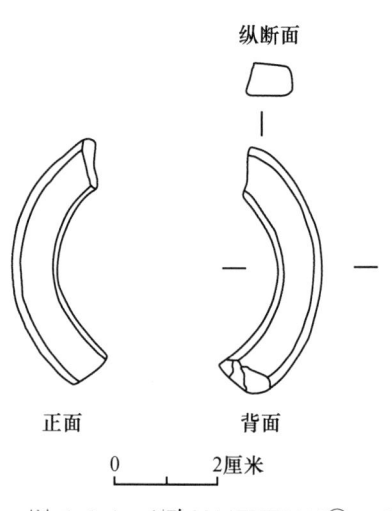

图二二二　石玦2014ZYT0414③a：3

（2）造型描述

肉宽8.1、肉厚6厘米，直径约53.2毫米，重4克（图二二二；图版二〇七）。占完整石环的1/4左右。

表面：可见细密线条。手感光滑，反光较强。

背面：与正面同。

好：两面对钻的管钻孔，壁上有密集的旋痕，肉边棱经过磨圆处理。

肉：横断面为一面弧凸的方形。

立面：弧凸面。

（3）功用分析

这是折断的玦片。

6. 石玦2014ZYT0508③：2

（1）目鉴岩性

棕灰色，隐晶致密，质地细腻，硬度在7左右，可能由硅质组成，蚀变受沁较强，导致硬度稍稍降低，硅质岩（玉髓质玉玦）。

（2）造型描述

直径38.1、肉宽8、肉厚7.3毫米，重10.4克（图二二三；图版二〇八）。所有边棱明显，未经磨圆。

正面：磨面。

背面：磨面。

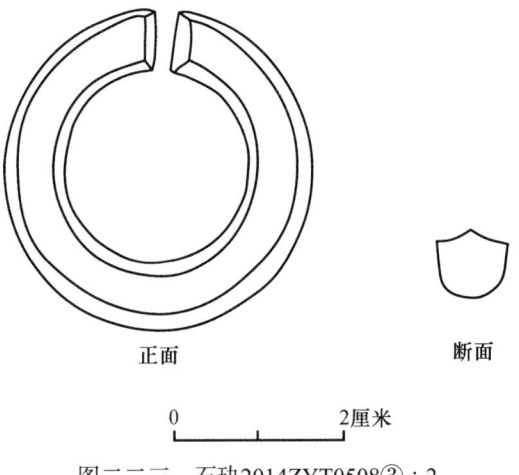

图二二三　石玦2014ZYT0508③：2

好：两面对钻的管钻孔，孔壁中部有对接错位痕，孔壁上有较粗旋痕。

外壁：弧凸面，局部可见线条。

玦口：两面对锯而成的束腰形。

（3）功用分析

这件小型玦的所有边棱都未经磨圆，可能是半成品。

三、石饰品的特点

（1）文化属性

叶蜡石管与河姆渡遗址第三期叶蜡石管相同[①]，用蚀变凝灰岩制作的璧无论是造型还是材质不见于其他遗址，这类璧颇具特色。

3件硅质岩玦大小各异，管钻孔壁上两面对钻造成的对接台痕尚存，它与采用片锯法制作玦口共同形成了鱼山遗址饰品的特色。

小型玦和璧是河姆渡文化常见的饰品，良渚文化时期已经很少见到，但是鱼山遗址河姆渡文化四期—良渚文化还在制作小石璧，甚至在商周时期还在制作体量很小的玦，这是以往很少见到的情况。马家浜文化、崧泽文化的玦和璧多完整器并且常见于墓葬，而鱼山遗址河姆渡文化四期—良渚文化时期和商周时期的饰品破损严重并且皆出自地层。鱼山遗址玦和璧用法特殊还是另有原因，有待新资料来解释。

（2）物质属性

3件石玦都是用硅质岩制成的，管和璧素材是用叶蜡石质的，用叶蜡石制作饰品体现了河姆渡文化特色。

第五节 耘田器观察与分析

耘田器是指平面近似三角形或半弧形的扁薄双面刃工具。

一、观 察 方 法

为了方便记述，这里暂定了耘田器部分细部名称。

[①] 浙江省文物考古研究所：《河姆渡——新石器时代遗址考古发掘报告》，文物出版社，2003年，第321页。

凸榫：是指耘田器双肩中部向上的梯形凸起。

翼身：是指耘田器主体。

翼肩：是指翼的顶面。

肩角：是指翼侧与翼之间的夹角。翼角分左翼角和右翼角。

翼面：是指翼的正背面。

翼侧：是指翼两侧的立面，分左翼侧和右翼侧。

翼角：是指曲刃耘田器的左刃缘与右刃缘之间的夹角。

刃部：是指两翼下端边刃部分，包括刃面、刃缘、刃口和楔角。

刃角：是指翼侧与刃缘之间的夹角，包括左刃角和右刃角。

纵轴：是指两翼中间的假想中心线。

二、观察要点

为了探讨耘田器功能，需要关注其整体形状和局部构造。观察要点有三：一是有无凸榫，凸榫表面有无摩擦痕迹，它们与装柄方式有关。二是有无穿孔，穿孔大小以及孔角有无摩擦痕迹，它们与耘田器使用方法有关。三是刃部有无使用痕迹，如果刃面上有纵轴向的摩擦痕迹，那么耘田器就是刃部向前的工具，如果刃部有石片疤，可以通过石片疤形状分析，推断耘田器作业时的运动轨迹，为判断其用途提供坚实的依据。

三、观察与分析

1. 耘田器2014ZYT0512⑤b：1

（1）目鉴岩性

深灰色，变余泥质结构，斑点构造，斑点白色，定名斑点角岩。

（2）造型描述

平面近似蝶形。长132.2、宽68.3、厚5.7毫米，重50.8克（图二二四；图版二〇九）。器表研磨平整，仅见微弱反光。

翼肩：宽窄不一的凹弧形磨面，局部可见疤痕。

左翼面：基本平整的磨面。

右翼面：基本平整的磨面。

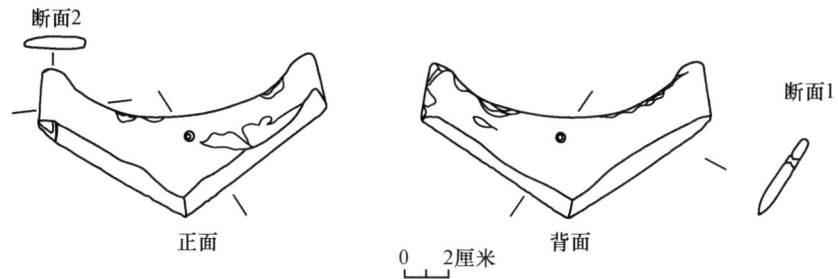

图二二四　耘田器2014ZYT0512⑤b∶1

翼正面：左右不完全对称。穿孔位于顶面下方稍偏右处，桯钻而成，孔径3.9毫米。下部急收至刃缘，形成弧面刃。

翼背面：左上方局部有疤痕。下部急收至刃缘，形成了作为副刃面的弧面刃。

刃部：刃面与副刃面会合成双面刃。刃缘直。刃口稍有弯曲，刃口上有细微石片疤，手感锋利。

（3）功用分析

穿孔直径小，穿孔边缘有磨圆痕迹，推测此孔未必是装柄所用，可能是系绳悬挂所用。刃缘的石片疤表明它是实用器，用途不详。

2. 耘田器2014ZY采∶7

（1）目鉴岩性

深灰色，变余泥质结构，斑点构造及变余层状构造，斑点黑色，含量20%～25%，定名斑点角岩。

（2）造型描述

平面近似靴形。长80、宽51.4、厚9.2毫米，重55.7克（图二二五；图版二一○）。石材风化严重，表层大部脱落。

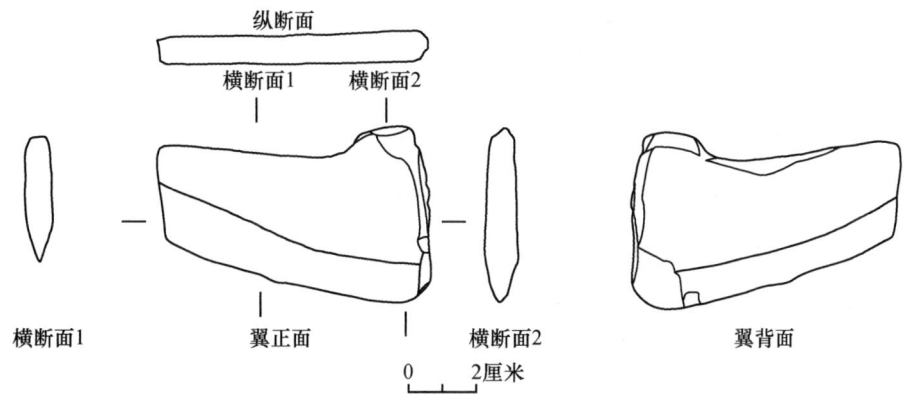

图二二五　耘田器2014ZY采∶7

凸起：左半边，顶面疑似弧凸磨面。

翼正面：横向中部微凹，下方稍加厚。左刃角起翘。下部弧收至刃缘，形成弧面刃。

翼背面：与正面相仿。下部弧收至刃缘，形成了作为副刃面的弧面刃。

左翼侧：宽窄不一而微微起伏的平面，肩部与凸起之间为钝圆角。

右翼侧：断口，被修整和研磨过。

刃部：刃面和副刃面会合成双面刃。刃缘为弧凸。刃口为直线形，锋利。

（3）功用分析

这件耘田器破片被作为素材改制成石刀，凸起中是否有孔不明。

3. 耘田器2014ZYT0509①：1

（1）目鉴岩性

深灰色，变余泥质结构，斑点构造，斑点白色，定名斑点角岩。

（2）造型描述

平面为曲尺形。长42.5、宽10、厚7.1毫米，重31克（图二二六；图版二一一）。纵断面上厚下薄。

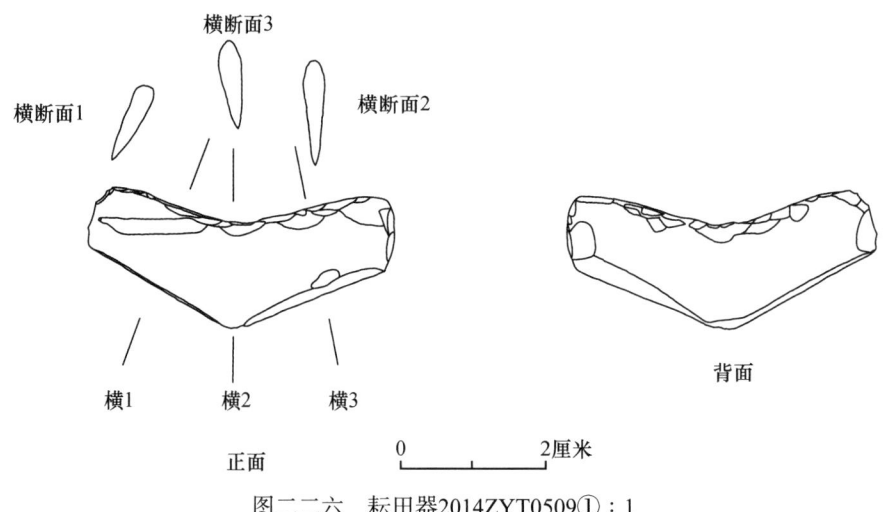

图二二六　耘田器2014ZYT0509①：1

翼肩：不规整凹凸磨面，中间似有钝角尖。

翼正面：上部布满浅疤痕，左翼角和右翼角也都有疤痕，它们都是从翼顶剥片后留下的疤痕。表面微微起伏，手感滑腻。左右两边似乎稍稍减薄。下方急收至刃缘，形成弧面刃。

翼背面：布满疤痕，左翼角被从左翼侧剥片后留下的疤痕。下方急收至刃缘，形成了作为副刃面的弧面刃。

左翼侧：狭长磨面。

右翼侧：被石片阴面打破。

刃部：刃面和副刃面会合成双面刃。刃缘平直，刃缘上有密集细小石片疤。刃口直线形锋利。

（3）功用分析

该石器很可能是手握使用，用于刮削客体。

四、耘田器的特点

（1）文化属性

3件耘田器中，1件是良渚文化晚期—钱山漾文化时期的、2件是唐宋时期地层出土的而实际上是商周时期的。

3件耘田器，可以分为二型，A型是无凸器的，分二式，Ⅰ式近似牛头形，中部有细小穿孔；Ⅱ式倒八字形，无穿孔。Ⅱ式疑似Ⅰ式的简化形式。B型为带凸起的凸字形。

这些耘田器个体较小，穿孔直角过小或者无孔，无法像锄头那样装柄用于除草，它们很可能是手持使用的切割和刮削工具。

（2）物质属性

3件耘田器都是用斑点角岩制成的，斑点角岩是鱼山遗址石器常用石材，耘田器的产地与其他石器相同。

第六节 石锤观察与分析

一、观察方法

石锤是打制石坯的工具，也可用于砸击硬物，多以天然砾石充当。

石锤观察要点如下。

体量：体量大小反映了石锤的功用，个大体重的石锤多被用于打制石器坯件，个小体轻的石锤多被用于修理石坯或残石器。

石片阴面：石片阴面分布位置反映了石锤功能部位和石锤作业方式。

二、观察与分析

1. 石锤2014ZWT02⑥b：8

（1）目鉴岩性

浅灰色，似板状结构，斑晶主要为石英，呈粒状油脂光泽，粒径1～1.5毫米，个别兼有锥状，可能为高温石英。基质主要由长石和石英组成。长石呈板状，肉红色到灰白色，可见一组节理。有小于5%的暗色矿物，可能为黑云母，但已蚀变成绿泥石等。花岗斑岩。

（2）造型描述

次圆砾石，表面有4个不甚明显的石片阴面。最大径55.1毫米，重139.9克（图二二七；图版二一二）。石材轻度风化。

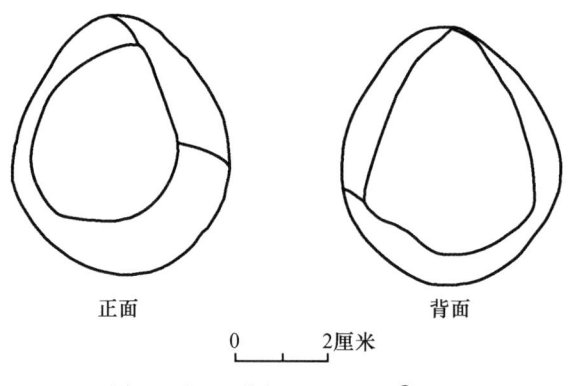

图二二七　石锤2014ZWT02⑥b：8

（3）功用分析

该石器是磨圆度较好的砾石石锤，表面有不甚明显的人工痕迹，推测是修整石器和砸击硬核的小型石锤。

2. 石锤2014ZYT0512⑤b：5

（1）目鉴岩性

深灰色，新鲜面呈灰色，表面黑色，凝灰质结构块状构造，主要由石英、角长石及黑云母等晶屑组成。石英含量15%左右，长石含量15%～20%，云母含量5%，其余由玻屑、火山尘等组成。石英具粒状油脂光泽，长石呈板状，肉红色到灰白色，见一组节理，云母呈片状，具强玻璃光泽，晶屑凝灰岩。

（2）造型描述

扁球体。长66.7、厚41.4毫米，重245.8克（图二二八；图版二一三）。石材轻度风化，器表有大量细小孔隙和孔洞。

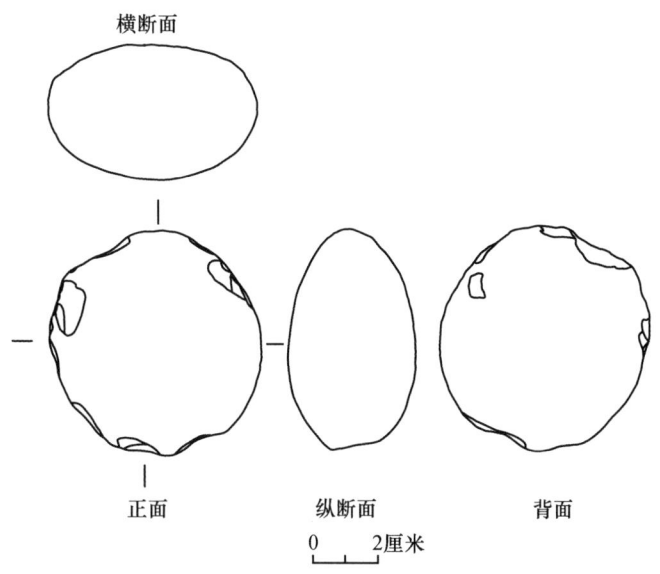

图二二八　石锤2014ZYT0512⑤b：5

正背面没有石片疤，立面有8个石片疤，这些石片疤形状不规整。疤1长20.9、宽17.1毫米，疤2长12.8、宽10毫米，疤3长17.6、宽20.2毫米，疤4长12.5、宽14.5毫米，疤5长15.4、宽12.7毫米，疤6长10.3、宽12.3毫米，疤7长9.6、宽10.3毫米，疤8长11、宽8毫米。其内侧还有一个石片疤13.1毫米×13.2毫米。

（3）功用分析

该扁球体砾石的立面上有至少8个石片疤，这些石片疤不是为了塑形而锤击成的石片阴面，这些石片疤不是被客体锤击造成的损伤，而是扁球体砾石以其边缘击打坚硬客体时被客体反作用力剥片，从而在其立面上留下了大小不等的石片疤，该石器既不是石器雏形也不是石器半成品，而是扁球体砾石石锤。

3. 石锤2014ZYT0510②：1

（1）目鉴岩性

深灰色，砂状结构，具不明显层理构造，主要由石英碎屑和泥质组成，石英含量70%左右，其余为泥质，泥质发生了一些重结晶变为绢云母，绢云母定向排列使其具有千枚状构造，导致表面具丝绢光泽，原岩应为泥质砂岩，定名变质砂岩，石料应来自砾石。

（2）造型描述

近似圆角三角形，长129.4、宽80.5、厚26.5毫米，重399.7克（图二二九；图版二一四）。三个圆角上有多个石片阴面，正面左边和右边下方有石片阴面。

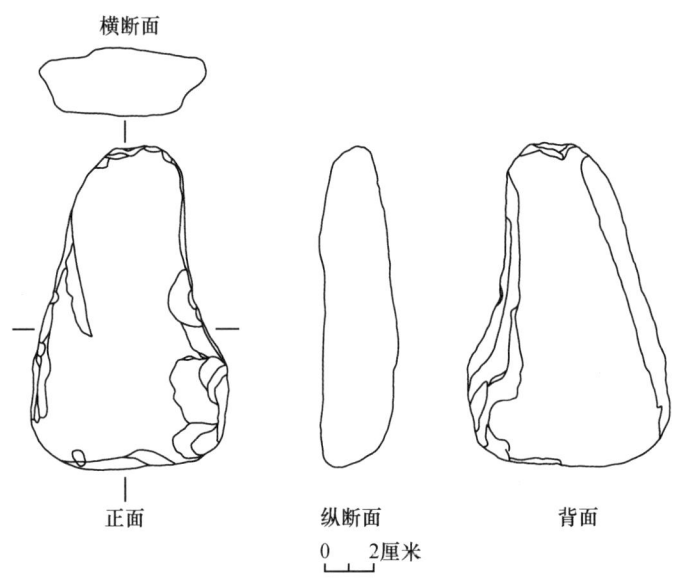

图二二九　石锤2014ZYT0510②∶1

（3）功用分析

从石器造型和石片疤分布位置来看，它是手握使用的小型石锤，用于修整石器。

三、石锤的特点

（1）文化属性

这3件石锤的体量都不大，石锤表面的石片疤面积不大，不是石料开片时产生的石片阴面，所以它们应该是修理石坯或者改制石器的工具。商周时期地层出土了大量砥石佐证了鱼山遗址先民在此改制石器或者修理石坯的看法。

（2）物质属性

3件石锤分别用花岗斑岩、变质砂岩和晶屑凝灰岩制成，这三种岩石具有较高硬度。

第七节 其他石器观察与分析

除了以上石器外，鱼山遗址还出土了属于良渚文化晚期—钱山漾文化的1件鹰头饰件、属于商周时期的弹头形石器和石纺轮各1件、属于商周时期的石片4件、地表采集的砾石1件。有关这些石器的观察和分析一并在个案分析中展开。

1. 鹰头饰2014ZYT0613⑤b：18

（1）目鉴岩性

灰色，表面光滑，硬度3～4，隐晶质和泥质结构，块状构造，主要由泥质和硅质组成，定名硅质泥岩。

（2）造型描述

不规则形圆柱体，长135.5、最大直径11.9毫米，重22.4克（图二三〇；图版二一五）。它由宝顶、上部、下部和尖部四个部分构成。

顶部：宝顶形，顶部有小断口。

上部：宝顶下方微微弧收变细，然后向下渐渐加粗为最粗。其中下部有一道不规整浅槽。

下部：从最粗处向下渐渐变细。中下部可见纵向条形面，条形面上有横向线条。

尖部：由多个斜磨面构成尖。斜磨面之间转折清晰，斜磨面上可见横向线条。

（3）功用分析

该石器看似钻头，但是其尖部没有旋转痕迹，并非钻头。它是石家河文化简化鹰头饰的地方变体。

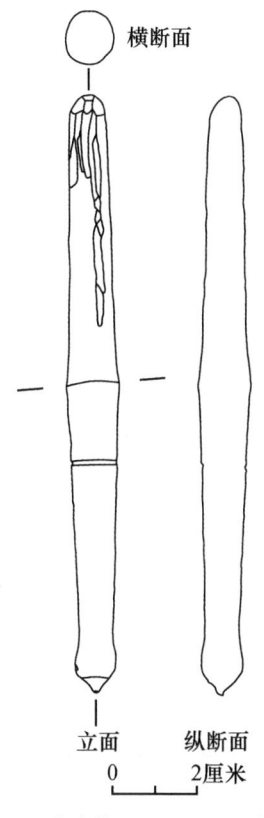

图二三〇 鹰头饰2014ZYT0613⑤b：18

2. 石纺轮2014ZYT0705③b：2

（1）目鉴岩性

中灰色，泥质结构，块状构造，主要由高岭土等黏土矿物组成，泥质岩。

（2）造型描述

扁圆柱体，直径58、厚10.4毫米，重51.4克（图二三一；图版二一六）。以有墨书标记的面为正面。

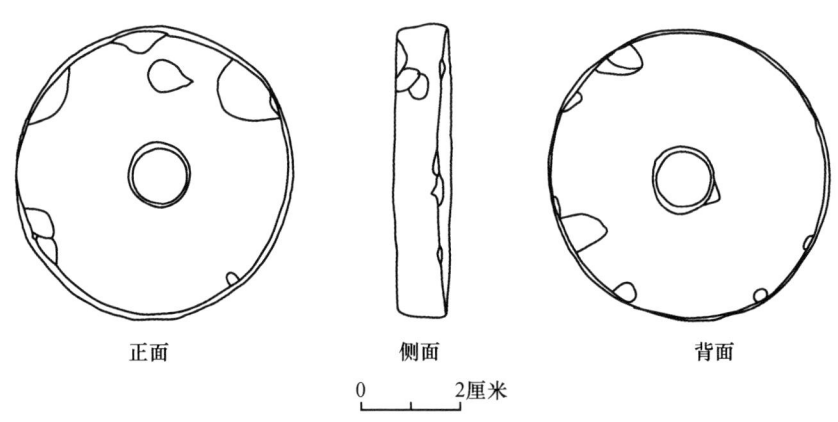

图二三一　石纺轮2014ZYT0705③b∶2

正面：有纵横条痕，条痕直而且长。边缘多石片阴面，有的石片阴面是以侧面为台面向正面击打导致正面被剥片后留下了石片阴面。穿孔边缘有大小不等的石片阴面，孔壁呈浅灰色，孔壁直而有密集旋痕，该孔推测是一面管钻而成。穿孔直径10.6毫米。

背面：中部微微隆起。

侧面：上部微微弧收。表面可见大小不等小块磨面。

（3）功用分析

这是纺轮新品，尚未使用。

3. 弹头形石器2014ZYT0707③a∶9

（1）目鉴岩性

塑变凝灰结构，由晶屑岩屑及塑变的玻屑等组成，晶屑成分主要为石英及长石，粒径1毫米左右，岩屑与晶屑含量为15%左右，以晶屑为主，粒径小于2毫米，岩屑主要成分为泥质岩和细的凝灰岩等晶屑与岩屑。常受淋蚀留下孔洞。这些塑性玻屑定向排列，构成不明显假流纹构造，定名熔结凝灰岩。

（2）造型描述

圆锥体。长71.6、直径47.3～50.1毫米，重284.6克（图二三二；图版二一七）。石材轻度风化，表面溶蚀后露出大小不等的孔隙。

（3）功用分析

器表手感光滑，其底面中心微凹而且比其他部位光滑，表面有明显反光。该石器功用不详。

4. 砺石2014ZY采：8

不规整圆角方柱体形砺石，一端折断。目鉴岩性，长石石英砂岩。

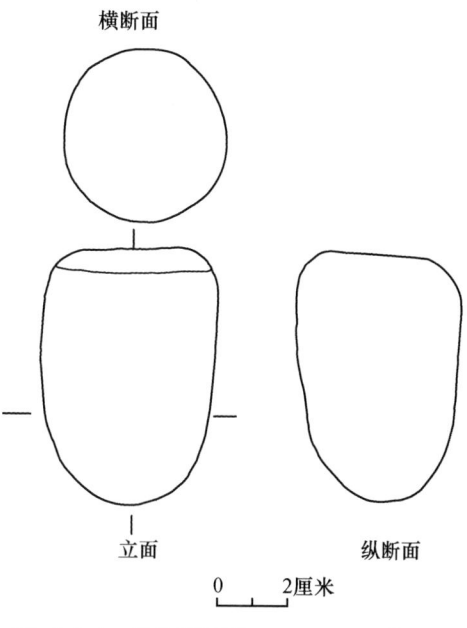

图二三二　弹头形石器2014ZYT0707③a：9

长99、宽33.4毫米，重163克（图二三三；图版二一八）。

砺石上面看不到人工痕迹，也许它是备用石材。

5. 石片2014ZYT0513③：1

（1）目鉴岩性

深灰，变余泥质结构，斑点构造，斑点黑色，定名斑点角岩。

（2）造型描述

平面为圆角三角形，风化严重，表层剥落。长82.8、宽70.6、厚11.5毫米，重83.7克（图二三四；图版二一九，1）。

石器不见石片疤或疤痕，三条边缘都是双面刃。

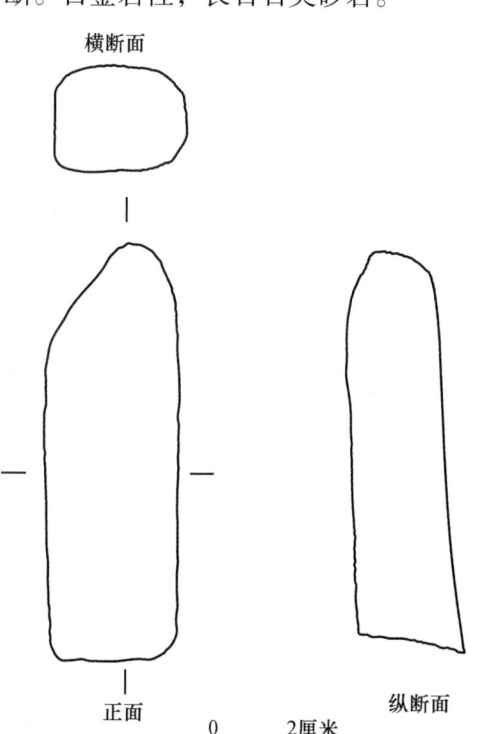

图二三三　砺石2014ZY采：8

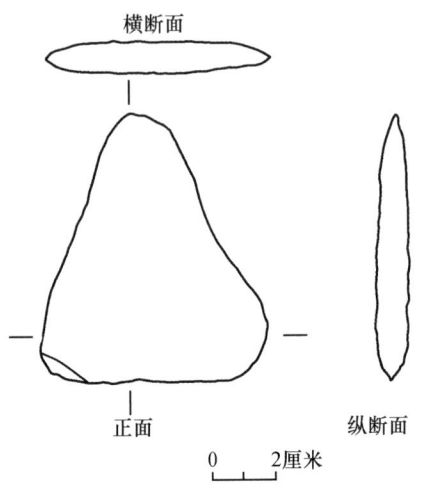

图二三四　石片2014ZYT0513③∶1

6. 石片2014ZYT0513③∶2

（1）目鉴岩性

深灰色，变余泥质结构，斑点构造，斑点黑色，定名斑点角岩。

（2）造型描述

长60.1、宽50.3、厚11.2毫米，重47.7克（图二三五；图版二一九，2）。

不规整心形石片。石材风化严重，表层剥蚀殆尽。

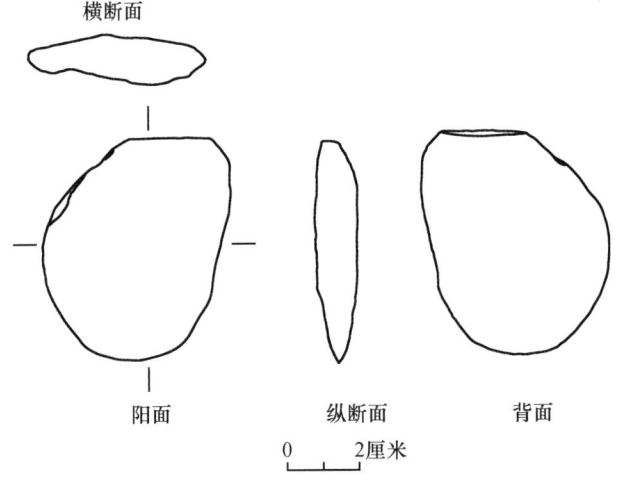

图二三五　石片2014ZYT0513③∶2

（3）功用分析

它是一件带有台面的石片。

7. 石片2014ZYG21∶1

（1）目鉴岩性

中灰色，砂状结构，可见一些小云母片，主要由砂级碎屑石英及一些长石组成，碎屑有一定磨圆度及较好分选性，胶结物为泥质，孔隙式胶结，定名中细粒长石砂岩。

（2）造型描述

整体为不规整五棱柱体，长80.5、宽41.3、厚25.8毫米，重104.9克（图二三六；图版二二〇）。

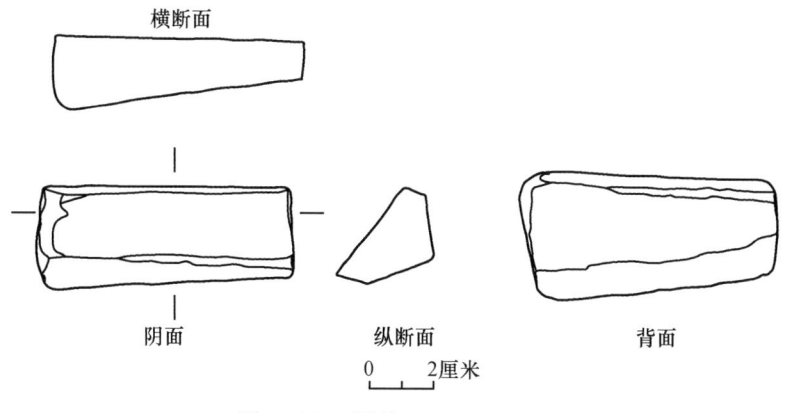

图二三六　石片2014ZYG21∶1

它是从方柱体砾石上剥下的一角，有3个石材自然面和4个石片阴面，包括1个五边形断面和3个长条形面，这四个石片阴面表面平整，不见其他人工痕迹。

（3）功用分析

它也许是备用厝石。

8. 石片2014ZYH83∶1

（1）目鉴岩性

棕黄色，隐晶致密，质地细腻，硬度在7左右，可能由硅质组成，硅质岩（玉髓质玉玦）。

（2）造型描述

长34.7、宽17.6、厚9.3毫米，重6.2克（图二三七；图版二一九，3）。

台面：左侧有小块平整石皮，右侧被从石片阳面向背面剥片时被去掉，仅留下石片阴面。随后先从石片阳面向背面剥片，留下了小片石片阴面。再以背面右侧向石片阳面击打导致剥片后形成石片阴面。

石片阴面：左边有密集的从背面向石片阴面击打导致石片阳面被剥片后留下的石片疤，右边只有少量从背面向石片阴面击打导致石片阳面被剥片后留下的石片疤。远端有至少2个从背面向石片阴面击打导致石片阴面被剥片后留下的石片疤。这个面被研磨过，打击泡上有磨光面。

背面：多次从石片阴面向背面打击，修整石片的两个边缘。在右边上部和中部

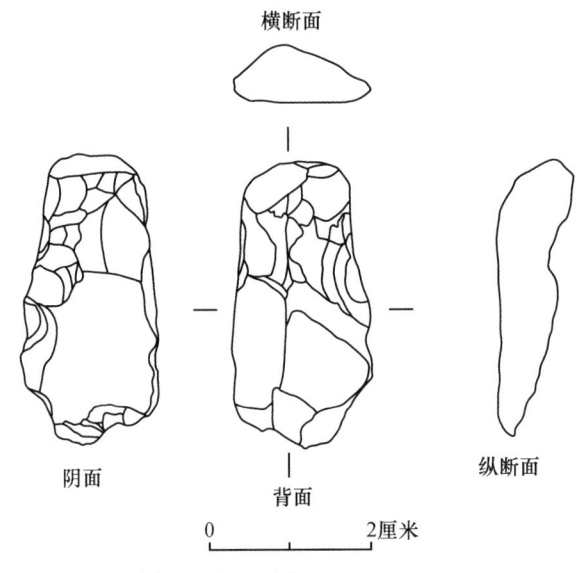

图二三七　石片2014ZYH83∶1

从背面向石片阴面打击，修整石片右侧边缘。至少3次从石片远端向背面打击，修整石片远端，这次修整留下了3个不规整石片阴面。这个面被研磨过，有3个大小不等的磨光面。

（3）功用分析

这件石片被当作素材加工成刻刀。其台面、边缘和远端经过二次加工，石片背面和石片阴面被研磨过，制作尚未完成，目标器形是刻刀。

第八章 结 语

对鱼山遗址和乌龟山遗址出土和采集的石制品的个案研究和综合分析后有以下几点收获。

一、部分石器制作工艺及石器产地

1. 石器制作工艺

部分扁圆体石斧是以扁圆体砾石作为素材，采用琢击法把砾石一端两面减薄，使之成为双面刃雏形，然后研磨出斧身及刃面。

石锛多以石片为素材，利用锤击法把石片一端渐薄为单面刃，然后研磨各个面。硬段锛的段是采用片锯法做出凹槽并把凹槽上方磨平而成的，软段锛的段是采用研磨法把段上部磨得低平而成的（图版二二一）。

2. 石器修理坊

鱼山遗址和乌龟山遗址有不少改制中的石锛、石镞和石锛坯件，砥石和厝石以及少量石锤，考虑到这两个遗址都没有发现制石过程中产生的大量废片和废品，我们认为这两个遗址没有制石作坊，只有更新和改制石器的石器修理坊（图版二二二）。这两个遗址的石制品是外来产品，有稳定的石制品供应地。鱼山遗址的1件尚待开刃段背锛表明，供货方为了避免刃缘在运输途中受损而特意没有给石锛开刃，类似实例见诸民族调查资料[①]。

---

① 佐原真：《斧の文化史》，东京大学出版会，1994年，第29页。

二、石器组合及其功能

鱼山遗址和乌龟山遗址相距不足200米，看似两个遗址，从时代和出土器物看实则是同一个聚落的不同区块。两个遗址共有六个阶段的文化遗存，其中唐宋地层中的石制品从造型看属于商周时期遗物，为了慎重起见，这部分遗物只纳入总数统计而不做功能解读。下面对上文分析的各阶段石器组合及其功能归纳和总结。

1. 河姆渡文化二期

共有7件石器（图版二二三；表七、表八）。

石斧　1件。这种舌形刃石斧是非常典型的砍劈工具，适于伐木和裂木等作业。它受损后被改作楔，用于裂木。它占同时期石器总数的13%，可见当时采伐或裂木的工作量有限，或者说石斧因为功能有限导致其利用率很高。

石锛　5件。涵盖了弧背锛和脊背锛两种造型以及锛、缺顶锛，具有砍削和劈裂功能。它占同时期石器总数的62.5%，满足了生产和生活对工具的需求，很好地体现了石锛作为万能工具的强大功能。石锛造型分化为两种类型的事实表明石锛功能开始分化，从一器多用向一器少用甚至一器一用的专业化方向发展，这种变化有助于提高生产活动效率和工具的适用性。

磨石　1件。单面特号，体量大。鉴于其数量稀少，推测当时对磨石的需求不旺盛，并通过集中使用磨石解决磨石数量少的问题。

总之，这个阶段石器类型少，石锛一器多用现象比较普遍。

2. 河姆渡文化三期

石器17件（图版二二四；表七、表八）。

石锛　13件（包括锛坯和残锛）。约占同时期石器总数的76.5%，具有砍削、劈裂、凿孔和平木功能，不仅能够满足加工木制品对工具的需求，而且能满足日常生活对工具功能的需求。残破的石锛多被改制成其他类型的石器如石刀、三棱形石镞、作为劈裂和解木的楔，改制石器体现了先民变废为宝的智慧。

磨石　2件。1件大号和1件中号，占同时石器数量的10%。两件磨石都有多个磨面，加工客体依然比较大。

叶蜡石管　1件，以叶蜡石制作饰品是河姆渡文化的特点，这件饰品应该是实用饰件。

石镰中片　1件，被改制成锛。石镰被认为是收割工具，它的出现和使用提高了收割效率并相应地减轻了劳动强度。镰是从根部收割的工具，这样收割的秸秆比较长，既方便脱粒又增加了燃料或建材体量，用镰收割稻穗后稻田内稻草根茬短，便于翻耕。破损后的石镰被作为素材加工成石锛的做法体现了先民变废为宝和珍惜石材的理念。

3. 河姆渡文化四期—良渚文化时期

石器25件（图版二二五、图版二二六；表七、表八；图二三八）。

石斧　2件。大号，是从事伐木、劈裂等重体力劳动的工具。

石钺　2件。虽然花纹斑表面令人联想到可能是象征身份或地位的非实用的"权杖"，但是刃部残损情况表明它依然是实用器。

石锛　10件。占同时期石器总数的34%，是生产和生活必需的最主要的凿孔、刮削、砍削和劈裂工具。使用中破损的刃部锛被改制成石镞的做法表明这里已经形成了珍惜石材的传统理念。

异形石刀　1件。是某种破损石器改制而成的切割工具，丰富了工具种类。

石犁片　1件。它的出现表明劳动效率得到大幅提高，犁耕能够有效地改良土壤，有助于提高作物产量。

磨石　4件。都是体量较大的磨石，既可以研磨大体量客体又能够提高劳动效率。磨石数量较多，可能与磨石从集中使用变成了分散使用有关。

石镰　1件。从造型和痕迹分析表明它是左利手使用的收割工具。因为左利手的人数远远少于右利手，所以它的出现表明参与收割劳动的人数有所增加，还体现了史前社会对左利手的人文关怀。

石锤　1件。它是该聚落内部石器改制的证据。

石璧　2件。表明集团内部有少数人拥有非日用的象征性饰品，至于它们是身体装饰还是地位身份象征尚待相关资料增加后再做分析。

表七 鱼山遗址和乌龟山遗址各时期石器所用岩石种类统计表

时代＼岩石种类	含泥质硅质岩	硅质岩	细粒长石石英砂岩	硅质泥质岩	凝灰质砂岩	叶蜡石	玻屑凝灰岩	泥质砂岩	长石石英砂岩	泥质硅质岩	粉砂质泥岩	硅质泥岩	花岗斑岩	辉长辉绿岩	绢云母斑点角岩	石英闪长岩	蚀变凝灰岩	长石砂岩	长石石英细砂岩	中细粒长石砂岩	泥质斑点角岩	晶屑凝灰岩	石英砂岩	粉砂岩	含铁质及泥质紫红色粉砂岩	泥质石英砂岩	泥质细粒砂岩	变质砂岩	千枚岩	石英熔结凝灰岩	细粒石英砂岩	细粒长石石英砂岩	石英细砂岩	泥质细砂岩	含长石细粒砂岩	不详	小计
河姆渡文化二期	2	1	2	1	1																																7
河姆渡文化三期	3	7	1		1	1	1	1	1			2																									17
河姆渡文化四期—良渚文化	2	7	1	1		1	1	1	1	1	1	1	1	1	1	1	1	1	1	1	2																25
良渚文化晚期—钱山漾文化	3	7		1	1		1								1				1	1	1	4	2	1													23
商周时期	2	10					1		4	5	9					1		3	2	3	17	20		9	6	1	1	1	2	1	1	1	1	1		1	114
唐宋时期地层出土的但实为商周时期	2			2					3	2	1				1						4			1		1	1	1							1		24
小计	14	32	4	4	2	2	3	1	8	10	11	2	1	1	2	2	1	4	3	3	24	24	2	10	6	2	2	2	2	1	1	1	1	1	1	1	210

表八　鱼山遗址和乌龟山遗址各时期石器数量和石器类型数量统计表

时代	石锛	石斧	磨石	石镰	石饰品	石犁	锤	石镞	异形石刀	石钺	厝石	破土器	石镰	耘田器	砥石	石戈	磨棒	石镖	石纺轮	石片	弹头形石器	双孔刀完整	砺石	小计
河姆渡文化二期	5	1	1																					7
河姆渡文化三期	13		2	1	1																			17
河姆渡文化四期—良渚文化	10	2	4	1		2	1	1	1	1		2												25
良渚文化晚期—钱山漾文化	11			1		1	2	1				2	3	1	1									23
商周时期	19	1	12	8	3	7		1	4	1		24			3	1	1	4	1	4	1	19		114
唐宋时期地层出土的而实为商周时期	6	1		1		1	2			1		2			2	3			1			3	1	24
小计	64	5	19	11	7	11	3	4	2	29	1	3	6	1	1	5	1	4	1	22	1			210

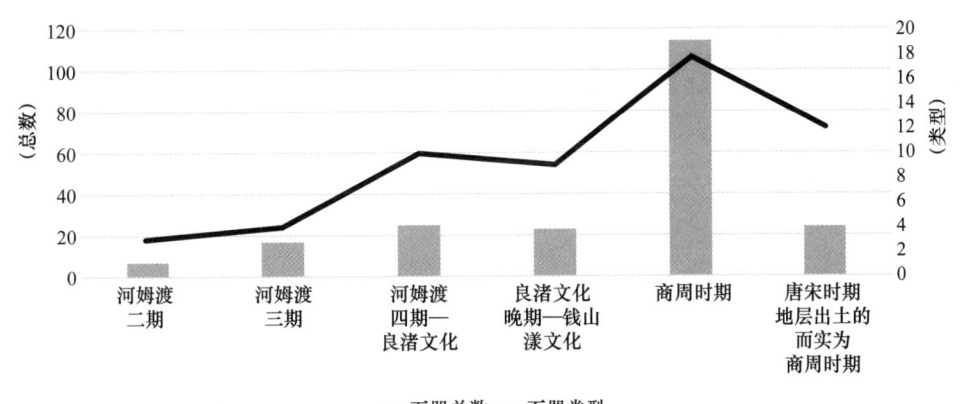

图二三八　鱼山遗址和乌龟山遗址各阶段石器数量与种类关系图

石镞　1件。它的出现暗示了不同集团冲突中使用的武器由近身搏杀的斧钺变为中距离射击的弓箭。

4. 良渚文化晚期—钱山漾文化

石器23件（图版二二七、图版二二八；表七、表八）。

石锛　11件（包括锛坯和残锛）。约占同时期石器总数的48%，是日常生活和生产劳动中不可或缺的砍削、劈裂等工具。

破土器　3件。如果它的确是开挖熵沟的工具，则表明先民已经摸索出来如何有效地利用低湿地农田的耕作方法，丰富了农田耕作的工具类型。

石犁　2件。与破土器配合使用必定对促进农业生产、提高劳动效率起到重要作用。

石镰　1件。是与石犁配套使用的收割农具。

厝石　2件。它的出现便于研磨造型复杂的客体和大型客体。

石锤　1件。是改制石器的证据。

石镞　1件。数量不多，仍然是针对人的武器。

耘田器　1件。是新出现的工具，关于其功能众说纷纭，我们倾向于它是小型切割刮削工具。

鹰头饰　1件。在良渚文化分布区以南地区出现了流行于长江中游的鹰头饰值得深思，它的功能及其路径是今后探讨两地文化关系的重要线索。

5. 商周时期

石器114件（图版二二九~图版二三一；表七、表八）。

石斧　1件。仍然是不可或缺的砍伐和砍劈工具。

石锛　19件。仍然是主要的生产工具和生活用具。

双孔石刀　19件。个案分析结果表明它未必都是收割稻穗的工具，我们认为其中部分石刀可能用于收割稻穗，绝大多数贯穿穿孔折断的石刀不是收割稻穗的工具，而是小型劈削和刮削工具。

异形石刀　4件。是日用切割工具。

石犁　7件。数量大幅增加，是农耕发展的体现。

破土器　前角和后角及中片共24件，按每个中片看作1件来计算有9件，加上3件完整器，最大个体数为12。坚硬的破土器在开垦含有砂粒的荒地时受损，破损破土器数量之多表明这个阶段农业生产发展速度非常快。

磨石　12件。规格多样，反映了加工对象体量变小，数量增加与磨石由集中使用变为分散利用有关。

磨棒　1件。这是新出现的石器，与粉碎小体量客体有关。

砥石　3件。

厝石　1件。反映了这两个遗址内部依然从事石器改制和更新活动。

石片　4件。它们是风化严重的残石器，是可以改制成其他小型石器的备用素材。

石镰　8件。完整的2件、中片6件，对收割工具的需求有了增加，从侧面反映了稻作农业有了很大的发展。

石镖　4件。这是装长柄使用的近距离武器。

石戈　1件。这是没有本地传统的外来武器类型。

石镞　1件。这是借助弓使用的中距离冷兵器。三类冷兵器同时出现反映了这个阶段集团之间矛盾比较尖锐，导致兵戎相见。

石玦　3件。从石材看它们是本地产品，而且造型独特，这是具有地方特色的装饰品。

石纺轮　1件。石质纺轮也被当作纺织工具。

弹头形器　1件。目前对其功能一无所知。

6. 唐宋时期地层出土的而实为商周时期

石器共24件，石锛6件、双孔石刀3件、砥石3件、破土器2件、石镞2件、耘田器2件、石锤1件、石斧1件、石犁1件、石镖1件、厝石1件、砾石1件（表七）。

三、石器用材的阶段性变化

210件石器中除了1件无法目鉴外，209件石器共涉及四十一种岩石，使用数量比较多的有以下三种岩石（图版二三二）。硅质岩，32件，其中石锛26件、石玦3件，石戈、石镰、石镞各1件。斑点角岩，24件，其中石镰6件、破土器4件、石镖3件、双孔石刀3件、耘田器3件、石片2件、石锛1件、石犁1件、异形石刀1件。晶屑凝灰岩，24件，破土器21件，石锛坯、石锤和石犁各1件。其他使用较多的岩石有含泥质硅质岩（14件）、泥质粉砂岩（13件）、泥质硅质岩（10件）和粉砂岩（10件）等（表七）。

四、石器与社会

鱼山遗址和乌龟山遗址共出土了210件石器，砾石不算石器，共有二十二种类型。其中数量较多的石器如下：石锛类石器（含石锛坯和残石锛）64件、破土器29件、双孔石刀22件、磨石19件，石镰和石犁各11件。

具体到各个时期情况如下：

河姆渡文化二期有三种类型石器，斧1件、锛5件和磨石1件，共7件。河姆渡文化三期有四种类型石器，锛13件、镰和石饰各1件、磨石2件，共17件。河姆渡文化四期—良渚文化有十种类型石器，锛10件、磨石4件、石饰2件、石钺和石斧各2件，石镰、石犁、石锤、石镞和异形石刀各1件，共25件。良渚文化晚期—钱山漾文化有九种类型石器，锛11件、破土器3件、厝石和石犁各2件，石犁、石锤、石镞、耘田器、石饰各1件，共23件。商周时期有十八种类型石器，破土器24件、石锛和双孔石刀各19件、磨石12件、石镰8件、石犁7件，石镖、异形石刀和石片各4件，砥石和石饰品各3件，石斧、石镞、厝石、石戈、石纺轮、弹头形器和磨棒各1件，共114件。唐宋时期地层出土的而实为商周时期有十一种类型石器，石镖6件，砥石和双孔石刀各3件，石镞、破土器和耘田器各2件，厝石、石镖、石斧、石犁和石锤各1件，还有1件砾石，共24件（图二四〇；表八）。

为了从石器角度考察生产面貌，我们按大的功能差异把以上各类石器归为四类，其中双孔石刀和石钺各具两种功能。第一类是加工具，包括锛、斧、刀、钺、厝石、砥石、磨石、锤、耘田器、磨棒和纺轮共十一种（图版二三三）。第二类是农具，包括镰、犁、破土器和双孔石刀共四种（图版二三四）。第三类是武器，包括钺、镞、镖和戈共四种（图版二三五）。第四类是饰品，包括璧、玦、管和鹰头饰共四种（图版二三六）。

河姆渡文化二期，只有锛、斧和磨石三种最基本的加工具，而没有农具。当然没有石质农具不等于他们不从事农业生产，农业生产工具可以是木质的，从两个遗址距离现代海岸线仅7.5千米来看，农业生产不发达是容易理解的，生计方式以滩涂采集和捕捞等渔业活动为主，锛类石器是处理贝类的理想工具。

河姆渡文化三期，不仅有加工具还新增了收割用农具和石质饰品。石质农具虽然数量不多，但是它的出现表明稻作得到一定发展，生活变得富足。出现了体现剩余劳动的饰品，它是集团成员之间贫富分化的体现。

河姆渡文化四期—良渚文化时期，在继续拥有加工具、农具、饰品的同时，新增了武器类石器。石器总数稍有增加的事实表明这个地域集团的生产持续发展。农具种类和数量的增加意味着农业生产有了较大发展，剩余产品大量出现，从而引发了对饰品的需求。鹰头饰是宁绍平原史前文化与长江中游史前文化交流的跨地区文化接触的反映。武器类石器的出现表明不同地域集团之间出现了不可避免的冲突。

良渚文化晚期—钱山漾文化时期，拥有加工具、农具和武器，饰品数量少。石器总数少意味着集团规模、人口数量略逊于前一阶段，饰品几乎消失。尽管石器数量比前一阶段减少了三成，但是农具种类大幅增加，是耕作方法日益丰富的反映。

商周时期，加工具、农具、武器和饰品类石器齐备，石器种类和数量都比此前有了大幅度增加，石器总数是前一段的6.3倍，其中农具类石器种类和数量增幅更大。石器数量增加反映了人口大幅度增加，其中一定包含大量外来人口，他们带来了新农具和新耕作技术。武器类石器中新增镖和戈，这两种近距离搏击武器的出现表明地域集团之间的冲突比前一个阶段更剧烈。饰品类石器中原有的璧和管等消失了，取而代之的其他地区极少见到的小型玦，其地域特色更加鲜明。

综上所述，鱼山遗址和乌龟山遗址的石器数量和种类变化都反映了当地社会生产力水平逐步提高，社会结构渐渐复杂，地域集团之间冲突不断升级的历史面貌。

后　　记

　　位于宁波市镇海区九龙湖镇的鱼山遗址，年代上起新石器时代晚期，中经商周，下迄唐宋。2013~2015年，宁波市文物考古研究所（现为宁波市文化遗产管理研究院。下同）联合吉林大学、南京大学和镇海区文物保护管理所对其实施了较大规模的两次发掘。遗址中出土遗物特别是磨制石器数量丰富，引人关注，对这批石器进行综合研究，相信必将有助于从另一角度去认识那一时期的生产水平、生活状况与文化面貌。故此，2016年，宁波市文物考古研究所与南京大学历史学院考古文物系组建了专门的项目团队（主要成员：南京大学黄建秋教授；南京大学2016级博士研究生、宁波市文物考古研究所乌龟山遗址考古发掘领队雷少；宁波市文物考古研究所所长、研究员、鱼山遗址考古发掘领队王结华），共同研究这批石器。研究过程中，团队成员将一件件石器当作一本本精彩的书籍来细细研读，不仅用眼辨识、用心感受，还在超景深立体显微镜下观察，在镜头中看到了肉眼看不到的微观世界，从而为深入认识这批石器的制作和使用增添了重要依据。历经多个年头的精心打磨，凝聚项目团队的集体智慧，时至今日，终于催生了本书的正式问世。

　　位于鱼山遗址同一地点、相距不足200米的乌龟山遗址，则以新石器时代晚期堆积为主体遗存。2014~2018年，宁波市文物考古研究所联合南京大学、镇海区文物保护管理所在此陆续开展过多次较小规模的发掘，虽然揭露面积不大，出土石器也不算多，但考虑到两者距离颇近且相互关系密切，放在一起进行研究似乎比较妥当。因此，本书虽名《鱼山遗址出土石器综合研究》，然其研究的对象，实际囊括了鱼山和乌龟山两处遗址的出土石器。这是编著者需要提醒的，也是阅读者需要注意的。

　　本书既是"宁波文物考古研究丛书"甲种系列的首部书籍，也是项目团队分工协作的共同成果：第一章由王结华、雷少、黄建秋共同撰写；第二章至第七章由黄建秋、雷少共同撰写；第八章由黄建秋、雷少、王结华共同撰写；后记由王结华、雷少共同撰写。南京大学历史学院2015级硕士研究生张素，2016级硕士研究生张扬，2019级博士研究生朱瑢、袁秋实测绘了大部分石器线图，并用CAD清绘了所有石器线图；2019级硕士研究生马志林、毛欣琳、梁尚宁协助测绘了部分石器；

2020级硕士研究生彭紫薇、王秋月和管艳丹协助用CAD清绘了部分石器线图；彭紫薇和2017级博士研究生徐峰协助校对文稿；黄建秋、袁秋实、梁尚宁拍摄了石器照片；朱瑨拍摄了石器微痕照片。值此书稿付梓之际，衷心感谢以上诸位团队成员的精诚合作。此外，还要特别感谢浙江大学董传万教授特意放弃自己的休息时间，专程赶赴宁波，为我们目鉴了这批石器。当然，关心、指导、支持本项研究和本书出版的领导、同仁还有许多，这里不再详列，谨此一并致谢！

需要指出的还有两点：一是虽然本书初稿早在2019年就已提交并申请了书号，但因校订任务繁重且在随后遭遇疫情影响，故一直延宕至今才正式印刷出版。二是磨制石器蕴含的精神文化与物质文化信息远比想象的要多，但限于主客观条件，目前能够从中解读出、提取到的信息是相对有限的，因而本书仅仅只是我们力图精确解读、系统提取磨制石器有关信息的一个开端和阶段成果。我们深知，关于磨制石器的研究永远在路上，今后我们还将在这条路上不断探索前行，争取拿出更多更好的成果。

由于水平有限，本书中出现的错漏在所难免，敬请各位读者和同仁不吝批评教正。

2021年6月

图版一

1. 正面
2. 背面
3. 左面
4. 锋刃
5. 顶面
6. 仰视

石斧 2014ZYT0513⑥b:3

图版二

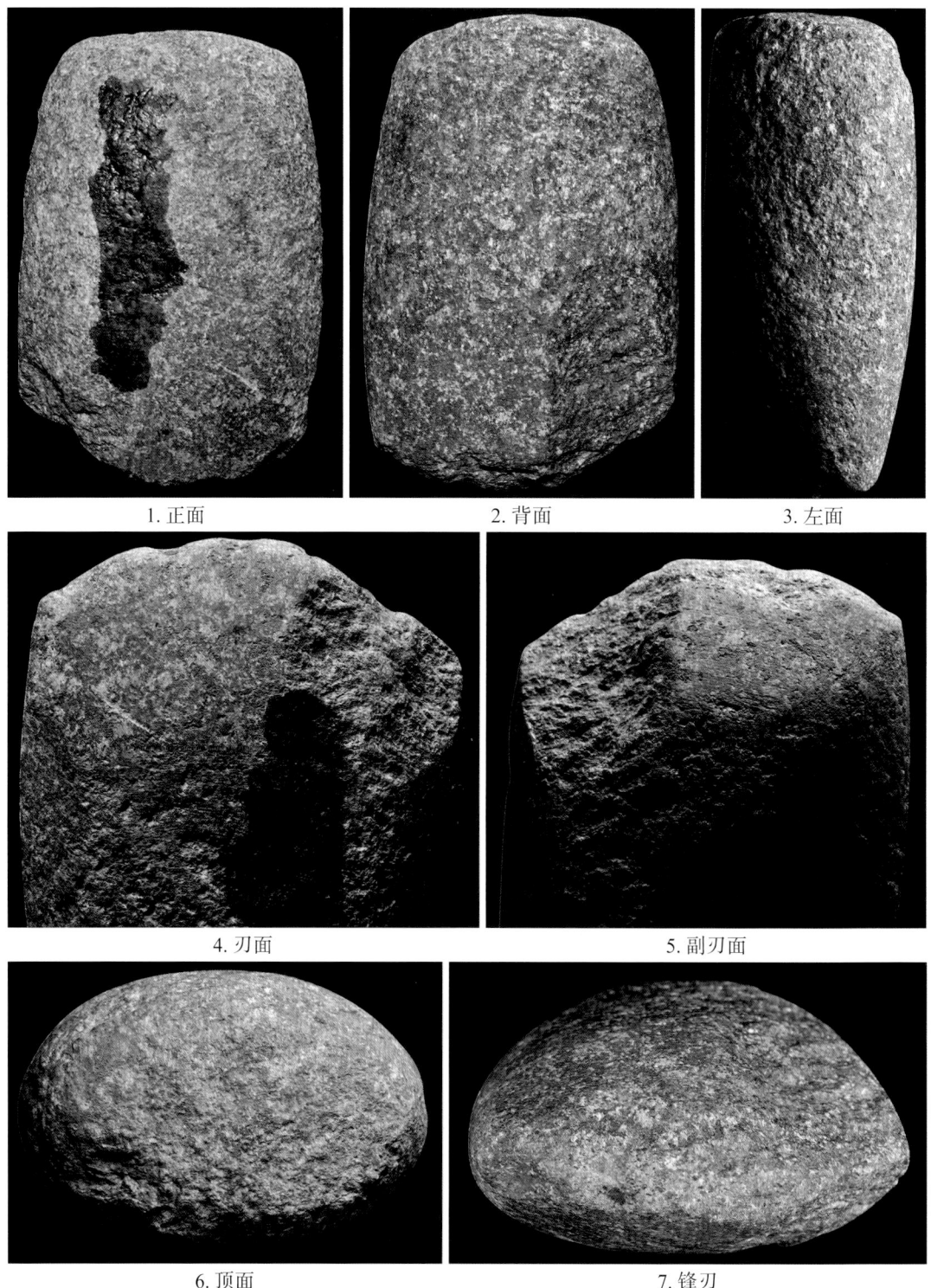

1. 正面　　　　　　　2. 背面　　　　　　　3. 左面

4. 刃面　　　　　　　　　　5. 副刃面

6. 顶面　　　　　　　　　　7. 锋刃

石斧 2014ZYT0412⑥a：1

图版三

1. 背面　　2. 正面　　3. 左面

4. 刃面　　5. 副刃面

6. 锋刃　　7. 顶面

石斧 2014ZYH56：2

图版四

1. 背面　　2. 正面　　3. 左面

4. 刃面　　5. 副刃面

6. 顶面　　7. 正面刃缘

石斧 2014ZYT0509①:2

图版五

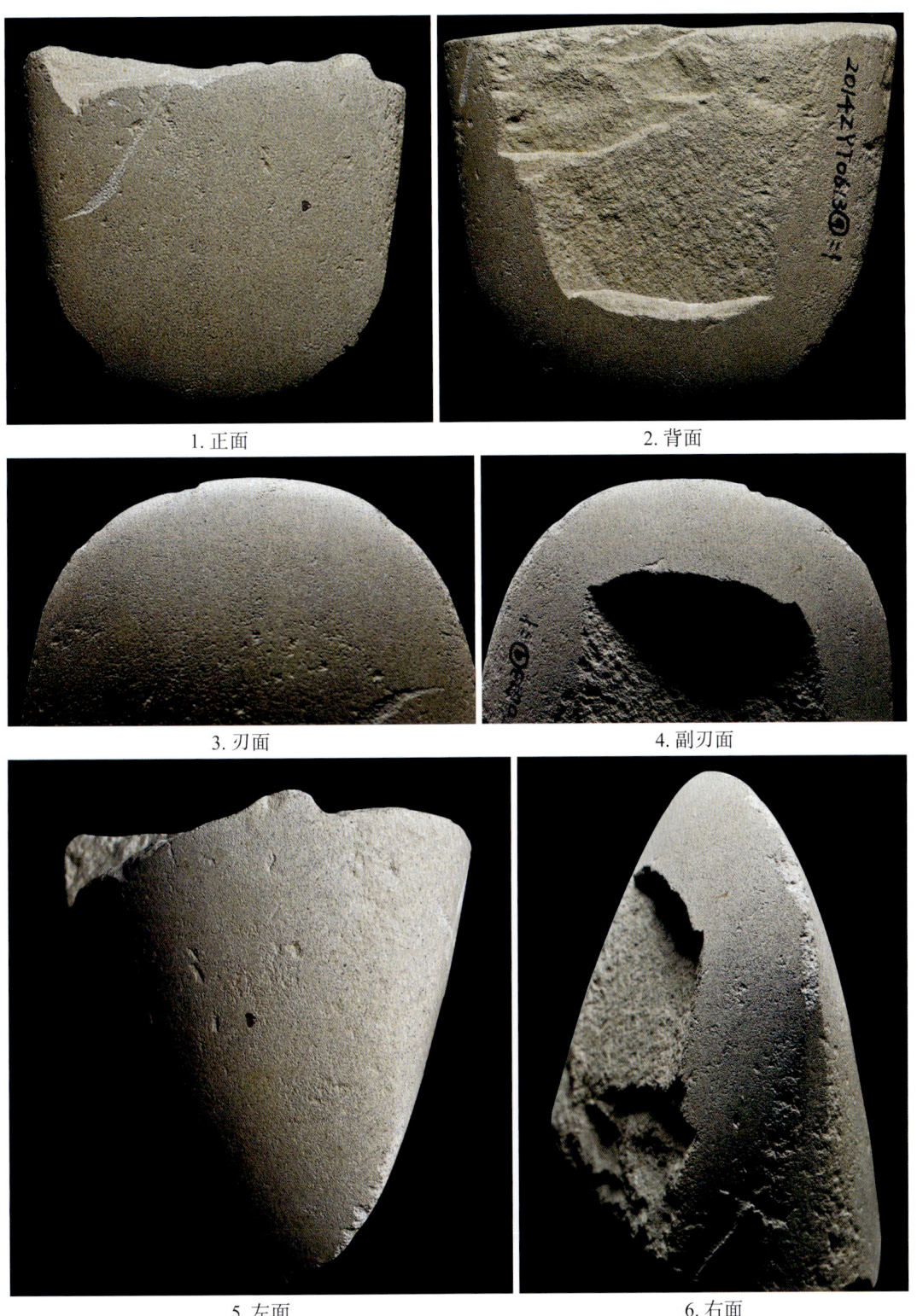

1. 正面 2. 背面
3. 刃面 4. 副刃面
5. 左面 6. 右面

石斧 2014ZYT0613⑨a:1

图版六

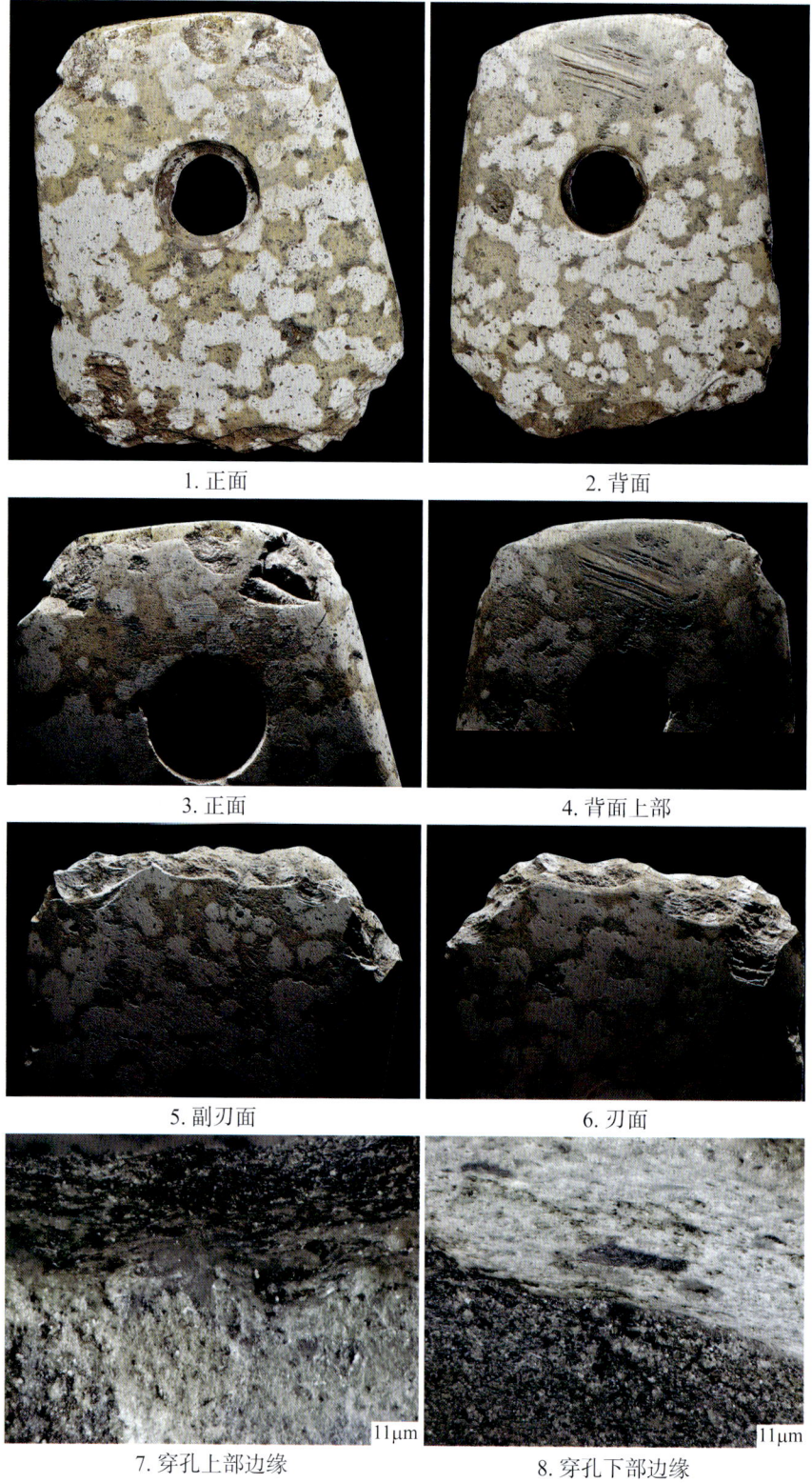

1. 正面　　2. 背面
3. 正面　　4. 背面上部
5. 副刃面　6. 刃面
7. 穿孔上部边缘　8. 穿孔下部边缘

石钺 2018ZWT05⑤b:1

图版七

1. 正面
2. 背面
3. 背面锯槽
4. 正面中点研磨面
5. 正面锯槽
6. 正面中点研磨面
7. 正面中点研磨面

石钺 2014ZWT01 ④a:1

图版八

1. 正面　　2. 背面　　3. 左面

4. 正面上部　　5. 背面上部

6. 顶面

7. 锋刃

脊背石锛 2017ZWT03⑩：2

图版九

1. 正面　　2. 背面　　3. 右面

4. 正面下方刃缘

5. 副刃面

脊背石锛 2014ZYT0613⑨a∶2

图版一〇

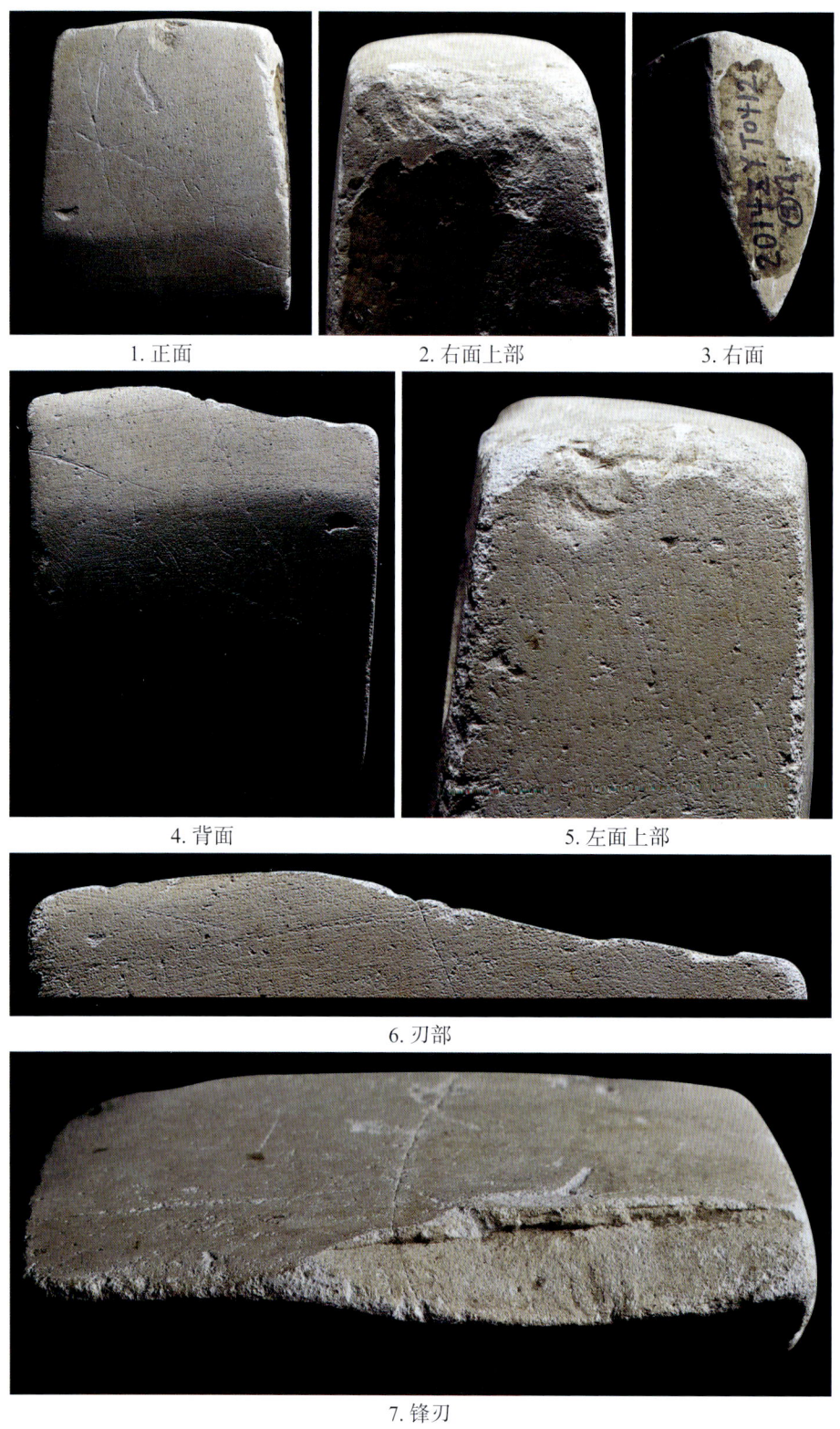

1. 正面　　2. 右面上部　　3. 右面

4. 背面　　5. 左面上部

6. 刃部

7. 锋刃

脊背石锛 2014ZYT0412⑨a：1

图版一一

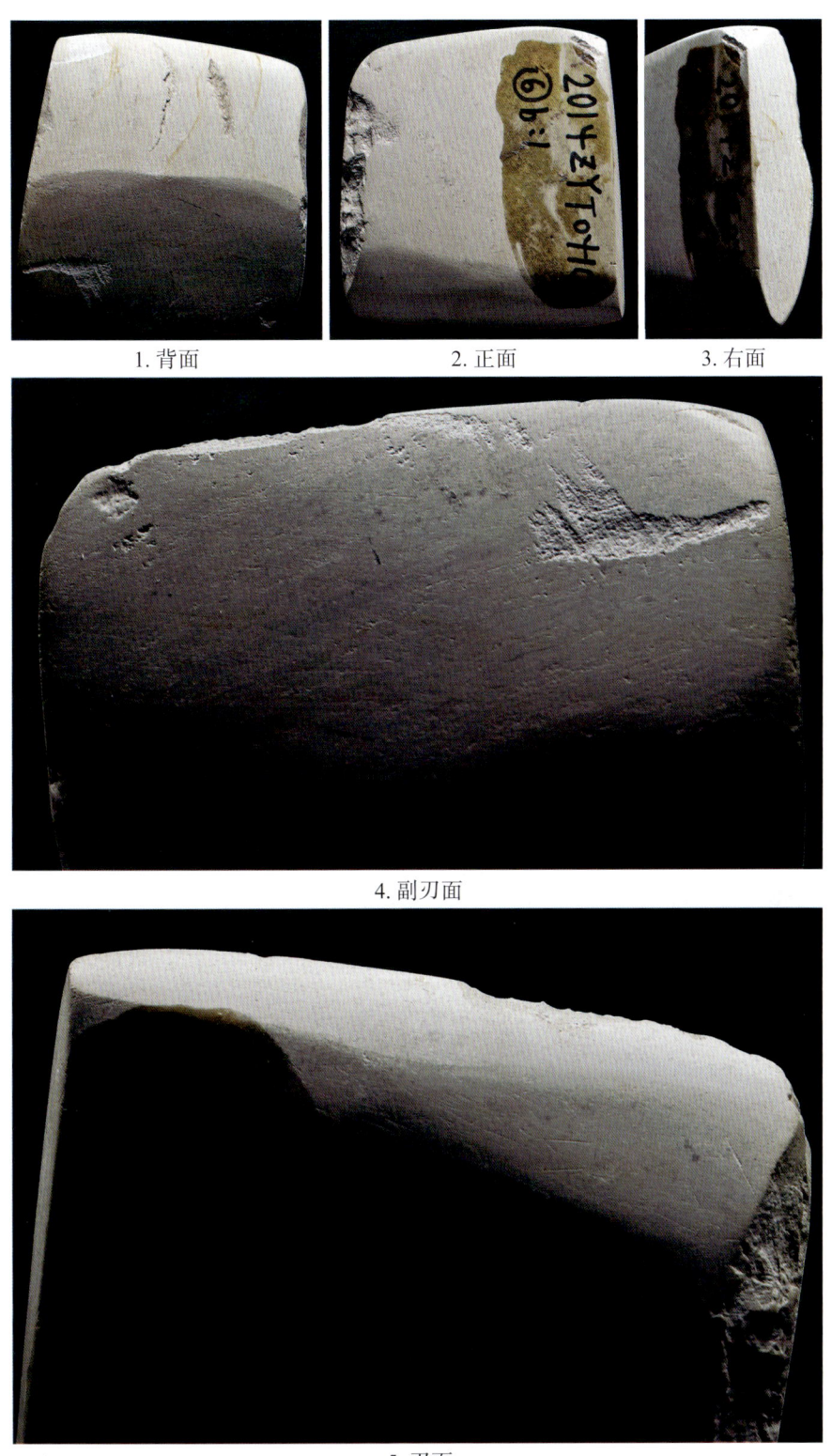

1. 背面　　2. 正面　　3. 右面

4. 副刃面

5. 刃面

脊背石锛 2014ZYT0410⑥b：1

图版一二

1. 正面　　2. 背面　　3. 右面

4. 正面上部　　5. 背面上部

6. 副刃面

脊背石锛 2013ZYT0409⑨b：1

图版一三

1. 右面　2. 正面　3. 左面　4. 背面

脊背石锛 2014ZYT0707⑦e:2

图版一四

1. 右面端部

2. 顶面

3. 锋刃

脊背石锛 2014ZYT0707 ⑦ e：2

图版一五

1. 正面　　2. 背面　　3. 左面

4. 顶面　　5. 正面上部

6. 副刃面　　7. 刃面

脊背石锛 2014ZYT0705⑥b:1

图版一六

1. 正面　　2. 背面　　3. 右面
4. 正面上部　　5. 副刃面
6. 刃面　　7. 背面上部
8. 正面刃缘研磨痕迹（×100）　　9. 背面刃缘痕迹（×100）

脊背石锛 2014ZYT0510③b∶1

图版一七

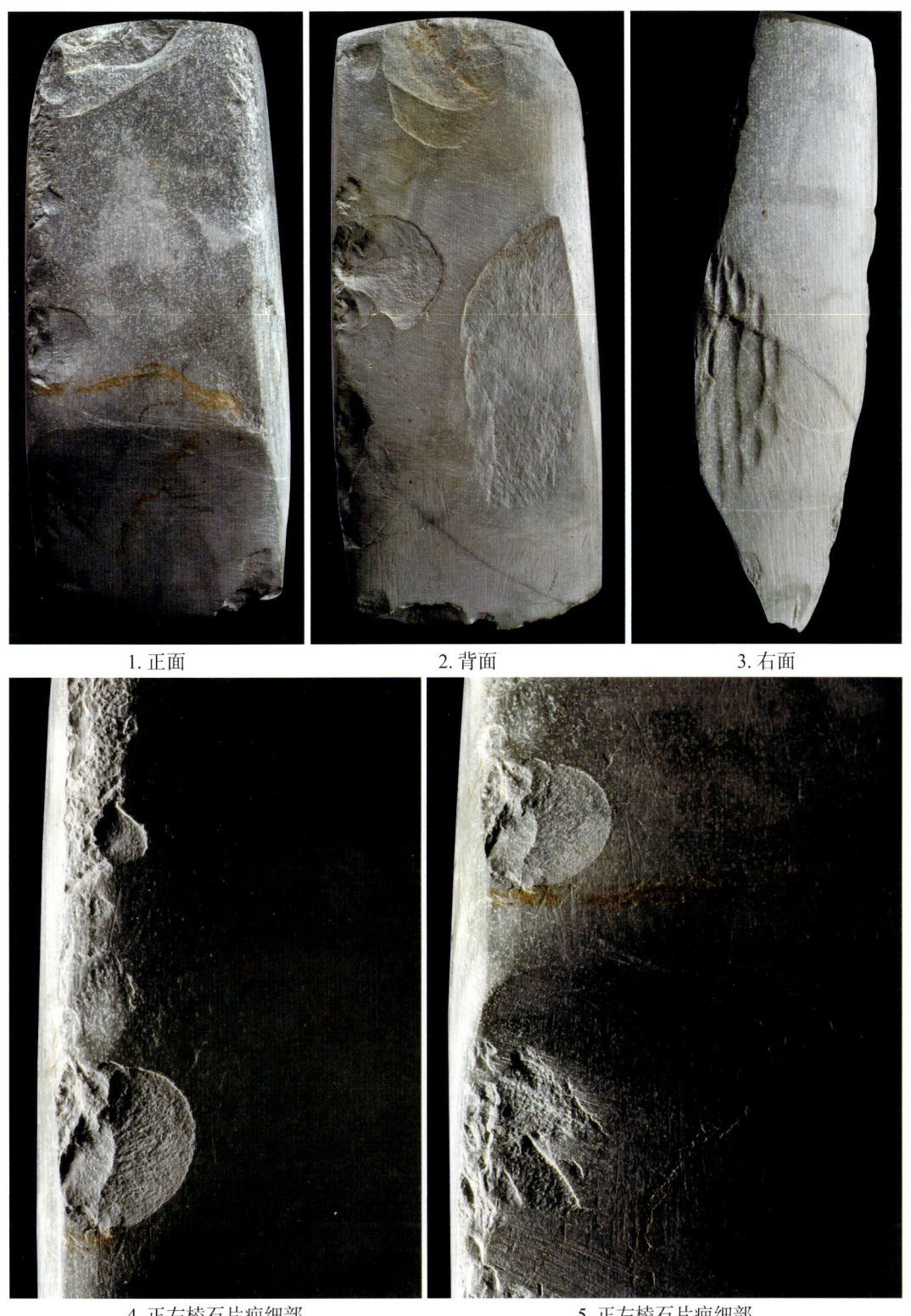

1. 正面　　　　　2. 背面　　　　　3. 右面

4. 正左棱石片疤细部　　　　5. 正左棱石片疤细部

弧背石锛 2014ZYT0607 ⑨ b：1

图版一八

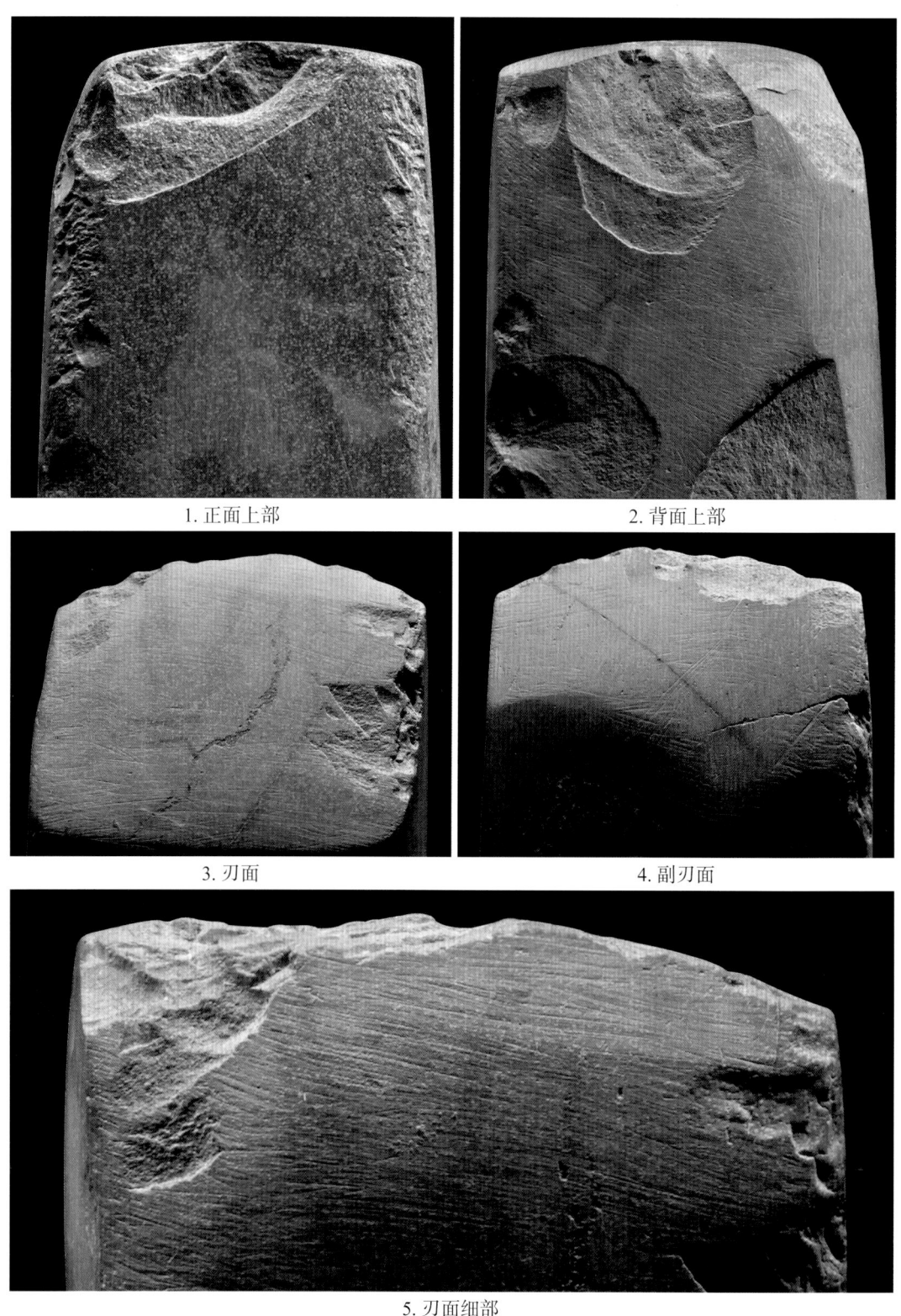

1. 正面上部
2. 背面上部
3. 刃面
4. 副刃面
5. 刃面细部

弧背石锛 2014ZYT0607 ⑨ b：1

图版一九

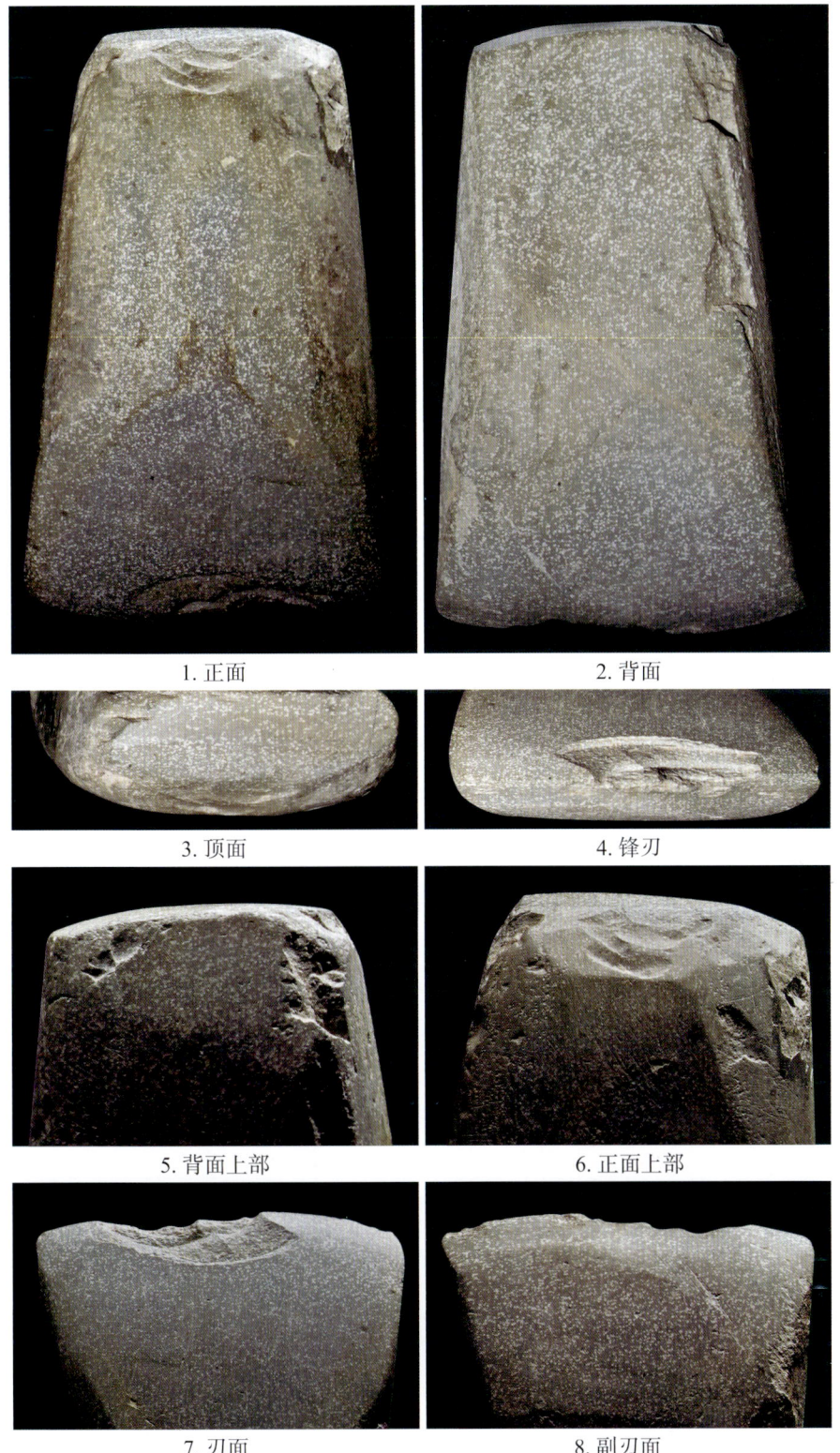

1. 正面　　2. 背面
3. 顶面　　4. 锋刃
5. 背面上部　　6. 正面上部
7. 刃面　　8. 副刃面

弧背石锛 2014ZYT0707⑨b：1

图版二〇

1. 正面　　2. 背面　　3. 右面

4. 左面下部　　5. 刃面　　6. 副刃面

弧背石锛 2014ZYT0508 ⑦ e：1

图版二一

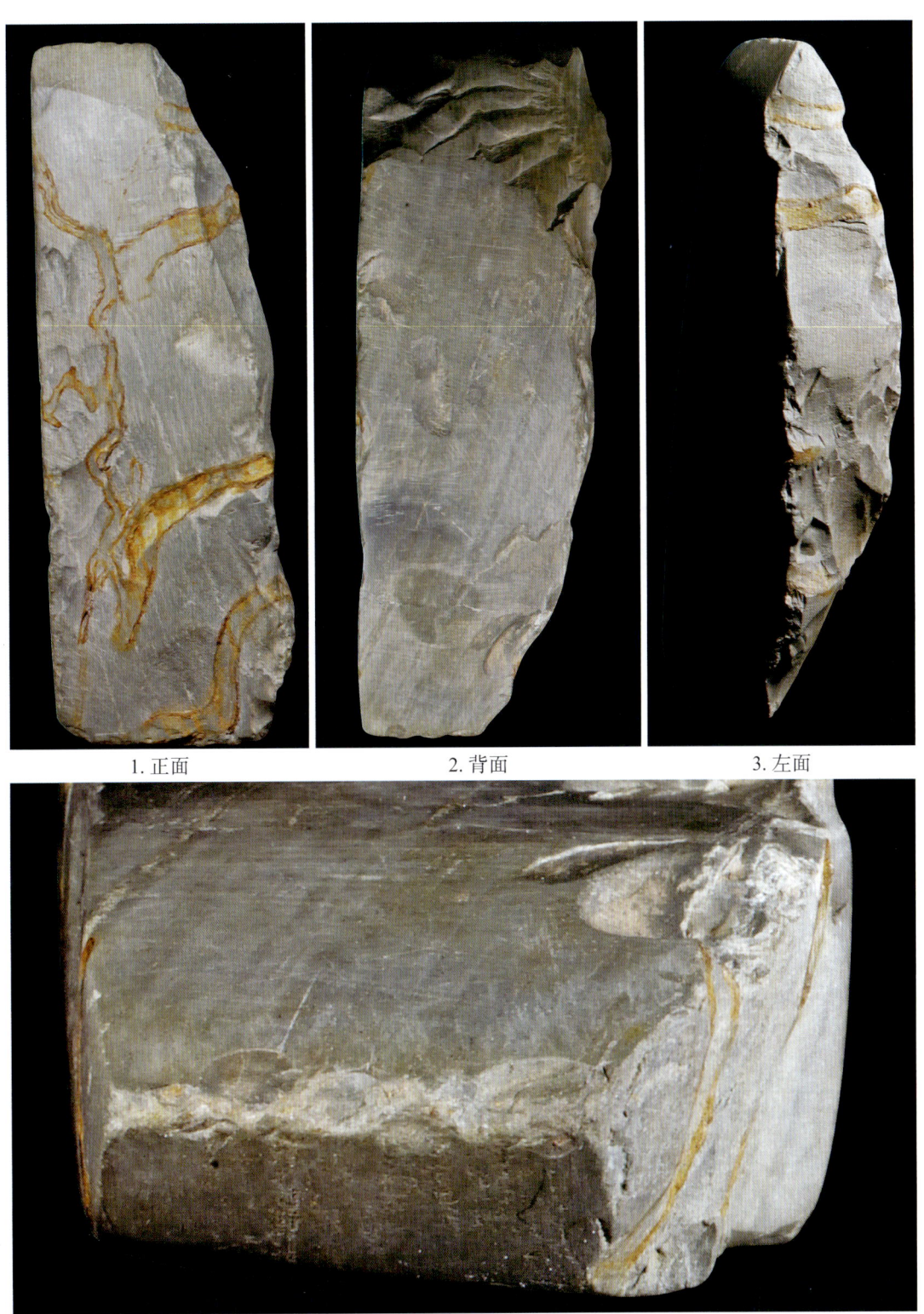

1. 正面　　2. 背面　　3. 左面

4. 锋刃

弧背石铲 2014ZYT0707⑦e:1

图版二二

1. 正面　　　2. 背面　　　3. 左面

4. 正面上部　　　5. 背面上部

弧背石锛 2014ZYT0411⑦b:1

图版二三

1. 正面　　2. 背面　　3. 左面

4. 刃面

弧背石锛 2014ZYT0613⑦c：3

图版二四

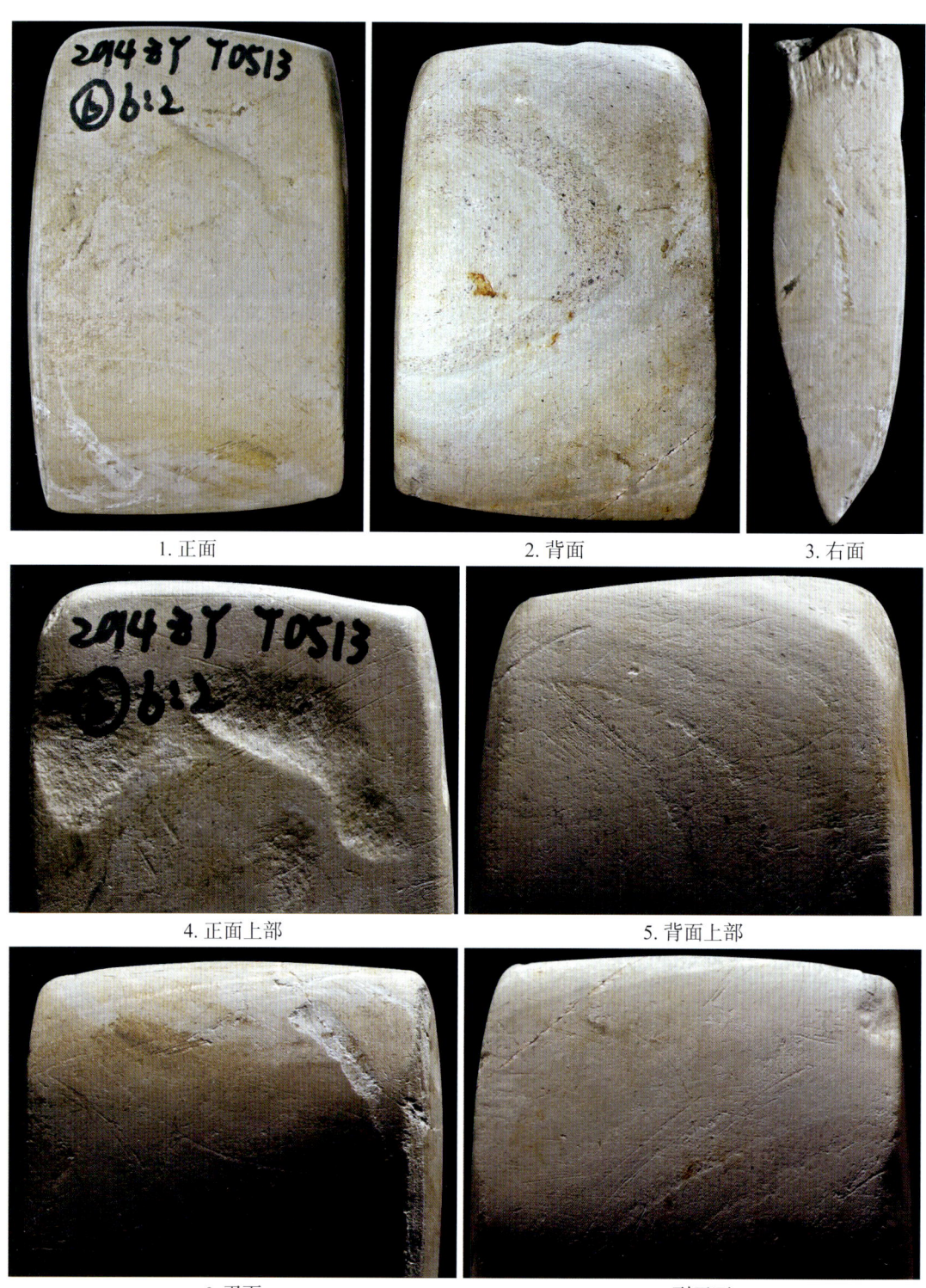

1. 正面 2. 背面 3. 右面
4. 正面上部 5. 背面上部
6. 刃面 7. 副刃面

弧背石锛 2014ZYT0513⑥b:2

图版二五

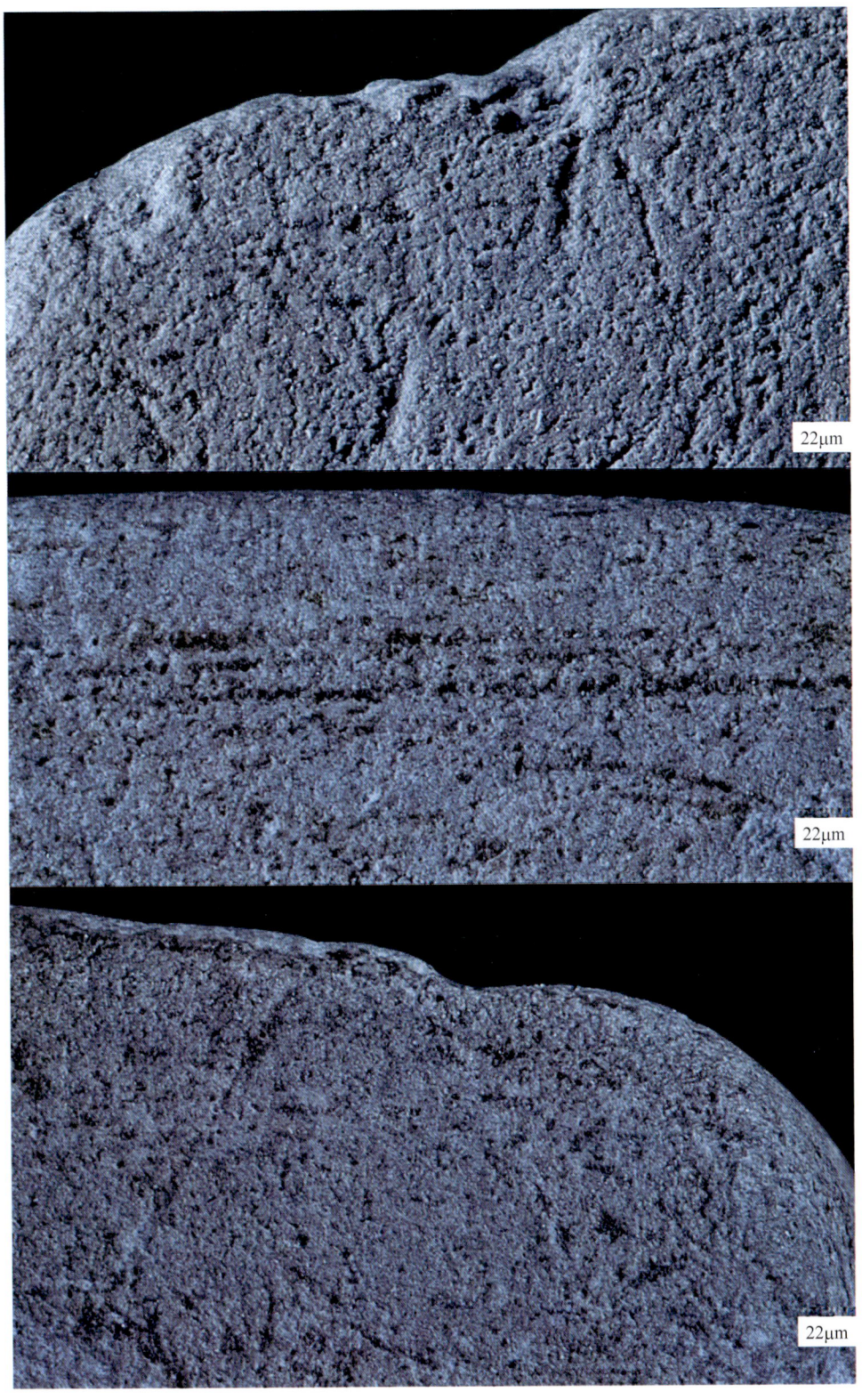

弧背石铲 2014ZYT0513⑥b:2 副刃面刃缘显微照片

图版二六

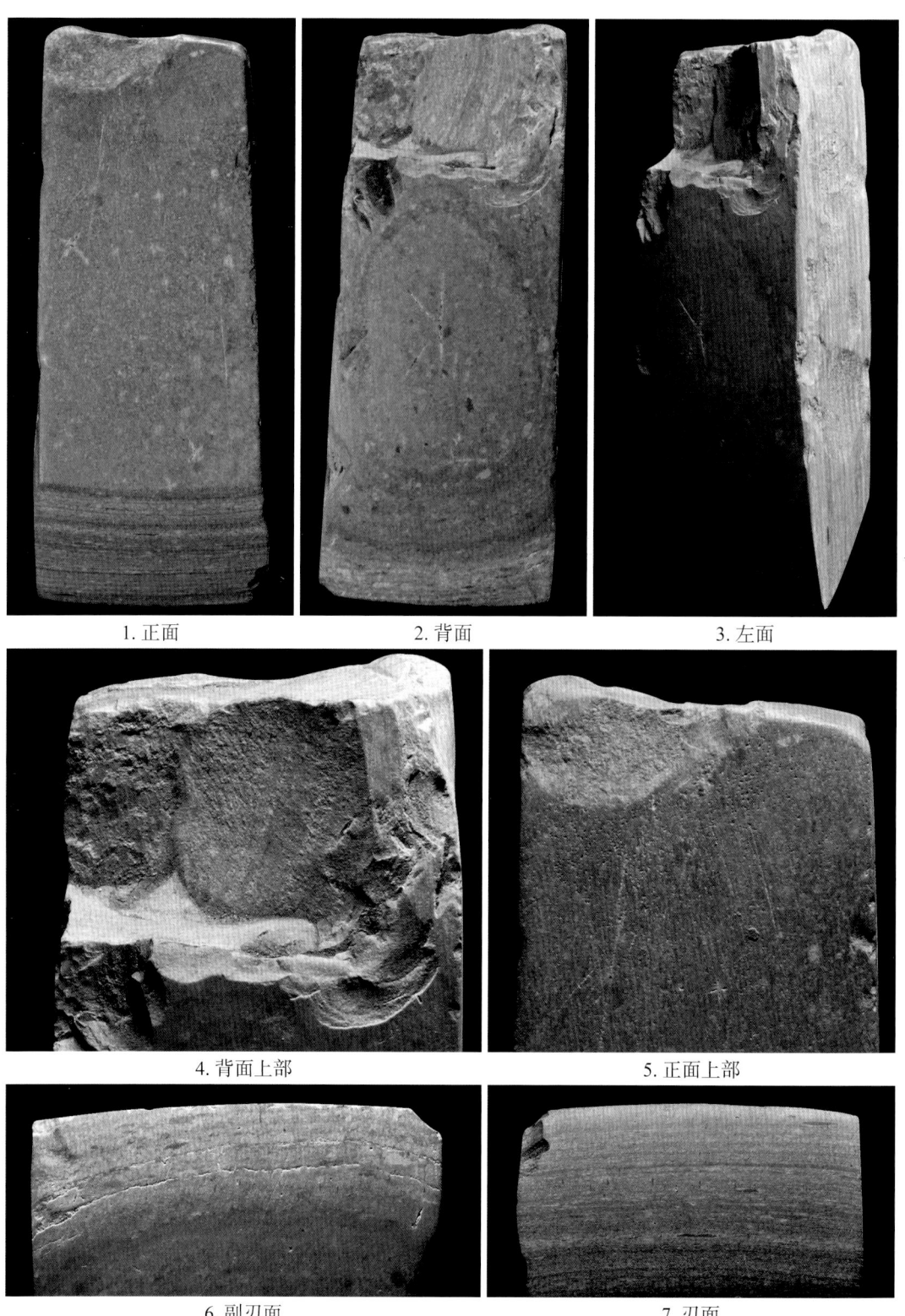

1. 正面　　2. 背面　　3. 左面

4. 背面上部　　5. 正面上部

6. 副刃面　　7. 刃面

弧背石锛 2017ZWT03⑥a:1

图版二七

1. 正面　　2. 背面　　3. 右面

4. 刃面

5. 副刃面

弧背石锛 2014ZYT0508③a：12

图版二八

1. 正面　　2. 背面　　3. 右面

4. 背面上部　　5. 正面上部

6. 副刃面

弧背石铧 2014ZYT0508③a：11

图版二九

1. 正面　　2. 背面　　3. 左面

4. 锋刃

5. 顶面

弧背石锛 2014ZWT02②:1

图版三〇

1. 正面　　2. 背面　　3. 左面

孤背石锛 2014ZYH62∶2

图版三一

1. 正面　　　2. 背面　　　3. 右面

4. 刃面　　　5. 副刃面

弧背石锛 2014ZYT0510①：1

图版三二

1. 正面　　2. 背面　　3. 左面

4. 背面上部　　5. 正面上部

6. 副刃面

弧背石铧 2014ZYT0707 ③ b：9

图版三三

1. 背面　　2. 正面　　3. 左面　　4. 右面

5. 背面上部　　6. 正面上部

弧背石锛 2014ZYT0509③b：18

图版三四

1. 右面
2. 左面
3. 正面
4. 背面

弧背石锛 2014ZY 采：1

图版三五

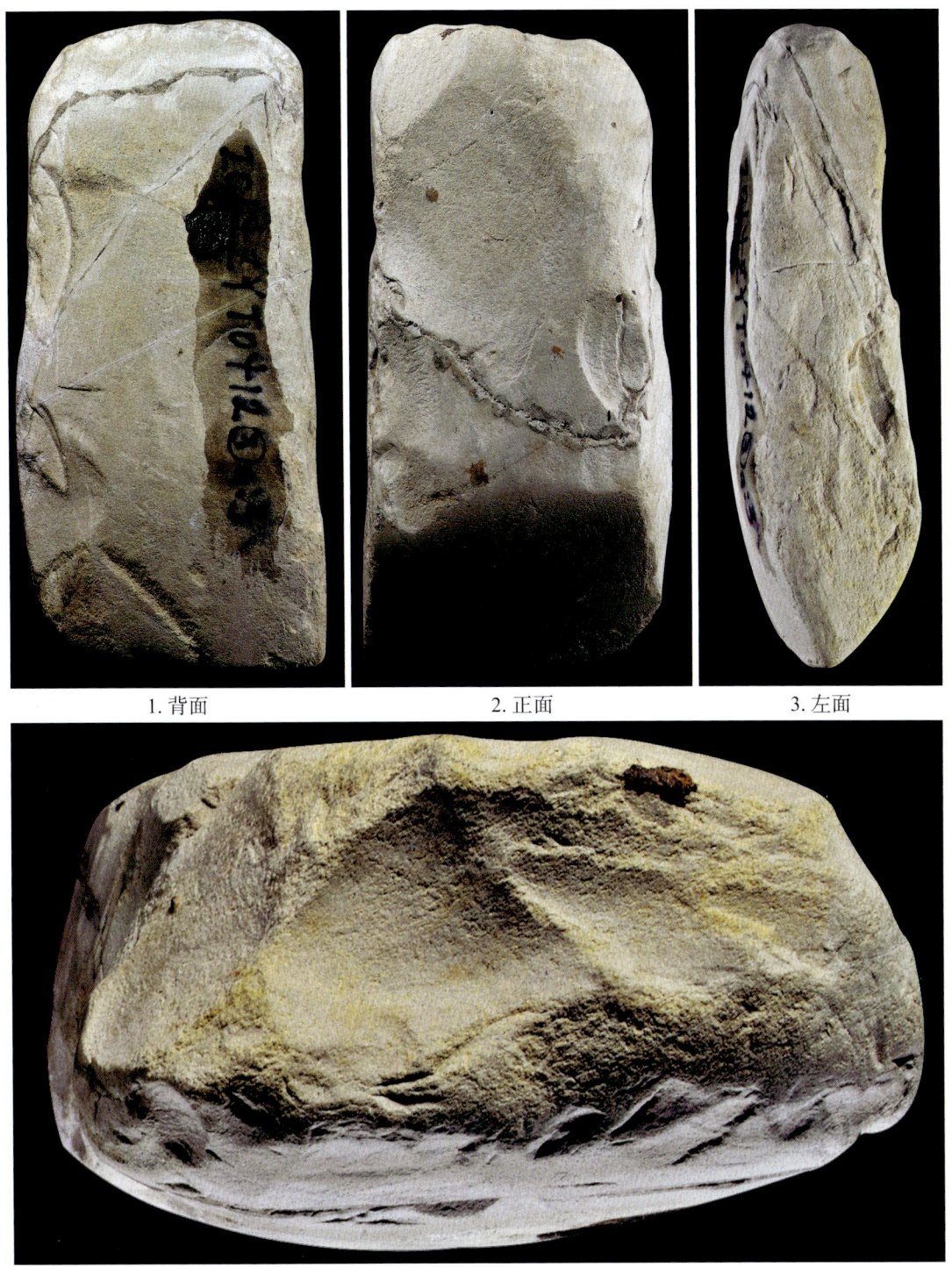

1. 背面　　2. 正面　　3. 左面

4. 顶面

弧背石锛2014ZYT0412③a:3

图版三六

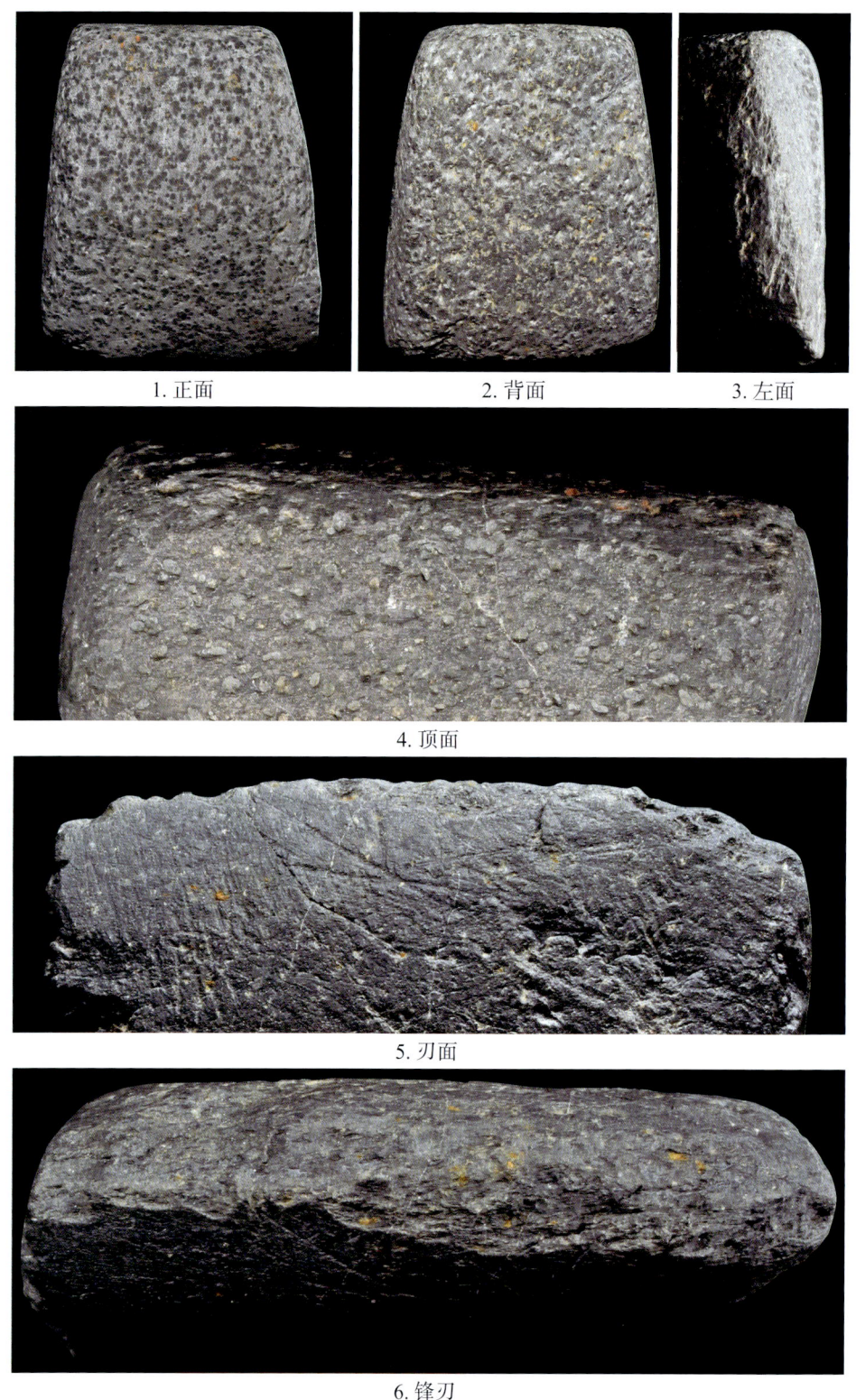

1. 正面　　2. 背面　　3. 左面

4. 顶面

5. 刃面

6. 锋刃

弧背石锛 2014ZYT0613⑥b:2

图版三七

1. 正面　　2. 背面　　3. 右面

4. 刃部断口　　5. 边棱

段背石锛 2014ZYT0413⑤a:2

图版三八

1. 正面　2. 背面　3. 右面　4. 左面

段背石锛 2014ZYT0608⑤b:12

图版三九

1. 顶面
2. 正面上部
3. 背面上部
4. 右上部
5. 背面上部
6. 段槽

段背石锛 2014ZYT0608⑦c：1 顶面和各个面上部

图版四〇

1. 正面　　2. 背面　　3. 右面

4. 右面上部　　5. 石片疤左面上部

段背石锛 2014ZYH209：1

图版四一

1. 正面上部

2. 背面上部

3. 副刃面

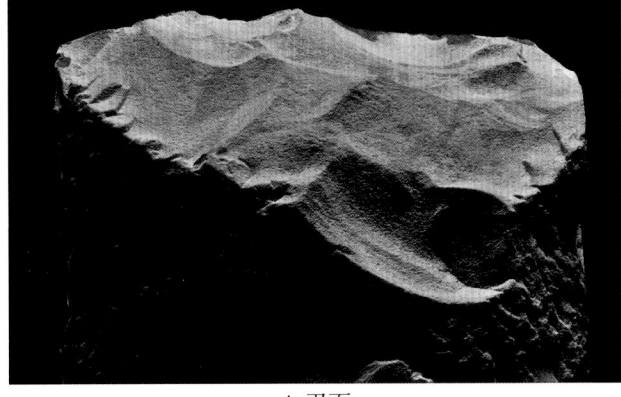
4. 刃面

段背石锛 2014ZYH209：1

图版四二

1. 正面　　2. 背面　　3. 右面

4. 顶面

5. 锋刃

6. 段部

段背石锛 2014ZYT0612⑤b：1

图版四三

1. 背面　　2. 左面　　3. 右面

4. 刃面

段背石锛 2014ZYT0512⑤b：12

图版四四

1. 正面上部
2. 背面上部
3. 右面上部
4. 副刃
5. 刃面

段背石锛 2014ZYT0512⑤b：12

图版四五

1. 正面　　2. 背面　　3. 右面

4. 副刃面

段背石锛 2014ZYT0607③b∶3

图版四六

1. 正面　　2. 背面　　3. 右面

4. 刃面

段背石锛 2014ZYH101∶1

图版四七

石锛平木实验

图版四八

1. 正面　　2. 背面　　3. 左面

4. 刃面

5. 副刃面

段背石锛 2014ZYT0509③b：3

图版四九

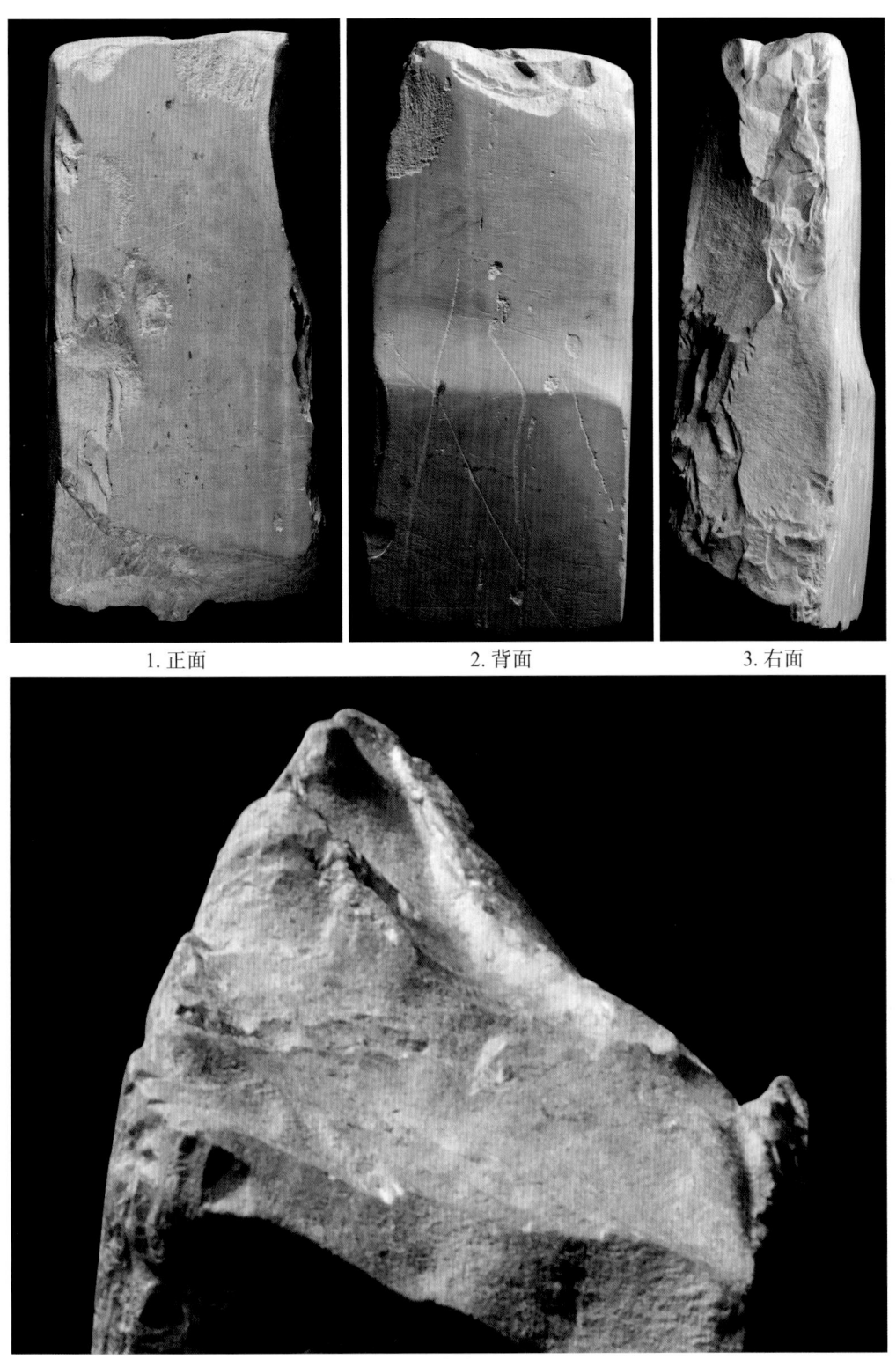

1. 正面　　2. 背面　　3. 右面

4. 刃部断口

段背石锛 2014ZYH56：1

图版五〇

1. 正面　　2. 背面　　3. 右面

4. 锋刃

5. 刃面

段背石锛 2014ZYT0608③a：3

图版五一

1. 正面　　2. 背面　　3. 左面

4. 副刃面

缺刃石锛 2014ZYT0608⑦c：2

图版五二

1. 正面　　　2. 左面　　　3. 右面

4. 刃部断口

缺刃石锛 2017ZWT01 ⑦:1

图版五三

1. 背面

2. 正面

3. 顶面

4. 下方断口

缺刃石锛 2014ZWT02⑥b：7

图版五四

1. 正面　　2. 右面　　3. 左面

4. 下部断口

缺刃石锛 2014ZYT0413⑥b:1

图版五五

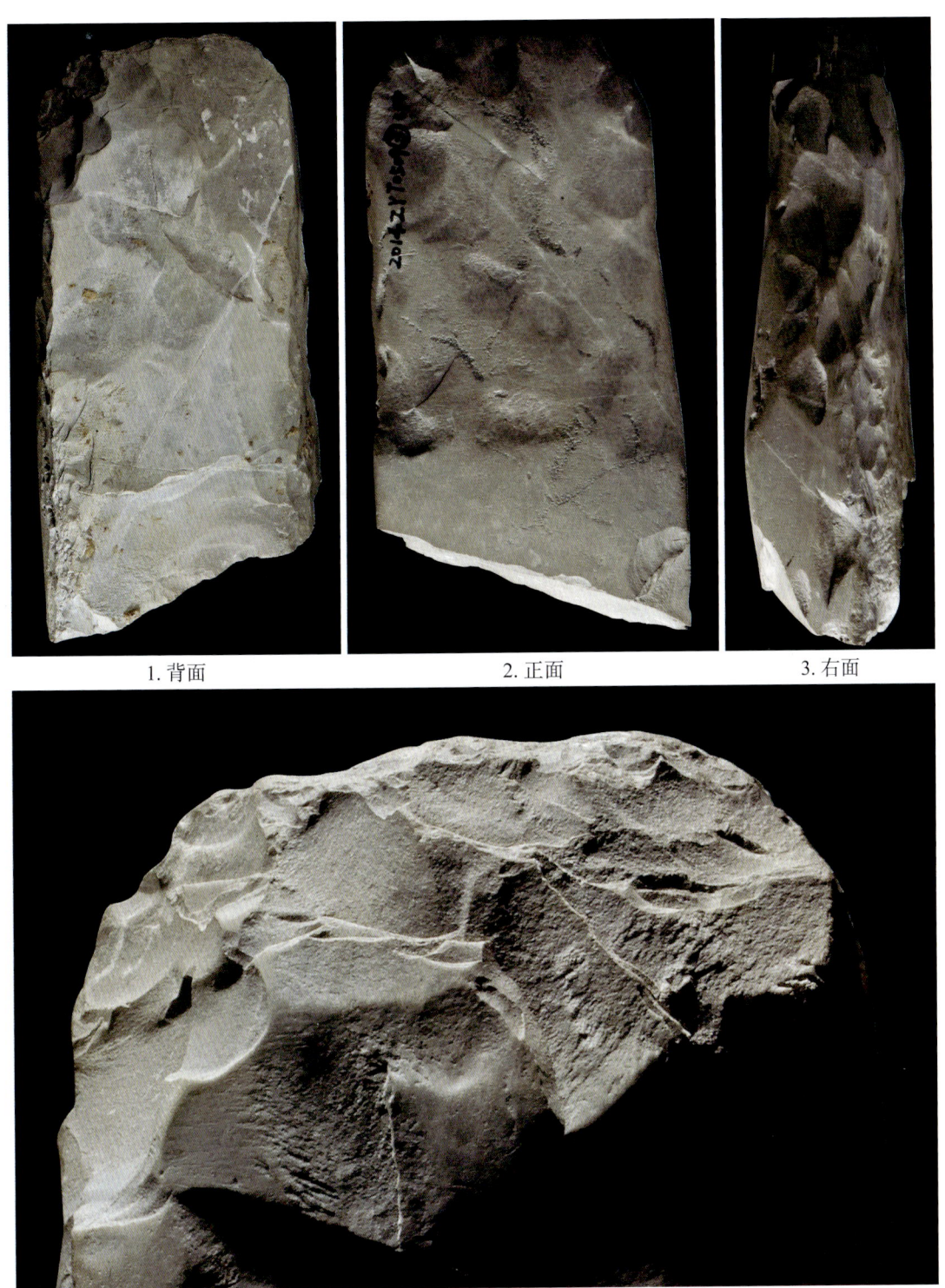

1. 背面　　2. 正面　　3. 右面

4. 背面上部

缺刃石铲 2014ZYT0509③b：10

图版五六

1. 正面　　2. 背面　　3. 左面

4. 刃面

5. 副刃面

缺刃石锛 2018ZWT04⑤a:2

1. 背面　　2. 左面

3. 副刃面

4. 刃面

缺顶石锛 2013ZYT0507 ⑨ b∶2

图版五八

1. 正面　2. 背面　3. 左面　4. 锋刃

缺顶石锛 2013ZYT0307⑦e:1

图版五九

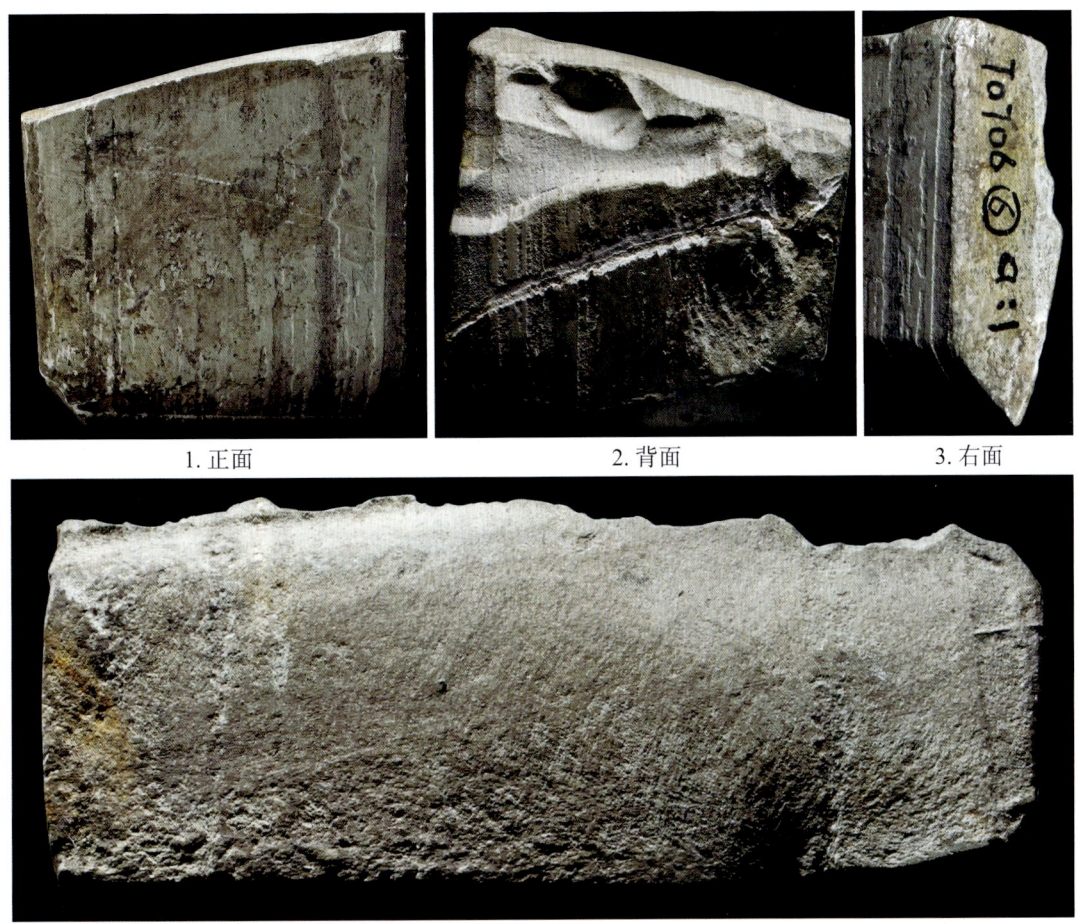

1. 正面　　2. 背面　　3. 右面

4. 上部断口

缺顶石锛 2014ZYT0706⑥a：1

图版六〇

1. 正面
2. 背面
3. 正面上部
4. 刃面刃缘

缺顶石锛 2014ZYT0513⑤b：3

图版六一

1. 正面　　2. 背面
3. 顶部断口　　4. 刃面

缺顶石锛 2014ZYT0513⑤b:1

图版六二

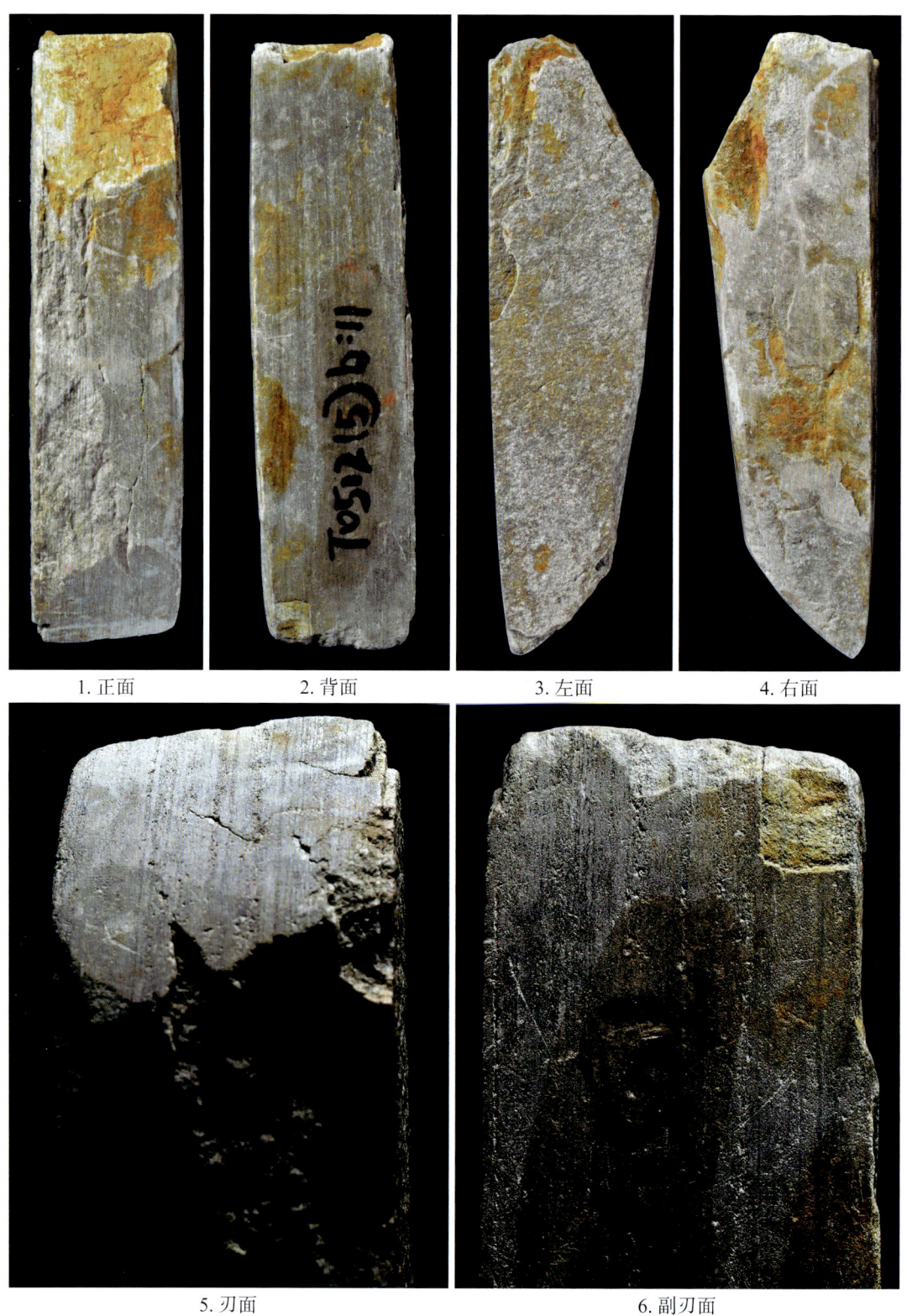

1. 正面　　2. 背面　　3. 左面　　4. 右面

5. 刃面　　6. 副刃面

缺顶石铳 2014ZYT0512⑤b∶11

图版六三

3. 左面

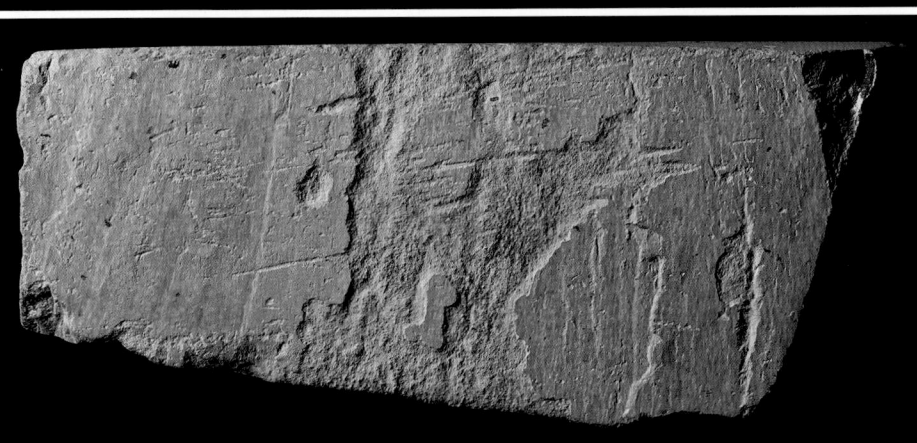
2. 右面

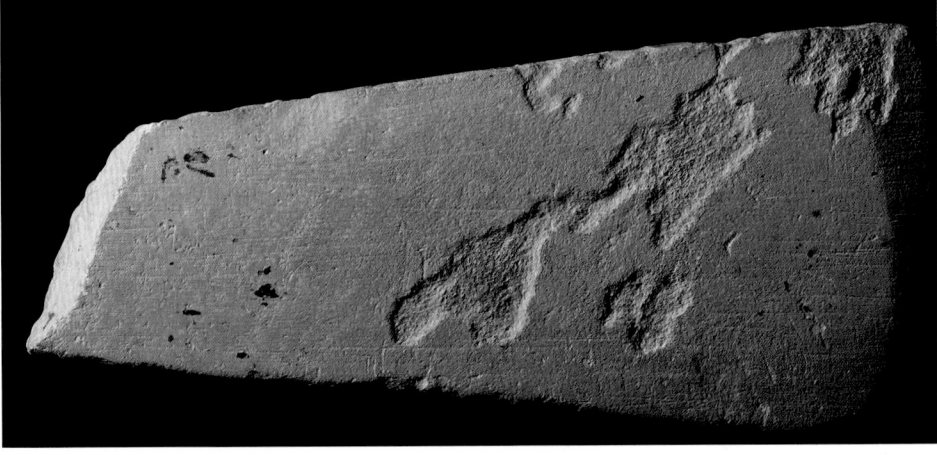
1. 正面

缺顶石锛 2014ZY 采:3

图版六四

1. 正面 2. 背面

3. 右面

4. 左面

刃部石锛 2017ZWT03⑩：3

图版六五

1. 正面
2. 背面
3. 右面
4. 左面
5. 刃面

刃部石锛 2014ZWT01⑤:5

图版六六

1. 正面上部

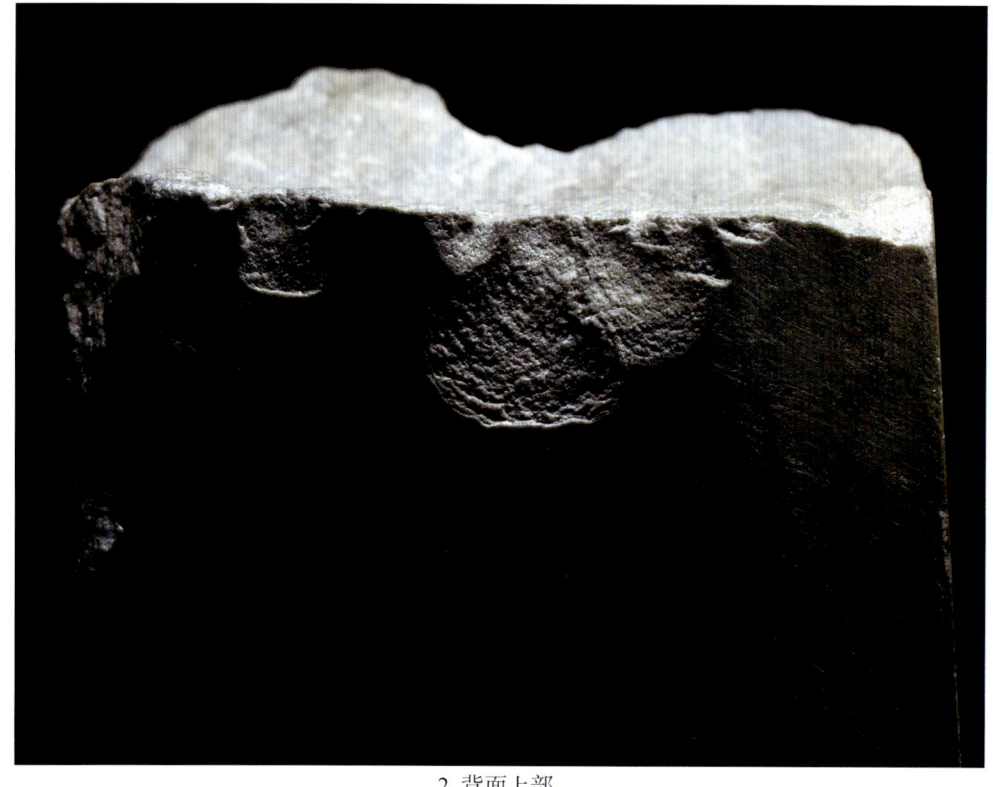

2. 背面上部

刃部石铲 2014ZWT01 ⑤：5

图版六七

1. 正面　　2. 右面

3. 锋刃

4. 刃面　　5. 副刃面

刃部石锛 2014ZYT0508⑦e：2

图版六八

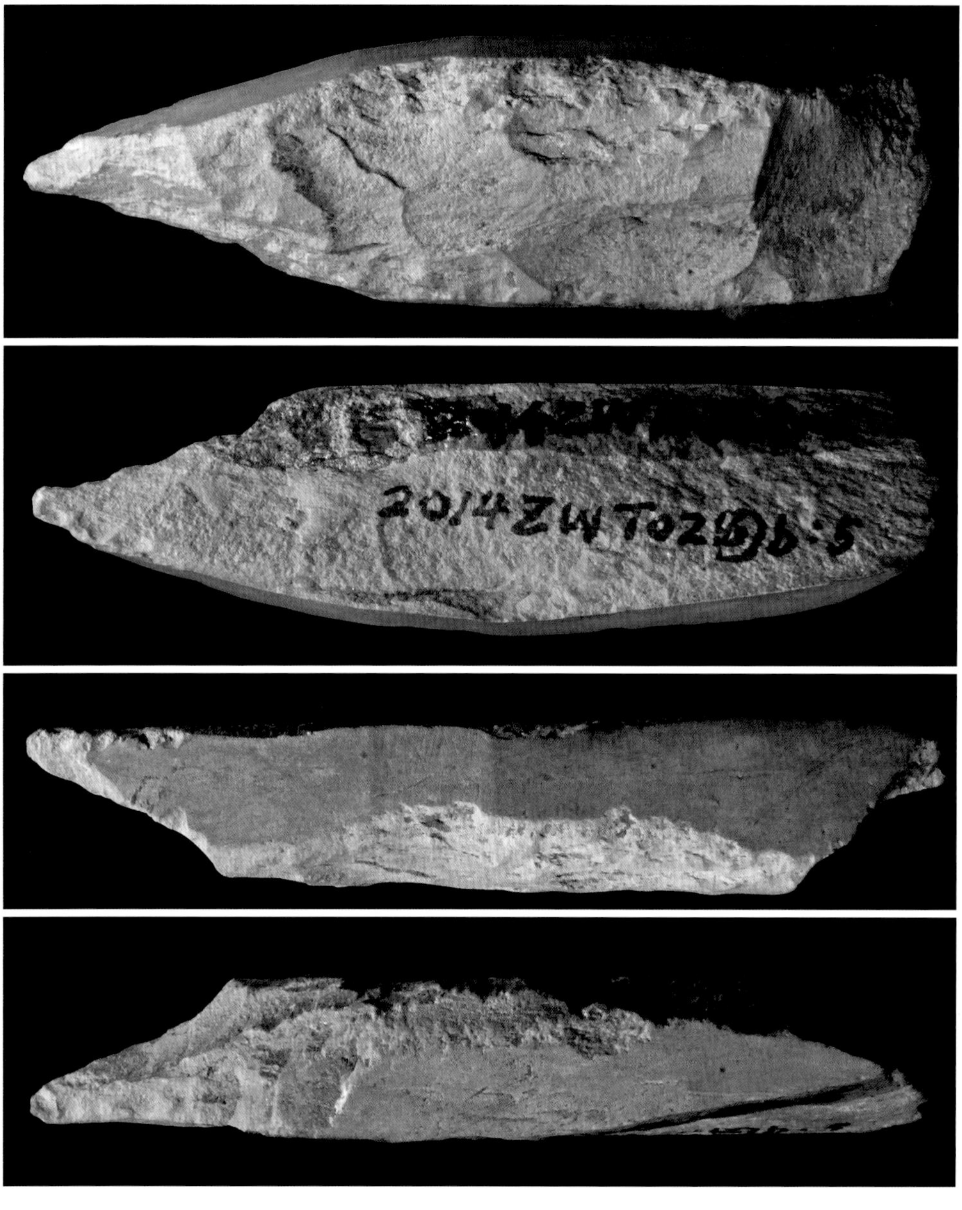

1. 正面　2. 背面　3. 左面　4. 右面

刃部石锋 2014ZWT02⑥b:5

图版六九

1. 正面
2. 背面
3. 左面
4. 顶面断口

刃部石锛 2014ZYH84：1

图版七〇

1. 背面
2. 正面
3. 左面
4. 刃面

刃部石锛 2013ZYH11∶13

图版七一

1. 正面　　2. 副刃面　　3. 刃面　　4. 断口

刃部石锛 2014ZY 采：2

图版七二

1. 正面　　2. 背面　　3. 左面

4. 顶面

石锛坯 2014ZYT0314 ③a:4

图版七三

1. 刃面

2. 副刃面

3. 正面上部

石锛坯 2014ZYT0314 ③a:4

图版七四

1. 正面　2. 背面　3. 左面

石锛坯 2014ZYT0509③a:14

图版七五

1. 背面　　2. 正面　　3. 右面

石锛坯 2014AZMT01 ⑩:2

图版七六

1. 背面　　2. 正面　　3. 左面

石锤坯 2014ZYT0409⑨b：2

图版七七

1. 正面    2. 背面    3. 左面

石锛坯 2014ZYT0512⑤b:9

图版七八

1. 正面
2. 背面 
3. 左面 

石锛坯 2014ZYT0512⑤b:3

图版七九

2. 背面

1. 正面

石锛坯 2014ZYH98∶2

图版八〇

1. 右面　　2. 左面　　3. 背面　　4. 正面

5. 顶面　　6. 刃部

石凿坯 2014ZYH213∶1

图版八一

1. 背面

2. 正面

双孔石刀 2014ZYT0707③a：5

图版八二

1. 正面
2. 背面
3. 右面
4. 背面仰视
5. 刃面和刃缘

双孔石刀 2014ZYTD1 ③：47

图版八三

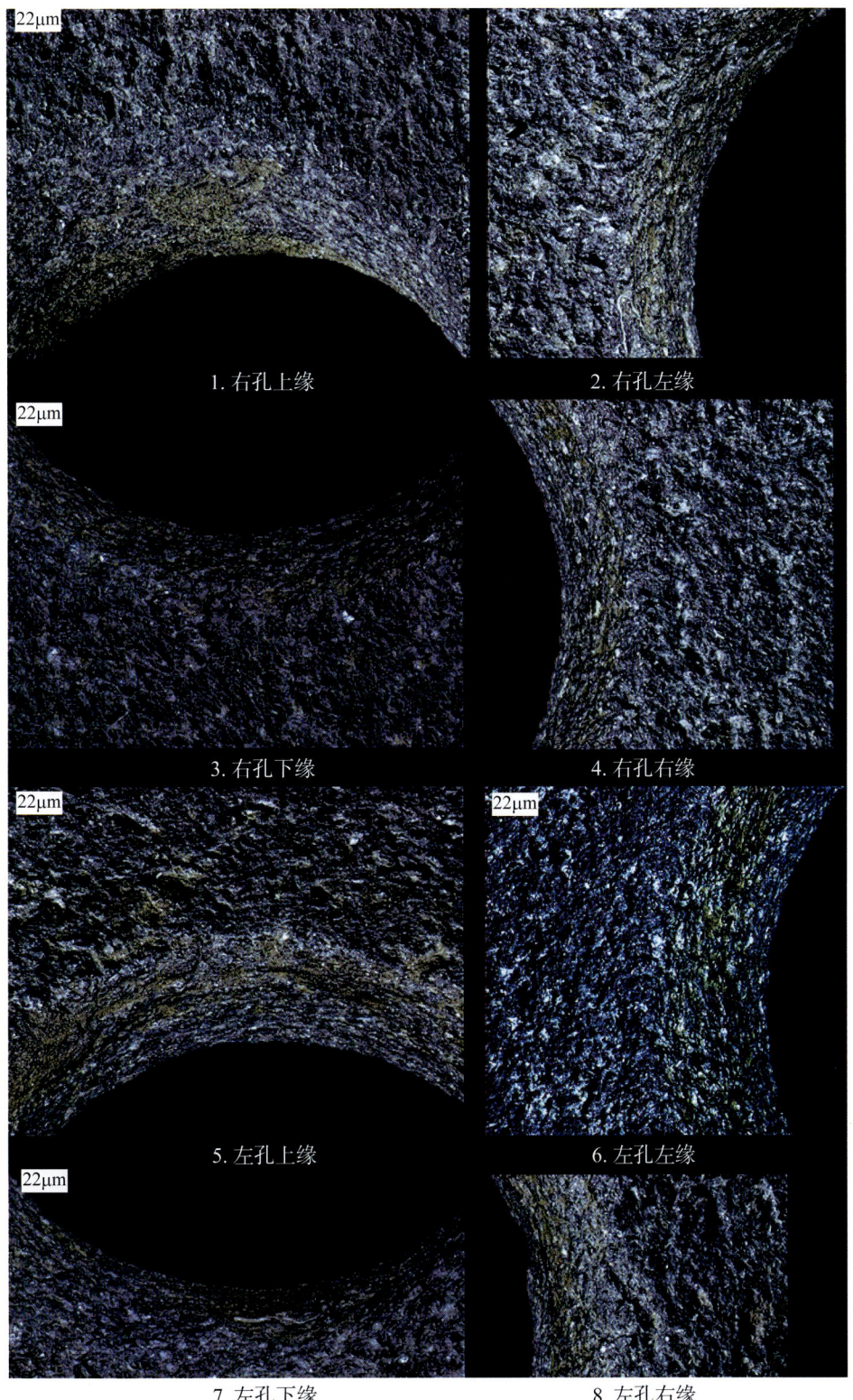

1. 右孔上缘
2. 右孔左缘
3. 右孔下缘
4. 右孔右缘
5. 左孔上缘
6. 左孔左缘
7. 左孔下缘
8. 左孔右缘

双孔石刀2014ZYTD1③：47右孔四边100倍

图版八四

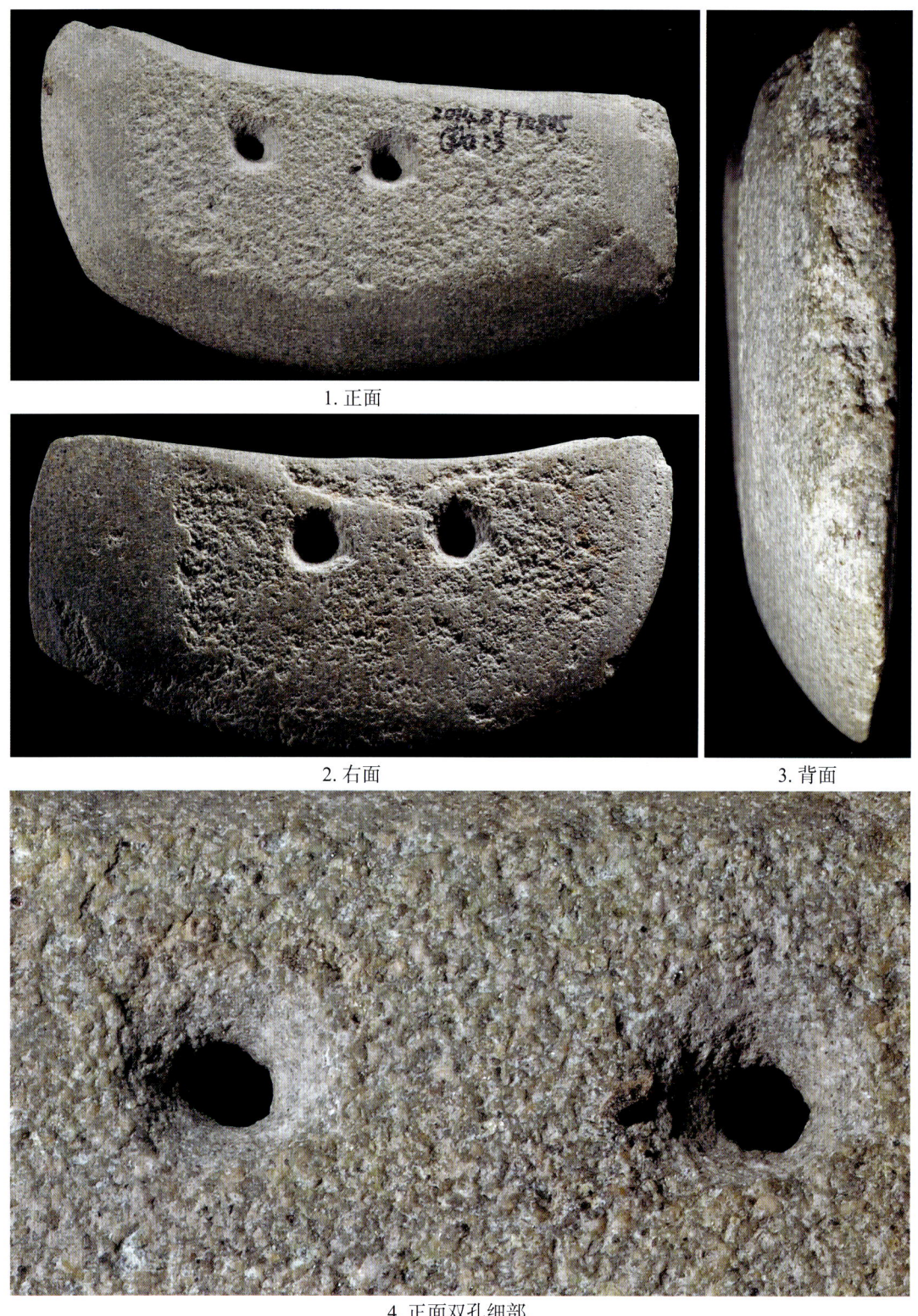

1. 正面
2. 右面
3. 背面
4. 正面双孔细部

双孔石刀 2014ZYT0508③a:3

图版八五

1. 正面

2. 背面

3. 正面穿孔细部

4. 背面穿孔细部

双孔石刀 2014ZYT0508③b:1

图版八六

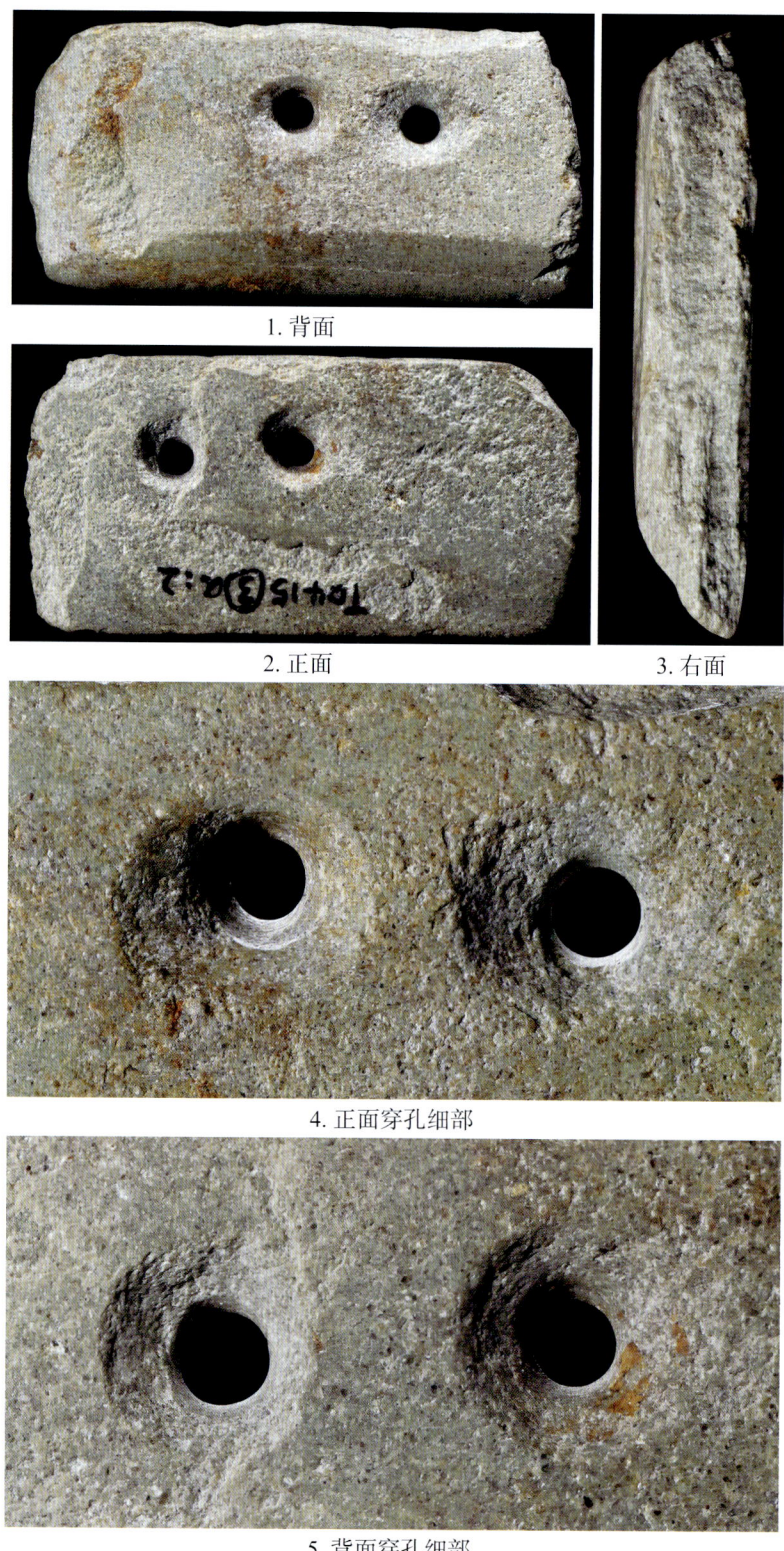

1. 背面
2. 正面
3. 右面
4. 正面穿孔细部
5. 背面穿孔细部

双孔石刀 2014ZYT0415③a:2

图版八七

1. 正面

2. 背面

3. 锋刃

双孔石刀左片 2014ZYH158：1

图版八八

1. 正面

2. 背面

3. 背面穿孔

4. 正面穿孔

双孔石刀左片 2014ZYT0508③a：10

图版八九

1. 左片正面

2. 背面

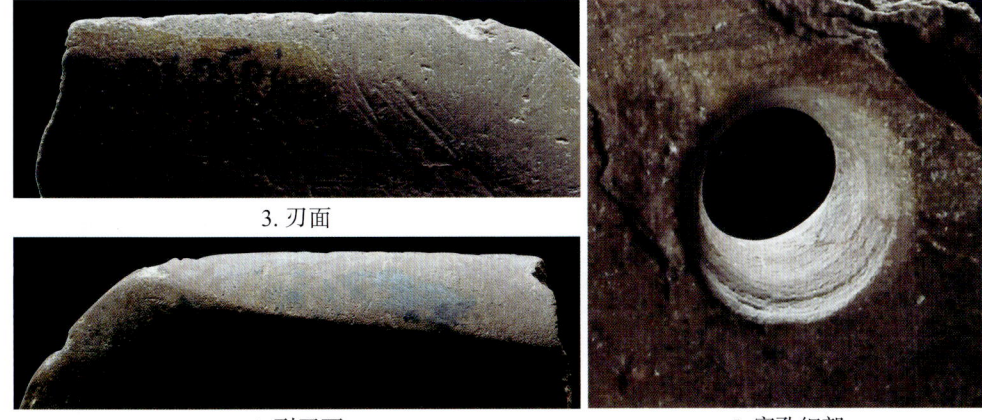

3. 刃面　　　　　　　　　5. 穿孔细部

4. 副刃面

双孔石刀左片 2014ZYT0509③a：18

图版九〇

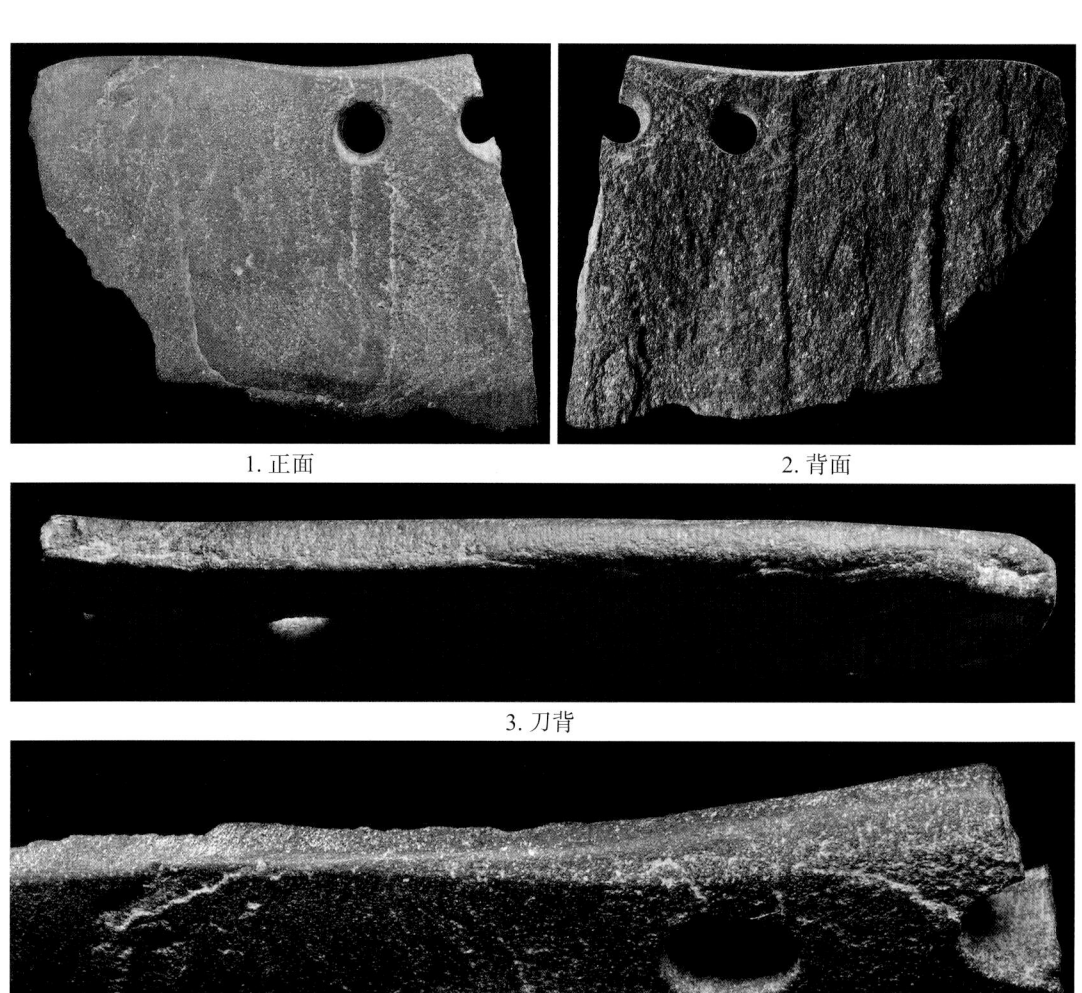

1. 正面　　2. 背面

3. 刀背

4. 刀背

双孔石刀左片 2014ZYG5∶3

图版九一

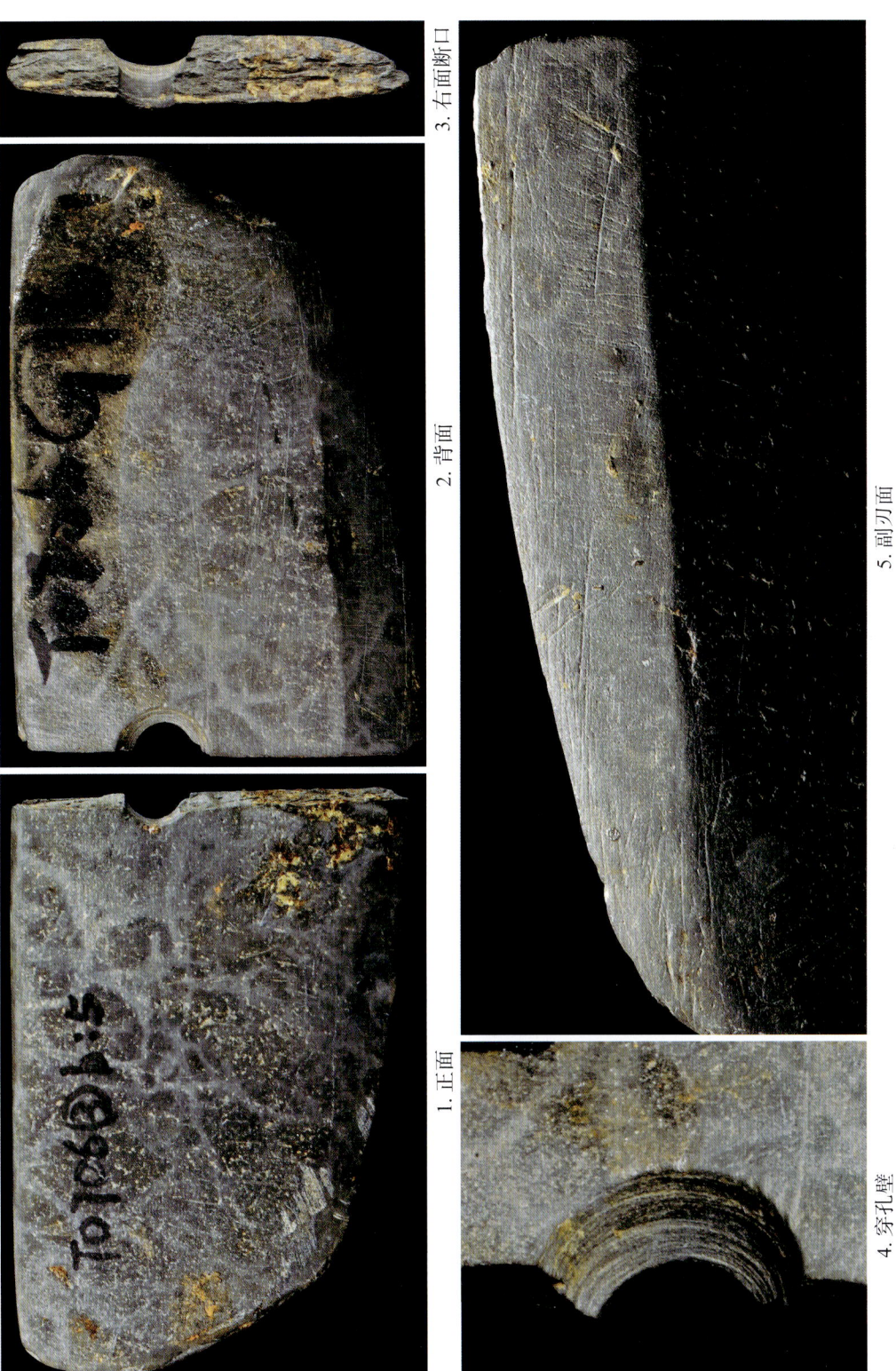

1. 正面　2. 背面　3. 右面断口　4. 穿孔壁　5. 副刃面

双孔石刀左片 2014ZYT0706③b:5

图版九二

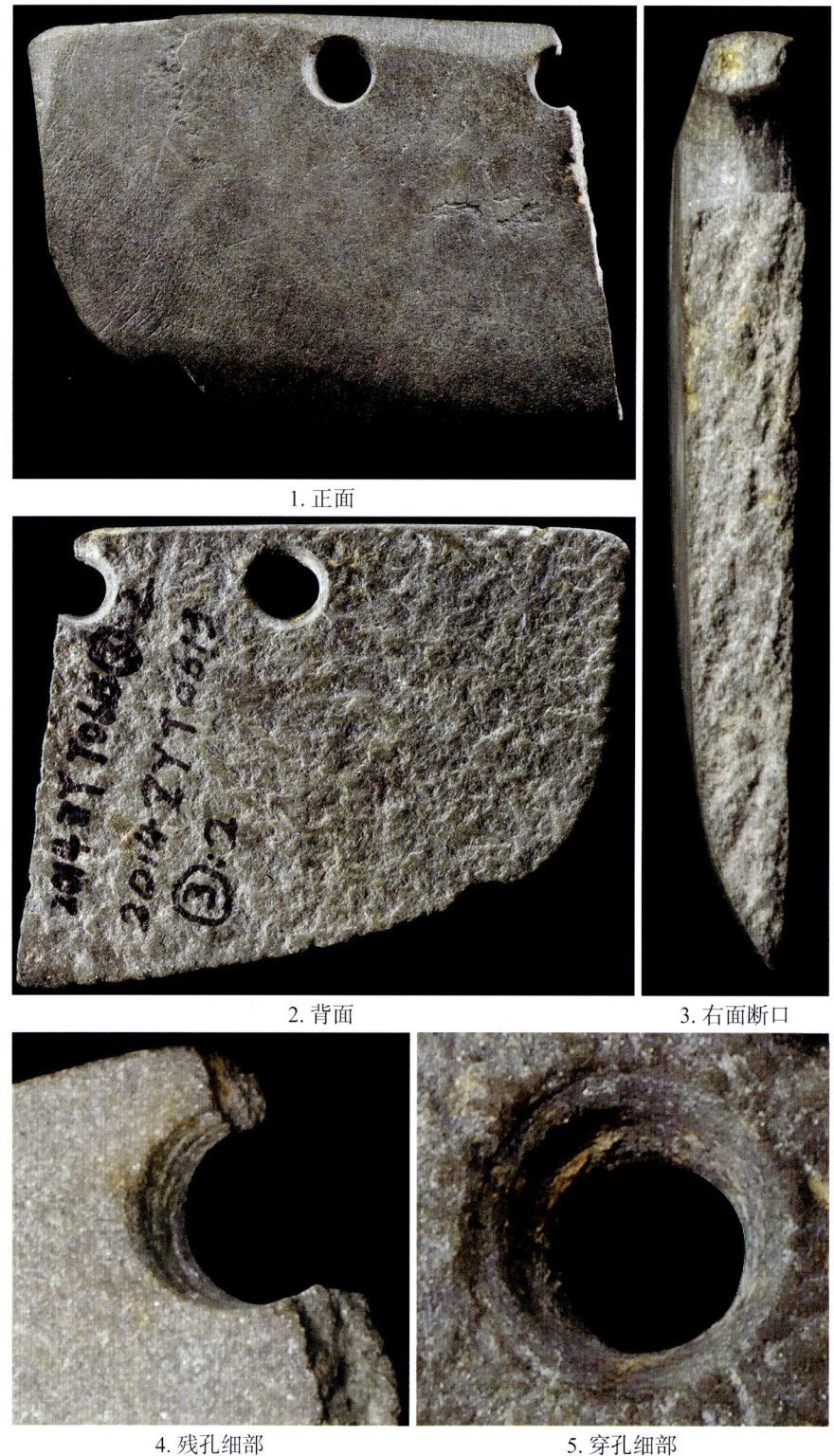

1. 正面
2. 背面
3. 右面断口
4. 残孔细部
5. 穿孔细部

双孔石刀左片 2014ZYT0613③:12

图版九三

1. 正面

2. 背面

3. 右面断口

4. 正面仰视

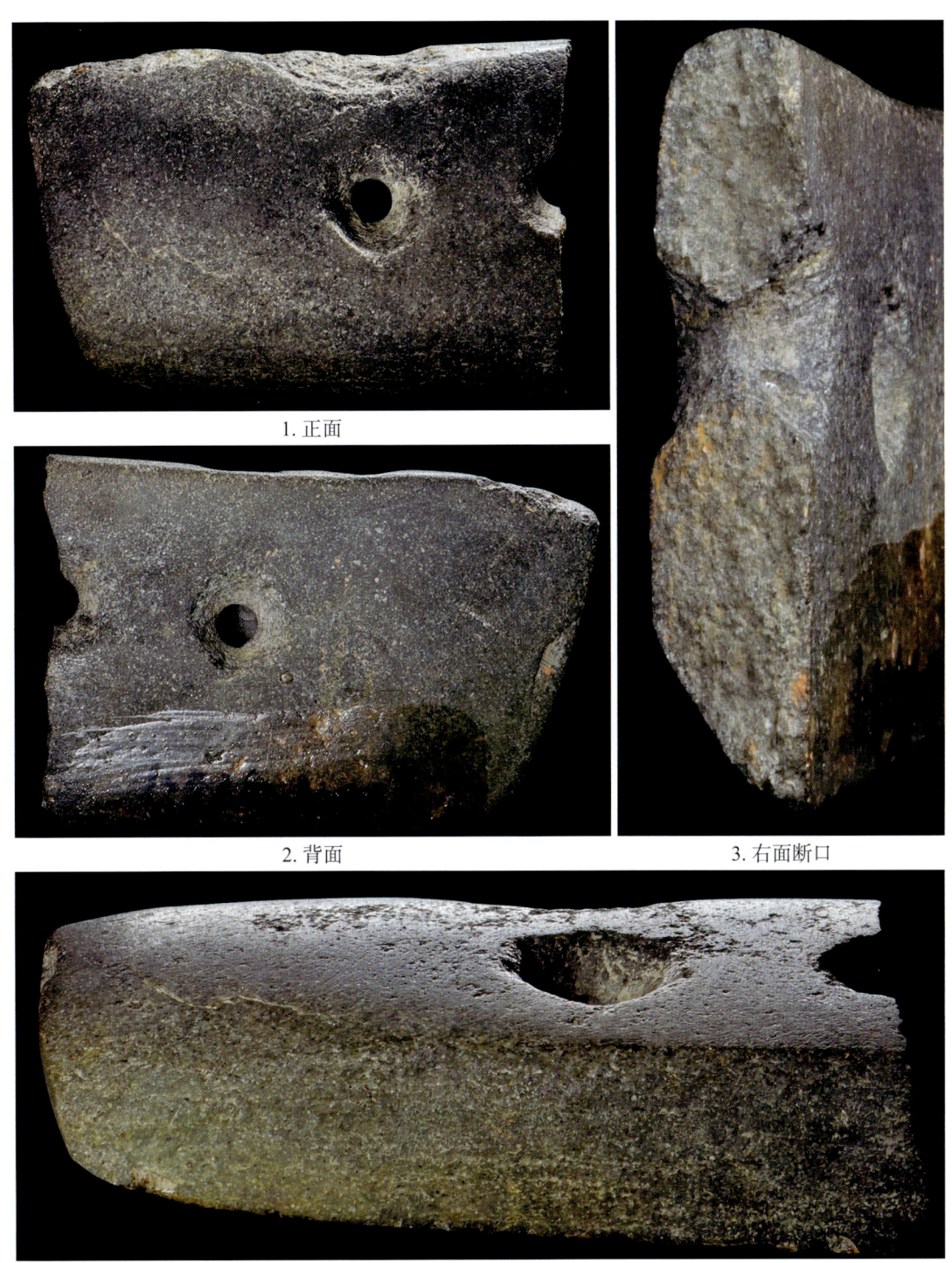

双孔石刀左片 2014ZYG18：1

图版九四

1. 正面
2. 背面
3. 断口
4. 刃面

双孔石刀左片 2014ZYH135∶1

图版九五

1. 正面

2. 背面

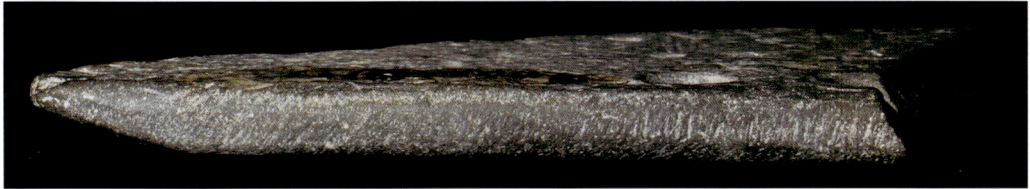

3. 刀背

双孔石刀左片 2014ZYT0612③：12

图版九六

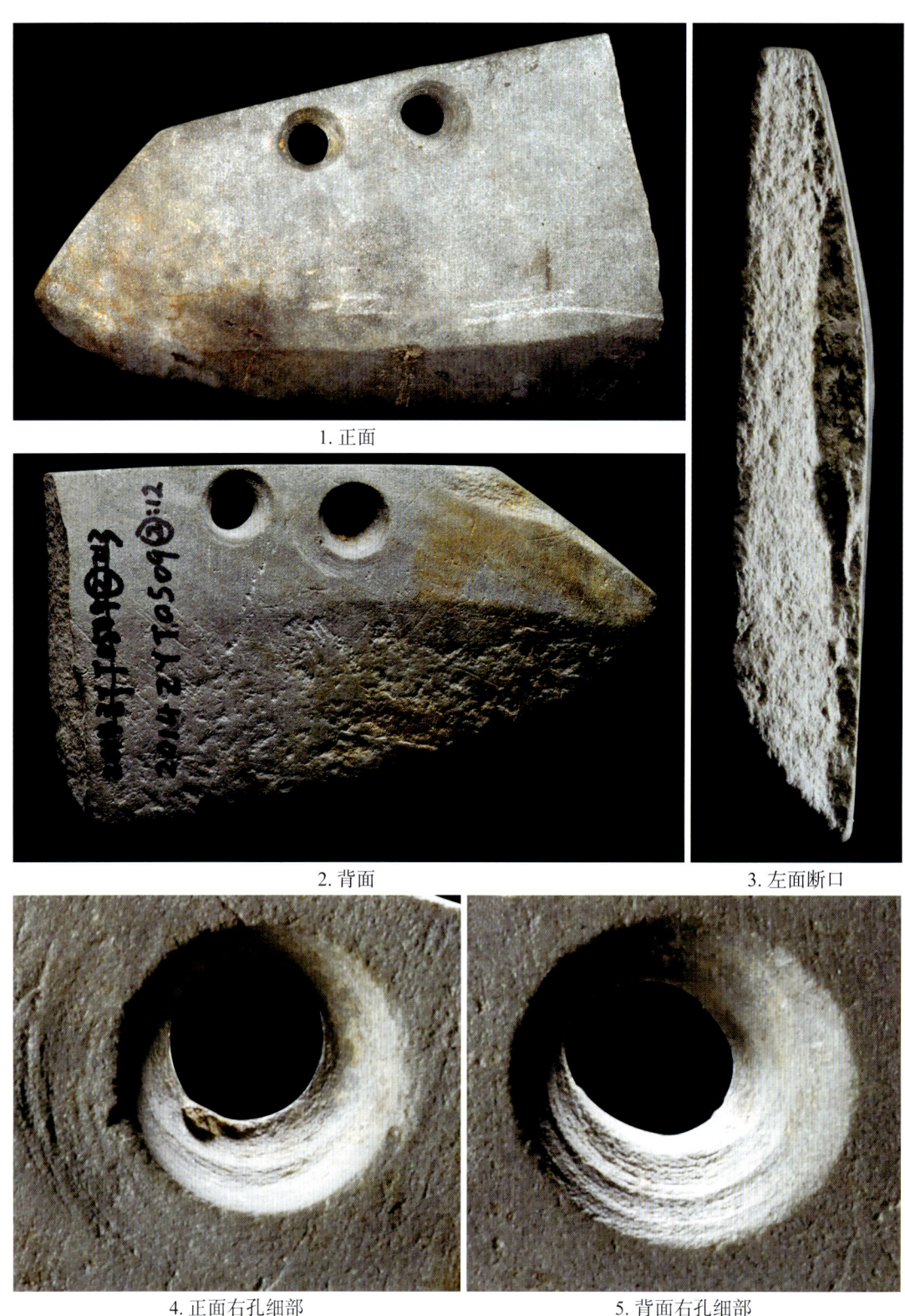

1. 正面
2. 背面
3. 左面断口
4. 正面右孔细部
5. 背面右孔细部

双孔石刀左片 2014ZYT0509③a:12

图版九七

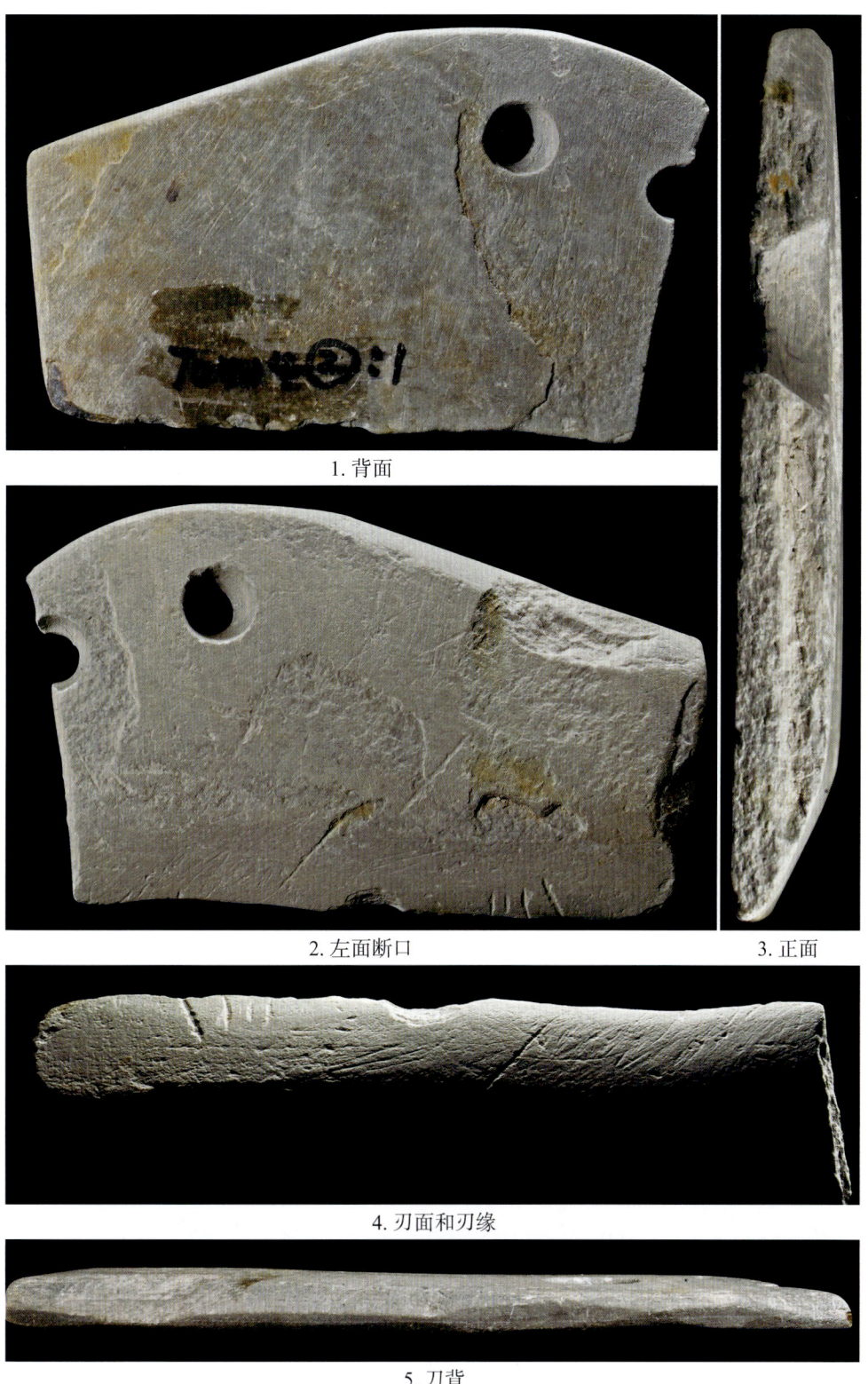

1. 背面
2. 左面断口
3. 正面
4. 刃面和刃缘
5. 刀背

双孔石刀右片 2014ZYT0414②:1

图版九八

1. 正面

2. 背面

3. 刃面

4. 副刃面

双孔石刀右片 2014ZYT0509③a：13

图版九九

1. 正面

2. 背面

3. 刀背

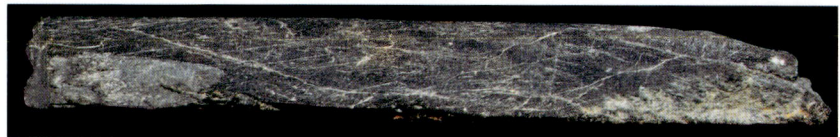

4. 锋刃

双孔石刀右片 2014ZYT0707③a:2

图版一〇〇

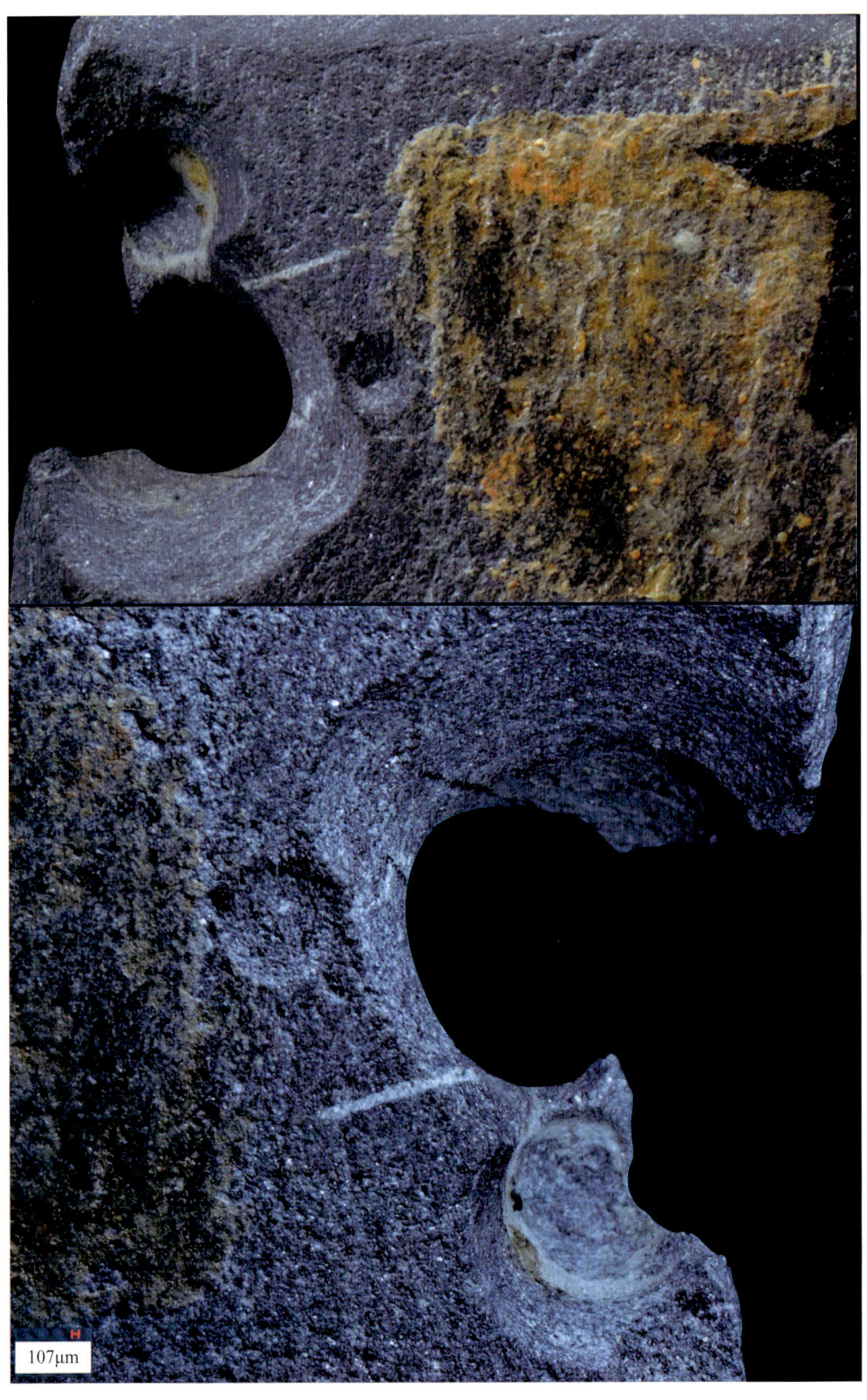

双孔石刀右片 2014ZYT0707③a：2 钻孔细部图

图版一〇一

1. 正面　　2. 背面　　3. 左面断口

4. 锋刃

5. 残孔细部　　6. 刃面

双孔石刀右片 2014ZYT0613③:4

图版一〇二

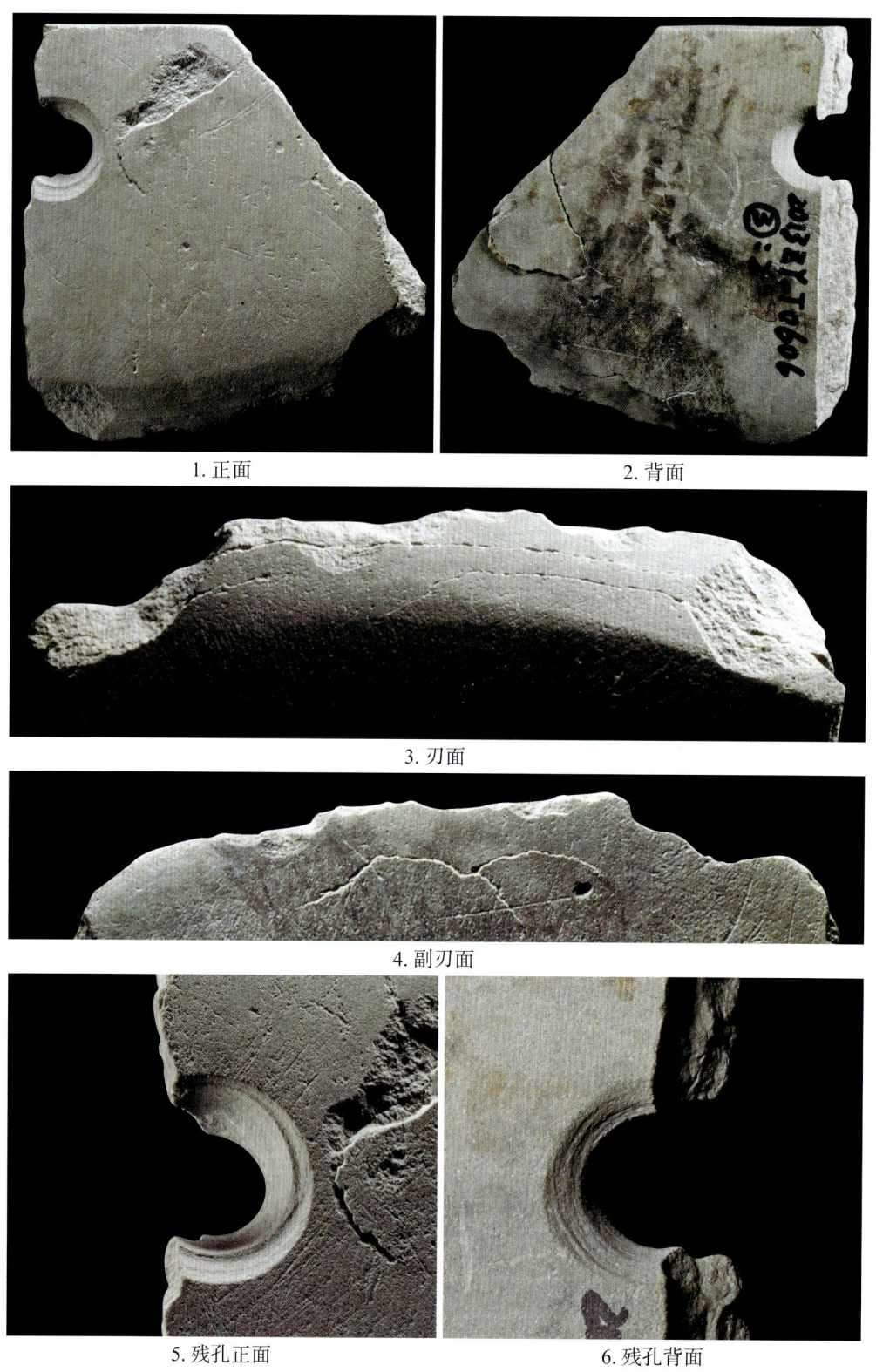

1. 正面 2. 背面
3. 刃面
4. 副刃面
5. 残孔正面 6. 残孔背面

双孔石刀右片 2013ZYT0606③:2

图版一〇三

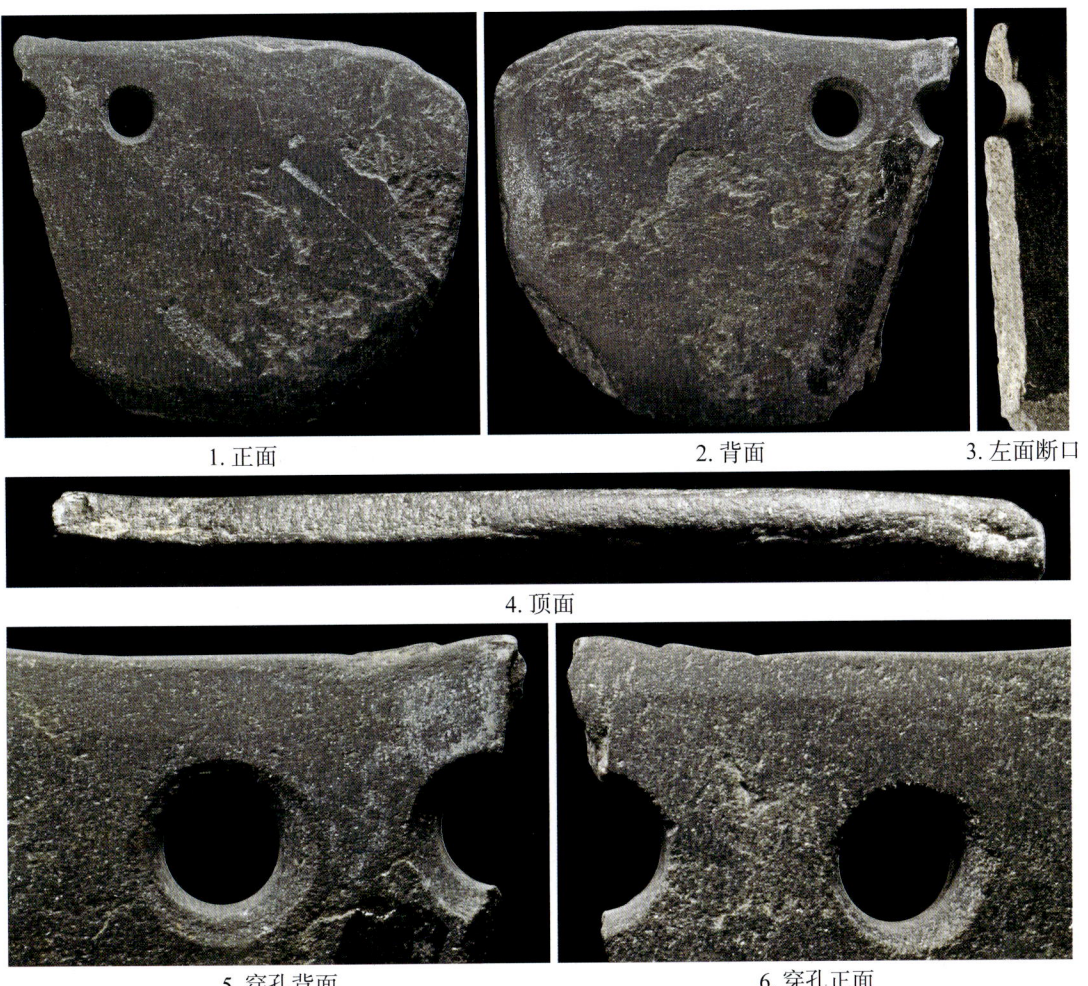

1. 正面　　2. 背面　　3. 左面断口

4. 顶面

5. 穿孔背面　　6. 穿孔正面

双孔石刀右片 2014ZYT0513③:3

图版一〇四

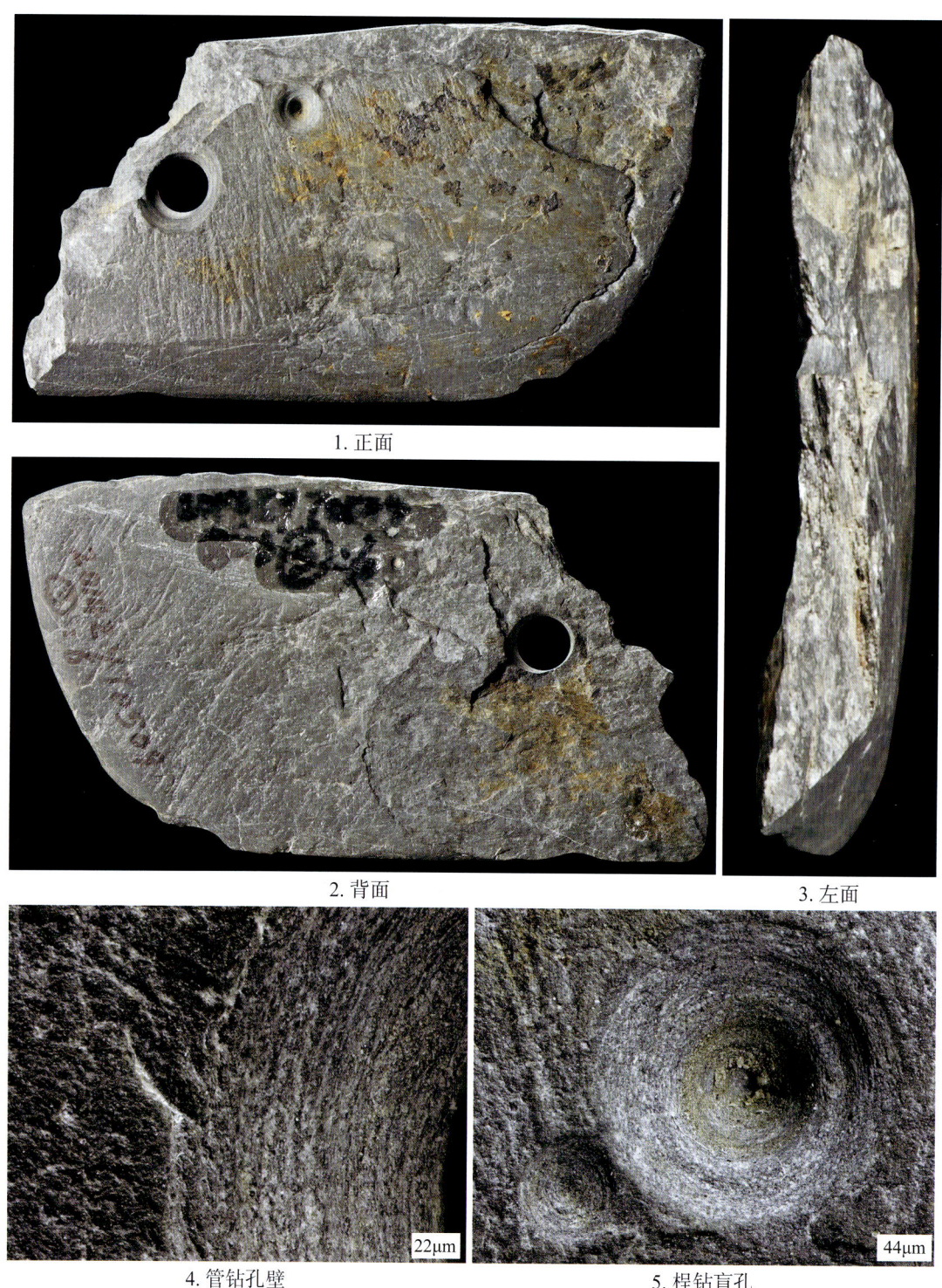

1. 正面
2. 背面
3. 左面
4. 管钻孔壁
5. 桯钻盲孔

双孔石刀右片 2014ZYT0509③b:6

图版一〇五

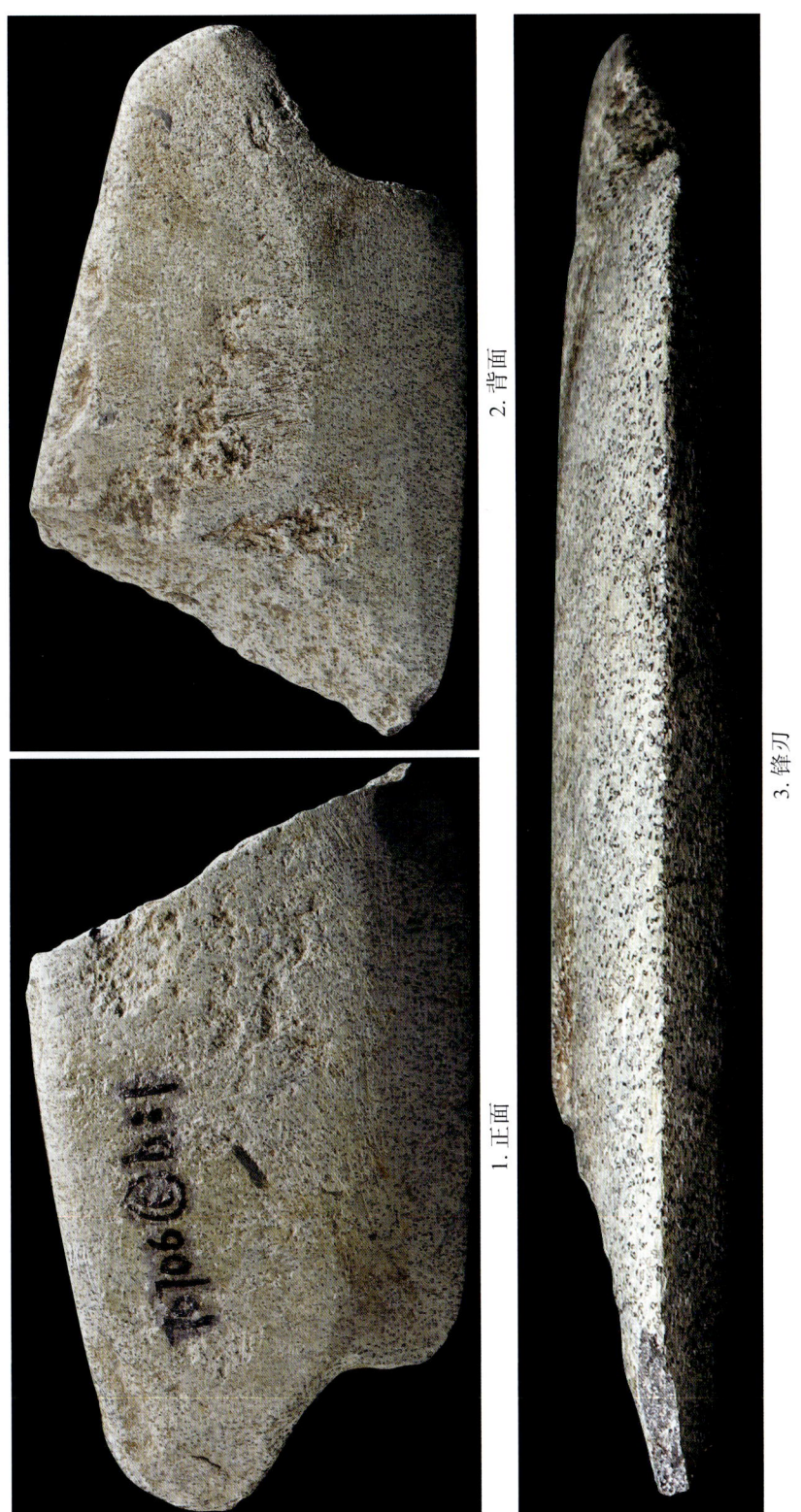

1. 正面　　2. 背面　　3. 锋刃

异形石刀 2014ZYT0706⑥b:1

图版一〇六

1. 正面　　2. 背面　　3. 左面

4. 刃面

5. 副刃面

异形石刀 2014ZYT0706③b∶6

图版一〇七

1. 正面　2. 背面　3. 背面刃部　4. 正面刃部

异形石刀 2014ZYH184:1

图版一〇八

1. 正面
2. 背面
3. 左面断口
4. 背顶棱
5. 正顶棱
6. 刃面和刃缘

异形石刀 2014ZYH62：1

图版一〇九

1. 正面　2. 背面　3. 刃面　4. 副刃面

异形石刀 2014ZYT0508③a：14

图版一一〇

1. 正面

2. 背面

破土器 2013ZYT0507 ③∶1

图版一一一

1. 背面

2. 正面

破土器 2014ZYT0414③a:2

图版一一二

1. 正面

2. 背面

破土器 2014ZYT0513③:4

图版一一三

1. 正面　　2. 背面

3. 底断口

破土器把 2013ZYT0407③：3

图版一一四

1. 正面　2. 背面

破土器把 2014ZYT0509③:13

2. 背面

1. 正面

破土器把 2014ZYH168：1

图版一一六

1. 正面

2. 背面

破土器把 2014ZYT0508②：1

图版一一七

1. 正面　2. 背面　3. 刃面　4. 副刃面

破土器前尖角 2014ZYT0608③a:5

图版一一八

1. 正面　2. 背面　3. 刃面和刃缘

破土器前角 2014ZYT0508③a∶9

图版一一九

破土器前角 2014ZYT0410③a:6

1. 背面　　2. 正面　　3. 刃面

图版一二〇

1. 背面
2. 正面
3. 左面断口
4. 刃面
5. 副刃面

破土器后角 2014ZYT0512⑤b:2

图版一二一

1. 正面

2. 背面

3. 刃面和刃缘

破土器后角 2014ZYG17∶1

图版一二二

1. 正面

2. 背面

破土器后角 2014ZYT0613③：3

图版一二三

1. 背面　2. 正面　3. 刃面和刃缘

破土器后角 2014ZYT0607③a∶1

图版一二四

1. 正面　2. 背面　3. 刃面细部

破土器后角 2014ZYT0508③a:8

1. 正面
2. 背面
3. 刃面和刃缘
4. 副刃面和刃缘

破土器后角 2014ZYT0707③a:3

图版一二六

1. 背面　　　　　　　　2. 正面

破土器中片 2014ZYT0508⑤b:1

图版一二七

1. 正面

2. 背面

破土器中片 2014ZYT0607③a:2

图版一二八

1. 正面　2. 背面　3. 刃面和刃缘

破土器中片 2014ZYT0511④:1

图版一二九

1. 背面　　2. 正面　　3. 刃面和刃缘

破土器中片 2014ZYT0509③b:11

图版一三〇

1. 正面 2. 背面

破土器中片 2014ZYT0509③a:20

图版一三一

1. 正面

2. 背面

破土器中片 2014ZYH209：2

图版一三二

1. 正面

2. 背面

破土器甲片 2014ZYT0513⑤b:2

图版一三三

1. 正面
2. 背面
3. 刃面和刃缘
4. 副刃面和刃缘

破土器中片 2014ZYT0415③a:7

图版一三四

1. 正面　2. 背面　3. 刃面和刃缘　4. 副刃面和刃缘

破土器中片 2014ZYT0414③b:2

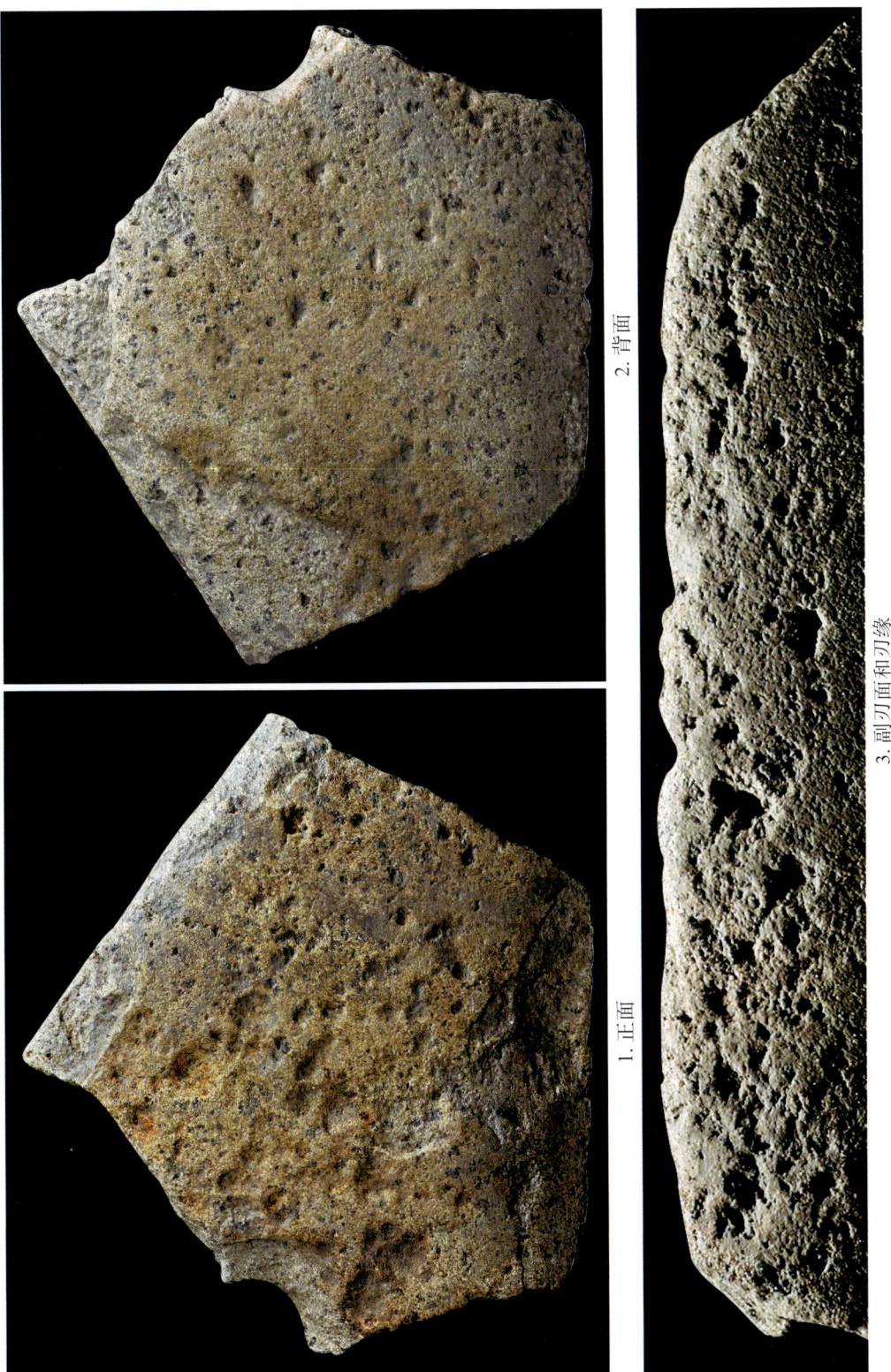

1. 正面　2. 背面　3. 副刃面和刃缘

破土器中片 2014ZYT0509 ③ a：10

图版一三六

1. 正面

2. 背面

3. 刃面和刃缘

4. 副刃面和刃缘

破土器中片 2014ZYT0508③a:4

图版一三七

1. 正面

2. 背面

3. 刃面和刃缘

破土器中片 2014ZYTD①:2

图版一三八

1. 正面

2. 背面

3. 刃面和刃缘

4. 副刃面和刃缘

破土器中片 2013ZYT0606③:1

图版一三九

1. 正面　　2. 背面　　3. 右面断口

4. 副刃面

5. 刃面

6. 残孔

穿孔石犁 2014ZWT02⑥b:2

图版一四〇

1. 正面　　2. 背面

3. 残孔

4. 刃缘

穿孔石犁 2014ZYT0511 ⑤ b：1

1. 正面　　2. 背面

3. 边缘

4. 残孔

穿孔石犁 2014ZYT0511 ④：1

图版一四二

1. 正面
2. 背面
3. 正面残孔
4. 背面残孔

穿孔石犁 2014ZYT0509③b:9

图版一四三

1. 正面　2. 背面　3. 副刃面　4. 刃面

穿孔石犁 2014ZYT0508③b:1

图版一四四

1. 正面　2. 背面　3. 刃面和刃缘

穿孔石犁 2014ZYT0414②:2

图版一四五

1. 背面　　2. 正面　　3. 左面断口

4. 刃面

5. 副刃面

石犁片 2014ZYT0613⑤b∶1

图版一四六

1. 正面
2. 背面
3. 右面断口

石犁片 2014ZYT0509③b:14

图版一四七

1. 正面　　2. 背面　　3. 左面断口

4. 副刃面

5. 上残孔

石犁片 2014ZYT0706③a：1

图版一四八

1. 正面　2. 背面

石犁片 2014ZYT0509③:15

图版一四九

1. 正面
2. 背面
3. 背面边缘
4. 背面边缘
5. 残刃面

石犁片 2014ZYT0509③a：17

图版一五〇

1. 正面

2. 背面

砥石 2014ZYT0311 ③a:8

图版一五一

1. 表面

2. 底面

3. 立面

4. 立面

砥石 2014ZYT0707③b∶8

图版一五二

1. 表面

2. 底面

3. 立面

砥石 2014ZYT0509②：19

1. 立面1

2. 立面2

3. 立面3

砥石 2014ZYT0509②:19

图版一五四

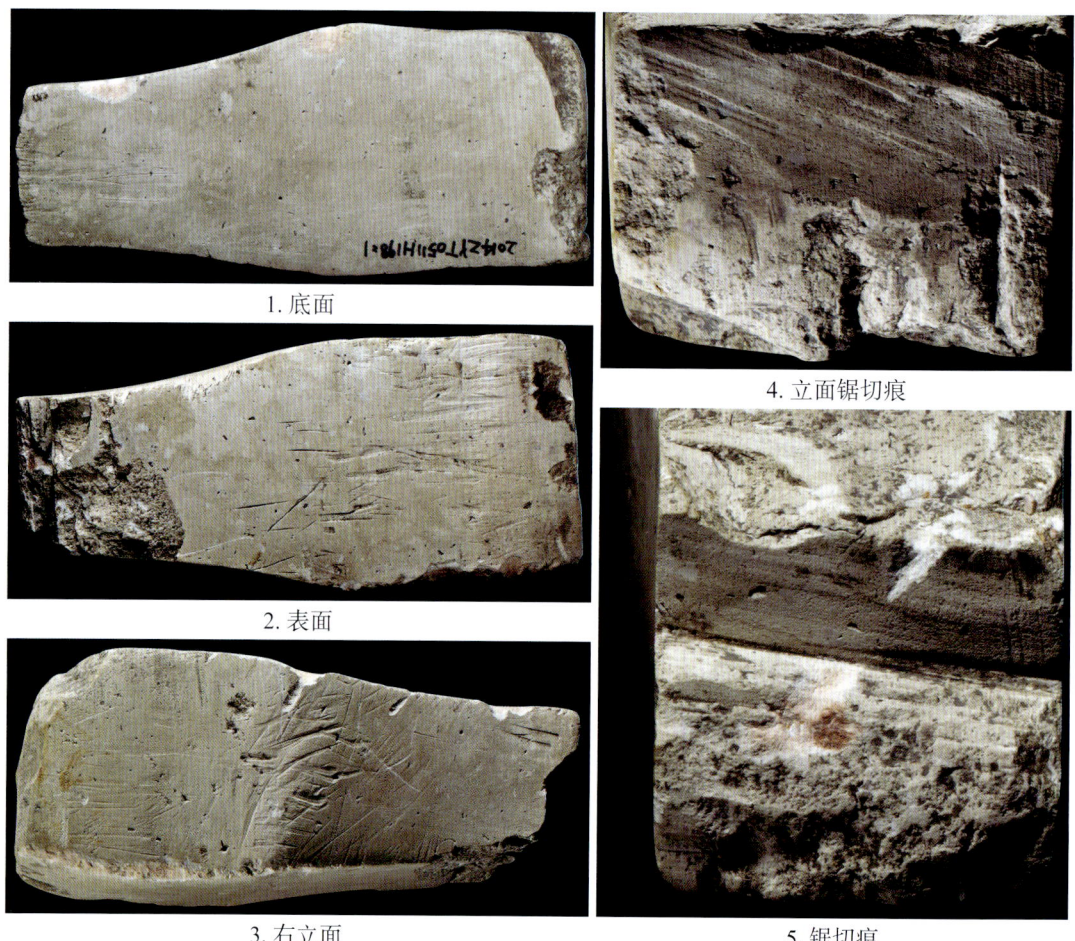

1. 底面
2. 表面
3. 右立面
4. 立面锯切痕
5. 锯切痕

砥石 2014ZYH198∶1

图版一五五

1. 表面

2. 底面

3. 立面

砥石 2013ZYK2∶8

图版一五六

1. 表面

2. 左立面

3. 右立面

砥石 2013ZYK2∶9

图版一五七

2. 表面

1. 底面

唐石 2014ZYT0512⑤b：7

图版一五八

1. 立面　　　2. 表面

厝石 2014ZYT0512⑤b∶10

图版一五九

1. 底面　　2. 表面

厝石 2014ZY 采：4

图版一六〇

1. 表面   2. 底面

磨石 2014ZYG21∶2

图版一六一

1. 表面 2. 底面 3. 立面 4. 立面

单面磨石 2014ZYT0514⑨a:1

图版一六二

1. 表面

2. 底面

3. 立面断口

单面磨石 2014ZYT0613⑥a:1

图版一六三

1. 表面

2. 底面

单面磨石 2014ZWT03⑥a∶3

图版一六四

1. 表面　2. 底面　3. 左立面断口

单面磨石 2014ZMT02⑥b:3

图版一六五

1. 表面

2. 底面

3. 立面断口

4. 立面

单面磨石 2014ZYT0608③a:4

图版一六六

1. 表面　2. 底面　3. 立面　4. 立面

单面磨石 2014ZYT0707③a∶8

图版一六七

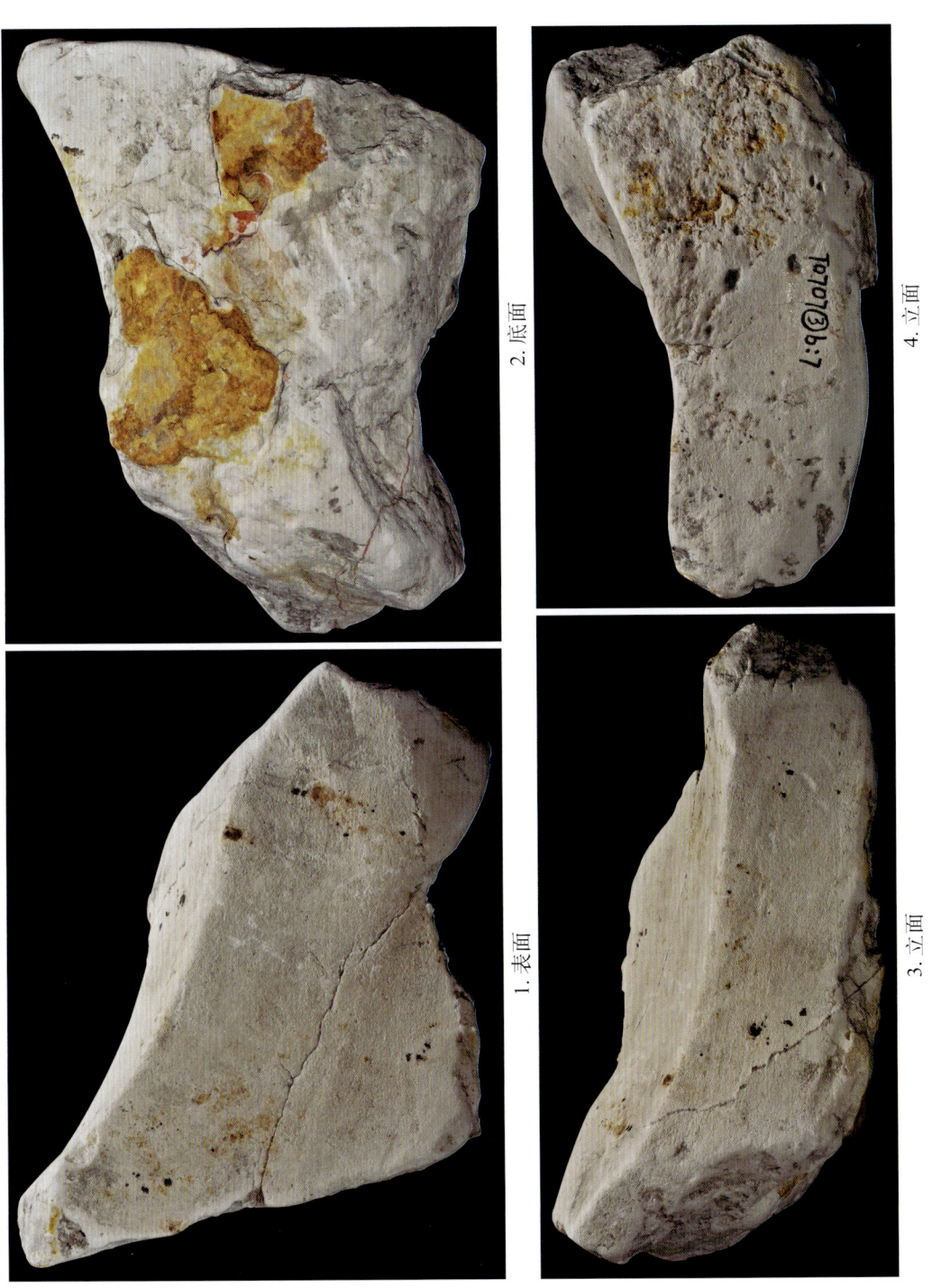

1. 表面　2. 底面　3. 立面　4. 立面

单面磨石 2014ZYT0707③b：7

图版一六八

1. 表面　2. 底面　3. 立面　4. 立面

单面磨石 2014ZYT0414③a：1

图版一六九

1. 表面

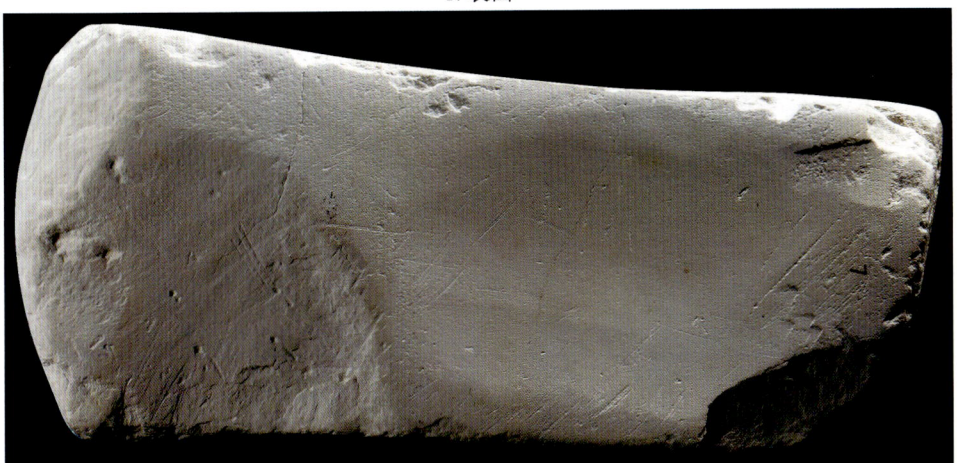
2. 底面

3. 立面

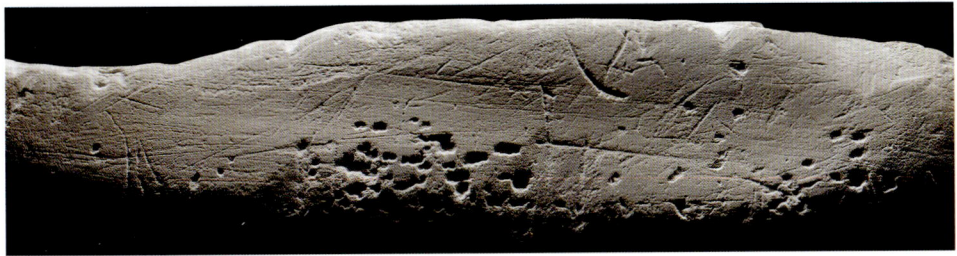
4. 立面

单面磨石 2014ZYH189：7

图版一七〇

1. 底面

2. 表面

单面磨石 2014ZYT0509③a:9

图版一七一

1. 表面

2. 底面

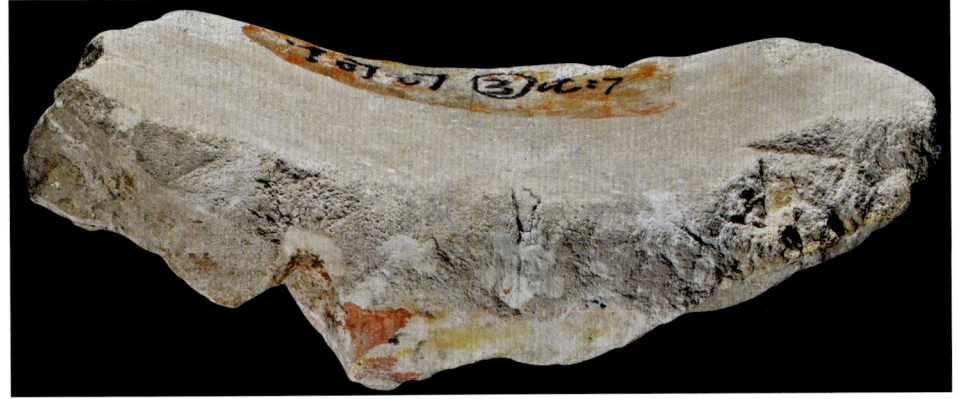

3. 立面

单面磨石 2014ZYT0707③a：7

图版一七二

1. 表面

2. 底面

3. 立面

4. 立面

单面磨石 2014ZYT0414③a:2

图版一七三

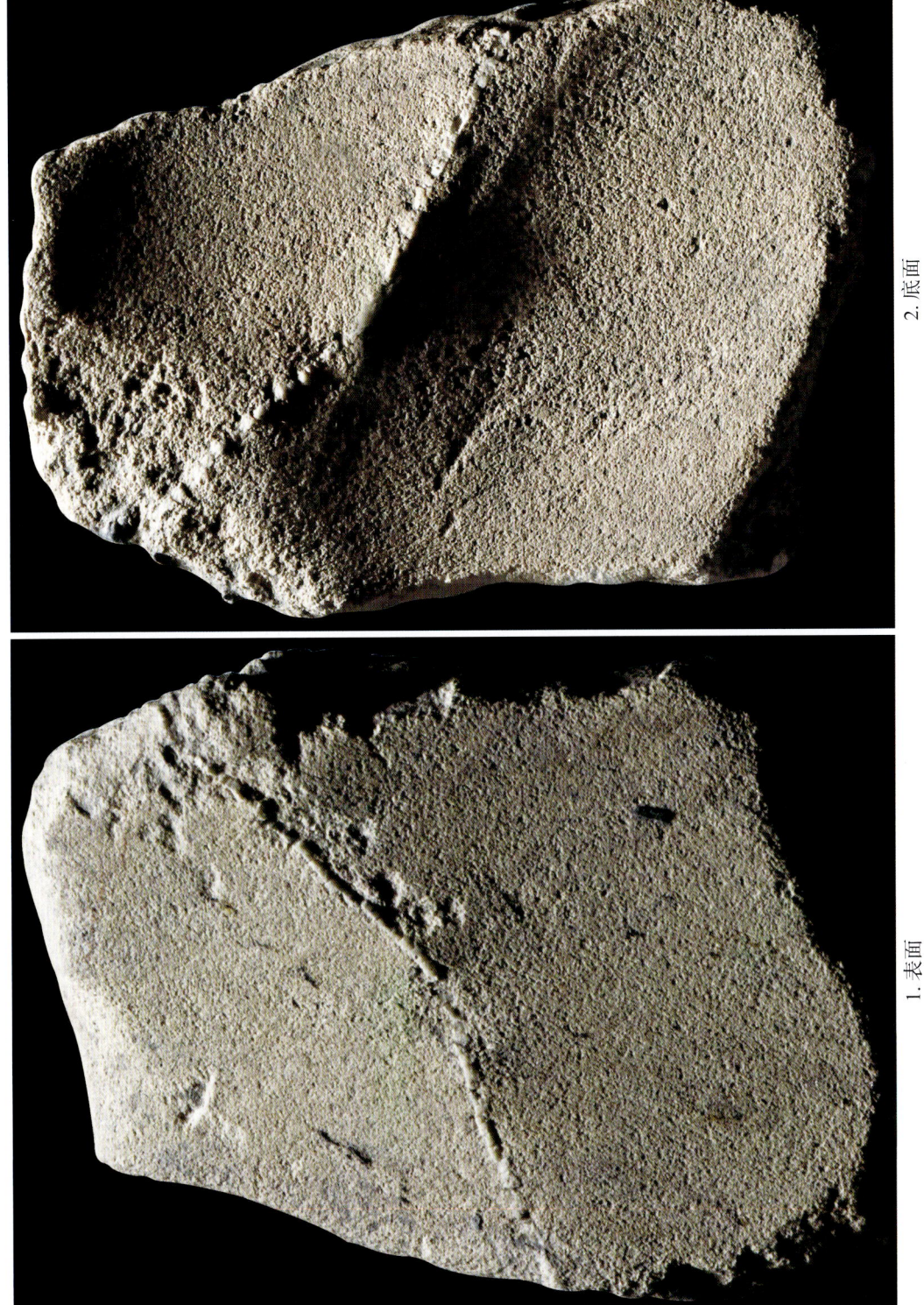

多面磨石 2017ZWT03⑦B:1

1. 表面　　2. 底面

图版一七四

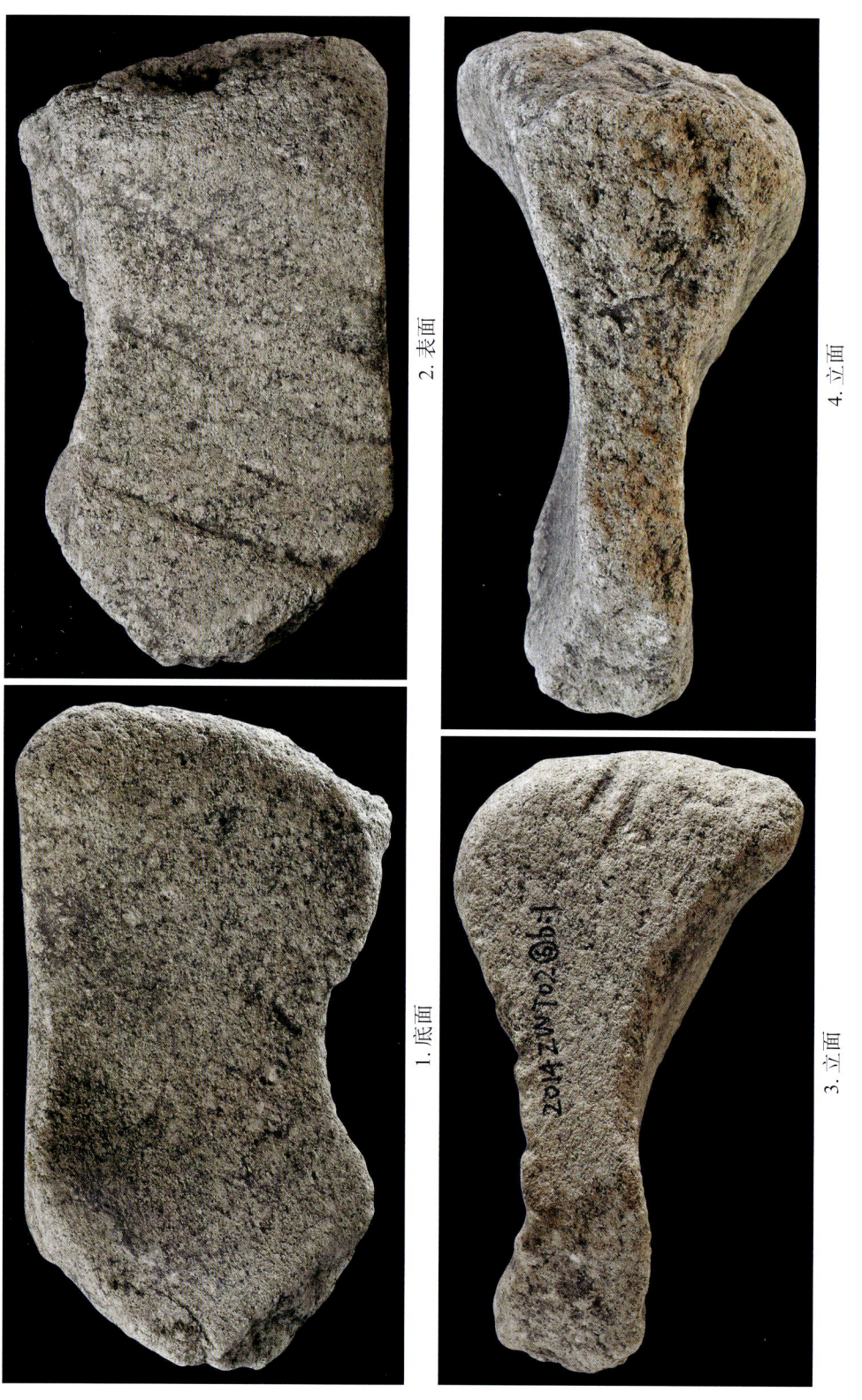

1. 底面　2. 表面　3. 立面　4. 立面

多面磨石 2014ZMT02⑥b：1

图版一七五

多面磨石 2014ZYT0707③a:1

1. 表面　2. 底面　3. 立面　4. 立面

图版一七六

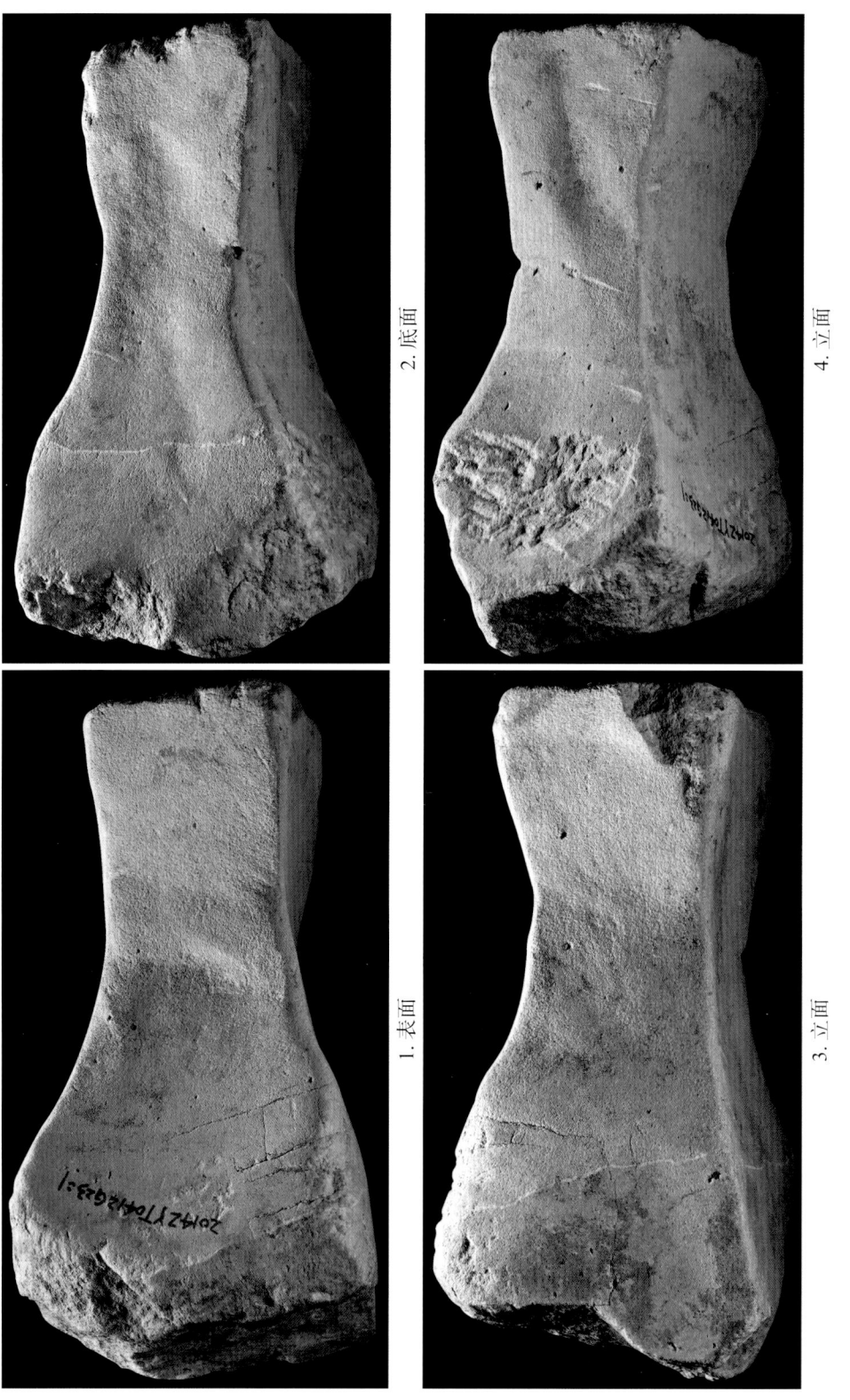

1. 表面　2. 底面　3. 立面　4. 立面

多面磨石 2014ZYG23∶1

图版一七七

1. 表面

2. 立面

3. 底面

多面磨石 2014ZYT0509③b：5

图版一七八

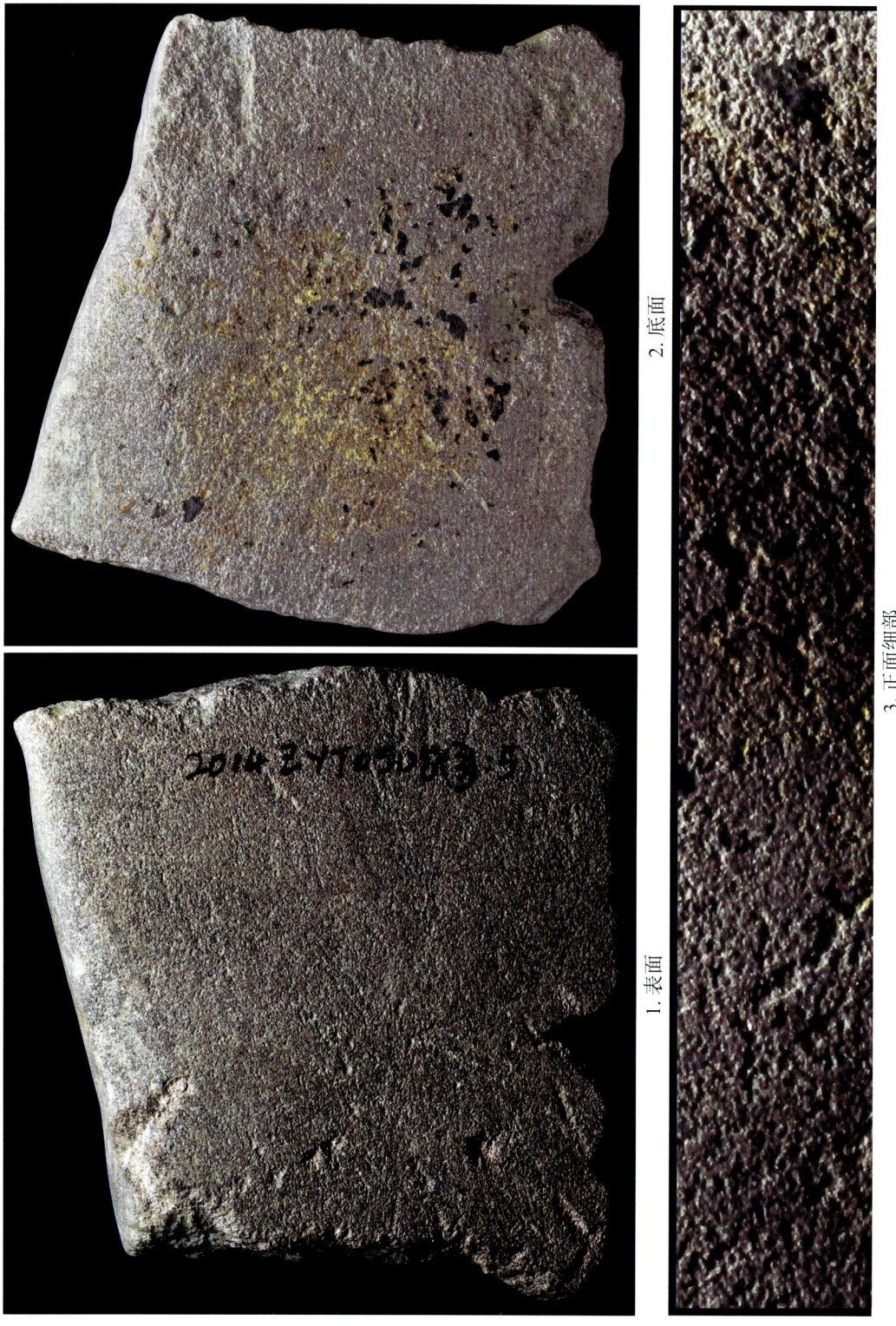

1. 表面　2. 底面　3. 正面细部

多面磨石 2014ZYT0508③a:5

图版一七九

2. 底面

1. 表面

多面磨石 2014ZYT0707③a:6

图版一八〇

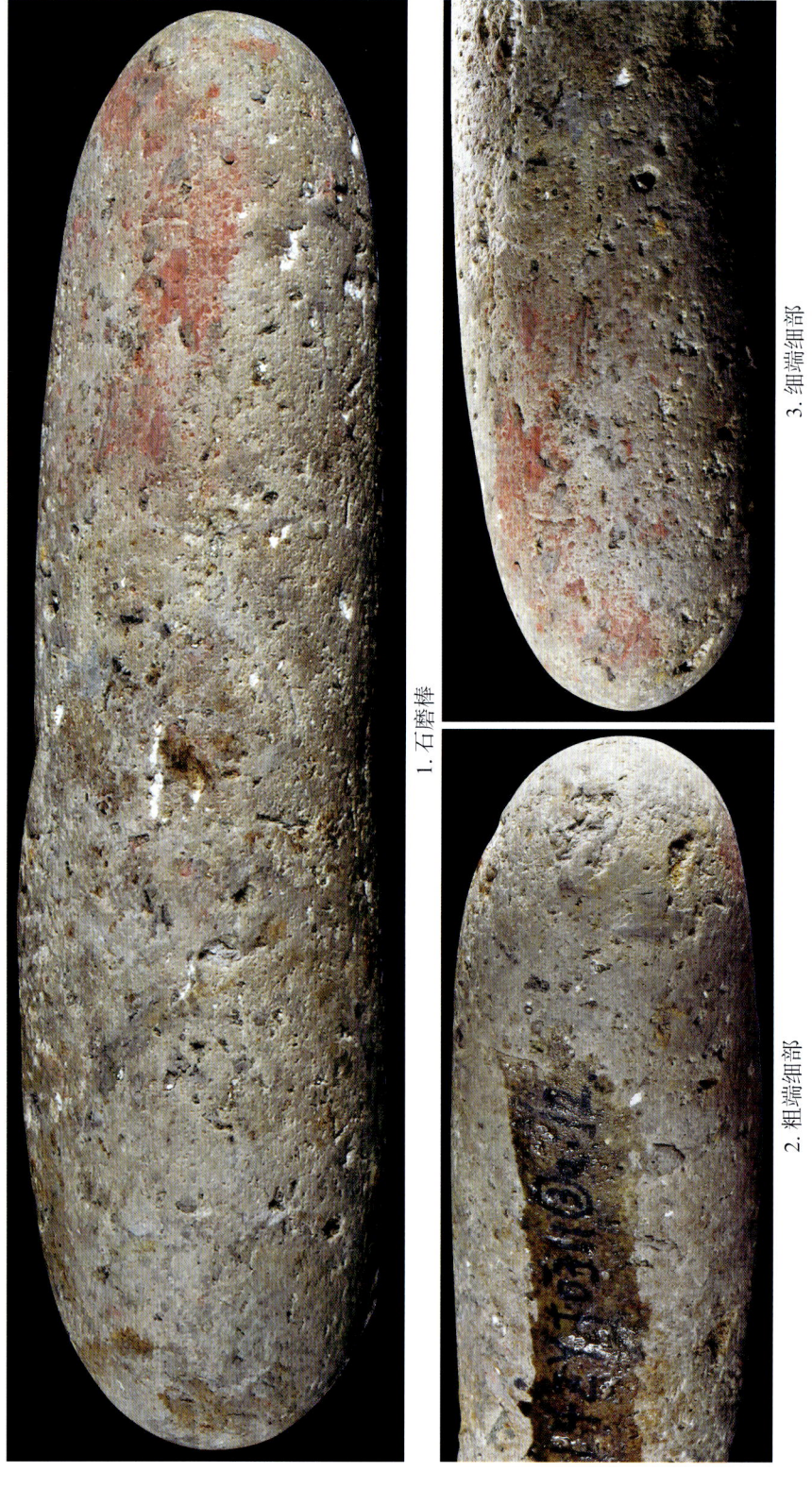

1. 石磨棒
2. 粗端细部
3. 细端细部

石磨棒 2014ZYT0311③a:12

图版一八一

1. 正面

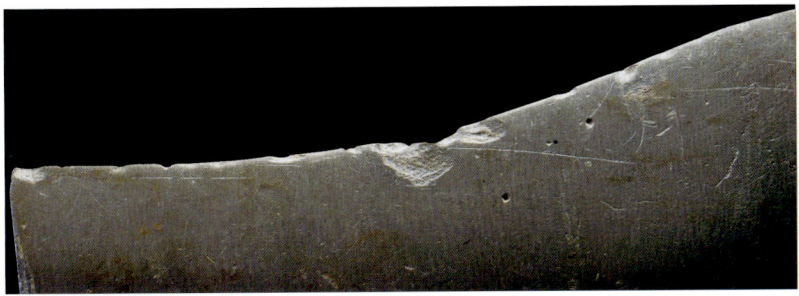

2. 刃面

3. 背面

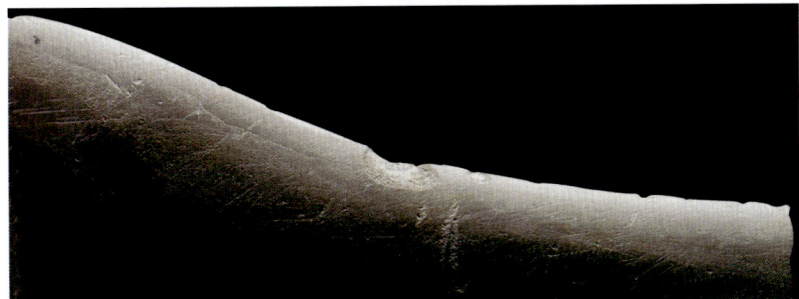

4. 副刃面

5. 锋刃

石戈 2014ZYH107∶3

图版一八二

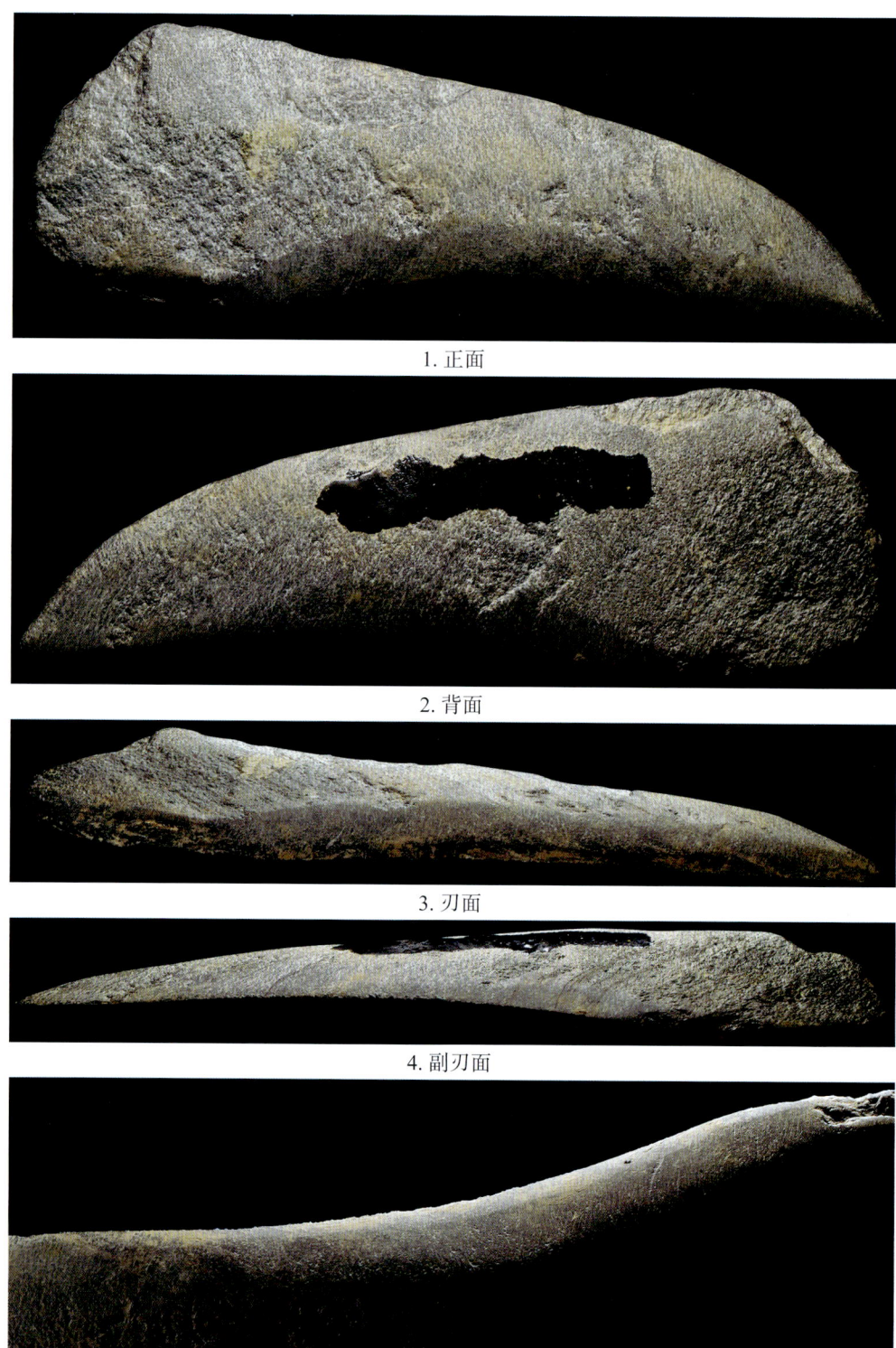

1. 正面
2. 背面
3. 刃面
4. 副刃面
5. 刃缘

石镰 2014ZYT0413 ⑤：1

图版一八三

1. 正面　2. 背面　3. 右面

石镰 2014ZYT0510③a:1

图版一八四

1. 背面　　2. 正面　　3. 刃缘

石镰 2014ZYT0706③b：1

图版一八五

1. 正面　2. 背面　3. 右面　4. 左面　5. 顶面　6. 锋刃

石镰中片 2014ZMT01⑩:1

图版一八六

1. 正面
2. 背面
3. 背面上部
4. 正面上部
5. 刃面
6. 副刃面

石镰中片 2014ZYT0509③b:4

图版一八七

1. 正面
2. 背面
3. 左面
4. 刃面
5. 正面细部
6. 背面细部

石镰中片 2014ZYT0512⑤b：4

图版一八八

1. 正面

2. 背面

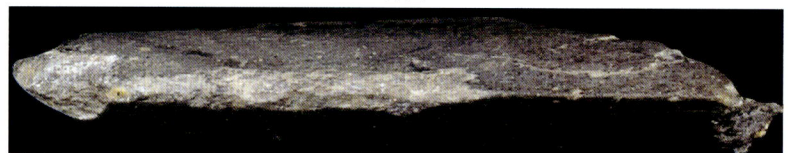

3. 锋刃

石镰中片 2014ZYH107:1

1. 正面　　2. 背面　　3. 左面

4. 锋刃

5. 背面上部　　6. 正面上部

7. 副刃面

8. 副刃面

石镰中片 2014ZYT0707③a:4

图版一九〇

1. 背面　2. 右面断口

石镰中片 2014ZYT0607③a:5

图版一九一

1. 正面
2. 背面
3. 右面断口

石镰中片 2014ZYT0415③a:5

图版一九二

1. 正面

2. 背面

石镰中片 2014ZYH83：2

图版一九三

1. 正面　　　　　2. 背面　　　　　3. 右面锋刃

石镞 2013ZYT0606⑥：1

图版一九四

石镞 2014ZYT0613⑤b:2

1. 正面　2. 背面　3. 左面锋刃　4. 背面仰视

图版一九五

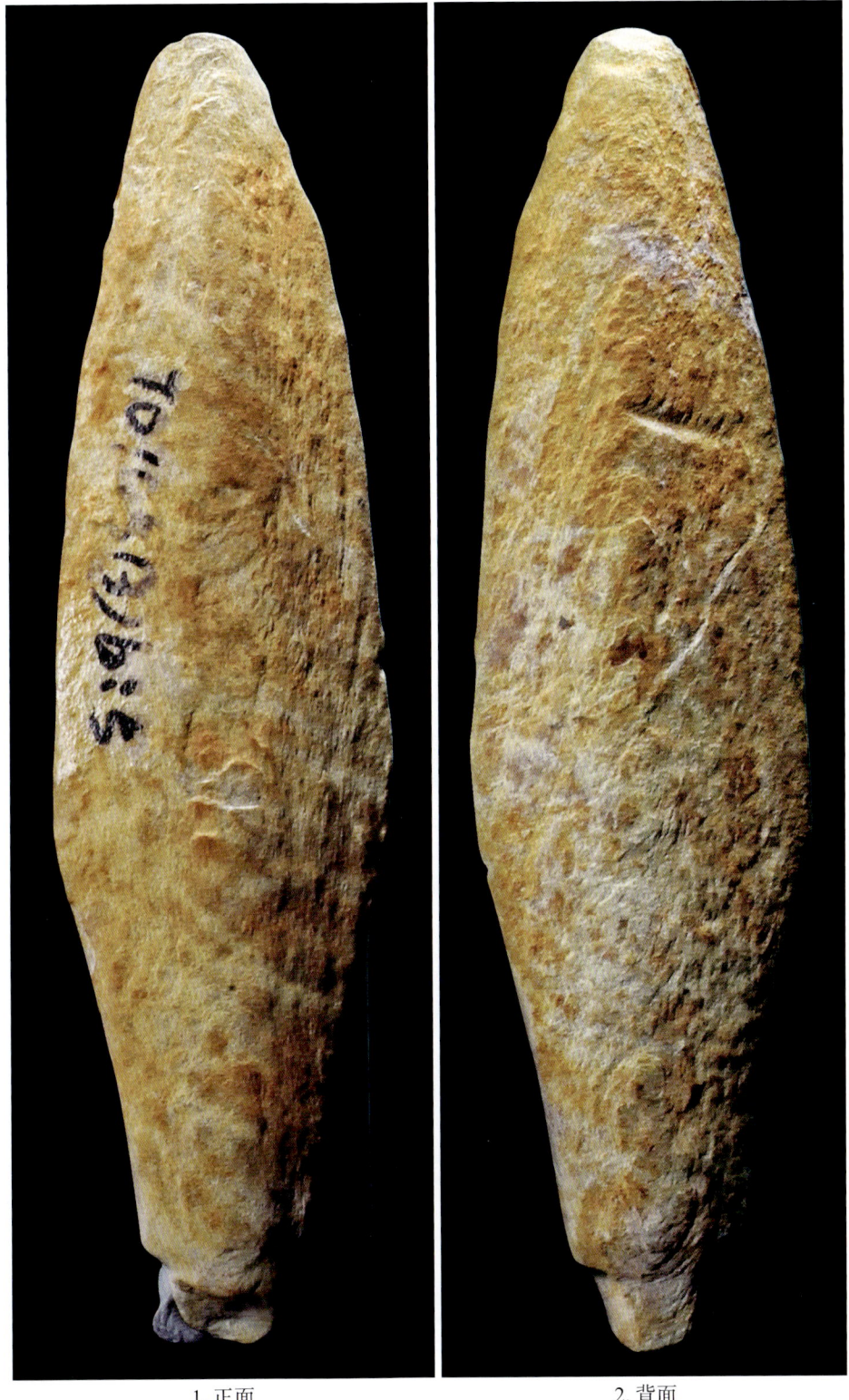

1. 正面 2. 背面

石镞 2014ZYT0705③b:5

图版一九六

1. 正面　　2. 背面　　3. 左面锋刃

石镞 2014ZY 采：5

图版一九七

1. 正面　　2. 背面　　3. 右面锋刃

石镞 2014ZYG21∶3

图版一九八

1. 正面　　　　　　2. 背面　　　　　　3. 右面锋刃

石镖 2014ZYT0410③a:1

图版一九九

1. 背面   2. 正面

石镖 2014ZYT0315③a:1

图版二〇〇

1. 背面　　2. 正面　　3. 左面锋刃

石镖 2014ZYH210∶1

图版二〇一

1. 正面　　2. 背面　　3. 左面

4. 铤部端面

石镖 2014ZYT0607③b：4

图版二〇二

1. 正面　　　　　2. 背面　　　　3. 左面

石镖 2014ZY 采：6

图版二〇三

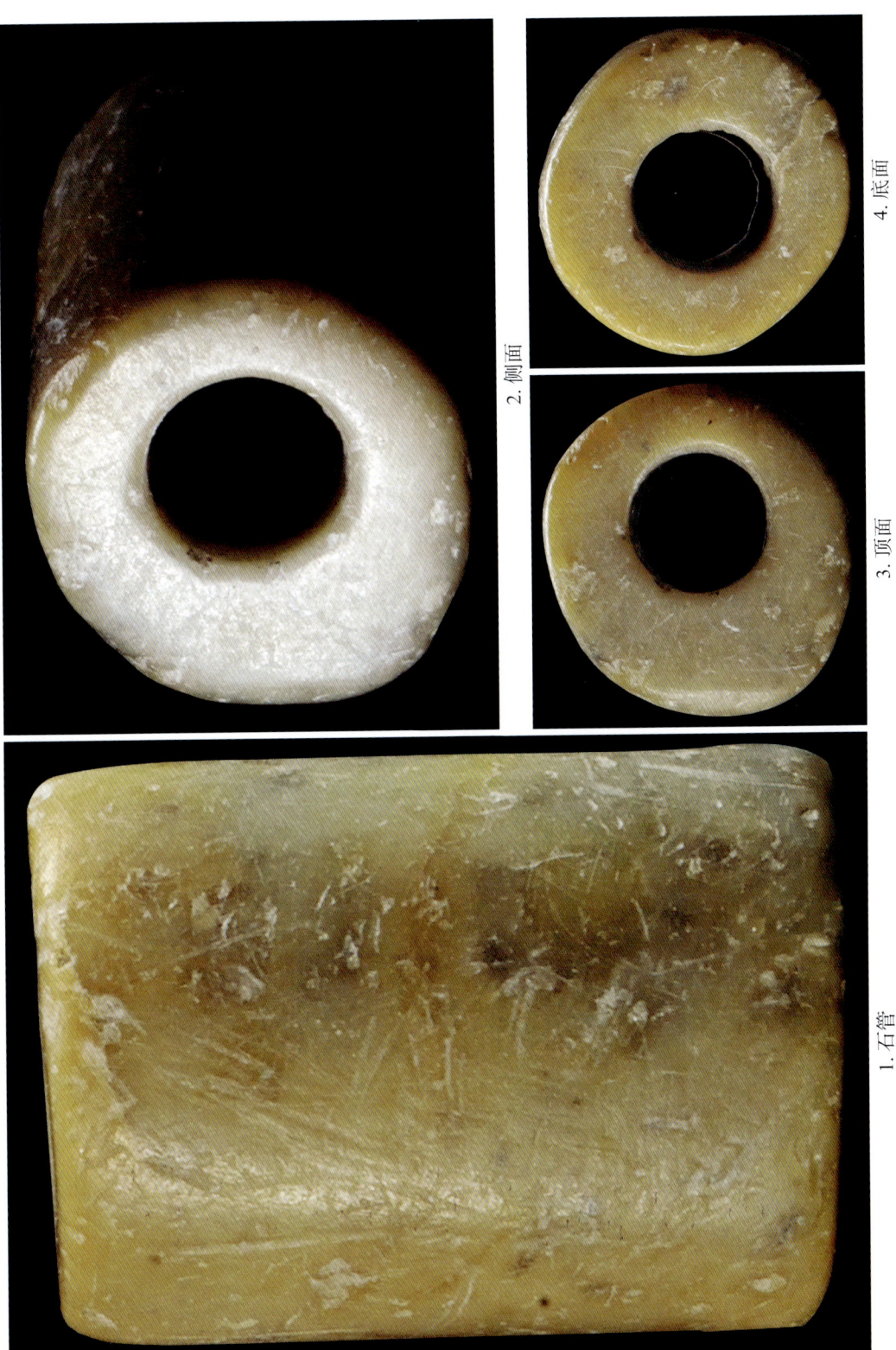

1. 石管 2. 侧面 3. 顶面 4. 底面

石管 2014ZMT01⑤:7

图版二〇四

1. 正面

2. 背面

3. 穿孔细部

石璧 2014ZWT02⑥b:6

图版二〇五

1. 立面　2. 底面　3. 锯切细部

石璧素材 2014ZYT0514⑥b：3

图版二〇六

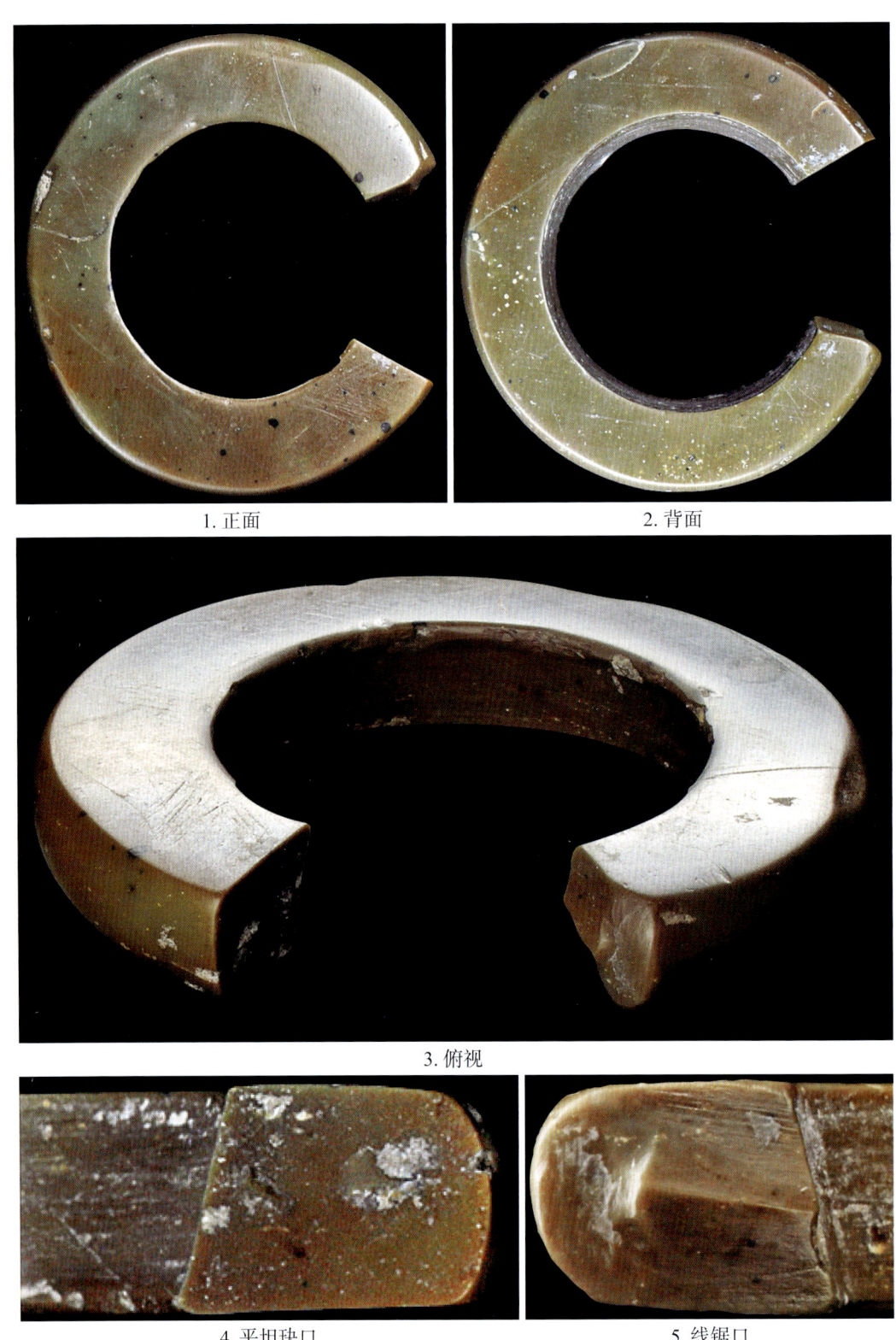

1. 正面　　2. 背面

3. 俯视

4. 平坦玦口　　5. 线锯口

石玦 2014ZYT0706 ③ b：3

图版二〇七

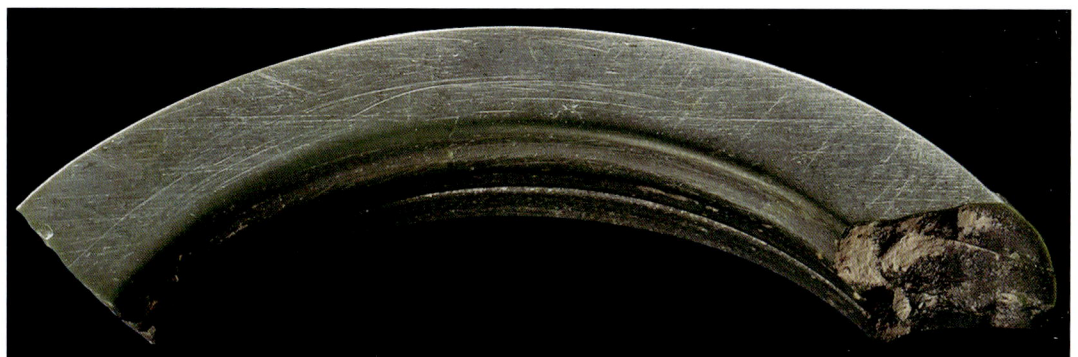

1. 好壁细部

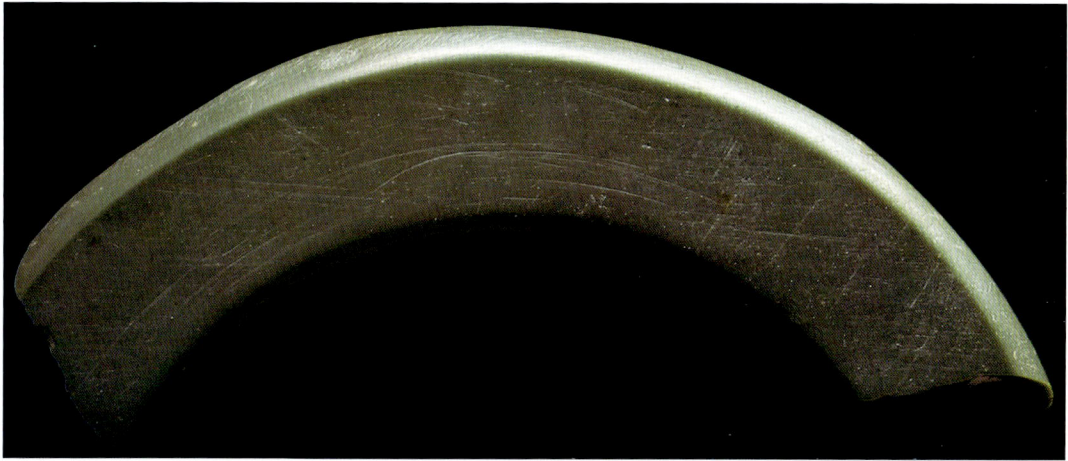

2. 平面

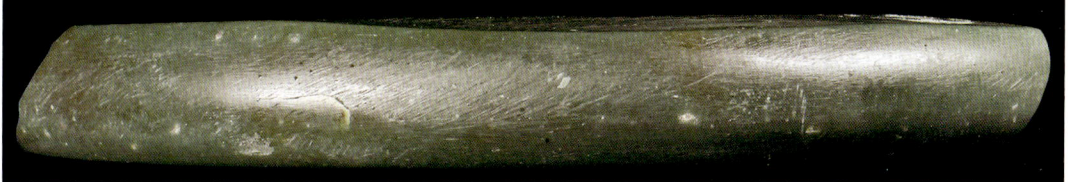

3. 立面局部

石玦 2014ZYT0414③a：3

图版二〇八

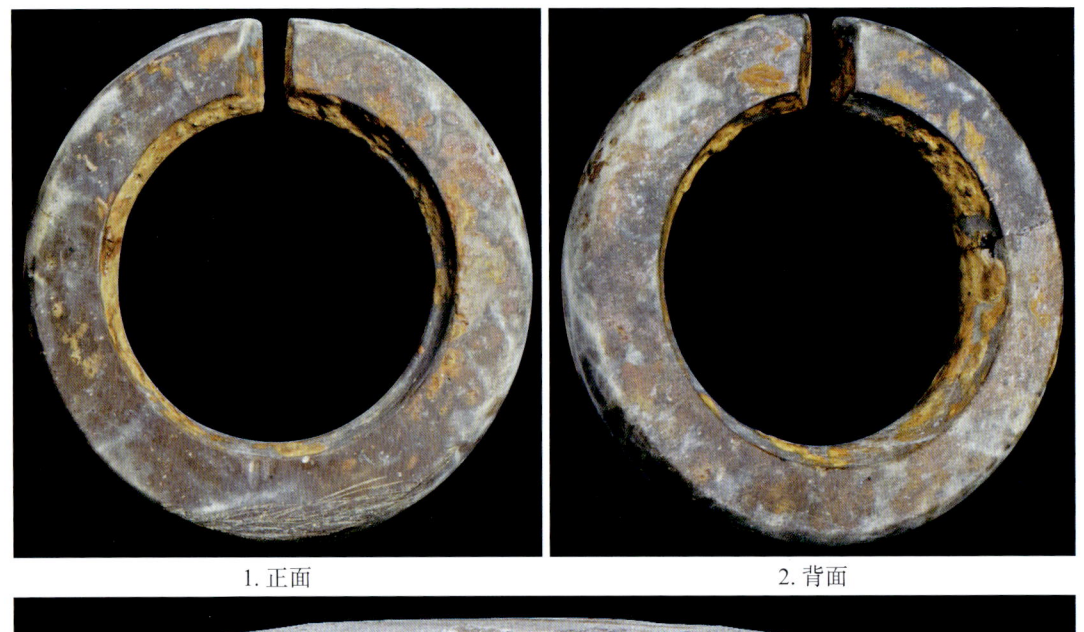

1. 正面　　　　2. 背面

3. 玦口细部

石玦 2014ZYT0508③:2

图版二〇九

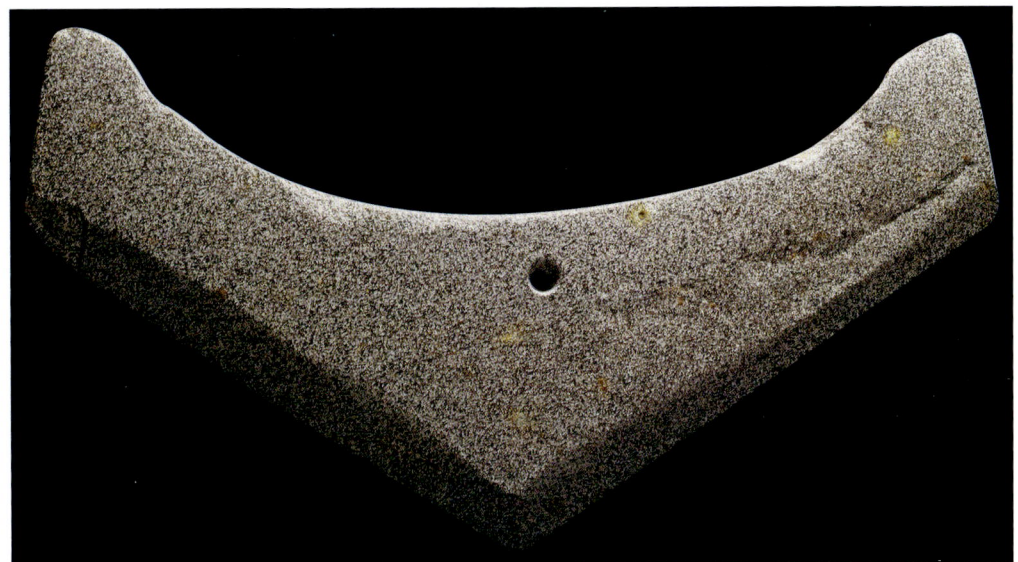

1. 正面

2. 背面

3. 锋刃

4. 脊背

耘田器 2014ZYT0512⑤b：1

图版二一〇

1. 翼背面
2. 翼正面
3. 左面断口

耘田器 2014ZY 采：7

图版二一一

1. 正面

2. 背面

3. 锋刃

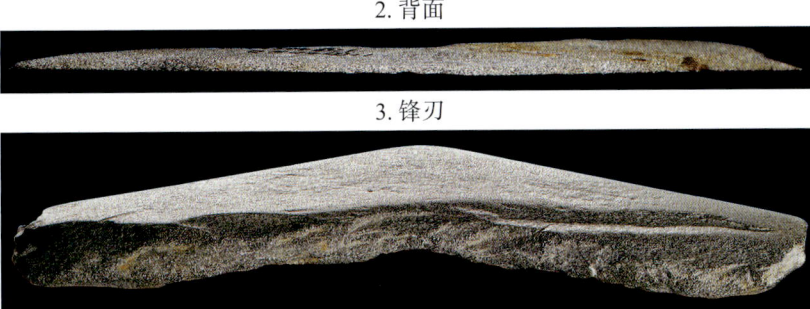
4. 脊背

5. 背面副刃面

耘田器 2014ZYT0509①：1

图版二一二

石锤 2014ZWT02⑥b：8

图版二一三

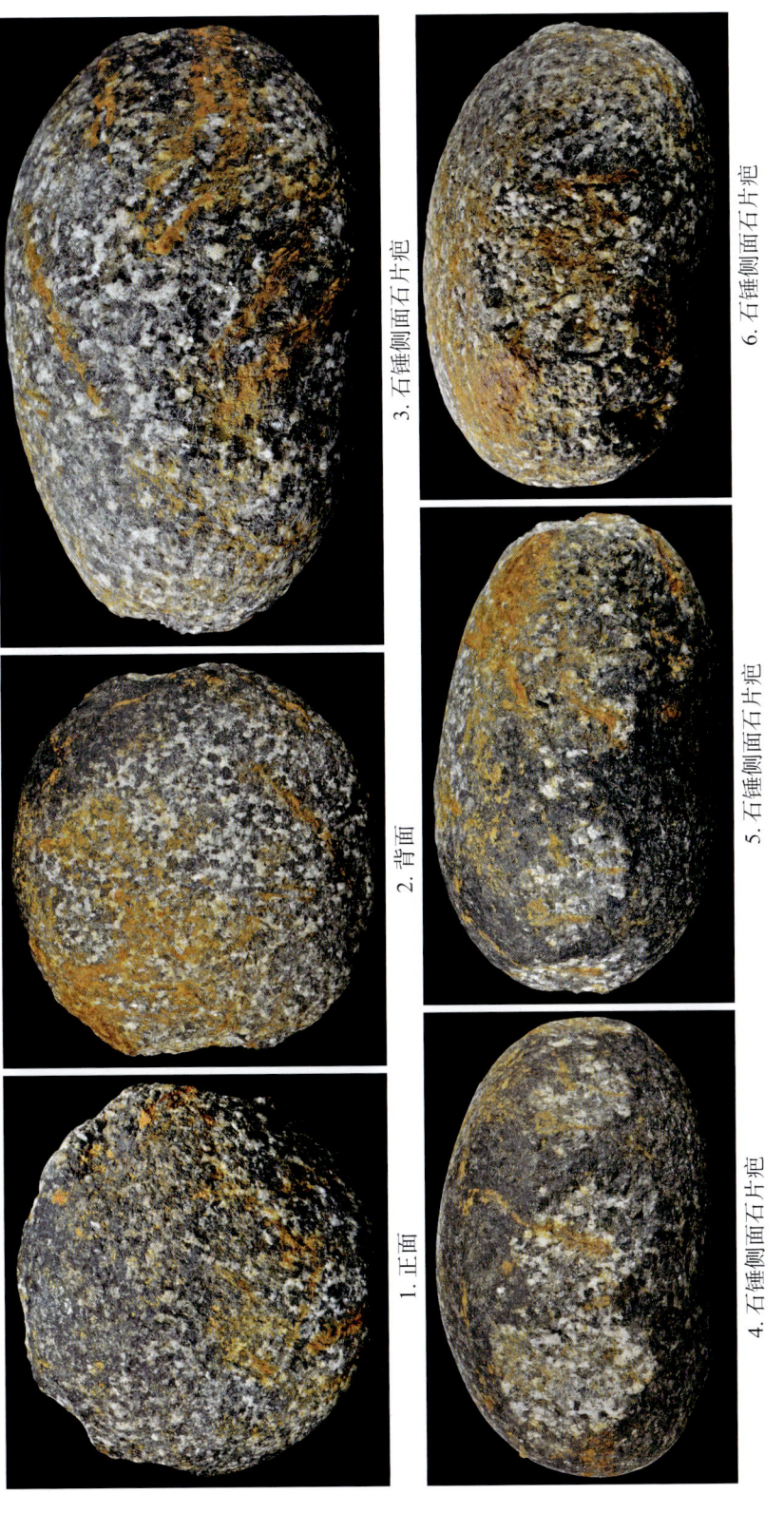

1. 正面　2. 背面　3. 石锤侧面石片疤　4. 石锤侧面石片疤　5. 石锤侧面石片疤　6. 石锤侧面石片疤

石锤 2014ZYT0512⑤b：5

图版二一四

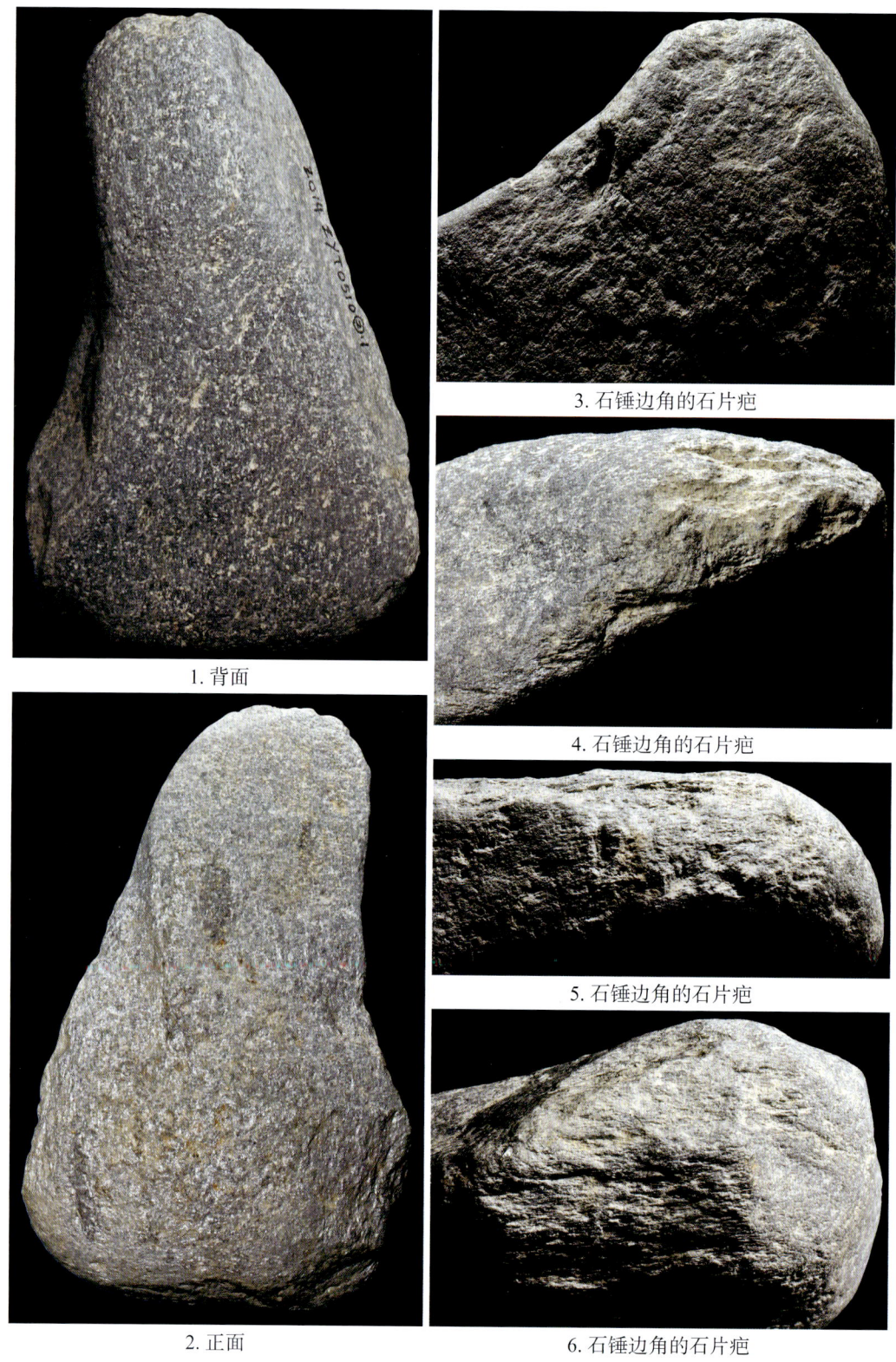

1. 背面
2. 正面
3. 石锤边角的石片疤
4. 石锤边角的石片疤
5. 石锤边角的石片疤
6. 石锤边角的石片疤

石锤 2014ZYT0510②：1

图版二一五

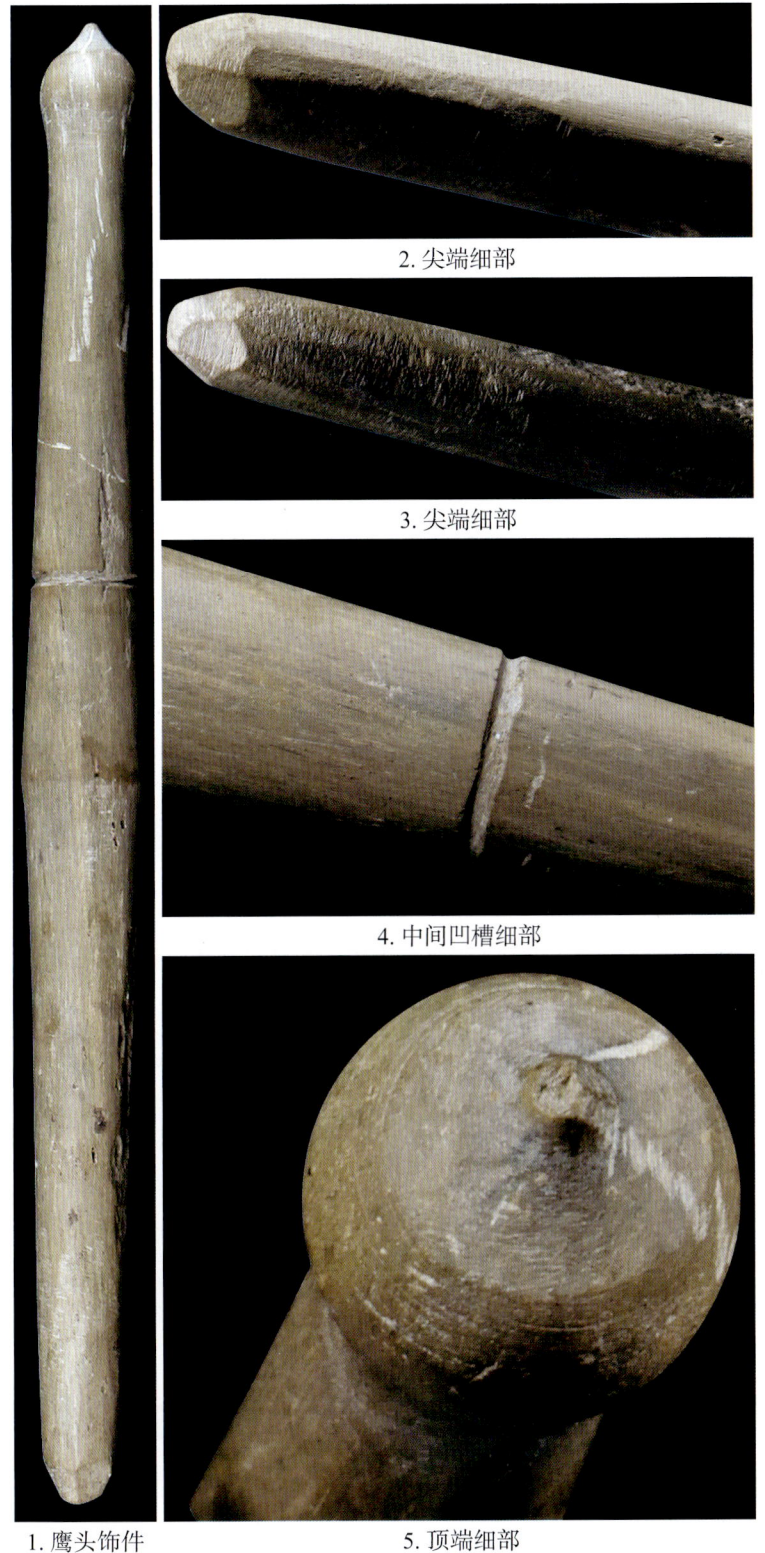

2. 尖端细部
3. 尖端细部
4. 中间凹槽细部
1. 鹰头饰件
5. 顶端细部

鹰头饰 2014ZYT0613⑤b:18

图版二一六

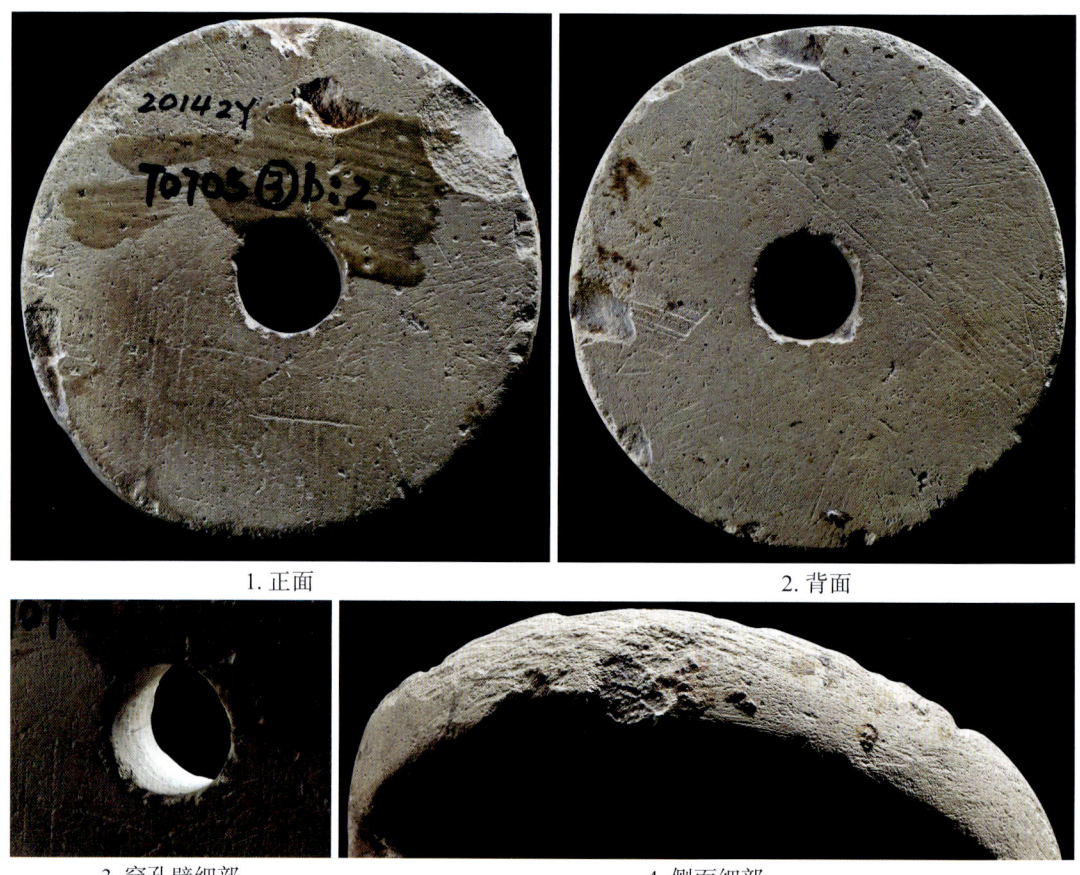

1. 正面
2. 背面
3. 穿孔壁细部
4. 侧面细部

石纺轮 2014ZYT0705③b∶2

图版二一七

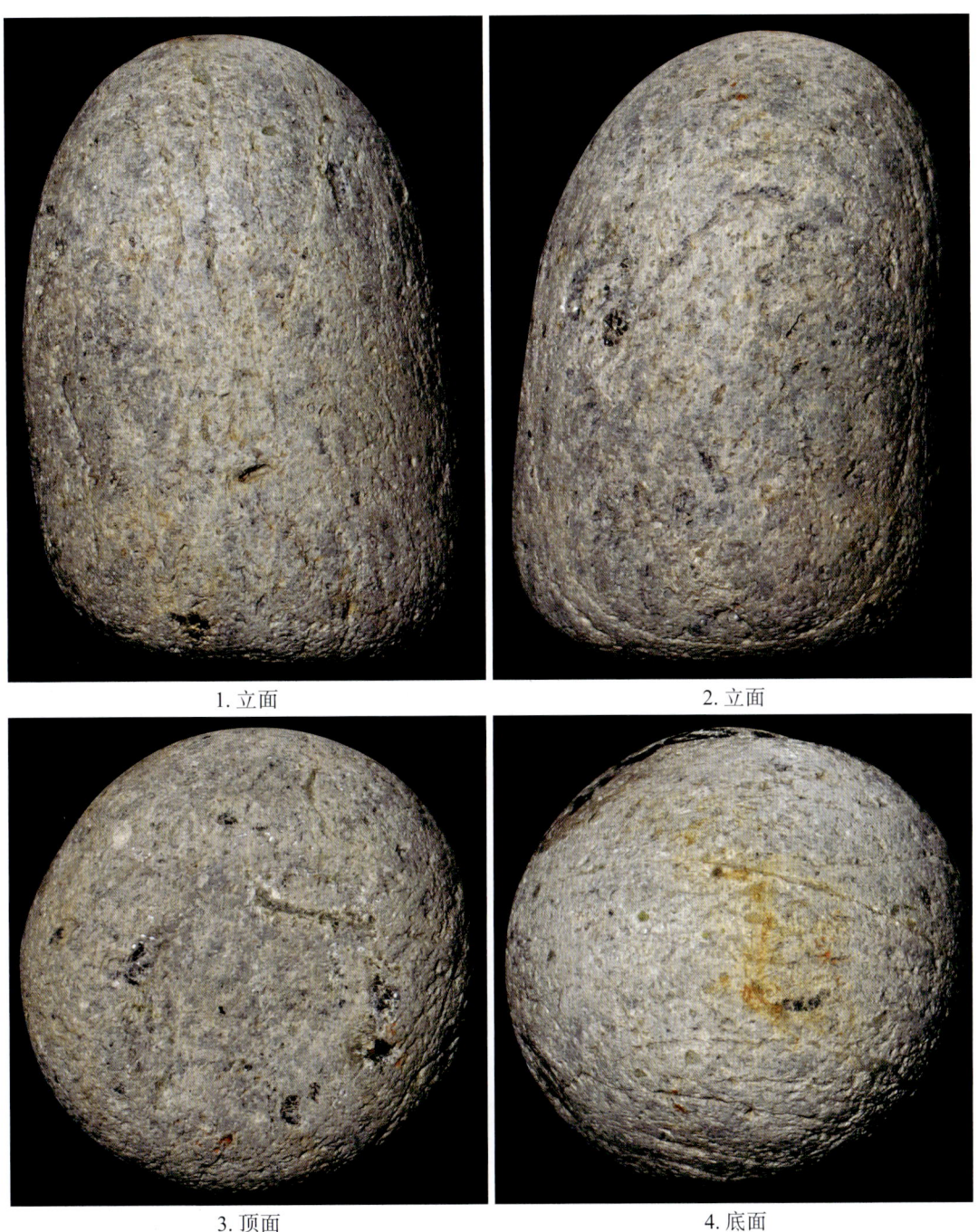

1. 立面
2. 立面
3. 顶面
4. 底面

弹头形石器 2014ZYT0707③a:9

图版二一八

1. 正面　　　　　2. 纵断面

砺石 2014ZY 采：8

图版二一九

左. 背面　右. 正面
1. 2014ZYT0513③：1

左. 背面　右. 阳面
2. 2014ZYT0513③：2

左. 背面　右. 阴面
3. 2014ZYH83：1

石片

图版二二〇

1. 背面 2. 阴面 3. 顶面断口

石片 2014ZYG21∶1

图版二二一

1. 硬段锛（2014ZYT0608⑤b：12 的段细部）

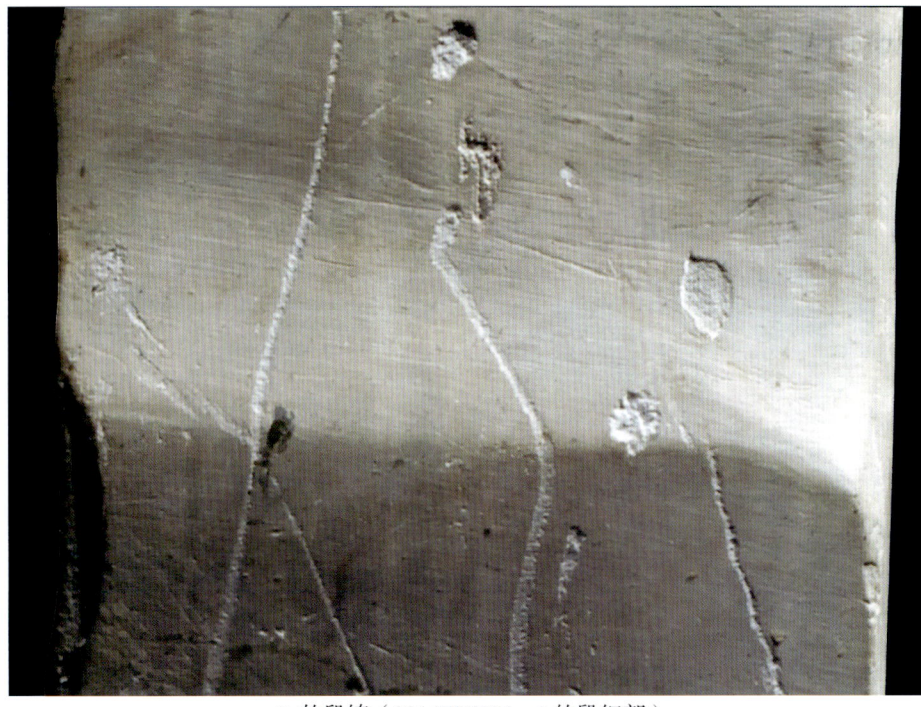

2. 软段锛（2014ZYH56：1 的段细部）

段背锛两种段的制法

图版二二二

1. 石锤 2014ZYT0512⑤b:5　2. 缺刃锛 2014ZYT0413⑥b:1　3. 石镞 2014ZYG21:3
4. 石锛坯 2014ZYT0512⑤b:9　5. 砥石 2014ZYT0703③b:8

石锛坯、残石锛、残石镞、石锤和砥石

图版二二三

1. 石斧 2014ZYT0613⑨a:1　2. 单面磨石 2014ZYT0514⑨a:1
3. 缺顶石锛 2013ZYT0507⑨b:2　4. 石锛坯 2014ZYT0409⑨b:2

河姆渡文化二期石器基本组合

图版二二四

1. 缺刃石锛 2014ZYT0608⑦c:2　2. 弧背石锛 2014ZYT0707⑦e:1
3. 缺顶石锛 2014ZYT0707⑦e:1　4. 多面磨石 2017ZWT03⑦B:1　5. 脊背石锛 2017WT03⑩:2

河姆渡文化三期石器基本组合

图版二二五

1. 弧背石锛 2014ZYT0613⑥b:2 2. 脊背石锛 2014ZYT0410⑥b:1
3. 脊背石锛 2014ZYT0705⑥b:1 4. 石斧 2014ZYT0412⑥a:1

河姆渡文化四期—良渚文化石器基本组合

图版二二六

1. 石镰 2014ZYT0413⑤:1　2. 单面磨石 2014ZYT0613⑥a:1
3. 石璧素材 2014ZYT0514⑥b:3　4. 石镞 2013ZYT0606⑥:1

河姆渡文化四期—良渚文化石器基本组合

图版二二七

1. 石镞 2014ZYT0613⑤b:2　2. 石镰中片 2014ZYT0512⑤b:4
3. 耘田器 2014ZYT0512⑤b:1　4. 破土器中片 2014ZYT0508⑤b:1
5. 破土器后角 2014ZYT0512⑤b:2　6. 段背锛 2014ZYT0612⑤b:1　7. 鹰头饰 2014ZYT0613⑤b:18

良渚文化晚期—钱山漾文化石器基本组合

图版二二八

1. 石犁片 2014ZYT0613⑤b:1　2. 石锤 2014ZYT0512⑤b:5　3. 厝石 2014ZYT0512⑤b:7
4. 段背石锛 2014ZYT0512⑤b:12　5. 缺顶石锛 2014ZYT0512⑤b:11　6. 穿孔石犁 2014ZYT0511⑤b:1

良渚文化晚期—钱山漾文化石器基本组合

1. 石镖 2014ZYT0410③a:1 2. 石斧 2014ZYH56:2
3. 石镞 2014ZYT0705③b:5 4. 石戈 2014ZYH107:3

商周时期石器基本组合

图版二三〇

1. 段背石锛 2014ZYT0608③a:3　2. 脊背石锛 2014ZYT0510③b:1　3. 弧背石锛 2014ZYT0508③a:12
4. 石纺轮 2014ZYT0705③b:2　5. 弹头形石器 2014ZYT0707③a:9

商周时期石器基本组合

图版二三一

1. 石磨棒 2014ZYT0311③a:12 2. 双孔石刀 2014ZYT0707③a:5 3. 穿孔石犁 2014ZYT0508③b:1
4. 多面磨石 2014ZYT0707③a:1 5. 石镰 2014ZYT0510③a:1 6. 石玦 2014ZYT0508③:2
7. 厝石 2014ZYG21:2 8. 破土器 2014ZYT0414③a:2

商周时期石器基本组合

图版二三二

1. 硅质岩标本　　　　2. 晶屑凝灰岩　　　　3. 斑点角岩

三种常见岩石标本

图版二三三

加工类石器组合

1. 石钺 2018ZWT05⑤b:1 2. 双孔石刀 2014ZYT0508③a:3 3. 耘田器 2014ZYT0512⑤b:1 4. 石磨棒 2014ZYT0311③a:12
5. 砥石 2014ZYH198:1 6. 厝石 2014ZYT0512⑤b:7 7. 石斧 2014ZYT0509①a:2 8. 石锤 2014ZYT0512⑤b:5
9. 多面磨石 2014ZYT0707③a:1 10. 脊背石锛 2014ZYT0613⑨a:2 11. 石纺轮 2014ZYT0705③b:2
12. 段背石锛 2014ZYT0608③a:3 13. 弧背石锛 2014ZYT0607⑨b:1

图版二三四

1. 石镰 2014ZYT0413⑤:1 2. 双孔石刀 2014ZYTD1③:47
3. 破土器 2014ZYT0513③:4 4. 穿孔石犁 2014ZYT0511⑤b:1

农具类石器组合

图版二三五

1. 石钺 2018ZWT05⑤b:1 2. 石戈 2014ZYH107:3 3. 石镞 2014ZYT0613⑤b:2 4. 石镖 2014ZYT0607③b:4

武器类石器组合

图版二三六

1. 鹰头饰 2014ZYT0613⑤b:18　2. 石玦 2014ZYT0508③:2
3. 石管 2014ZWT01⑤:7　4. 石璧 2014ZWT02⑥b:6

石饰品组合